アジア史入門

Asian History

日本人の常識

斎藤道彦 著

白帝社

はじめに

われわれは、祖先の過去の歩みを知り、自分がなぜ今こうであるのかを知り、自分・人間・世界を探求したいと思う。また現在、世界には約二〇〇の国家が存在しているが、その国々の人びとの歴史をなにも知らなければ、満足なつきあいはできないだろう。幼児が言葉を身につけて人間社会に仲間入りしてゆくように、国際社会で生きていこうとする人は国際社会の常識・歴史をある程度は知っている必要がある。人間の歴史を知りたいとき、その主な項目としては、政治・行政制度、法・警察・裁判制度、経済制度・税制、外交、暦・度量衡、道具・機械、軍事制度・戦争、教育制度・識字率、人物、言語・文字、農業・漁業などの食料生産と飢餓、建築、都市、交通、災害・治水、陶磁器などの食器、衣料・衣服、風俗・習慣・各種儀式、病気・医療・衛生、タバコ・麻薬、宗教・思想・文学・音楽・舞踏等の芸術およびその他の文化などなどがあげられるだろう。

人類の知識は、いつでも有限である。とはいえ、人類が獲得してきた知識の総体はあまりにも膨大であり、一個人の大脳の容量は限られているので、一人の個人が人類の全知識を知ることは不可能であるが、書物がそれを補ってくれる。できるだけ幅広く知識を広げ、そのうちの何かに興味を持ち、それを自分で調べてみるということが大事なのである。読者各位がそれぞれのテーマに関心を持つきっかけとなる役割を本書が果たせれば幸いである。

日本には、「西洋」・「西洋史」に対して「東洋」・「東洋史」という概念があるが、それは明治期につくられたものであった。文部省は、一八九四年に新設科目「東洋史」の教授要項を発表した。「東洋」・「東洋史」は今日の日本の「アジア」・「アジア史」と同義である。中国語では、「東洋」とは日本のことであり、例えば「東洋車」とは人力車のことなのだが、中華民国期の大学には中国地域とその周辺を含む「東洋史」という科目が設置されていたという。日本からの輸入語であろう。

日本で言う「東洋史」が中国地域史中心であったのは、日本の地理的位置から言って当然だったという面もあった。文部省は、「大東亜戦争」中の一九四二年に『大東亜史概説』を企画し、宮崎市定を含む編纂者たちは原稿を用意したが、一九四五年の敗戦により日の目を見ることはなかった。宮崎は、終戦後の一九四七年に『大東亜史概説』の担当部分の続編を書き、『アジア史概説』を出版した。これは、中国地域史に止まらないアジア史を確立しようとした意欲作であった。彼は、「アジア史とは何か」という問いをたて、その地理的範囲を語り、広い視野に立って西アジア・インドなどをアジア史の中に位置づけようとしたのだが、「アジア史研究はヨーロッパ史研究にくらべてはるかに立ち遅れている」と指摘するに止まっていた。

アジアという広い範囲を対象とする場合、各地域の言語を理解し、それぞれの言語で記録された文書に目を通すことが絶対に必要なのだが、言語の種類が多くて、そのすべてに通じているということは誰にも期待しがたい。「アジア史」とは、今日なお困難な課題なのである。それゆえ、いわゆる「アジア史」と「中国近現代史」は今なお分裂状態が続いている。東洋史と言いアジア史と言っても、東アジアに関しては文献史料は中国語のものが圧倒的に多いせいもあり、「中国史」という視点の枠をこえることは、今日なおきわめてむずかしい。また、歴史を見るときには、資料の信憑性の吟味と資料の欠落への目配りが大切である。

私が、「アジア史」を語ることでやろうとしていることは、第一に、従来の「東洋史」であれ「アジア史」であれ、近現代史が薄いという状況を克服することであるが、これはかなり補足が可能である。第二は、例えば従来の「中国史」では「中国の統一」が正常と見てきたが、この視点に一石を投ずることである。第三は、帝国主義と近代の関係について、従来の視点とは少々異なる視点を提示することである。第四の課題は、レーニンやウィルソンの提示した民族自決原則は、歴史の正しい発展方向だという立場に立つことである。例えば米ソ対立の時代にベトナム戦争は米ソの「代理戦争」であるという視点があったが、そこには民族独立などの課題に取り組む小国の願望を無視ないし軽視し、大国の意図・願望に解消してしまっていたという問題があった。第五の課題は、これまでの中国近現代史が多くの場合、中国共産党史観の枠の中にあったが、その枠を乗り越えることである。これは、一九八〇年代以降の蓄積があり、かなりの程度実現可能である。第六は、現状では入手しやすいアジア史事典がないので、本書の「索引」によってアジア史の新しい簡単な事典の役割を果たすことである。歴史記述は、ときに項目別の輪郭がかならずしも明らかでなく、事典は項目ごとの関連がかならずしも明らかではない。本書は、両者の弱点を克服しようとする試みである。

それぞれの一国史は、それぞれの各国史の概説書・研究書に委ね、アジアの前近代史については中国地域以外は簡単にとどめる。執筆にあたっては、私自身のこれまでの著述を用いているのは当然であるが、私の守備範囲をこえるものは、多くの方々の研究業績・概説書・新聞報道などを参照・利用させていただいており、私の研究部分以外は大部分、先学の業績の抜粋・要約にすぎないが、私なりの交通整理を行ない、わかりやすくするよう心がけた。また、学術論文ではなく、できるだけ簡潔にしたいテキストという性格上、引用文献の出典記載は基本的に省略し、参照した文献名は末尾に「参考文献」を付けるに止めることをお許しいただきたい。地図も紙数の関係から、『アジア歴史地図』（平凡社）、などに譲る。

歴史研究においては、個別実証と歴史の全体像の把握との関係をとらえることが重要である。全体像を問題にしない個別実証研究は瑣末主義と批判される一方、おおざっぱな全体像論、いわゆる「歴史観」の粗雑さが批判されるといったことが繰りかえされている。全体像を語る歴史観には、その壮大さに圧倒されるが、よく見るとあばたが目立つ。歴史の全体像に関心のない個別実証は、時には宝石のような輝きを放つが、小粒で光りが弱々しくて全体像が見えず、物足りない。個別実証研究は歴史の全体像をとらえようとすべきだし、全体像論・歴史観は緻密な個別実証によって常に補正されていかなければならないのである。

近年、「歴史を書きかえてはならない」という言葉がしばしばきかれた。動かしがたい歴史的事実が気に入らないからといって否定するのは誤りであり、そこからはプラスの意味は何も生みだされない。基本的で重要な歴史の事実に対する無知は、お互いに克服されなければならない。しかし、新資料の出現などによって歴史が書きかえられることがありうることは否定すべきではないし、「事実」として確定しているものであっても新たな視点で位置づけを組み替える柔軟性は失われてはならない。それは、歴史学・人間の認識の進歩なのである。本書は、新しいアジア史認識のためのささやかな模索の試みである。

本書は、二一世紀の現代に生きる若い日本人、大学生・社会人に知っていてほしい国際的知識としてのアジア史を前近代にもざっと目を通すとともに、日本と関係の深い近現代東アジア史に重点を置いて「アジア史」の全体像を取り上げる。高校世界史の副読本としても活用していただければ幸である。教授者におかれては、不足を補いつつ使用していただきたい。

二〇一〇年七月

目　次

目　次

第三部　アジア近代

第四部　アジア現代

序章　地球・人類・アジア

現代科学の知見によれば、太陽系が誕生したのは五〇億年前であり、地球は太陽系の中で約四六億年前に形成された。この地球に生命・生物が誕生したのは、早ければ約四三億年前、遅くとも三八億年前のこととされる。私は高校生だった一九五〇年代に、深海でコアセルヴェート液滴が形成され生命が誕生したとするオパーリンの『生命の起源』を読んだことがあるが、現在では隕石の衝突によって海中で生命が誕生したという説が有力である。四〇億年前には、天体の衝突により、地表は火の海に包まれたという。しかし、生命は生きながらえた。生命は、火の試練を乗り越えたのであった。

約三億七〇〇〇万年前、陸上に植物が発生し、三億六〇〇〇万年前に魚の一部が陸上に上がったという。その後、陸上で生物は複雑に進化してゆき、猿と区別される人間――「猿人」(*Ape man*) が発生したのは、かつては四〇〇万年前とされていたが、現在では約六〇〇〜七〇〇万年前のこととされている。実に二〇〇万〜三〇〇万年もさかのぼったのだ。五八〇万年前のカダバ猿人は、現在発見されているもっとも古い化石である。アフリカのオルドヴァイ渓谷で発見されたアウストラロピテクス (*Australopithecus*「南方の猿」の意、一九二四年発見) は、約五〇〇万年前から一〇〇万年前に草原で暮らしていたと見られている。一九九二年には、エチオピアのアラミスで約四四〇万年前のラミダス猿人の化石が日本人研究者によって発見された。彼らは、森で暮らしていたという。

その後、人類は進化していった。そのうち、二六〇万年前のガルヒ猿人は最古の石器をつくった可能性があるとされる。タンザニアで一九六四年に発見されたホモ・ハビリス (*Homo habilis*) は二四〇万年前から一七〇万年前まで存在していたとされ、彼らは荒削りの礫《れき》石器を用いて野生の動植物を狩猟・採集していたものもいたと見られている。旧石器時代の始まりとされるが、これは現生人類とそれ以前との区別をしていない時代の命名である。

次に地質年代で言う更新世（洪積世、約二〇〇万年前／一七〇万年前から約一万年前まで）になると、地表には四回氷河期が訪れた。生物・人類は「氷の試練」を乗り越えて来たのだった。約一九〇万年前には「原人」(*Homo erectus*)が現れ、二五万年前までは存在していたとされてきたが、二〇〇四年にインドネシアのフローレス島で発見されたホモ・フローレシエンシス（*Homo floresiensis*）は、原人ないしホモ・ハビリスの子孫で一万七〇〇〇年前まで生存していたと見られており、これが事実とすると、現生人類とも共存していたことになり、これまでの常識が覆される。二〇〇八年にロシア・シベリア南部のアルタイ山脈デニソヴァ洞窟（北緯五一度四〇分、東経八四度六八分）で発見された人骨は、ネアンデルタール人より古い一〇〇万年前のＤＮＡを持っており、三万年前から五万年前に生きていた人のものだということが二〇一〇年にわかった。古い種の人類が滅びずに現生人類と共存していた可能性が高まっている。一九〇七年にドイツで発見された下顎《がく》骨は、約一五〇万年前のハイデルベルク人（*Homo heidelbergensis*）のものと推定された。

一九二七〜三七年に中華民国河北省房山県周口店で発見された北京原人（*Sinanthropus pekinensis*）、一八九一〜九四年にジャワ中部トリニール河畔で頭蓋骨などが発見された七〇万年前のジャワ原人（*Pithecanthropus erectus*）などは、洞穴に住み、打製石器を使って狩猟・採集を行ない、火を使用して肉を焼き、言語も用いていたと見られている。北京原人は、以前は三〇万年から五〇万年前に出現したとされていたが、現在では七七万年前とさかのぼっている。

「原人」より進化した「旧人」（*Palaeoanthropic man*）が出現したのは、これまで約二〇万年前とされてきたが、最近では約三〇万年前とさかのぼっている。ホモ・サピエンス（*Homo sapiens*「知恵のある人」の意）の登場である。一八五六年にドイツで発見されたネアンデルタール人（*Homo sapiens neanderthalensis*）がその代表で、洞穴に住み、火を使用し、毛皮で寒さをしのぎ、剥片石器を用い、死者を埋葬する習慣があった。彼らは、ヨーロッパ・西南アジアで発見されている。

われわれ「新人」、すなわち「現生人類」（*Homo sapiens sapiens*）は、やはりこれまで約三〜四万年前に出現したと見られていたが、最近では二〇万年前とさかのぼっている。もっとも古いのは、一六万年前のホモ・サピエンス・イダルツである。三万年前のフランスのクロマニョン人（一八六八年発見）、イタリアのグリマルディ人、中国地域の周口店上洞人、一万八〇〇〇〜一万四〇〇〇年前の日本の浜北人（一九六〇〜六二年、静岡県で発見）などは、細石器・骨角器を用いて狩猟・採集・漁撈《ぎょろう》を行ない、洞窟画・岩絵などを残しており、複雑な言語を使用した。彼らは、石刃に柄を取りつけた鎌やといだ磨製石器をつくった。三万年前につくられた衣服が二〇〇九年に発見された。現グルジア共和国の黒海に面したところで、亜麻を用いた服が見つかった。これによって、現生人類は、相当早い時期から植物繊維を利用した衣服を着ていたことがわかった。また、二〇〇一年に発見されたフランスのショベ洞穴絵画は約三万年前のものであり、一九四〇年に発見されたフランスのラスコー洞穴の絵画は約二万年前のもの、一八七〇年代に発見されたスペインのアルタミラ洞穴絵画は約一万年前のものと見られている。

約三〇万年前に発生したとされるネアンデルタール人は、これまで約二万八〇〇〇年前に滅んだとされてきたが、二〇〇九年の分析では三万五〇〇〇年前に滅んだとのことである。現生人類と共存していた時期があるので、ネアンデルタール人と現生人類の交配・交雑があり、現生人類にもネアンデルタール人のＤＮＡが伝えられている可能性があるという説がこれまで検討されてきた。二〇〇九年にはそれはほぼ否定されたものの、二〇一〇年の研究結果によれば、ゲノム（全遺伝子情報）の配列から現生人類はネアンデルタール人と交雑し、その遺伝子を受け継いでいることがわかった。三万五〇〇〇年前には、彼らはヨーロッパには一万人程度しか存在していなかったという。

　中国の歴史学者・顧頡剛《こけつごう》（一八九三～一九八〇）は、現生人類はパミール高原で発生したと述べている。しかし現在では、発掘された化石・人骨などの研究から現生人類はアフリカ大陸で発生し、約七万～五万年前に世界各地に広がっていったという見方が有力である。現生人類の「出アフリカ」である。顧頡剛は、「母系社会は約数十万年の長きにわたった」と言い、現生人類とそれ以前の異なる類との区別をしていないが、それは顧頡剛に限らない。しかし、ここ十数年の人類学・考古学など科学の進歩は次々にわれわれの認識を塗り替えているのである。「中国」人研究者は、「中国」人は特殊な存在で、ホモ・エレクトゥスの子孫と信じていたが、ＤＮＡ調査によってアフリカ出身であることがわかったという。

　現生人類は当初、雨露をしのぐために山岳部の洞窟で寝起きし、寒さをしのぐために動物の毛皮や木綿・麻などの布をつくって着ていたと考えられるが、平野部に進出するとともに、毛皮や木材等植物素材、土や石などを利用してテントや家屋をつくっていったことだろう。

　現生人類が猿や他の動物や魚と違うところは、動物を狩猟し、魚を捕獲し、植物を採集することなどによって食料を得るだけではなく、動物・魚を飼育・養殖したり、作物を栽培したりして、食料を人為的・安定的に確保しようとし、火を利用し、道具・機械などを製造・使用し、さらには文化・芸術を生み出してきたことであろう。約一万年前～八〇〇〇年前には各地で大麦・小麦・稲・豆・イモ・トウモロコシ・バナナなどを栽培したり、ヤギ・牛・羊・豚などの家畜を飼育したりして食料の生産を開始していた。馬の飼育は、約六〇〇〇年前頃始まったとされてきたが、二〇〇九年の発表によれば、馬の毛についての遺伝子の分析から約五〇〇〇年前のことだったと一〇〇〇年ほど時間がくだった。犬は、約一万五〇〇〇年前に狼を家畜化したものであり、現生人類とのつきあいは長い。紀元前約七〇〇〇年～前五五〇〇年頃（以下、「前七〇〇〇年」のように表記する）には、エジプト・メソポタミアでは灌漑農業が開始され、農耕・牧畜時代に入った。今日、私たちは、世界各地の文学、演劇、絵画、音楽、建築、ヨーロッパのオペラ、ロシアのバレー、スペインのフラメンコ、中国の立ち回り、アメリカのジャズ、日本の太鼓などを鑑賞している。現生人類は、六六億七一〇〇万人（二〇〇七年）に達した。

天体の衝突や何度かにわたる氷河期、プレートの移動などを経て、地球表面の地形と海岸線はいまから約一万年前、すなわち前八〇〇〇年頃にほぼ現在の形になったと推定されている。ソ連は一九五七年に人工衛星を打ち上げ、一九六一年、人工衛星から地球をはじめて見た宇宙飛行士ガガーリンは、「地球は青かった」とメッセージを送ってきた。現在、地球の表面の七〇％は海なので「地球」は「水球」であるとも言われている。陸地はユーラシア・アフリカ・南北アメリカ・オーストラリアの五大陸と数々の島々からなり、ユーラシア大陸はさらにヨーロッパとアジアに区分される。

さて、「アジア」とは、どこからどこまでなのだろうか。「アジア」はアッシリア語の assu「日の出」から来ていると言われ、東方の「日出ずる土地」という意味だったと見られる。ヨーロッパでは、「オリエント」（東洋）という用語が用いられた。これも、ラテン語で「日の昇るところ」という意味で「東方地域」というほどの観念であろうが、その範囲は古代エジプトおよび西南アジア地域であり、さらにはおそらくせいぜいインド地域止まりであった。

現在、もっとも広く理解されている「アジア」とは、アフリカからハワイ諸島までを含むが、一般に用いられている「アジア」という観念はヨーロッパ以東の地域ということである。それは、ユーラシア大陸の東半部、すなわちウラル山脈から東であり、アラビア半島を含み、その東の果ては日本・フィリピン・インドネシアといった島々であって、ポリネシアは含んでいないと思われる。本書では、古代エジプト・北アフリカは別として、少なくともアフリカの大部分は除外することとする。

ヨーロッパからではなくアジアの地からアジアを見ると、そこには多数の民族・部族・氏族が存在し、使用されている言語もシナ・チベット語族、ウラル語族、アルタイ語族、インド・ヨーロッパ語族、インドネシア語族、セム語族等々複雑多岐であり、文化・宗教・歴史は大きく分けても西南アジア・南アジア・中央アジア・東アジア・東北アジアなどの文化圏があり、そのほか北部アジアもあり、あまりにも多様なので「アジア」を統一的にとらえることは実は大変困難なのである。とはいえ、一国史ではなくアジア史という視座で観察すると、相互交流・相互交渉が古くから行なわれていたことがわかる。

現生人類の文明史は、大局的に見ると、最初、西南アジアで発生し、その後、南アジア・東アジアでも高い文明を形成していったが、中世ルネサンス（一四〜一六世紀）をきっかけとしてそれまではアジアに遅れをとっていたヨーロッパが先頭に向かって走り出し、産業革命を転機とする近代に至って、「遅れたアジア」というイメージが定着したかのようである。

一口にアジアと言っても言語・文化・民族などが複雑で、ばらばらに見えるアジアがある種の一体感を漠然と共有するようになるのは、ヨーロッパ帝国主義のアジア進出が全面化する一九世紀以降においてであっただろう。そして二〇世紀末には、ヨーロッパがＥＵ（欧州連盟）を結成することに成功したので、アジアでも共同体がつくれないかという動きが起こり、その中でアジアのとらえ直しが改めて意識されてきているのだと思われる。そしてそれに止まらず、一九九〇年代以降のアジアの経済発展は、新たにアジアを見直す積極的な動機となっている。

アジアの地域区分名称も、かっちりしたものはないが、「東アジア」は中国大陸（中国地域、「中国本部」）・日本など、「東北アジア」は朝鮮半島・マンジュ（満洲、満州、中国東北）地域、「東南アジア」は台湾・フィリピン・インドネシア・インドシナ半島など、「南アジア」（インド地域）はインド・パキスタン・バングラデシュ・スリランカ（セイロン）・モルディブ・アフガニスタン・ネパール・ブータンなど、「西南アジア」（通常、「西アジア」とされる）はアナトリア（小アジア）以南・中近東・アラビア半島・エジプト・イラン（ペルシア）など、「中央アジア」はウラル山脈・カスピ海以東、イランとアフガニスタンの北方、新疆《しんきょう》・青海《せいかい》・チベットまで、「北アジア」はモンゴル以北とするが、「東アジア」は広くとれば東北アジア・東南アジアを含むことになり、モンゴルは中央アジアに、日本は東北アジアに、アフガニスタンは西南アジアに含めることも可能である。

第一部　アジア古代

第1章　古代の遺跡文化・文明と西南アジア・エジプト

諸概念　まず、歴史学の中で用いられているいくつかの概念を簡単に見ておきたい。

「未開社会」または「原始社会」とは、文明・都市・国家を形成していない社会と規定され、近い過去まで存在し、現在でも一部に存在する。「文化 *culture*」とは広い概念であるが、人類史の遺跡文化については、地域ごとの人間がつくりだした道具・土器・洞窟壁画などを含む生活様式とされているが、それらの中には現生人類以前のものもあるので、現生人類のものと現生人類以前によるものとの区別が定かでないものもある。

「文明 *civilization*」も広い概念であるが、担い手は現生人類であり、古代文明については、都市の形成を前提とし、諸文化が融合して形成された生活の様式、すなわち道具・青銅器・文字・都市・国家・思想・学問などであると理解されており、アジアの場合にはいずれも肥沃な大河川の流域に誕生しており、灌漑による農業の成立を基盤としている。また、「都市」とは一定地域に人口が集中し、政治・経済・文化の中心となっているところを指す。古代「都市国家」とは、神殿を中心とする都市とその周辺地域からなる小国家を指す。近現代の「国家」とは、領土・人民・主権を三要素とし、一般に明確な領土の境界が敷かれている。前近代についても「国家」という言葉が使われているが、かなり便宜的で、領土の境界もあいまいである場合が少なくない。

歴史学では、人間の集団の階層について一般には「氏族・部族・民族」などの用語が用いられている。「氏族」とは、先祖を共有すると信ずる集団であり、複数の氏族の連合体を「部族」と呼び、「民族」とはさらに多くの部族の連合体であり、主として言語・宗教・文化・風俗習慣・歴史などを共有すると考えられている集団であるなどと、おおまかに理解されている。「人種」は、一六世紀に生まれた分類で、黒色人種（ネグロイド）・白色人種（コーカソイド）・黄色人種（モンゴロイド）の順で発生したとされ、皮膚・目・頭髪の色などによって分けるが、これらによる区分は現在では人種差別思想と考えられている。前近代の氏族・部族・民族の区別は、明確な基準があるわけではなく、これらの概念にはあまり厳密な規定は与えられていないようである。「民族」と「国家」については、特にそれらの前近代的内包と近代概念とを区分し、近代概念で前近代を理解することがないよう注意する必要がある。

　歴史学では、例えば「古代」とは奴隷制時代、「中世」とは封建制時代、「近現代」とは資本主義時代などとする時代区分があるが、本書中で使用するおおざっぱな時代区分は便宜的なもので、「古代」はおおむね紀元三世紀ごろまでの時代、「中世」はおおむね紀元三世紀〜一六ないし一九世紀頃まで、「近代」はおおむね一六世紀に始まり一九世紀に本格化したと考える。これには当然、地域差もあり、例えばインド地域・中国地域では、中世は三世紀以降であり、「近代」の開始時期はヨーロッパ勢力の到来時期にずれがあるので、トルコ・インド地域では一六世紀、中国地域では一九世紀となろう。

石器・土器　人類の「猿人」以来の歴史では、道具としての打製石器の使用は三〇〇万〜二〇〇万年前に始まり、「旧石器時代」の開始と呼ばれる。現生人類は、前一万年頃から細石器を使用し始め、これを「中石器時代」の開始と呼ぶ。前八〇〇〇〜前七〇〇〇年頃からは磨製石器を使用し始め、これを新石器時代の開始という。土器は一万六〇〇〇年前からつくられ、最古の縄文《じょうもん》土器は一万二〇〇〇年前（「一万六五〇〇年前」説もある）のものとされ、日本では前四世紀から紀元後三世紀までを**弥生《やよい》**時代とする。現生人類は、メソポタミアで前八〇〇〇年頃に、磨製石器の使用を始め、農耕が開始され、麦類などの穀物栽培および家畜の飼育が開始されたとされる。

文化遺跡　現生人類最古の文明は、西南アジア・東北アフリカで生まれた。西南アジア新石器時代の文化的発展は、①ハッスナ期、②ハラフ期、③ウバイト期、④ウルク期、⑤ジャムデット・ナツル期の五期に分けられる。

人々は、メソポタミア南部のバビロニア地方に定住し、**ウバイド文化期**（前五〇〇〇～前三五〇〇）が始まった。同じく前五〇〇〇年頃にはエジプト文明が興《おこ》り、続いていわゆる**メソポタミア文明**、**黄河・長江文明**、**インダス文明**などが興った。

東アジア／中国地域では、前四五〇〇年頃、黄河中流域で初期**仰韶《ぎょうしょう》文化**（現・河南省）が始まり、黒と赤で彩色された土器が発掘された。黄河下流域には**大汶口《だいぶんこう》文化**が、前三〇～前二〇世紀中葉頃、黄河上流域に**馬家窰《よう》文化**が、前二五～前二〇世紀頃、黄河下流域に**山東竜山文化**が存在し、ここからは黒色土器が発掘された。前二六～前二〇世紀頃、黄河中流域に**河南竜山《りゅうざん》文化**（黒陶文化）が、前二三～前二〇世紀頃、黄河上流域に**陝西竜山文化**が存在した。前二〇世紀頃には、黄河上流域に**斉家《せいか》文化**が存在した。

長江（揚子江）下流域には、前五〇〇〇年頃、**河姆渡《かぼど》文化**、前四五〇〇年頃、**馬家浜《ばかひん》文化**が存在した。前三〇～前二二世紀頃、長江下流域に**青蓮崗《せいれんこう》文化**・**湖熟《こじゅく》文化**、前三〇～前二〇世紀頃、長江中流域の**屈家嶺《くつかれい》文化**（現・湖北省、河南省）、銭塘江《せんとうこう》下流域から太湖にかけて**良渚《りょうしょ》文化**などが存在した。前二五〇〇年頃からが仰韶文化前期（彩陶文化）とされ、前二〇〇〇年頃、仰韶文化中期に入った。

その他、北アジア・朝鮮半島・日本・ベトナムなどからもさまざまな遺跡が発掘されている。

金属器時代　次に、金属器時代が始まる。最初は銅が利用されたが、ついで青銅器が前四〇〇〇／前三五〇〇年以降に始まっていたとされ、武器・祭器などに用いられた。これを「**青銅器時代**」の開始と呼ぶ。中国地域では、前二〇〇〇／前一四〇〇年頃とされる。**鉄器**は、これまで現トルコ・アナトリア（小アジア）半島のヒッタイト古王国で前一五〇〇年～前一四〇〇年頃使われ始めたとされていたが、二〇〇八～〇九年の調査によって、同じアナトリア半島中部のカマン・カレホユック遺跡で前二一五〇～前一九五〇年の地層から鉄器が発見されたので、ヒッタイト古王国より四百数十年から六百数十年早かったことが明らかになった。鉄は、武器・道具などに用いられた。これを「**鉄器時代**」の開始と呼ぶ。インド地域では前六世紀に現れ、中国地域では前七世紀頃現れ、戦国時代の前四世紀頃、普及したとされており、日本にも前四世紀頃に伝えられたとされる。西南アジアにくらべて一六〇〇年ぐらいの時間差がある。

先史時代　われわれ人類の先祖の、文字による記録がない頃のことを「先史時代」と呼ぶ。その頃のことについては、考古学者は地表を掘り返し、出土物の出土地層年代や放射性炭素年代測定法（炭素一四法）・年輪年代測定法などから地球の歴史や人類の歴史を掘り起こそうとしている。生物学者は、生命の起源以来の生命・生物の進化・発展を解き明かそうとしている。人類学者は、発掘・発見された人骨を分析し、炭素一四法やＤＮＡ・ミトコンドリアの解析などによって人類の歴史を解明しようとしている。明確な根拠のある科学的推定のほかは、推測・仮説となるので、今後も知識が塗り変えられてゆくに違いない。とりわけＤＮＡ・ミトコンドリアの解析は、近年急速に精度が上がってきている。歴史学者は、主として文書に記録された史料を駆使して人類の歴史を明らかにしようとしており、こうした努力は今なお現在進行形であり、次々に新しい発見があり、歴史時代についても人々の認識は塗り替えられてきている。

王権　先史時代から歴史時代にかけて、人間は各地にそれぞれの集団を形成した。先史時代の人類の文化は、世界各地の遺跡から発掘されている。人類は、しだいに集団的な居住・生活の規模を拡大し、都市文明をつくりだし、それを統合する王権が成立していった。

神と王　現生人類は、思考し、空想する。人類は、自然現象やさまざまな事象について、それを左右する力を持つ「神々・天・霊魂」などの存在を想像し、巫《みこ》（シャーマン）が「神々・天・霊魂」の意向を問い、それを人々に伝えるというシャーマニズム（シャーマンが忘我状態になり霊魂・精霊と交流する宗教様式）の時代がながく続いた。その歴史の中で、集団を統治する「王」が成立し、王は神の意思の体現者であるとされ、それが王（支配者）による支配、「王権」の根拠であるとする思想が生まれ、近現代にまで引き継がれてきている。人間の空想は、宗教を生みだし、各氏族・部族・民族の神話をつくりだした。

人々は、各地で太陽・月・星座など天体の運行を観察し、いくつかの**暦**《こよみ》をつくった。エジプトでは、前二七八一年に太陽暦がつくられた。シュメール人は太陰暦をつくり、バビロニアでは、太陽太陰暦が用いられ、ローマ共和国ではカエサル時代に太陽暦を改良し、四年に一度の閏《うるう》年を導入した**ユリウス暦**《れき》をつくった。イスラーム教の**ヒジュラ暦**は一年を三五四日とし、六二二年を紀元元年とした。どの暦も、一年を三五〇～三六五日前後としている点では共通していた。

人間の各集団は、数千年間にわたって各地にさまざまな文化・文明を生みだしてきたが、それと共に食料・家畜・財物の略奪、支配領域の拡大、奴隷の獲得、資源の確保などのため、戦争を繰りかえしてきた。われわれ現生人類の歴史は、戦争の歴史でもあった。

歴史を知ることは、現生人類の一員として、われわれの過去を知ることであるとともに、自己認識を獲得し、自己省察をすることであり、そこからさらに反省・成長・発展する可能性をさぐることでもある。

1. メソポタミア

現イラン西南部のザグロス山脈の山麓地帯では、前八〇〇〇年頃には新石器が使用され、原始農耕（**天水農耕**）が始まり、大麦が栽培されていた。

ウバイト文化　前五〇〇〇年頃、オリエントのティグリス川（「矢のように速く流れる川」の意）・ユーフラテス（エウフラテス）川にはさまれたメソポタミア（「川の間の土地」の意）南部のバビロニア（「バビロンの土地」の意）地方に人々が定住し、ここにメソポタミア文明の開始と言われるウバイト文化期（前五〇〇〇〜前三五〇〇頃）が始まった。バビロニアの土地は肥沃だったが、降雨量が少なく、灌漑を必要とした。ここからは、彩文土器が出土している。中国法研究者・仁井田陞《にいだのぼる》は、「東洋」の特徴は「自由」が発見される西洋に対して、「家父長としての配慮をもった専制君主、もしくは専制主義が久しく支配しつづけたこと」、西洋が「天水農耕の地帯」であるのに対して「東洋は主として人工灌漑の世界」であり、それが「広い範囲にわたって支配する権力」が成立した根拠であったとしている。西洋対東洋比較論であり、一面の事実ではあるが、これだけでは歴史の大局を説明することはできないだろう。

メソポタミアの都市国家・王朝史は複雑なので、主な都市国家・王朝を千年単位で見てみよう。千年単位の表現を**千年紀（ミレニアム）**という。メソポタミアの都市国家の名称は、すべてそれらが成立した都市の名が付けられている。

前四千年紀／都市国家・初期王朝時代　前四千年紀には、メソポタミア地域は**ウルク**文化期（前三五〇〇〜前三一〇〇頃）に入り、中央アジア系と推定されるシュメール人による都市文明が成立し、支配階級・専門職人・商人が現れ、円筒印章を使用し、聖塔や巨大な神殿をつくり、原始的絵画文字を使用し、冶金術も持っていた。シュメール人たちは、メソポタミア南部にウル・ウルク・ラガシュ（現・テルロ）などの都市国家を建てた。これらを都市国家・初期王朝時代と呼ぶ。彼らの**楔《くさび》型文字**は、粘土版に書かれた。シュメール人は、契約に印章を用い、太陰暦をつくって一週を七日とし、六〇進法を用いた。シュメールは多神教で、神々は三三〇〇に達したという。

前三千年紀　前三千年紀に入って前二九〇〇年頃、**シュメール王朝**（〜前二三一七。約五八〇年間）が成立し、絵文字がつくられ、その後に人類最初の文字、楔型文字がつくられたとする説もある。

その後、シュメール北方の都市国家、セム族系（アフロ・アジア語系）の**アッカド王朝**（前二三五〇／前二三三四／前二三一六／前二二〇〇～前二一五四／前二一二五／前二〇〇〇、約一八〇年間）が起こった（「／」は「もしくは」の意）。アッカドの都市国家キシュ第四王朝のウル・ザババの酒杯官だったシャルーキン（**サルゴン**）は王位を簒奪し、新都市アガデ（アッカド語で「アッカド」）を造営した。前二三〇〇年頃、サルゴン大王はカスピ海（あるいは地中海）からペルシア湾に至る地域の度量衡・暦法を統一した。セム語系のなかには、アッカド人・アラム人などが含まれる。

シュメール人の統一王朝、**ウル第三王朝**（前二一一三頃／前二一一一～前二〇〇六頃／前二〇〇四、約一一〇年間）は、東地中海沿岸からイラン高原までを支配した。「第三」というのは、ユーフラテス川下流域右岸のウル市に建てられた三番目の王朝ということである。ウルの遺跡には、**ジッグラト**（アッカド語名。シュメール語では「ウニル」。「聖塔」の意）という高さ二一メートルの塔の跡が残っている。ジッグラトは、二〇以上建てられた。バビロン市のジッグラトは、『旧約聖書』に出てくる「バベルの塔」である。従来は、『ハンムラビ法典』が最古の法典とされてきたが、それより三〇〇年前のウル第三王朝で『**ウル・ナンク法典**』がつくられていた。ウル第三王朝の領内には、まもなくイシン第一王朝が成立し、その後、**エラム人**（前三千年紀半ば～前七世紀、民族系統不明）によって滅ぼされた。エラム人も、シュメール人にならってジッグラトをつくった。

前三千年紀から前二千年紀にかけては、**アムル**（**アモリ**）**人**が**ラルサ**王朝（前二〇二五～前一七六三。約二五〇年間）、**イシン**第一王朝（前二〇二〇／前二〇一七～前一七九四。約二三〇年間）など四王朝を建てた。

前二千年紀　前二千年紀には、セム語系の古**アッシリア**（前二〇〇〇／前一九〇〇年～前一六〇〇年）がティグリス川中流のアッシュルを中心に、北メソポタミアに都市国家を建てた。「アッシリア」とは、「アッシュル

（神）の土地」の意である。前一五世紀には、ミタンニに服属したが、やがて独立を回復した。

　次いで、**バビロン**第一王朝（前一八九四／前一八九〇／前一七九二年～前一五九五。約三〇〇～二〇〇年間）が興った。バビロン第一王朝の第六代王ハンムラビ（前一七九二～前一七五〇／一七三九）は、「人の子の目を潰《つぶ》したなら、彼の目を潰す」（一九六条）、「同格の他の人の歯を落としたなら、彼の歯を落とす」（第二〇〇条）などで名高い、これまで世界最古の法典とされてきた『**ハンムラビ法典**』（全二八二条）を楔形文字で残した（フランス・ルーブル博物館所蔵）。俗に「目には目を、歯には歯を」と略称され、復讐の思想と思われているがそうではなく、犯した罪をいかに罰するかという刑法思想である。セム族系遊牧民のアムル（アモリ）人は、ウルを滅ぼした。

　中央アジアから移動してきたインド・ヨーロッパ語系遊牧民ヒッタイト人（ヘテ人）は、アナトリア半島中央部にハットゥシャ（現トルコ・ボアズキョイ。海抜一八〇〇メートル）を都として**ヒッタイト**古王国（前一八世紀／前一六八〇年～前一四五〇／前一二世紀。約六世紀間／約二五〇年間）を建てた。ヒッタイトは、馬に引かせた戦車と鉄製武器を用い、前一六世紀に古バビロニア王朝を滅ぼし、のちに「**海の民**」によって滅ぼされたとされる。「海の民」とは、前一三世紀末～前一二世紀初めにかけて東地中海一帯の諸国家・諸都市を攻撃した諸民族の総称（民族系統不明）で、ヒッタイトを滅ぼし、エジプトを弱体化させたとも、ヒッタイトはエジプトに攻撃され、内紛で滅んだとも言われる。

　表音文字　文字は当初、祭祀《さいし》階級の独占物で、神殿倉庫の記帳のための表意文字だったが、表音文字の「**原カナーン文字**」（成立年代不詳）がつくられ、前一六〇〇年頃、さらに「**原シナイ文字**」がつくられ、フェニキア人が前一一世紀頃、それを発展させた「**フェニキア文字**」を地中海沿岸に広め、前九〇〇年頃、そこから「ギリシア・アルファベット」・「**アラム文字**」・「南アラビア文字」などに派生していった。セム系アラム人の「アラム文字」はその後、インド地域から中央アジア、モンゴル、マンジュ（満州）に至る東方地域一帯の表音文字の母胎となった。

現イラン西南部ザグロス山岳地帯からカッシート人（民族系統不明）がバビロニアに侵入し、バビロン第三王朝とされる**カッシート王朝**（前一五〇〇～前一一五五）を建て、エジプト・ミタンニ・ヒッタイトと争った。のち、彼らは前三千年紀から前七世紀前半にかけてイラン高原西南部を支配していた**エラム人**に滅ぼされた。

「**ミタンニ王国**」は、前一六世紀にメソポタミア北部からシリアにかけての地域を支配していた。インド・ヨーロッパ語族が支配者と見られるが、住民の大部分はフルリ人（民族系統不明）だった。前一五世紀には、エジプト・ヒッタイトと並び繁栄したが、前一四世紀にヒッタイトに敗れ、のちアッシリアに併合された。

前二千年紀には、このほか「**中期アッシリア**」（前一五〇〇頃～前一〇〇〇。約五〇〇年間）、「**イスラエル**」（前一〇二〇～）などが興った。

前一千年紀　前一千年紀には、「**新アッシリア帝国**」（前一〇〇〇～前六一二／前六〇九。約三九〇年間）が登場した。アッシリアは、前八世紀には全メソポタミアからシリアまでを支配し、ティグリス川中流左岸のニネヴェを都とし、前七世紀前半には、エジプトを含む全オリエント地域の主要部分を初めて統一し、専制君主である王が全領土を約六〇州に分け、総督を派遣して支配させた。共通語は、アラム語で、バビロンの住民は奴隷とされた。しかし、強制移住・重税などに反発が起こり、セム語族系バビロニアはその後、独立し、「新バビロニア」（「**カルデア**」、前六二五～前五三九／五三八）を建て、バビロンを都とした。前六一二年にイラン西部のインド・ヨーロッパ語系ペルシア人の**メディア**（前八世紀末～前五五〇。約二五〇年間）と連合して、アッシリアを滅ぼし、ニネヴェは廃墟と化した。新バビロニアの**ネブカドネザル**（**ネブカドネツァル**）**二世**（在位、前六〇四～前五六二）は前五六二年、ユダ王国を滅ぼし、「**バビロン捕囚**」を行なった。

前六一二年以降、オリエントには「リディア」・「メディア」・「新バビロニア」・「エジプト」が並び立ち、「**四**《し》**王国分立**」と称される。アナトリア南西部では、インド・ヨーロッパ語族の「**リディア王国**」（前七世紀〜前五四六。約一〇〇年間）が強国となり、前七世紀後半、世界最古の**鋳造貨幣**をつくった。リディア・新バビロニアは、アケメネス朝ペルシアに滅ぼされた。

2. エジプト文明・王朝の成立

東北アフリカを流れる世界最長の川、ナイル川流域のエジプトでは、メソポタミアと共に世界最古の農耕文明が成立した。古代ギリシアの歴史家ヘロドトス（前四八五頃〜前四二五）は、「エジプトはナイルの賜物」と呼んだ。メソポタミアでセム族が優勢であったのに対し、古代エジプトではハム族が支配的だった。エジプト最古の文字は、シュメールに続いて前三一五〇年頃出現したという。絵文字から発達した象形文字であり、ギリシア人はこれを「**ヒエログリフ**」（聖刻文字）と呼んだ。ロンドンの大英博物館に所蔵されている**ロゼッタ・ストーン**は、プトレマイオス五世を讃えた碑文で、前一九六年のものだが、ヒエログリフ文字・デモティック（民用）文字・ギリシア文字などで書かれており、ナポレオンのエジプト遠征（一七九九年）のさい、発見された。（中央大学図書館には、ロゼッタ・ストーンのレプリカがある。）

「**エジプト**」「エジプト」の呼称は、ギリシア神話でゼウスの孫、ないしゼウスの孫ベーロス王の子である「アイギュプトス」が征服地に自分の名を付けたことに始まるとされる。エジプトは、ローマ帝国の属州になったとき、「アエギュプトス」（ラテン語）と名づけられた。エジプトのナイル川流域では、ゲルゼ期後期（前三五〇〇年頃）から都市国家に発展し始め、ナイル渓谷は「上エジプト王国」、デルタ地帯は「下エジプト王国」に統一されてゆき、前三千年紀に入って、世界史最古とされる王朝、エジプト語族（ハム語）系のエジプト**第一王**

朝（前二九二〇～二七七〇。約一五〇年間）が成立した。王は、太陽神ラーの子とされ、ファラオ（「大きな家」の意）と呼ばれ、やはり世界史最古とされる石造の王の墳墓がつくられた。エジプト王朝は、古王国・中王国・新王国に時期区分され、成立順の番号で呼ばれるが、第一・第二、第九・第一〇、第一三～第一七王朝は含まない。

2-1　エジプト古王国（前二六五〇頃～前二一二〇頃。約五三〇年間）

エジプト古王国は、従来は第三～六王朝としてきたが、近年では第七・第八王朝を含む説が有力となっている。王朝がエジプト南部から北部のデルタ地帯に移され、都はメンフィスに置かれた。行政単位はノモスと呼ばれた。第四王朝の**クフ王**（前二八〇〇年頃）は、カイロ対岸のギザに、最古にして最大のピラミッドを建設した。エジプト地域には、計約一〇〇のピラミッドが建設された。エジプトの宗教は、太陽神を中心とする多神教で、ミイラや「死者の書」を残した。エジプトで用いられたパピルスは、英語ペイパー *paper*（紙）の語源である。太陰暦と太陽暦（一年を三六五日とする）が併用され、太陽暦はローマで採用され、今日の西暦の暦の基となった。

2-2　中王国（前二〇二〇頃～前一七九三頃。約二三〇年間）

エジプト中王国は、第一一・第一二王朝で、テーベ（現ルクソール）の貴族が第一一王朝を興し、第一二王朝はエジプトを再統一し、都をテーベに置き、官僚制度を整え、中央集権化を推進したが、王権が衰えて滅んだ。

2-3　新王国（前一五五〇頃～前一〇六九頃。約四八〇年間）

エジプト新王国は、第一八～二〇王朝から成り、都は主としてテーベに置かれ、シリアやパレスチナでヒッタイト・ミタンニ・カッシートなどと争った。この頃には、テーベ市の守神アメンと太陽神ラーが一体化し、アメン・ラーとなった。二〇〇九年四月発表の調査結果によれば、新王国第一八～一九王朝（前一五〇〇～前一一〇〇年代後半）時代の神殿がシナイ半島西部で発見された。

2-4　プトレマイオス朝（前三〇四～前三〇。約二六六年間）

新王国時代ののち、エジプトはアッシリア・アケメネス朝ペルシアなどに支配された。古代エジプト最後の王朝・プトレマイオス朝は、アレクサンドロス大王によるエジプト支配を受け継いだもので、部将プトレマイオスが建国した。ローマと連携した最後の女王**クレオパトラ**（在位、前五一～前三〇）は、ギリシア系とアフリカ系の混血と推定されている。その後、エジプトはローマ帝国の支配下に置かれる。

3．イスラエル

ユダヤ教　前一六世紀頃、パレスチナには未開人が住んでいたが、セム語系アムル（アモリ）人がアラビアから侵入し、その後、**アラム人**がメソポタミアから移住してきて、遊牧生活から農耕生活に入った。このアラム人の移住者のうち、カルデアのウル出身の**アブラム**（**アブラハム**）という人物が「ユダヤ民族」の父祖とされる。アブラハムの一族は「約束の地」（神がイスラエルの民に与えると約束した土地）カナーンに移住し、前一五〇〇年頃、パレスチナに定住した。彼らは「イヴリム」／「ヘブライ人」と呼ばれたが、自称は「イスラエル人」であった。「カナーン」はパレスチナの古称であり、「パレスチナ」（フィリスティナ）とは南部に定着したペリシテ人（フィリスティア人）から来た呼称である。アブラハムはイスラエルとも言われ、彼らの一族はイスラエル人と呼ばれた。イスラエル人の一部はエジプトに移住したが、エジプト新王国で迫害され、前一二五〇年頃、**モーセ**に率いられてエジプトを脱出し、パレスチナにもどった。前一〇世紀～前一世紀の間にまとめられた『旧約聖書』の中の「**出エジプト記**」である。ヘブライ人の伝説的予言者モーセは、シナイ山でイスラエルの唯一神**ヤハウェ**（ヤーヴェ）と契約を結び、「十戒」を授与されたとされ、一神教であるユダヤ教の律法（神の教え、戒律）を成立させたとされる。のちにギリシア人たちは、アラム人のうちキリスト教に化した人々を**シリア人**と呼んだ。

「**十戒**」とは、第一戒「私のほか、何者も神としてはならない」、第二戒「自分のために偶像を彫ってはならない」、第三戒「あなたの神ヤハウェの名をみだりに口にしてはならない」、第四戒「安息日を覚えよ」、第五戒「あなたの父母を敬え」、第六戒「殺してはならない」、第七戒「姦淫してはならない」、第八戒「盗んではならない」、第九戒「いつわりの証《あかし》を立ててはならない」、第十戒「むさぼってはならない」である。ユダヤ教は、ユダヤ人だけが救われるとする選民思想・戒律重視・メシア信仰を特色とし、ゾロアスター教から受けついだ「最後の審判」という思想も含む。「メシア」とは、「神の膏《あぶら》を注がれた者」（救世主）の意である。つまり、エジプトに続いて一神教が登場したのである。これに続いて、キリスト教・イスラーム教が一神教となった。

イスラエル王国（前一〇五〇／前一〇二〇頃～前九二八／前九二二頃。約一四〇／九〇年間）イスラエル（ヘブライ）王国がつくられ、**サウル**（在位、前一〇二〇～前一〇〇四）が初代の王となってイスラエル諸部族が統一された。第二代王**ダヴィデ**（在位、前一〇〇〇頃～前九六〇頃）は、イェルサレムを都とし、王国全盛期をつくりだした。

「**イェルサレム**」とは、ヘブライ語・アラビア語などで「シャレーム神によって礎石が据えられた所」、「聖なる家、聖域、聖なるもの」の意である。第三代王**ソロモン**（在位、前九六〇頃～前九二八／前九二二頃）は、通商交易を盛んにし、ヤハウェの神殿を建築し、ユダヤ教の聖地となったが、イェルサレムはその後、キリスト教・イスラーム教の聖地ともなり、三教争奪の対象となって今日に至っている。

イスラエル王国とユダ王国への分裂（前九二八／前九二二頃）イスラエル統一王国は、ソロモンの死後、イスラエル王国（北王国。前九二八／前九二二頃～前七二二／前七二一。約二〇〇年間）とユダ王国（南王国。前九二八／前九二二頃〜前五八六。約三四〇年間）に分裂した。北王国はアッシリアに滅ぼされた。新バビロニア王ネブカドネザル二世は、南王国の首都イェルサレムを包囲し、南王国ユダ王と住民をバビロンに連行した（第一回バビロニア〈バビロン〉捕囚）。ユダ王国が滅ぼされると、第二回バビロニア捕囚が行なわれ、さらに第三回バビロニア捕囚（前五八二年）が行なわれた。イスラエル人は、バビロン捕囚以降は「**ユダヤ人**」と呼ばれる。一九世紀イタリアの作曲家ジュゼッペ・ヴェルディ（一八一三〜一九〇一）は、ネブカドネザル二世を題材にしたオペラ「ナブッコ（ナブコドノゾール）」（一八四一年）を作曲し、一九世紀のイタリア民族運動を鼓舞した。

前六世紀、アケメネス朝ペルシアが成立し、新バビロニアを滅ぼすと、ペルシア王**キュロス二世**（在位、前五五九〜前五三〇）は前五三八年、バビロニアからの祖国帰還を許可し、イスラエル人を解放した。ヘブライ人たちは前五一五年、ヤハウェ神殿を再建し、ユダヤ教が確立され、神政共同体がつくられた。ユダヤ教の教典『旧約聖書』は、キリスト教の教典にもなった。

ローマの**ポンペイウス**（前一〇六頃〜前四八）は前六三年、イエルサレムを陥落させ、パレスチナはローマの属領となった。紀元後六六〜七〇年には大反乱が起こり、反乱を鎮圧したローマはイエルサレムの神殿を破壊した。一三二〜一三五年には第二反乱が起きたが、**ハドリアヌス帝**（在位一一七〜一三八）はこれを鎮圧した。

4. アケメネス朝ペルシア（前五五九／前五五〇〜前三三〇、約二二〇〜二三〇年間）

メディアの属領に入っていたインド・ヨーロッパ語族系のペルシア人は、アケメネス朝を建てた。始祖はアケメネスで、キュロス二世が前五五〇年、メディアを滅ぼして独立し、リディア・新バビロニア（カルデア）を滅ぼし、次のカンビュセス二世（在位、前五三〇〜前五二二）はエジプトを征服して、シリア・エジプトを含む全オリエントを統一し、さらに**ダレイオス（ダリウス）一世**（在位、前五二二～前四八六）の時代には、東はインダス川流域、西はエーゲ海北岸・ドナウ川流域に至る大帝国を築きあげ、「王の道」をつくらせ、イラン高原の古都スサからアナトリアのサルデスまでの約二五〇〇キロメートルの道には一一一の宿駅を設け、駅伝制を整備し、早馬なら二週間で到達したという。ペルセポリスに都を建設し、全領土を二〇／二四の州（サトラピー）に分けて一定の自治を許し、その総督（サトラップ）を任命すると共に、「王の目」「王の耳」という監察官を置き、中央集権制を確立した。また、金貨・銀貨を鋳造し、財政の強化をはかった。前四世紀、ギリシア遠征（ペルシア戦争）に失敗し、アレクサンドロス大王の東方遠征によって滅ぼされた。これは、古代におけるアジアとヨーロッパの衝突・交流とも言える。

ペルシアでは、楔形文字を発展させた「**ペルシア文字**」が使用され、公用語は、ペルシア語・エラム語・バビロニア語・アッシリア語・アラム語などだった。

ゾロアスター教　この古代ペルシアでは、中央アジアに生まれたザラスシュトラ・スピターマが開いたゾロアスター（ザラトストラ）教（中国語名「祆《けん》教」、「拝火教」）が信仰された。ゾロアスター教は、前七世紀／前六世紀頃（前一二〇〇年頃説もある）、ゾロアスターが唱えたペルシアの宗教で、世界を「光明（善）の神**アフラ・マズダ**（叡知の主）」と「暗黒（悪）の神**アーリマン**」の闘いとし、「最後の審判」の日に善神が勝ち、死者は蘇るというものであり、聖典は『**アヴェスタ**』である。その「最後の審判」・サタン（悪魔の王）・「復活」などの観念はその後、ユダヤ教・キリスト教・イスラーム教にも影響を与えた。アフラ・マズダは、インド地域の『リグ・ヴェーダ』では神々の総称となり、ヒンドゥー教のなかでは力の神インドラ（帝釈天《たいしゃくてん》）と戦う悪神となり、さらに仏教に取り入れられて仏の守護神・八部衆の一人である「阿修羅《あしゅら》」の原型のひとつとなった。

である。

5. 地中海世界（ギリシア・マケドニア・ローマ）の西南アジア侵入

地中海沿岸は、地中海世界を形成し、西南アジアと接触・交渉した。ギリシアでは、前三〇〇〇年ごろ、青銅器の使用が始まっており、前一九〇〇年頃、第一王宮時代が始まった。伝承によるローマの建国は、前七五三年である。

ギリシア　アケメネス朝ペルシアは、**ペルシア戦争**（前四九二、前四九〇マラトンの戦い、前四八〇サラミス海戦、前四七九プラタイアイの戦い、前四四九カリアス和約）でアテネなどギリシア諸ポリス（都市国家）のデロス同盟に敗れた。

マケドニア　マケドニア王国の**アレクサンドロス**（アレクサンダー）大王（在位、前三三六〜前三二三）は、ギリシア諸ポリス連合軍を破り、前三三〇年にアケメネス朝ペルシア（前五五九／前五五〇〜前三三〇）を征服した。アレクサンドロスは、エジプトからインド地域北西部のインダス川流域までを支配し、ヘレニズム文化（ギリシア的思想・文化）を西南アジアからインド地域西部に広げたのであった。アレクサンドロスは前三二五年、インド地域から帰途についた。

ローマ　ローマは、前三世紀前半にはイタリア半島を制圧し、前二世紀には勢力を地中海全域に広げた。ローマの属州となったパレスチナでは、イエス・キリストがユダヤ教の指導者たちを批判し、神の絶対愛と隣人愛を説いて、紀元後三〇年に十字架にかけられ、イエスが救世主（メシア）であるとする**キリスト教**が成立した。その後、キリスト教はローマ帝国内で広まったが、これも東西交渉史のひとつと言えよう。ローマ人によってパレスチナから追われたユダヤ人は、バビロンを本拠とし、ユダヤ的宗教文化を開花させていった。

セレウコス朝（前三一二〜前六三、約二五〇年間）　アレクサンドロス大王死後、帝国は①マケドニア、②プトレマイオス朝エジプト、③セレウコス朝シリアに分裂した。アレクサンドロス大王の武将セレウコスは、領土の大部分を占有し、シリアに退いてヘレニズムのシリア王国を築いた。

バクトリア王国（前二五五〜後二二四、約四八〇年間）　その後、ギリシア系住民は、セレウコス朝から独立し、インド地域西部近くのアム川（現アムダリア川、アラル海に注ぐ）上流域（現アフガニスタン北方）にバクトリア王国を建てた。バクトリアは、ヘレニズム文化をインド地域西北部に伝え、のちにガンダーラ美術が生まれる素地を築いたギリシア植民都市国家である。ギリシア勢力は、西南アジアでシリア王国とバクトリア王国とに分裂したのであった。その後、中央アジアのスキタイ系遊牧民トハラ人（中国語名「大月氏」）がバクトリアに侵入し、バクトリアを服属させた。

パルティア王国（前二四八〜後二二六、約四七〇年間）　アルサケスに率いられたペルシア高原北部土着の遊牧民パルティア人は、セレウコス朝から独立し、カスピ海東南にパルティア王国を建設した。「パルティア」とは、ペルシアのことで、その建国者アルサケスの名により、中国語名では「安息」と呼ばれる（『史記』）。使用言語は、パルティア語・ギリシア語・アラム語などであった。ヘレニズム文化の影響下にあったが、次第にゾロアスター教などペルシア文化色を強めていった。中国地域・漢朝とほぼ同時代で、「絹の道」の西部にあり、絹貿易を独占して繁栄した。

大月氏国（前一四〇頃〜後一世紀。約二五〇年間）　大月氏（トハラ人）は、前三世紀以降中央アジアで活躍した遊牧民で、ペルシア系と見られている。前二世紀前半から匈奴・烏孫《うそん》に追われてアム川上流で大月氏国を建て、バクトリア地方に移動してこれを支配し、前一世紀頃、「**大夏**（トハラ）」を征服した。中国語では、クシャーナ朝も大月氏と呼んでいる。

第2章　古代インド地域（前二三〇〇年頃～三世紀）

「インド」　地理的概念としてのインド地域とは、現在のインド共和国・パキスタン・バングラデシュを含み、「南アジア」とは、これらにネパール・ブータン・スリランカ・モルディブおよびアフガニスタンを加える。本書で用いる「インド」とは、前近代では国家概念ではなく地理概念である。「インド」の名称は、インダス川をサンスクリット語で「シンドゥ」（「大きな川」の意）と呼んだことからこの地域の呼称となり、それをペルシア人が「ヒンドゥ」と呼び、さらにギリシア人が「インディア」と呼んだものが広まったのだという。「シンドゥ」は、現在ではパキスタン南部地方を指す。この地域の言語系統は、五系統（インド・アーリヤ系、イラン系、ドラヴィダ系、オーストロ・アジア系、チベット・ビルマ系）に大別される。インド亜大陸の原住民は、オーストロ・アジア系の人々で、前四千年紀半ば頃にドラヴィダ人がインド亜大陸に進出したと見られている（「オーストロ」は、「南方」の意）。

インダス文明（前二三〇〇年頃～前一八〇〇／前一七〇〇頃）　一九二一～二二年、インダス川中流域パンジャーブ地方（インダス川中流域五河地方）のハラッパーで東西二〇〇メートル、南北四〇〇メートルの城塞跡が発掘され、インダス川下流域、現シンド地方のモエンジョ・ダーロ（モヘンジョダロ、「死人の丘」の意）からも遺跡が発掘され、西北インドには前二三〇〇年頃から東西一五〇〇キロメートル、南北一一〇〇キロメートルの範囲にインダス文明（ハラッパー文化）が存在したことがわかった。そこでは都市文明が繁栄していた。ここから、象形文字の「**インダス文字**」が刻まれた印章が発掘されたが、まだ解読されていない。インダス文明は前一八〇〇年頃、衰え、侵入してきたアーリヤ人に破壊されたとされてきたが、アーリア人の西北インド地域侵入はインダス文明衰亡の三〇〇〇年後なので、別の原因と見られる。

アーリヤ人の「民族移動」　インド・ヨーロッパ語族の遊牧民アーリヤ人は、もと黒海北方（西トルキスタン・アラル海付近とも言われる）の草原地帯に生活していたが、前二〇〇〇年頃に東南方面に大移動を開始し、一部はペルシアに進出し、一部は前一五〇〇年頃からカイバル峠を越えてその東北部から肥沃なパンジャーブ地方に進入し、馬と戦車で先住のドラヴィダ族やオーストロ・アジア系の農耕民を征服し、前一〇〇〇年頃、ガンジス川流域まで進出して農耕社会を形成した。「アーリヤ」とは「尊敬されるべき者」「高貴な」「神聖な」などの意であり、「ガンジス川」は「女神ガンガー」の名に由来する名称である。彼らは、インドで農耕生活を始めると、原住民と人種的・文化的に融合していった。ドラヴィダ人・アーリヤ人のインド地域への進入は、「民族移動」と言うことができる。

バラモン教　アーリヤ人は、自然現象を崇拝し、その神々に讃歌を捧げた。それは前一五〇〇〜前一〇〇〇年頃、バラモン（中国語名「婆羅門」。司祭者）によってサンスクリットの古形であるヴェーダ語で『リグ・ヴェーダ』などにまとめられ、さらに祭式の詠歌・詞・呪法などの諸ヴェーダ（聖典）が整えられていった。「ヴェーダ」とは、「知識」の意、「ブラーフマナ」は、「神聖な知識を持つ者」の意で、「バラモン」の語源ともなった。この宗教は、バラモン教と呼ばれる。バラモン教は、ブラフマー（世界創造神）・ヴィシュヌ（「ヴェーダ」の太陽神に由来する世界維持神）・シヴァ（破壊神、舞踏王。「めでたい者」の意）の三神への信仰を中心とし、インドラ（城塞破壊者。中国語名「帝釈天《たいしゃくてん》」）・アグニ（火神）・ヴァルナ（司法神）などを讃える。ヴェーダの聖典によれば、人生は第一期「学生期」、第二期「家住期」（家長を務める）、第三期「林住期」（老齢になり家を出て森で生活する）、第四期「遊行《ゆぎょう》期」（托鉢《たくはつ》乞食をして各地を遍歴する）からなる。バラモン教では、死者は火葬される。

『ウパニシャッド』　前七世紀〜前四世紀には、「ヴェーダ」の一部として『ウパニシャッド』（奥義書）が形成され、前六世紀頃成立した。「ウパ」とは「近く」、「ニシャッド」とは「座る」、つまり師の「近くに座る」の意である。ウパニシャッドでは、生命の輪廻《りんね》転生、宇宙の根本原理であるブラフマン（中国語名「梵《ぼん》」。「神から与えられたもの」の意で、宇宙の本体・万物の本体とされる）と個人の根源であるアートマン（自我）の究極的同一性（梵我一如の真理）を悟ることで輪廻からの解脱《げだつ》（精神の自由）が得られるという思想が生まれた。ウパニシャッド哲学には、六つの派があり、そのうちヴェーダンタ学派が正統とされ、グプタ朝時代にこの派の**シャンカラ**（七〇〇〜七五〇頃）は注釈書を著した。

カースト／ヴァルナ／ジャーティ制度　バラモン教と結びついて、前一〇世紀から前七世紀にかけて、バラモン・クシャトリア（王侯・戦士）・ヴァイシャ（「部族の成員」を意味する「ヴィシュ」から来た呼称。庶民）・シュードラ（隷属先住民階層。隷属先住民の一部族名から来た呼称だという）からなる「ヴァルナ」（色）と呼ばれる身分制が形成され、さらに細かく細分化されたカースト制度がつくられていった。しかし、「カースト」とはポルトガル語のカスタ（家柄・血統）に由来する言葉で、インド地域では「ジャーティ」（「生まれ」の意）と言う。村の単位で一〇から三〇のジャーティがあり、ジャーティは全部で約三〇〇〇に分けられ、異なるジャーティ間の結婚は禁止されたが、逆に同一ジャーティ内では強い結合を形成した。ヴァルナの枠外には、さらに最下層のダリト・ハリジャン（不可触賤民）が位置づけられた。

十六大国時代（前六〇〇頃〜前四世紀中頃）　前六〇〇年頃から、ガンジス川流域では、小王国が並立し、仏教成立直前の北インド地域からデカン北部にはコーサラ国・マガダ国など主な国が一六国存在したので、十六大国時代と呼ばれる。これらは、部族共和制国家（部族有力者集団統治）と王国とに分類される。北インド地域の**コーサラ国**（前六世紀〜前五世紀）は、前六世紀にガンジス川中流域に興り、部族共和制の**カピラ国**を滅ぼし、前五世紀にマガダ国に併合された。

マガダ国（前五四六～前八〇頃／前六八頃。約四七〇／四八〇年間）マガダとは、東北インド地域の地名で、ここを拠点として建てられた王国を「マガダ国」と言う。ガンジス平原を支配し、集約的水稲栽培、鉄資源の利用による武器・農具・工具の大量生産、軍用象の飼育を行なった。マガダ国には、いくつかの王朝が興亡した。

仏教　マガダ国が成立した前六世紀～前五世紀頃、シャーキヤ（シャカ）族のカピラ国の王子**ガウタマ・シッダールタ**（釈迦牟尼・仏陀。前五六三頃～前四八三年頃、あるいはその一〇〇年後の前四六三頃～前三八三年頃などの説あり）は、二九歳で出家し、マガダ国のブッダガヤーでブッダ（中国語名「仏陀」。「覚者」、「悟りを開いた者」の意）となった。彼はこれ以後、ブッダ、**シャーキヤムニ**（中国語名「釈迦牟尼《しゃかむに》」。釈迦族の賢者）と呼ばれた。我執・煩悩《ぼんのう》を捨て、正しい見解・行為などによって八正道《しょうどう》（正見・正思・正語・正業・正命・正精進・正念・正定という修行の方法）、四諦《たい》（生老《しょうろう》病死の四苦から解脱《げだつ》する認識の方法）を実践することで生老病死の苦から解脱できるとし、ヴァルナの身分秩序を否定し、人間の平等、すべての生きものへの慈悲を説き、殺生を禁じ、享楽を否定し、禁欲、あるがままを受けいれることを説く仏教を興した。

サンガ　ブッダの時代に、サンガ（仏教教団）がつくられた。最初は男（比丘《びく》）だけだったが、その後、女（比丘尼《びくに》）の参加も認められるようになった。在家《ざいけ》の信者は、「仏法僧」（ブッダ・ブッダの教え・仏教教団）に帰依し、「五戒」（不殺生・不偸《ちゅう》盗・不邪淫・不妄語・不飲酒）を守った。教団を物質的に支えたのは、都市住民、王侯・商人で、マガダ国の都には**竹林精舎**《しょうじゃ》（僧院）、コーサラ国の都には**祇園**《ぎおん》**精舎**が彼らの寄進によって建てられた。『平家物語』に言う「祇園精舎の鐘の声」は、このことである。ブッダが八〇歳で入滅すると、火葬にされ、遺骨は八国の塔に収められたといい、アショーカ王（前二七四～前二三六）のとき、そのうち七塔から遺骨を取り出し、全国八万四〇〇〇の塔に分けて収められたとされる。これによって、仏塔（ストゥーパ、卒塔婆《そとうば》）崇拝が始まった。教団は、ブッダの入滅一〇〇年後に分裂し、上座部と大衆部《だいじゅ》に分かれ、さらに一八〜二〇の部派に分かれた。教団諸派に分かれた仏教を部派仏教と呼ぶ。当初のブッダの教説を「経蔵」、教団の規則を「律蔵」、その後の教理をめぐる議論を「論蔵」とし、合わせて「三蔵」とされる。唐僧玄奘《げんじょう》の「三蔵法師」という呼称の所以《ゆえん》である。

上座部仏教　「上座部」とは「長老の教えを伝える者」の意で、信者は出家し、勤行《ごんぎょう》による解脱《げだつ》が重視された。上座部は、「新仏教（大乗仏教、マハーヤーナ）」側から「小乗仏教（ヒーナヤーナ）」と呼ばれるが、自称は上座部で、スリランカ・東南アジアで広がり、「南伝仏教」とも呼ばれる。南伝仏教は、上座部仏教または真言《しんごん》密教的大乗仏教であった。南伝仏教の教典は、西インド地域のウジャイナ地方の言語であるパーリ語で書かれていた。インドで仏教が衰えると、南伝仏教の本拠地はスリランカに置かれた。スリランカには、聖なる「仏歯」が祭られた。

ジャイナ教　前六世紀頃には、マハーヴィーラ（「偉大な英雄」）と呼ばれたヴァルダマーナ・ジュニヤートリカ（前五四九頃〜前四七七頃　／前四六八頃〜前三九六年頃）は、インド地域東北部ビハールの王族の出身で、苦行《くぎょう》を重視し、五大戒（不殺生・真実語・不盗・不婬・無所有）などの五戒の順守による「苦」からの解脱を説くジャイナ教を興した。「ジャイナ」とは、「ジナ（「勝者」の意）の教え、ジナの信者」の意である。ヴァルナ制を否定し、主にヴァイシャ、特に商人層に支持された。その後、厳格な空衣派（天空を衣とする派、裸形《らぎょう》で修行する）と白衣をまとうことを許す白衣派に分かれた。現在、ジャイナ教徒は、微小な虫を吸いこんで殺すことのないようマスクをしている。

サンスクリット文学　古バラモン教の改革をめざしたジャイナ教や仏教では、プラクリット語が使用されたが、グプタ時代になると、古いヴェーダ教典に起源のあるサンスクリット語（中国語名「梵語《ぼん》」）が公用語となり、サンスクリット文学は黄金時代を迎えた。「サンスクリット」は、インド・ヨーロッパ語族に属する古代インド地域の文語であり、「完成された雅語」の意である。紀元前からバラモンによって使用され、一八世紀までインド地域諸王朝の公用語となった。

『ラーマーヤナ』　サンスクリット文学の二大叙事詩の一つ『ラーマーヤナ』は、コーサラ国の王子ラーマンが奪われた妻を救出する冒険譚《たん》である。猿の助けを借りてスリランカの魔王を退治する物語で、二世紀末頃、現在の形に集大成された。ラーマは、ヴィシュヌ神（世界維持神）の権化《ごんげ》とされ、同じく四世紀までに現在の形になったとされ、ヒンドゥー教の聖典となっている。活躍するのは、すべてクシャトリア（王侯・戦士）である。

『マハーバーラタ』　サンスクリット文学の二大叙事詩のもう一つ『マハーバーラタ』は、古代北インド地域のバーラタ国の王位継承をめぐる争いを歌った叙事詩で、ヴィシュヌ神の化身と見なされるクリシュナ王子の武勇譚が語られている。古代インド地域の神話や習俗が盛りこまれており、四世紀までに現在の形になったとされる。

マガダ国ナンダ朝（前四世紀後半〜、約三〇年間）**ナンダ朝**は、前四世紀後半、ガンジス川流域を支配したが、シュードラ王朝（隷属民階層）としてさげすまれ、約三〇年ぐらいで滅んだ。

マガダ国マウリア朝（前三一七頃〜前一八〇頃。約一四〇年間）アレクサンドロスが西北インド地域に侵入し、前三二五年、インド地域を去ると、マガダ国マウリア（中国語名「孔雀」）朝の**チャンドラグプタ**（前三二一〜前二九七。在位、前三一七頃〜前二九六頃）は、ギリシア人勢力を一掃し、ナンダ朝を倒し、西北インド地域を確保し、さらにセレウコス朝からアフガニスタンを奪ってインド地域史上初の統一国家となり、都をパータリプトラに置いた。灌漑がはりめぐらされ、農民の税は六分の一であったという。インド地域の軍隊は、伝統的に四軍（歩兵・騎兵・戦車・象）からなっていたが、チャンドラグプタの軍隊は歩兵六〇万、騎兵三万、戦車数千、象九〇〇〇からなり、さらに海軍と兵站《へいたん》があった。チャンドラグプタは、晩年にジャイナ教の行者《ぎょうじゃ》となり、インド地域で理想とされる断食死をとげたという。

アショーカ王（中国語名「阿育王」。前二七四～前二三六。在位・前二六八頃～前二三二頃）マウリア朝第三代のアショーカ王は、南端部を除く全インド地域を支配し、「マガダ王」と称した。**カリンガ国**は、マウリア朝の東南方にあり、デカン東北部で前四世紀に栄えたが、アショーカ王は前三世紀前半、これを征服した。そのさい、数十万の戦死者が出たため、アショーカ王は仏教に帰依したと言われ、仏教は西北インド地域に広まった。アショーカ王は、すべての宗教を保護し、「ダルマ」を理想とする政治理念により、病院建設、道路・灌漑設備の整備を進めた。「**ダルマ**」とは、宗教・倫理・法律・慣習など人々が守るべき規範であり、アショーカ王はそれに基づく詔勅を磨崖碑《まがいひ》、一〇メートルを越える石柱碑に刻ませた。また、第三回仏典結集《けつじゅう》を援助した。アショーカ王の王子マヒンダはスリランカに渡り、同島の仏教の祖となり、その後スリランカは上座部仏教の一大中心地となった。アショーカ大王の即位は、ペルシアのダレイオス（ダリウス）王の二二〇年後、秦の始皇帝より約五〇年前であった。

シュンガ朝（前一八〇頃～前八〇頃／前六八頃。一〇代。約一一〇／一〇〇年間）マウリア朝には、少なくとも四つの州（西北インド州・西インド州・南インド州・新征服地カリンガ）が置かれた。バラモン出身の将軍**プシュヤミトラ**は、マウリア朝最後の王を殺してシュンガ朝を建て、北インド地域を支配した。この王朝は、アショーカが禁じた動物犠牲を供える祭祀を復活させた。シュンガ朝の滅亡をもってマガダ国の消滅と見る。

ドラヴィダ系サータヴァーハナ（アーンドラ）朝（前一世紀～後三世紀。約三世紀間）サータヴァーハナ（アーンドラ）朝はドラヴィダ系アーンドラ族の王朝で、サータヴァーハナは家名であるという。中部インド地域のデカン地方を支配し、ローマ世界との海上交易で栄えた。アーリヤ文化を取り入れ、バラモン教・仏教・ジャイナ教が広まった。**アジャンタ**などで仏教石窟寺院がつくられてゆき、一世紀の頃から数世紀間かけてインド西海岸のムンバイ（ボンベイ）東北の石山の崖に沿って二九個の岩窟につくられた。

クシャーナ朝（中国語名「貴霜朝」。紀元後四五頃〜三世紀）　前二世紀にギリシア系のバクトリア王国がパンジャーブ地方に進出した。中国地域の西隣・中央アジアに居住していた遊牧民の「**月氏**」（ペルシア系と見られる）は、前二世紀後半に匈奴に圧迫され、南下してバクトリア方面に移動した。月氏の主勢力は、パミール西方に逃れ、「**大月氏**」と呼ばれた。一世紀にはバクトリア地方の大月氏から独立した部族がインド西北部のガンダーラ地方を支配し、一世紀中頃、クシャーナ朝を建てた。クシャーナ朝は、北インド地域中部まで支配を広げた。クシャーナ朝は、大月氏の一諸侯ではあったが、大月氏とは別系統の現地土王だという。中国地域とローマを結ぶ東西交易路の要地を占め、**カニシカ**（カニシュカ）**王**（在位七八／一二八頃／一三〇頃／一四四頃〜一五五頃／一七〇頃）の頃に最盛期を迎え、プルシャプラを都とし、金貨を大量に発行した。カニシカ王は、仏教を手厚く保護し、第四回仏典結集を援助した。九〇年には、クシャーナ朝は後漢の班超（三八〜一〇二。『漢書』の著者、班固の弟）と戦火を交えた。クシャーナ朝は、中部インド地域のサータヴァーハナ朝とほぼ同時期に存在した。

大乗仏教　前一世紀頃、伝統仏教（部派仏教）を批判する新仏教（大乗仏教）が、デカンの中部・東南部（アーンドラ地方）で起こったと見られている。「大乗」とは、信者を解脱の彼岸《ひがん》に運ぶ「大きな乗り物」の意である。大乗仏教を推進した人々は、ブッダをめざす者をボーディ・サットヴァ（中国語表現「菩薩《ぼさつ》」。「ボーディ（悟り）を求めて努力する存在」）と呼んだ。弥勒《みろく》（マイトレーヤ）や観音（アヴァローキテーシュヴァラ）、極楽浄土に住む阿弥陀《あみだ》仏（アミターバ〈無量光〉、アミターユス〈無量寿〉）を想定し、これら弥勒《みろく》菩薩・観音菩薩・阿弥陀《あみだ》仏にすがることで救われるという教えで、信者は菩薩信仰を基にすべての人間の救済をめざして修行した。弥勒《みろく》菩薩には、ゾロアスター教のメシア（救世主）思想やペルシアのミスラ（ミトラ、太陽神）信仰の影響があり、観音菩薩にはペルシアのアナーヒター（水と関係する慈悲深い女神）の影響があり、阿弥陀《あみだ》仏にもペルシアのミスラ信仰の影響があるという。阿弥陀《あみだ》浄土信仰は、中国地域では宗教反乱の中核となっていった。また、逆に仏教などのインド思想が西方に伝わり、キリスト教・マニ教・グノーシス派・新プラトン派などに影響を与えたとも指摘されている。クシャーナ朝では、一世紀末から仏像がつくられ始め、仏像崇拝が盛んになった。仏像彫刻の多くは、**ガンダーラ様式**と呼ばれるギリシア様式とガンダーラ地方様式の結合であった。

ヒンドゥー教　紀元前後以降、バラモン教に民間信仰を融合し、仏教の影響も加わったヒンドゥー教が成立した。最高神シヴァ（破壊と創造の神）・ヴィシュヌ神（世界維持神）を中心とする多神教で、叙事詩『マハーバーラタ』『ラーマーヤナ』が聖典となった。

『マヌ法典』は、人間の始祖マヌが語ったとされるアーリヤ人の宗教・道徳・慣習・法律をサンスクリット語で書いたもので、前二〇〇年頃から後二〇〇年頃までに現在の形に整えられた。

「**竜**」伝説は、インド地域起源であるという。竜は、二〇世紀中国の文人魯迅が言うまでもなく想像上の動物である。インド地域神話では、蛇を神格化した人面蛇身の半神であり、仏教説話にも古くから現れる。「竜」伝説は、インド地域からインドシナ半島・中国大陸・朝鮮・日本に伝わったと見られている。中国地域では、漢王朝以降、竜は皇帝の象徴になり、「中国人は竜の子孫」

ガンダーラ・シャカ苦行像

というスローガンが現代中国民族主義の旗印とされている。中国地域については、「ワニ」起源説もある。ヨーロッパにも竜が存在するが、ヨーロッパでは竜は悪さをする者であり、竜退治の話がいろいろある。作曲家ゲオルク・フリードリヒ・ヘンデル（一六八五～一七五九）のオラトリオ『セメレ』では、竜は門番にすぎない。

インド地域については、一般に「グプタ朝期封建制論」が有力で、それ以前を古代、グプタ朝以降を中世とする。ジャーティによる身分制が確立される七～一〇世紀が古代から中世への転換期とする見解もあるが、本書では便宜的に旧説に従い、一七世紀ヨーロッパ勢力の侵入をもってインド地域近代の始まりとする。

アメリカ大陸マヤ文明　このほか、紀元前の文明としては、アジア以外であるが中央アメリカには密林地帯に前五〇〇年頃から始まったマヤ文明が生まれた。マヤでは、文字が使用され、二〇進法が用いられ、マヤ暦が用いられた。また、エジプトでつくられたピラミッドは約一〇〇であったのに対し、マヤでは約一〇〇〇つくられた。

第3章　古代東・北アジア地域（神話時代～匈奴）

「中国」とは何か。「中国」という言葉は、古代から使われているが、国号代わりに使用されるようになるのは一九世紀清朝と二〇世紀の中華民国以降のわずか百数十年ほどの歴史しかない。二〇～二一世紀の国家概念としての「中国」と地域（地理）概念としての「中国」を区別することは重要であるが、多くはこれを混同している。本書では、古代から中華民国成立以前に至る時期の「中国」という用語は、特に断らないかぎり、すべて地域名であり、できるだけ「中国地域」と称する。

「**漢族**」とは、東アジアから北アジアにかけて存在していた多数の部族・氏族の混合体が、その後次第にみずからとは区別していた「東夷《とうい》・西戎《せいじゅう》・南蛮《なんばん》・北狄《ほくてき》」などをさらに吸収して諸部族・諸氏族の混合体となっていった集団であり、漢王朝に至って一定のアイデンティティが生まれ、「漢人」「漢族」と意識するようになっていったと考えられている。それゆえ、族の境界はあいまいであり、せいぜい漢字文化を使用し、一定の歴史を共有する集団と規定するほかはない。したがって、その神話も単一集団のものではなく諸部族・諸氏族の神話の複合と見られる。中華人民共和国の今日なお、五六の民族が存在するとされ、「漢族」と非漢族の区別は言語・風俗・文化などの違いによって意識されている。

顧頡剛《こけつごう》は、中国地域歴史時代について、次のように述べている。

――春秋戦国期には、燕国は現・河北省の小民族・小国家をすべて併合し、山戎《じゅう》族を滅ぼし、東胡を破り、遼東を領有し、朝鮮と接した。晋国は現・山西地方一帯にあり、赤狄《せきてき》・白狄・長狄などの小民族・小国家を併合した。趙国は晋国を基礎として、中山国を滅ぼし、林胡（匈奴の一族）を破り、現・内蒙古まで領土を拡大した。秦国は義渠《きょ》・義戎・邽《けい》戎などの陝西・西北地区の小族・小国を滅ぼし、巴と蜀を併合し、西方への発展に力を注いだ。楚国・呉国・越国は長江・淮《わい》水流域と長江・漢水流域の荊蛮・廩《りん》君蛮などの蛮族・蛮国を併合した。楚は湖北・湖南・安徽・蒼梧一帯（広東・広西）をも領有した。斉国は現・山東省の各小族・小国を統一し、みずからの領域とした。秦は斉・楚・燕・趙・韓・魏を併合し、北に匈奴を逐い、南に南越を下した。漢朝は、新疆《しんきょう》・西北の烏孫《うそん》・楼蘭など三十六国を併合し、現・四川・チベット地区の白狼・槃木《ばんぼく》・唐菆《しゅう》など百余りの小族・小国を併合し、東胡・月氏も帰属した。西晋時代には、現・東北地域の烏桓《うがん》・鮮卑《せんぴ》を併合、匈奴・羯《けつ》・氐《てい》・羌《きょう》・高車などの種族とその領域が併合された。隋朝では、現・蒙古・新疆地区の東突厥《とっけつ》・西突厥、現・青海省の吐谷渾《とよくこん》、現・東北地区の靺鞨《まっかつ》などの種族の土地を併合した。唐代には、東は太平洋の海岸線、北はバイカル湖以北、西は中央アジアのアラル海、南はベトナムと接した。元代ははるかに広大となり、明代を経て、清朝になると、東北全地域の諸民族と蒙古、華北・黄河流域・長江流域・台湾・チベットを占領した。――

中国地域に居住していた多数の部族・氏族は抗争・混合を繰りかえしていったのであった。貝塚茂樹は、「夷狄戎蛮」は、もともと甲冑《かっちゅう》をつけ、武器などを持って舞う男舞いを指す言葉であり、周辺民族への軽蔑の意は含まれていなかったが、前五、四世紀頃、戎狄をおそれるようになり、「盲目的な国粋主義」に陥ったと指摘する。

前二〇世紀頃、黄河上流域に**斉家文化**《せいか》が存在したが、このころまでは東アジア／中国地域では王朝の成立は確認されていない。

1. 中国地域の神話時代

中国地域の神話的時代については、主な材料は『書経《しょきょう》』（『尚書』）、『楚辞《そじ》』、『史記』「三皇本紀」・「五帝本紀」などである。司馬遷の『史記』に収められている「三皇本紀」は、司馬遷が書いたものではなく、唐代の司馬貞が書き入れたものである。「三皇本紀」・「五帝本紀」は、神話にほかならない。顧頡剛は、「二十四史」などの史書のほかに、通常は文学とされる書籍について「雑史」という概念をたてて、歴史記述の材料のなかに取りこもうとしている。このような、神話や文学を恣意的かつ無批判に歴史書として扱うという視点・方法は、混乱を生みだすおそれがある。

『書経』では、中国地域初代の帝王は①**堯**《ぎょう》であったとし、②**舜**《しゅん》、③**禹**《う》に続く物語を述べている。舜は、太陽神とされる。白鳥庫吉《しらとりくらきち》は、堯・舜・禹は実在の人物ではないと明確に指摘している。

『楚辞』「天問」は、前三世紀初めの楚王の陵墓祠堂の壁画が素材とされる。「天問」によれば、人類のはじめ、神はひとりで、女神の**女岐**《じょき》であった。これと別に、竜形の女神の**女媧**《じょか》がいる。ついで、洪水説話が現れ、魚形の神・鯀《こん》、人面魚身の神・禹、洪水神・**共工**が登場する。中国地域には、三つの洪水説話があり、いずれも河南西部の洪水地帯で生まれ、洪水神には①共工、②禹、③**伏義**《ふくぎ》と女媧《じょか》があり、これらは異なる部族に起源を持ち、伏義・女媧は苗族の神話と考えられている（白川静）。さらに、人面魚身の陵魚《りょうぎょ》、鼠足虎爪の鶏、太陽を射落とす**羿**《げい》が現れ、禹の子・啓が夏王朝を建てるとされる。

『史記』「三皇本紀」は、①庖犧《ほうぎ》（庖犧《ほうぎ》、宓義《ふくぎ》、伏義）、②女媧、③神農《しんのう》の名をあげている。**太昊伏義**《たいこう》氏と女媧は、人首蛇身だったとされる。これらの帝王は、「主要部族の祖神をのちに人間化したもの」（貝塚茂樹）と見られる。『史記』「三皇本紀」では、天地がはじめて成立したとき、**天皇**氏があり、王位についたのは兄弟一二人で在位は各々一万八〇〇〇年だった。**地皇**氏は、兄弟一一人で在位は各々一万八〇〇〇年だった。**人皇**氏は、兄弟九人で、雲車（雲）に乗り、太陽に住む六羽の鳥（日輪）に駕して谷口（現・陝西）から出てきた。在位は合計一五〇世で、合わせて四万五六〇〇年だった。その後、五竜氏・燧人《すいじん》氏など一七氏が現れた。開闢《かいびゃく》より「獲麟《かくりん》」（前四八一年。春秋時代、魯の哀公が狩をして麟を獲《え》たという伝説）まで三二七万六〇〇〇歳（年）であった、とする。

太昊庖犧《たいこうほうぎ》氏は風姓で、燧人《すいじん》氏に代わって天位をつぎ、王となった。母は華胥《かしょ》で、神人の足跡を踏んで庖犧《ほうぎ》を生んだ。庖犧は、人面蛇身で、八卦・文字・婚姻の制度をつくり、漁撈《ぎょろう》を民に教えた。民は皆、帰服（伏）したので、宓《ふっ》（伏）義《き》氏と呼ばれた。牛・羊・豚を家畜とし、それらを犠牲として神祇《ぎ》・祖霊をまつった。竜の瑞祥が現れたので、軍を竜師と名づけた、とあり、竜のイメージが登場する。そのあとをついだ女媧《じょか》も風姓で、王位をつぎ、女希氏と号した。人面蛇身で、楽器（笙簧《しょうこう》）をつくった。その末年に諸侯の共工氏（『楚辞』「天問」では「康回」）が現れ、洪水を起こし、祝融氏と争って敗れ、不周の山に触れて天柱が折れ、地が東南に傾いた。共工は、チベット系の羌《きょう》族で、姜姓とされる。その臣・相柳は九首、人面蛇身で『山海経《せんがいきょう》』に描かれている。共工は、治水神で、共工系の神はすべて竜形だという。魯迅は、これに題材をとった短編小説を『故事新編』に収めている。

女媧《じょか》が亡くなると、**炎帝**神農氏《えんていしんのう》があとを継いだ。炎帝の母は、神竜に感応して炎帝を生んだ。炎帝は、牛首人身であった。鋤《すき》をつくり、耕作を教え、市を開いて物々交換することを教え、百草をなめて医薬を発見し、五弦の瑟《しつ》・六十四卦をつくり、一二〇年で崩じた。それから八代五三〇年で、**黄帝軒轅《けんえん》**氏が興った。その後はすべて姜《きょう》姓だった。

要するに、『史記』「三皇本紀」は神話にほかならないが、文化史にもなっているところが面白い。

『史記』「五帝本紀」は、①黄帝、②顓《せん》玉、③帝嚳《こく》、④堯、⑤舜の名をあげている。「五帝本紀」は、黄帝軒轅《こうていけんえん》氏から始まる。姓は公孫、名は軒轅で、諸侯を征服し、炎帝の子孫と蚩尤《しゆう》を破り、天子となった。黄帝のあとは、黄帝の孫・帝**顓頊《せんぎょく》**高陽、その次は黄帝の曾孫・帝嚳《こく》高辛が継ぎ、帝嚳《こく》の子、帝摯《し》、さらに同じく帝嚳《こく》の子・帝**堯《ぎょう》**が継ぎ、世襲となっている。堯は、春分・夏至《げし》・秋分・冬至を定め、一年を三六六日とし、三年に一回閏月を設けた。堯は、臣下の鯀《こん》の子・舜にあとを継がせたが、舜も黄帝の八代目の子孫だった。『十八史略』では、黄帝は竜にのって天に上ったとする。「五帝本紀」も、神話の域を出るものではない。

『淮南子《えなんじ》』では、伏羲と女媧《じょか》は、二匹の人面の竜が絡み合った形で描かれている。

顧頡剛は、古伝説に基づいて、上古の時代には三つの大きな氏族部落が黄河の中下流域に入ったとする。ひとつは西方から来た「炎帝」を首領とする氏族部落であり、二つ目は東方から来た「蚩尤《しゆう》」を首領とする夷《い》人氏族部落であり、のちの九黎《れい》族であった。三つ目は西北から来た「黄帝」を首領とする氏族部落であった。「炎帝」

『山海経』相柳図

部落群は「蚩尤」部落群と戦って、「炎帝」は敗れたが、「黄帝」部落群と連合して「蚩尤」部落群と戦い、「蚩尤」部落群は敗れて、荊楚《けいそ》地方（湖南・湖北）に逃れ、こののち、九黎人と苗族・蛮族人は融合した。「黄帝」と「炎帝」は争い、「炎帝」は敗れて「黄帝」部落群に併合された、とする。これは、神話からの想像・推測であろう。

中国地域では、南方由来の「竜」伝説のほかに、内陸乾燥地帯では殷・楚・清・テュルク系高車・突厥《とっけつ》・モンゴル族・チベット族などに鳥・獣・植物祖伝説話があり、これらはいずれもトーテム信仰によって説明される。そのほか、周・漢・高句麗《こうくり》・遼・新羅《しらぎ》などには感生説話などもある。

二〇世紀初頭、日本に留学していた清国留学生たちの間では、「中国人はもともとバビロンから東征してきて中国大陸に居住するようになった」という「中国人」起源説が広がっていたが、「中国文明五〇〇〇年」説とは矛盾することになる。

2.「夏」（前二二世紀？／前一七世紀〜前一六世紀。約四世紀間？／一世紀間。チベット系羌《きょう》人）

中国地域に最初に成立した王朝は、夏王朝とされている。『史記』には、「五帝本紀」と「殷本紀」の間に「夏本紀」が置かれている。夏后氏**禹**《う》に始まり桀《けつ》に至る一七人の君主の系譜が書かれており、計四七一年続いたとされる。「二十有七世、四百三十二年」とするものもある。『史記』では、禹は黄帝の玄孫（曾孫《ひまご》の子）である。夏王朝の始祖とされる禹は、仰韶《ぎょうしょう》文化の中から生まれたとする説があり、禹は、人面魚身で、魚形の神、鯀《こん》から生まれたとされる。鯀《こん》は黄熊に変身したといい、禹も黒熊に変身したという。禹の子、啓が夏王朝を開いたという伝説もある。羿《げい》は、一〇個の太陽のうち九個を射落としたが、妻は不老不死の薬を西王母にもらい、月に昇り、皮膚にイボができ、ヒキガエルになったと言う。「夏本紀」は、禹のときに養蚕が営まれ始めたとする。

顧頡剛は、夏王朝の都は現・河南省洛陽だったとし、夏は羌人《きょう》であったとしている。羌人《きょう》は、チベット系とされる。禹は石の中から誕生し、蛇身であり、治水のときは熊の姿だったとされる。古代のある部族が土地の精霊として祭っていた土地の神または社神だったという説、水神であったという説もあり、神話的存在と見られる。また、熊はこの部族のトーテムだったとする見方もある。

中国地域では、殷王朝の前に夏王朝が約四〇〇年にわたって存在したと言われている。それが事実なら前二二〇〇年頃、中国地域に最初の王朝が成立したことになるが、夏王朝についてはこれまで確かな物的証拠がなく、その存在は確認されていなかった。その後、考古学的発掘により、二里頭遺跡《にりとう》（河南省偃師市《えんし》）から「二里頭文化」が発掘され、夏王朝最後の都と見られているが、伝説の禹の存在や夏が一四世一七代続いたのかどうかなどはいまだに明らかではなく（岡村秀典）、禹の話は神話と見るほかはない。

しかし、殷の湯王《とう》が滅ぼした殷王朝に先行する王朝が一〇〇年弱の期間ここにあったということはわかった。二里頭からは、銅製武器などが出土した。二里頭文化の範囲は、半径一〇〇キロメートルほどだったとのことで、その後の周王朝以降の版図とはくらべものにならないほど規模の小さな都市国家であったと見られている。また、文字は発掘されていない。

「**五服**」「夏本紀」によれば、世界は五服（王城の外五〇〇里が「甸服《でん》」、甸服の外五〇〇里が「侯服」、侯服の外五〇〇里が「綏服《すい》」、綏服の外五〇〇里が「要服」、要服の外は「荒服」）に分けられた。「荒服」とは、支配の及んでいない文化果つる「化外」（野蛮人）の地である。

3．正史『二十四史』

王朝交代史　中国地域の歴史は、王朝交代と農民反乱の歴史であった。歴史叙述では、「中華帝国」という用語が用いられるが、袁世凱の帝制復活を除いて、「中華」とか「中国」とか名のった王朝はひとつもなく、後世の歴史家による命名にほかならない。王朝交代とはいえ、同じことが繰りかえされただけだったわけではなく、変化・発展があることは言うまでもない。

「正史」とは、中国地域の各王朝がつくった官製史書である。そのうち、『史記』以外は、一般にひとつの王朝が滅んだ後に成立した王朝がその前の王朝について書いたものである。それは、全部で二四あり、『二十四史』と呼ばれる。『二十四史』とは、次の通りである。

①『史記』。著者は、司馬遷《しばせん》（太史公。前一四五?～前八七?）で、前九九年、李陵《りりょう》事件で宮刑《きゅうけい》に処された。神話的存在である五帝から漢の武帝までの三〇〇〇年（?）の通史で、もとは『太史公書』と言うが、三国時代以降、『史記』と呼ばれるようになった。全一三〇巻、五二万六五〇〇字）。『史記』の構成は、次の五つの部分からなる。ア。「本紀《ほんぎ》」（帝王伝。うち「三皇本紀」は神話であり、司馬遷作ではなく、唐代に挟みこまれたもの）一二巻。イ。「表」（年表）一〇巻、ウ。「書」（礼・楽・律・暦・天官・封禅・河渠《きょ》・平準などの制度史）八巻。エ。「世家《せいか》」（諸侯・列国史）三〇巻、オ。「列伝」（さまざまな重要人物の記録）七〇巻（人物）。「本紀」の「紀」と「列伝」の「伝」から「紀伝体」と呼ばれる。司馬遷は、「夏暦《かれき》」（陰暦、農暦とも呼ぶ）を改正し、一年を三六五日、一二カ月に分けた。『史記』については、武田泰淳『司馬遷——史記の世界』がある。

②『漢書《かんじょ》』。著者は、前漢の班彪《はんぴょう》（紀元後三～五四）、後漢の班固（三二～九二）・班昭で、前漢史、紀伝体、一二〇巻である。十二本紀・八表・十志（律暦・刑法・食貨・郊祀《こうし》・天文・五行《ぎょう》・地理・溝洫《こうきょく》・芸文《げいもん》）・七十列伝から構成されている。計一〇〇篇であるが、のちに一二〇篇に分けられた。「志」（『史記』では「書」にあたる）は、「礼楽志」（政治機構・典章制度）、「刑法志」（政治・法律）、「食貨志」（物資・経済）、「天文志」、「律暦志」（自然科学）、「五行志」（自然の異変）、「芸文志《げいもんし》」（思想・書籍目録）、「地理志」（地理・人口）、「溝洫志」

（黄河・治水）、「郊祀志」（祭祀）からなっている。「刑法・地理・芸文《げいもん》」の項は、『史記』にはない。『漢書』「芸文志」は、書籍分類法として七分類を行なっており、「小説」の項がはじめて登場し、六朝・晩唐・北宋へ継承された。『史記』の「世家」「表」にあたるものはない。

③『後漢書《ごかんじょ》』。著者は、南朝宋・范曄《はんよう》（三九八～四四五）。後漢史、紀伝体、一二〇巻。本紀一〇巻・列伝八〇巻・志（律暦・礼儀・祭祀・天文・五行・郡国・百官・輿《よ》服）三〇巻などからなる。

④『三国志』（晋・陳寿〈二三三～二九七〉撰《せん》。紀伝体）。『史記』『漢書』『後漢書《ごかんじょ》』と並んで、「前四史」と呼ばれる。

⑤『晋書《じょ》』（唐・房玄齢〈五七九～六四八〉等撰。紀伝体。一三〇巻）。帝紀一〇巻・志二〇巻・列伝七〇巻・載記三〇巻からなる。

⑥『宋書』（梁・沈《しん》約〈四四一～五一三〉撰。南朝宋史。一〇〇巻）。

⑦『南斉書』（梁・蕭子顕〈四八七～五一三〉。南朝斉史。五九巻）。

⑧『梁書』（唐・姚察・姚思廉〈五五七～六三七〉撰。南朝梁史。五六巻）。

⑨『陳書』（唐・姚察・姚思廉撰。南朝陳史。三六巻）。

⑩『魏書』（北斉・魏収〈五〇六～五七二〉撰。北朝魏史。一一四巻）。

⑪『北斉書』（唐・李百薬〈五六五～六四八〉撰。北朝斉史。五〇巻）。

⑫『周書』（令狐徳棻《ふん》〈五八三～六六六〉等撰。北朝周史。五〇巻）。

⑬『隋書』（魏徴《ぎちょう》〈五八〇～六四三〉等撰。八五巻）。『隋書』中の「経籍志」は、『漢書』の「芸文志」を継承したものである。

⑭『南史』（唐・李延寿〈生没年不詳〉撰。八〇巻）。

⑮『北史』（唐・李延寿撰。一〇〇巻）。
⑯『旧唐書《くとうじょ》』（五代後晋・劉昫《く》〈八八八～九四七〉等撰。二〇〇巻）。
⑰『新唐書』（宋・欧陽脩《おうようしゅう》〈一〇〇七～一〇七二〉撰。一五〇巻）。
⑱『旧五代史』（宋・薛居正《せつきょせい》〈九一二～九八一〉等撰。一五〇巻）。
⑲『新五代史』（宋・欧陽脩撰。七四巻）。
⑳『宋史』（元・脱脱〈一三一四～一三五五〉等撰。四九六巻）。
㉑『遼史』（元・脱脱等撰。一一六巻）。
㉒『金史』（元・脱脱等撰。一三五巻）。
㉓『元史』（明・宋濂《れん》〈一三一〇～一三八一〉等撰。二一〇巻）。
㉔『明史』（清・張廷玉〈一六七二～一七五五〉等撰。三三二巻）。

このうち、『旧五代史』はほとんど失われた。二十四史のうち、八つ（『晋書』、『梁書』、『陳書』、『周書』、『北斉書』、『隋書』、『南史』、『北史』）は、唐代に書かれた。柯劭忞《かしょうびん》（一八五〇～一九三三）が書いた『新元史』を、中華民国期に二十四史に加え、『二十五史』と言う。なお正史の記録といえども、かならずしも正確な史実とは限らない。史書としては、このほかに周代の孔子による『春秋』（周代・魯の編年体史）、宋代・司馬光による『資治通鑑《しじつがん》』（周・威烈王二三年から後周・世宗顕徳六年までの一三六二年の通史。「資治」とは「統治に役立てる」意。編年体）、および『清史稿』（のち国民党統治下台湾で出版された）がある。現在（二〇一〇年）、『清史』出版準備中である。

4．殷《いん》（商または殷商とも言う。前一六世紀〜前一〇二四年、三〇代、約五〇〇年間）

広い意味での「東アジア」では、中国地域でもっとも早く王朝国家が形成されていった。『史記』「殷本紀《ほんぎ》」によれば、殷も神話的性格を帯びている。殷の契《けい》の母は、帝嚳《こく》の次妃で、玄鳥《つばめ》が卵を落とし、それを呑むと、妊娠して契が生まれたとする。契は禹をたすけて治水に従事し、商（河南）に封ぜられ、その一三代あとの子孫が成湯（湯王）であるとする。

前一六〇〇年頃、湯王が夏王朝を倒して殷王朝を建てたとされる。殷は国都である商周辺の黄河流域諸部族を支配して部族連合の都市国家を形成し、王のもとに氏族制の王族・貴族集団が置かれた。湯王の都は、偃師《えんし》城遺跡（河南省偃師市）であった。殷王朝の文化圏は、東西一〇〇〇キロメートル、南北一二〇〇キロメートルを越える程度だった。彼らは、青銅製の武器と祭祀用器を持ち、農業を行ない、粟《あわ》・黍《きび》・麦などを栽培し、絹織物を製造し、氏族奴隷を農耕・家事に使用していた。殷代には、宝貝が貨幣として用いられた。なお、「殷・周＝都市国家」論には異説もある。

「**甲骨文字**」　湯王は、神話時代を抜け出し、「人間」になっているが、王はみずから祭祀《さいし》や占卜《せんぼく》を主催する最高の呪術師であり、神政政治が行なわれ、甲骨文字による占いが行なわれた。甲骨文字は、前一四世紀には出現したと見られる。殷王朝は、漢字を生みだした集団である。以後、中国地域ではさまざまな集団が王朝を成立させてゆくが、それらは漢字文化を踏襲してゆくことになり、いわゆる「漢族」とは漢字文化を使用する集団ということになる。殷代の甲骨文字の存在が確認されたのは、清末の二〇世紀になってからのことであり、一九世紀以前には中国地域の人びとも三〇〇〇年以上にわたって知らなかったわけである。現・河南省安陽市付近の殷墟の発掘は、一九二七年のことであり、殷王朝の所在の確認についても同じことが言える。

清朝末期（一八九九年）に、国子監祭酒であった王栄とのちに『老残遊記』を著した**劉鶚《がく》**（鉄雲）は、薬屋から購入した竜骨と呼ばれる漢方薬の材料の中から古代文字を発見した。この文字の解読作業が進む中で、殷代の社会構造が明らかにされていった。殷は黄河中流域に存在した「邑《ゆう》」（大きな都市から小さな集落までを指す）の連合国家の盟主で、都を商に置き、王は神権政治を行なっていた。亀甲《きっこう》・獣骨を焼き、その割れ目によって神意を知ったと言われる。

王が死ぬと、生きている人間を王墓に殉葬させ、数百人から千人に及ぶ犠牲が捧げられた。殷は、太陽の十干（甲・乙・丙・丁・戊《ぼ》・己《き》・庚・辛・壬・癸《き》）に応じて一〇個の太陽が代わるがわる天上を運行すると信じていた。殷王朝では、氏族制度のなごりである兄弟相続が多く行なわれた。第三〇代目の紂《ちゅう》王は、酒色にふけり、妲《だっ》己《き》を寵愛し、「酒池肉林」をつくったとされる。紂《ちゅう》王のとき、殷は周に滅ぼされた。殷が滅ぼされたとき、伯《はく》夷《い》・叔斉《しゅくせい》は周王朝への服従を拒否し、「周の粟《ぞく》を食《は》まず」と言って首陽山でワラビだけを食べ、飢え死にしたと伝えられている。司馬遷は、『史記』で、契《けい》については『詩経』により、成湯以降のことは『書経』『詩経』によったと述べている。

5. 周（前一〇二四～前二四九。約七七五年間。羌《きょう》人）

殷王朝を滅ぼした周王朝でも、神話の色彩はぬぐい去られていない。周王朝の始祖・后稷《こうしょく》（西北系）の母は、帝嚳《こく》の正妃で、巨人の足跡を踏んで后稷を孕《はら》んだといい、また周王朝最後の幽王の愛姫《き》、褒姒《ほうじ》は竜の娘だとされる。「殷の創始者の母が帝嚳の次妃」で「周の創始者の母が帝嚳の正妃」なら、同世代ということになり、「五〇〇年」の時間差は説明できない。

周は、「未開民族」（宮崎市定説）、「羌人」（チベット系。顧頡剛説）などの説がある。もとは未開人でも、周王朝の成立時に未開人では具合が悪いだろう。周は、前期を西周と呼び、後期を東周と呼ぶ。周代北方の遊牧民族は、戎狄《じゅうてき》と呼ばれた。彼らは、まだ歩戦しか知らず、周の車戦術には及ばなかった。中国地域でも世界各地でも、約七七五年も続いた王朝は珍しいのだが、実態は西周の滅亡によって東周は事実上、諸侯と並ぶ地方国家となっていた。秦が斉を滅ぼし、中国地域を統一したのは前二二一年であるが、その二八年前の前二四九年に東周を滅ぼし、周王朝は姿を消していた。

5－1　西周（前一〇二四～前七七〇。約三五五年間）

殷周革命　周族は、もと陝西北部・山西方面にいた遊牧民で、のちに渭《い》水盆地に定住し、農耕に従事して殷の支配を受けていたが、前一一世紀に周の文王が殷と対立し、その子・武王が、前一〇二四年に「牧野《ぼくや》の会戦」で殷の帝紂を討ち、宗周（鎬京《こうけい》。現・陝西省西安）を都とした。これを「殷周革命」と呼ぶ。武王以降は、帝と称さず、王と称した。

武王が死ぬと、兄弟相続制から後継者をめぐって混乱が起こったが、武王の弟・周公旦《たん》（文王）は、武王の子、成王を助けて東都の成周（現・洛陽）を副都とし、宗族関係による封建制をとって衛・魯・斉・晋などに諸侯を封じ、「公・侯・伯・子・男」という五等の爵《しゃく》位を与えた。周初の諸侯の数は二〇〇に及び、諸侯の下には卿《けい》・大夫《たいふ》・士が置かれた。

周も殷同様、神権政治を行なったが、殷が呪術を信じ、鬼《き》（死人の魂）をうやまい、犠牲を用いたのに対し、周公は身分制的「礼」秩序を重視し、鬼神を敬して遠ざけた。周は当初、渭《い》水から黄河中流域を支配するにすぎない都市国家だったが、しだいに黄河流域から長江流域まで勢力を伸ばし、植民都市国家群をつくってゆき、それらに対して宗主権を持ったが、他国の自治権は尊重したという。

共和　前八四一年、首都、宗周で反乱が発生し、厲《れい》王は逃亡した。これを共和元年とし、一三年間、王の空位が続いた。

幽王　厲《れい》王が死ぬと、その子は宜《ぎ》王と号し、周王朝を復興した。前九世紀頃から諸侯の反乱、西方・北方諸族の侵入が起こり、犬戎に首都の宗周を攻略され、宗周は崩壊した。ここまでを西周と呼ぶ。幽王の愛姫で「竜女の化身」褒姒《ほうじ》は、笑わなかったので、幽王は彼女を笑わせようとして、外敵の侵入を報せる狼煙《のろし》を上げさせたところ、諸侯が駆けつけたが、何事もなかったので、褒姒《ほうじ》ははじめて笑った。幽王はこれを何度か繰りかえしたが、前七七一年、本当に敵が攻めてきたとき、誰も集まって来なかったため、幽王は殺された。周は、もともと殷の支配下にあった集団であったが、殷の甲骨文字を受け継ぎ、青銅器とそこに書かれた文字を発展させた。この字形を「**金文**《きんぶん》」と呼ぶ。

5-2　東周（前七七〇～前二四九。約五二〇年間）・春秋《しゅんじゅう》期（前七七〇～前四七五。約二九五年間）

春秋　周の平王は前七七〇年、成周（現・洛陽）に都を移した。これ以後を東周と呼び、東周の前半を「春秋」時代（前七七〇～前四〇三）、後半を「戦国」時代（前四七五～前二二一）とする。「春秋」の名称は、魯国の年代記『春秋』から来ている。これ以降、周は名目的な統治者の地位は保ったが、事実上、弱小都市国家と化した。春秋時代、都市国家の総数は、約二〇〇国あったが、そのうち有力だったのは晋・斉・楚・秦の四国に魯・宋・衛・陳・蔡・曹・鄭・燕の八国を加え、「春秋十二列国」と称する。

覇者《はしゃ》　前六世紀頃から鉄製農具が普及して生産力が増大し、氏族制社会秩序は崩壊してゆき、周の王権は衰退し、封建制がくずれ、諸侯が割拠する時代と

青銅編鐘（９個１組、春秋期）

なった。まず東方の斉（山東半島）の桓《かん》公（在位・前六八五〜六四三）が覇者となり、宰相・管仲は都市国家連合を作り上げた。続いて晋（現・山西）の文公（在位・前六三六〜六二八）、宋の襄《じょう》公、秦の穆《ぼく》王、楚（現・湖北、湖南。苗族系と見られる）の荘王が覇者となり、中原諸侯に号令した。

「**臥薪嘗胆**《がしんしょうたん》」　春秋末期には、長江流域の呉王**夫差**《ふさ》は前四九四年、南方の越王**句践**《こうせん》を破った。呉王夫差は前四八二年、覇者となった。前四六八年、越王句践は呉王を破り、山東半島の琅邪《ろうや》に達した。両者の争いから、「臥薪嘗胆」の語が生まれた。

「**刀貨**」、**人口**　戦国時代には、貨幣経済が広がり、鉄製農具の形をした青銅製の布貨や武器の形をした「刀貨」が用いられた。斉の都・臨淄《りんし》は、七万戸、成人男子二一万人であったという。臨淄の稷《しょく》門付近には学者多数を集め、「稷下《しょくか》の学」と呼ばれた。戦国末期では、秦・趙・楚は、歩兵一〇〇万人、車六〇〇乗、騎兵五〇〇〇人、三国人口合計は五〇〇万未満、韓は歩兵三〇万人、七国合計人口は二〇〇〇余万人と推定されている。

『**易経**《えききょう》』（『**周易**』）は、殷末から周初にかけて成立したとされ、漢代に『易経』と呼ばれ、五〇策（本）の蓍《めどぎ》あるいは筮竹《ぜいちく》を用い、六四卦《か》の卦辞と三八四爻《こう》の爻辞を組み合わせて事柄の吉凶を占う方法を記したものであり、呪術的ないし神権的統治の道具であったと考えられる。

『**管子**』　斉の**管仲**（前七三〇頃〜前六四五）は、経済を重視し、「礼・義・廉・恥」という徳目を掲げた。彼は、みずからの属する「斉」国を「東夷」と意識していた。これは、「夷」が中原諸国より劣るとは意識していなかったことの表われと考えられる。「中華」対「夷狄」という中華主義思想（「**華夷**」意識）は、はじめからあったわけではなく、春秋戦国期にかけて徐々に形成されていったとの説がある。管仲の言論は、のちに『管子』にまとめられた。「子《し》」とは、敬称である。孔子は「管仲なかりせば」と、管仲の功績を評価している。『漢書』「芸文志」は、管仲を「法家」と分類しているが、無理があり、諸思想を含む「雑家」とすべきである。管仲と鮑叔牙《ほうしゅくが》の信頼関係から、厚い友情を「**管鮑《かんぽう》の交わり《まじ》**」と言うようになった。

孔子《こうし》（孔丘。字《あざな》〈別名〉、仲尼《ちゅうじ》。前五五一～前四七九）魯の孔子は、西周の家族制度・身分制度・しきたりを理想とし、神秘主義を排除しつつ、祭政一致の貴族政治の形式に則《のっと》りながら、新興の士の階級による政治を行なうことをめざし、門弟を集め、周公の礼の文化の教科書として『詩』『書』『易』などを経典化し、のちに儒教・礼教と呼ばれる思想を広めた。『**春秋**』は、魯の前七二二年から前四八一年までの宮廷年代記であったものに孔子が手を加えたものとされ、前四八〇年頃成立したとされる。厳格な批判や間接の原因を直接の原因のように言う論法を、「春秋の筆法」と言う。『**論語**』は、彼の門弟たちが彼の教えを記録し、編纂した孔子の語録であり、集大成されたのは漢代初期と見られている。『論語』には、非「夷狄」意識が見られる。孔子には、孟子に比して論理性がないという批判もあるが、もともと『論語』は孔子の片言隻句を集めたものなので無理もない。現存する最古の『論語』は、中山懐王（前五五年死亡）のものと推定されている墳墓から出土したものである。

『**詩経**』は、中国地域のもっとも古い詩集であり、西周から春秋末（前一二世紀～前六世紀）までの歌謡であり、一句四字、四句一章、三章一篇からなり、全三一一篇（十五国風一六〇篇、小雅八〇篇・大雅三一篇、周頌《しょう》・魯頌・商頌計四〇篇）なので、「詩三百」と呼ばれる。「風」は黄河周辺各国の民謡、「雅」は朝廷の音楽、「頌」は宗廟祭祀の楽歌であり、どの詩も作者不明である。古来、中国地域では「詩」とだけ言えば『詩経』のことであり、「経」がつくのは孔子がこれを経典化したためで、そのため儒教的道学的な解釈が行なわれるようになった。

晏子（?～前五〇〇）『史記』孔子世家には、斉の大夫《たいふ》・**晏嬰《あんえい》**（晏子）が景公に対し、孔子を用いることがないよう進言したさい、「今や孔子が容儀を盛んにし外見を飾っておりますが、堂への上がり下りの作法、歩きかたの礼節など、何代かかっても習いおぼえられるものではなく、一生のあいだに窮めつくせるものでもありません」と批判したことが記されている。『漢書《かんじょ》』「芸文志《げいもんし》」は、晏子を儒者に分類しているが、不適切であろう。

『孫子』は、中国地域最古の兵書で、その著者は春秋時代の呉王（在位・前五一四〜前四九七）に仕えた孫武とも、その一〇〇余年後の子孫で戦国時代中期・斉の両足を切られた孫臏《ひん》（前四世紀）とも言われ、『孫子』の成立は戦国時代の末期、前三世紀の中頃と見られてきたが、一九七二年、前漢時期の銀雀山漢墓から『孫子』と『孫臏兵法』の両方が発掘された。よく知られている「彼を知りておのれを知らば百戦するもあやうからず」は、孫武の『孫子』であった。「臏」とは、膝の骨を切り取る刑である。

5-3　戦国期（前四七五／前四五三／前四〇三〜前二二一。約二五〇〜一八〇年間）

「戦国」　中国地域戦国時代の開始がいつからかについては、①『史記』の「六国年表」（韓・魏・趙・斉・楚・燕）が前四七五年から始まっていることに依拠する説、②春秋期の強国・晋が韓・魏・趙の下克上《げこくじょう》によって三国に分裂する前四五三年からとする説、③周朝が韓・魏・趙の三家を諸侯と認めた前四〇三年からとする説、などがある。「戦国」の終結は、秦による統一（前二二一年）までである。「戦国」という呼称は、漢代の『戦国策』に基づく。この時期、燕（現・河北）、秦（現・陝西）が台頭し、「**戦国の七雄**」（韓・魏・趙・斉の四新国と秦・楚・燕の三旧国）と呼ばれる時代となり、彼らは王と称するようになり、領土の争奪を行なった。

戦国時代には、鉄製武器が登場した。この頃の戦法は、戦車に槍兵・弓兵・御者の三人が乗り、歩兵がそれを守るというもので、騎兵はいなかったが、これに対し匈奴は騎馬戦術を用いたので、趙の武霊王（在位、前三二六〜前二九九）が騎馬戦法を西方から導入したという。貨幣は、刀・鏟《さん》（鎌・クワに似たもの）などの形の青銅製で、古代からの貝貨は消滅した。戦国期の出土文物に、多数の漆器《しっき》がある。

諸子百家　戦国期の前五世紀から前三世紀にかけて諸子百家が起こり、中国地域史上もっとも思想の自由な時代とされ、諸思想の発展が見られた。「諸子百家」は、前漢末の劉向《りゅうきょう》によって一〇派（儒家・墨家《ぼくか》・道家《どうか》・

名家《めいか》・法家・陰陽家《いんようか》・農家・縦横家・兵家・雑家）に分けられ、そのうち主要な儒・墨・道・法の四家以外は、「九流」と呼ばれる。

　このうち、**墨**《ぼく》**家**は入墨《いれずみ》を入れられた罪人とも言われるが、憶測とされる。墨家には、『**墨子**』がある。庶民出身の墨子（墨翟《てき》。前四八〇頃〜前四二〇頃）は、孔子と同じく魯の人である。前五世紀頃、活躍したと見られ、「兼愛」・「非攻」などを唱え、身分制度を否定し、儒家と対立した。『**孟子**』は、孟軻《か》（前三九〇／前三三六以前〜前三〇五／前二九九以降）の儒教思想を伝えるもので、父子関係を第一に置き、君臣関係を第二位に置き、「革命」・「性善説」を唱えた。今日に伝わる形となったのは、漢代のことと見られ、宋代に「四書」のひとつと位置づけられる。『**荀子**《じゅんし》』は、荀況《じゅんきょう》（前三二五〜前二三五頃）の儒家系の思想を伝えるもので、「性悪《せいあく》説」、論理学などで知られる。法家の『**韓非子**《かんぴし》』は、荀子の弟子、韓非（前二九八頃〜前二三〇年代）の言論を記録したものとされる。韓非は韓の公子だった。

　儒墨二派の対立ののち、道家の老子・荘子は「無為自然」を説いた。**老荘思想**は、後漢末から三国時代に流行した。道家の『**老子**』（『老子道徳経』）の著者、老子の名は、李耳《りじ》、字《あざな》は聃《たん》とされ、孟子よりやや後輩と見られているが、実在の人物ではないという説もある。老子は、『論語』の中にも登場するが、『老子』は孔子より百年後の書と見られている。『老子』は、前二〇〇年頃の帛《はく》書（帛は絹）が一九七三年に発見され、一九九三年には竹簡が発見されており、成立は戦国中期と推定されている。『**荘子**《そうじ》』は、荘周（荘子《そうし》、前三六五／前二八六〜前二九〇／?）の作であるが、『荘子』「外物篇」は漢代初期に成立したとされ、晋の郭象《かくしょう》（約二五〇〜三一〇）が三三篇約六万五〇〇〇字にまとめた。老子・荘周の思想は、「道」の哲学と呼ばれ、前漢になって、**道家**と呼ばれた。同じく、道家とされる『**列子**《れっし》』は、周の列禦寇《れつぎょこう》の撰とされ、老子の後継者とされるが、漢以降の西晋の仏典訳も含まれているので、かなり長い時期にわたって紡がれてきたものと見られる。三国時代に成立した道教は、老荘を開祖とする。

縦横家は、「**合従連衡**《がっしょうれんこう》」を説いた**張儀**《ちょうぎ》（?～前三一〇）・**蘇秦**《そしん》（?～前三一七）らを指す。『戦国策』には、魏国出身の張儀が秦国の宰相となり、秦に対抗する蘇秦の合従策に対して連衡策を提案したとされる。これに対しては、蘇秦は張儀よりあとの人であると見て、「合従連衡」が史実かどうか疑問視する考えもあるが、それほどの年の違いはなさそうである。この時期、鶏の鳴きまね、犬の物まねをする「**鶏鳴狗盗**《けいめいくとう》」などが登場する。**名家**は、論理学派で、名と実の関係を論じ、**公孫竜**《こうそんりゅう》（前四世紀～前三世紀頃）は、「白馬は馬にあらず」と論じた。

戦国時代に、『易経』・『詩経』・『書経』・『春秋』・『礼記』の「**五経**《ごきょう》」が完備したとされる。

『書経』（『尚書』）　『書経』（『尚書』）の「書」とは、記録の意であり、内容は「虞夏《ぐか》書」・「商書」・「周書」などで、帝堯《ぎょう》からの物語である。戦国時代以前に『詩経』とともにもっとも早く経書として定着していて、もともとは『詩』・『書』と呼ばれ、春秋時代には教養書となっていたと後世に言われているが、かならずしも確認されているわけではない。『書』は、秦代の焚書坑儒によって大部分が失われていたが、その一部分（「保訓」など）が発見され、最近のAMS炭素一四年代測定によって戦国時代中期の遅い時期、前三〇五年プラスマイナス三〇年の竹簡と判明した。『書』は、漢代には『尚書』と呼ばれ、のちに『書経』という名で「四書五経」に入れられ現在に伝えられているが、かならずしも現在のものと同じ形ではなかったと見られている。中国地域最古の地理書『**山海経**《せんがいきょう》』は、戦国後期の作と見られる。

『楚辞』　『詩経』が成立したと見られる前六世紀頃から、『楚辞』が成立したと見られる前四世紀頃までの二〇〇年間は、文学史は空白である。『詩経』が西周から春秋時代の黄河周辺各国の歌謡であったのに対し、戦国時代を代表する『楚辞』は南方長江流域の楚国が秦に滅ぼされる直前までの歌謡であり、『詩経』が一句四言だったのに対し、一句三言が基調で、「離騒《りそう》」「九歌」「天問」「九章」「卜居《ぼくきょ》」「漁父《ぎょふ》」「招魂」「大招」「遠遊」からなる。大部分は**屈原**《くつげん》（前三四三？〜前二八七以降／前二七八？）の作とされ、「九弁」「招魂」は**宋玉**の作とされてきたが、疑問も提起されている。屈原は、楚の三閭大夫《りょたいふ》（王族の三姓である昭・屈・景を掌る職）だったが、追放されて汨羅《べきら》の淵で投身自殺し、その命日とされる五月五日（水神を祭る日）に粽《ちまき》を投げて屈原を祭る風習ができ、粽を食べる風習が日本にまで伝わったと言われる。

『史記』刺客列伝には、燕から秦に送りこまれた刺客、荊軻《けいか》が歌ったとされる、「風蕭蕭《しょうしょう》として易水《えきすい》寒し　壮士ひとたび去ってまた還《かえ》らず」が書きこまれているが、後世の作だろう。

「**天**」　中国地域には他の地域同様、原始的なシャーマン諸神信仰とそれを担う巫《ふ》が存在した。中国地域・モンゴル・朝鮮などでは、「天」という思想が生まれた。「天」は、みずからの意思を「天子《てんし》」に実行させる存在とされた。

先秦の中国地域古代思想の大部分の書物は、秦代に焚《ふん》書の憂き目にあっており、漢代になって今日に伝えられる形をなしたと見られる。

6. 秦（前二二一〜前二〇六。約一五年間。「夷狄未開民族」説・「鳥夷人」説・西戎説）

『史記』「秦本紀」によれば、秦の先祖は帝顓頊《ていせんぎょく》の後裔《こうえい》とのことで、夏・周同様、黄帝の子孫とされる。顓頊《せんぎょく》の孫の女脩《じょしゅう》が機《はた》を織っていると、燕《つばめ》が卵を落とし、女脩がこれを呑んで大業が生まれたとする。その子孫には、身体は鳥だが人語を話せる者がおり、その子孫が嬴《えい》氏となったとされる。秦も、神話の色彩が拭い切れていない。

秦朝は、「夷狄」未開民族であるとする説（宮崎市定）、もと「鳥夷の人」とする説（顧頡剛）、西戎《じゅう》説などがあり、いずれも非「漢族」説である。『史記』によれば、秦は「西戎に覇を唱えた」といい、秦は西戎八カ国を服属させた。秦は、はじめ甘粛東部にあり、前八世紀に周の諸侯のひとつとなり、渭《い》水を東進し、前四世紀に急速に発展した。都は前三五〇年以降、咸陽《かんよう》（現・西安）に置かれた。中国地域統一支配以前の秦国の法家・**商鞅**《しょうおう》（?～前三三八）は、秦を強国化したが、孝公が死ぬと、車裂《ざ》きの刑に処された。

呂不韋《りょふい》（?～前二三五）は、もと商人だったが、嬴《えい》政（前二五九～前二一〇）が始皇帝となる以前に秦の初の宰相に任用された。呂不韋は学者三〇〇〇人を食客として養い、『**呂氏春秋**』一六〇篇を編纂させた。『呂氏春秋』は、一年を春夏秋冬の四季に分け、さらにそれを一ヵ月ずつに区切り、それぞれの時になすべき課題を示した。儒家・道家・法家などの思想が入り交じった雑家の書とされる。嬴政は、秦王・子楚の子とされるが、実は呂不韋の子供だった。正月に生まれたので政（正）と名づけられた。政は、成人すると呂不韋と母の関係を知って追放し、呂不韋は自殺した。

始皇帝（在位、前二二一～前二一〇）秦王・嬴《えい》政は前二四六年、一三歳で即位した。政は、呂不韋を追放し、専制君主による中央集権制官僚国家を構想していた法家の**李斯**《りし》（?～前二〇八）を宰相とし、韓（前二三〇年）・趙（前二二八年）・魏（前二二五年）・楚（前二二三年）・燕（前二二二年）を滅ぼし、前二二一年、斉を滅ぼし、「**始皇帝**」という称号を名乗った。「皇」は「光輝く」、「帝」は「天の支配者」の意とされる。秦は、降伏した趙の兵四〇万人を生き埋めにしたという。また、咸陽《かんよう》には壮大な阿房宮《あぼうきゅう》が建設されたとされる。

始皇帝は、法治主義・中央集権制をとり、丞相《じょうしょう》（行政担当）・太尉（軍事担当）・御史《ぎょし》大夫（司法担当）の三公を置き、周朝の本家・分家を軸とする封建制を廃し、全国を三六郡（のち四〇郡）に分け、中央から地方に官僚を派遣する**郡県制**の律令国家を建てた。始皇帝は、法家による思想統一のため、前二一二年、四六〇人の儒者を穴埋めにし、儒・諸子百家の書物を燃やす「**焚書坑儒**《ふんしょこうじゅ》」を行なったとされているが、焚書坑儒は儒家だけが対象だったという説もある。始皇帝は、七国ごとに違っていた文字・度量衡・貨幣を統一した。漢字の字形は、前三世紀末には「金文《きんぶん》」から「篆《てん》書」になっていたと見られ、李斯が定めた「小篆」を採用した。「小篆」は、「大篆」を簡略化したものだと言われている。始皇帝は、北方の匈奴に備えて五〇〇〇余里の「**長城**」（明朝以降のものとは異なる）を築き、匈奴を攻略し、南方では閩《びん》越・南越に侵攻して併合した。越は、今日のインドシナ諸民族の祖先と見られている。

一九七四年の発掘で発見された**兵馬俑**《へいばよう》（陶製の兵士・馬の像）は、秦の始皇帝の副葬品というのが定説である。最近では始皇帝の五代前の恵文王の妃・宣太后の陵墓だという説も出ているが、規模の大きさから見てやはり始皇帝のものだろう。現代中国出身の作曲家タン・ドゥン（譚盾）は、オペラ「始皇帝」をつくった。

始皇帝の死後、太子の胡亥《こがい》が二世皇帝となり、大規模な土木工事を起こした。前二〇九年、中国地域最初の農民反乱、「**陳勝・呉広の乱**」が起こったが、鎮圧された。しかし、諸侯の反乱が起こり、『平家物語』に、「沙羅《しゃら》双樹の花の色、盛者《じょうしゃ》必衰のことわりをあらはす。奢《おご》れる人も久しからず、唯《ただ》春の夜の夢のごとし。たけき者も遂にはほろびぬ、偏《ひとえ》に風の前の塵《ちり》に同じ」と述べた上で、「遠く異朝をとぶらへば、秦の趙高《ちょうこう》」と名があげられている趙高は、二世皇帝を殺害し、まもなく秦は滅んだ。秦王朝は、周代の中国地域に存在した約二〇〇に及ぶ都市国家を一つに統合したが、自身はわずか一五年の短命王朝に終わった。

項羽《こうう》（前二三二〜前二〇二）　秦王朝に反逆した反乱軍の中でもっとも強大だった楚の項羽は、秦を倒す（前

秦・兵馬俑

二〇六年）と、「覇王」と称した。司馬遷は『史記』で、始皇帝が咸陽《かんよう》につくった「阿房宮《あぼうきゅう》」は項羽によって放火され、「三ヵ月燃え続けた」と書いているが、最近の調査によれば、灰が存在しないとのことであり、「阿房宮焼き討ち」は単なる伝説であった可能性が出てきた。秦代は、文学史的には空白であった。『史記』には、西楚の覇王・項羽の「垓下《がいか》の歌」（「力　山を抜き　気は世をおおう　時に利あらずして騅《すい》ゆかず　騅のゆかざるいかんすべき　虞《ぐ》や虞や　汝《なんじ》をいかんせん」）が載っているが、後世の作だろう。

日本では、「支那」なる言葉が中国地域を指す用語とされてきたが、その名の由来は秦であった。しかし、明治以降の帝国主義日本時代に蔑称として用いられたことがあるので、中華民国以降の中国や東アジア太平洋戦争敗北後の日本では使用が避けられるようになった。

7. 漢（前二〇二～後八、二五～二二〇。約四〇五年間、漢族）

7-1　前漢（西漢。前二〇二～後八。約一九〇年間）

劉邦《りゅうほう》（高祖。前二四七～前一九五。在位前二〇二～前一九五）　項羽によって漢中（現・陝西省南部・湖北省北部）に封ぜられた劉邦は沛《はい》（現・江蘇省）出身の農民の子だったが、諸侯を糾合し、項羽を倒して漢王朝を開いた。王朝名「漢」は、漢中に由来する。「漢族」・「漢人」・「漢字」なども、同様である。

『史記』「高祖本紀」によれば、劉邦（高祖）の誕生も神話化の脚色がなされている。劉邦（高祖）の母・劉媼《おん》が堤の上で眠っていると、夢の中で神にあった。劉邦の父がそこへ行くと、蛟《こう》竜が劉媼の上にいた。劉媼はやがて妊娠し、劉邦を生み、長じて劉邦が酒に酔って眠ると、身体の上にいつも竜がいたという。「竜」と「皇帝」が結びつけられるのは、漢の劉邦からのようで、それ以前には認められない。

秦を滅ぼした劉邦は前二〇二年、即位し、長安を都とし、秦の郡県制を引き継ぎ、秦の郡県制と項羽の封建制を併用し、一族・功臣を王侯として封ずる「**郡国制**」をとった。郷村は、一〇〇戸を一里、一〇里を一亭、一〇亭を一郷とする「郷・亭・里」制をとった。高祖が死ぬと、妻の**呂后**《りょこう》（在位、前一八七〜前一八〇）が実権を握り、中国地域初の女性権力者時代、呂氏政権が誕生したが、呂后が死ぬと、劉氏が権力を奪い返した。高祖の孫の景帝（在位、前一五七〜前一四一）のとき、不平諸侯による「**呉楚七国**《ごそしちこく》**の乱**」（前一五四年）が起こったが、鎮圧され、諸侯は弱体化した。

膨張政策　第七代目の**武帝**（前一五九〜前八七。在位、前一四一〜前八七）は、事実上、郡県制を採用し中央集権制を実現し、一七級の爵位を制定した。武帝は、騎兵部隊を作りあげて膨張政策を実施し、北方では匈奴を攻撃し、西方の中央アジアでは匈奴と争って天山南路の地を奪い、いわゆる西域《さいいき》（「せいいき」とも読む）三十六国を支配し、**シルクロード**（絹の道）を開いてローマとの交易路を開いた。前一一九年には、最大の会戦が行なわれ、匈奴は死者・俘虜計九万を出して敗れたが、漢朝も死者数万を出し、軍馬一〇余万頭を失った。漢朝は、南方では南越（ベトナム北部）を侵略し、北東方面では朝鮮半島にも侵入し、「**朝鮮四郡**」（楽浪郡・真番郡・臨屯郡・玄菟《げんと》郡。朝鮮側からは「**漢四郡**」と呼ばれる）を置いた。しかし、この漢の対外膨張政策は、財政危機を招き、塩・鉄の専売、**均輸法**、**平準法**などが採用された。また、民間による銅銭鋳造を禁止し、王朝が一手に鋳造することとした。

漢代には、奴隷が労働力として使用されていた。漢は、前七二年には**烏孫**《うそん》と同盟して匈奴軍を破り、捕虜四万を獲得、家畜七〇万頭を略奪した。奴隷の売買は禁止された。前漢末、全国人口は約六〇〇〇万人、長安城内人口は約二五万人であった。

武帝は前一三九年、匈奴を挟み撃ちにすることを目的として仇敵の大月氏と同盟を結ぶため、**張騫**《けん》（?〜前一一四）を派遣した。同盟は果たせなかったが、西南アジアの状況が伝えられ、その後、ペルシアの馬が唐朝に輸入され、中国地域の帛《はく》（絹）が西方に輸出された。中国地域では、漢代まで床《ゆか》に敷物をしき、そこに直接すわる生活習慣があったが、漢代に西方のベッド（胡床）・椅子が輸入されたのち、生活習慣が変わったという。

漢朝は、前漢・後漢を合わせて約四〇〇年に及び、中国地域歴代王朝のなかで周朝につぐ二番目の長命王朝となった。前漢末の紀元後二年には、一〇三郡が置かれていた。

漢学　春秋・戦国期の『管子』・『論語』その他多数の中国古典は、戦国から漢代になって今日に伝わる形になったと見られている。漢代の漢字の書体は、「小篆《てん》」から「隷《れい》書」となった。前漢・後漢は、「古文」（篆書）学派と「今文」（隷書）学派の抗争の時代で、この時期の経学《けいがく》は「漢学」と呼ばれる。文字が書かれた「漢簡」は、木簡と竹簡であった。

史書では、司馬遷の『史記』のほかに、**左丘明《さきゅうめい》**が前七二二年から前四五三年までの周代各国史である八語（周語・魯語・斉語・晋語・鄭語・楚語・呉語・越語）を記録した『国語』および『春秋』の注釈である『春秋左氏伝』を著したとされるが、人物については一切不詳である。『春秋左氏伝』が「内伝」と言われるのに対して、『国語』は『春秋外伝』と称され、今日伝わっている『国語』も漢代以前のものでなく、**劉歆《きん》**が『左伝』を編纂して余った資料を『国語』とし、それが現在に伝えられているのだとされる。『春秋左氏伝』は、魯の編年史である『春秋』に解説を加えたもので、秦以前の文字・篆書《てんしょ》で書かれており、その成立は前四〇三年以降前三八六年以前とされるが、『春秋左氏伝』は左丘明の作ではなく、『左伝』は漢代以前には存在しなかったとする説もあるが、遅くとも**董仲舒《とうちゅうじょ》**以前でなければならない。『春秋』の注釈には、ほかに『**春秋公羊《くよう》伝**』『**春秋穀梁《こくりょう》伝**』があるが、漢代の作である。

董仲舒（前一七六頃～前一〇四頃）は、「**五常**」（仁・義・礼・智・信）という徳目を唱えた。武帝は、最初の元号「建元」を制定し、儒教を国教（官学）とし、前一三六／前一三〇年、「**五経《きょう》博士**」を置いた。「**五経**」とは、『易経』・『書経』・『詩経』・『礼経』・『春秋左氏伝』の五経書《けいしょ》のことである。前漢末までの博士は、すべて隷書文献による今文《きんぶん》学派であった。

漢代儒教／『**礼記**《らいき》』『**大学**』『**中庸**』　儒教（礼教）の礼法・礼制について、前一世紀中頃、梁の戴徳《たいとく》・戴聖《たいせい》は「礼博士」となり、戴徳が「大戴礼《だたいれい》」をつくり、戴聖が「小戴礼」をつくり、「小戴礼」が『礼記《らいき》』とされた。宋代に、朱子が『礼記』から『大学』『中庸』を独立させ、『論語』『孟子』とともに「**四書**」とした。『大学』の著者は不明とされる。『大学』には、三綱領（明徳・新民・止至善《しいぜん》）八条目（格物・致知・誠意・正心・修身・斉家・治国・平天下）という徳目があり、おのれを修めて人を治めることとされる。『大学』の「大学」とは、もともとは学校を指すが、「最高の学問」の意として使われている。『中庸』の著者は、孔子の孫・**子思**であり、彼は君臣関係を第一に置き、父子関係を第二位に置く点が『孟子』と異なる。儒教中、周王朝の官制の記録である『**周礼**《しゅらい》』（周官）、士冠礼・士昏《みん》礼（婚礼）・士葬礼・郷射礼などの儀式についての『**儀礼**《ぎらい》』および『礼記』（小戴礼）は、「三礼」とされた。

『**戦国策**』（『国策』と略称される）は、前漢の**劉向**《きょう》（前七七～前六）集録の作であり、いわゆる戦国時代の西周・東周・秦・斉・楚・趙・魏・韓・燕・宋・衛・中山などについての記述であり、左丘明が書いたとする説は否定されている。『**論衡**《ろんこう》』は、**王充**（二七／三三～九六頃／一〇四頃）の思想書であり、君主・儒教・自然認識などを論じ、鬼《き》（幽霊）の存在を否定するなど合理主義的思考を記している。現在に伝えられている版本でもっとも古いのは宋代のものとされ、日本に保存されている。『**荘子**《そうじ》』「**外物篇**」は、前漢初期に成立したと見られる。

楽府《がふ》・**漢賦**《かんぷ》　高祖劉邦が即位後、故郷に帰って歌ったという「大風歌《たいふうか》」は、本人の作かどうか疑わしいが、武帝にも「秋風辞」がある。武帝は、音楽をつかさどる役所である「楽府」を設立し、民間に流行していた歌謡を採集させた。楽府が収集した詩は、楽府体と呼ばれるようになった。これらの中から五言詩という形式が誕生することになる。また、『楚辞』の句型あるいはそこから変化した韻文・散文混合の形式の「賦《ふ》」という形式がつくられ、漢賦と呼ばれた。代表的な詩人に**司馬相如**《しばしょうじょ》（前一七九～前一一七）がいる。

紙の発明　文字は後漢に至るまで木簡・竹簡・絹に書かれ、後漢の宦官・**蔡倫**《さいりん》が一〇五年頃、紙を発明したとされてきたが、前漢時代の紙が発掘され、蔡倫造紙説は疑問視されている。文字の記録媒体に革命がもたらされたのである。いずれにせよ、この製紙技術は唐代に西方に伝えられた。

7-2　新（八～二五年。約一七年間）

『平家物語』に「秦の趙高」とともに名があげられている「漢の王莽《おうもう》」は、漢皇帝の外戚であったが、漢王朝を倒し、周を理想とする復古主義的「新」王朝を建て、対外的には上下関係を強調し、離反した匈奴に出兵したが、その強硬策などが裏目に出て、一八年には緑林軍と名乗る農民反乱が起こり、続いて眉を赤く染めた**赤眉軍**《せきび》と称する農民反乱が起こった。こうして、新は秦と同様、短命政権に終わった。

前漢代には経典について隷書で書かれた「今文《きんぶん》」と先秦の篆書で書かれた「古文」の二系統が発生していたが、「新」の頃には古文が今文に代わって正統とされた。

7-3　後漢（二五～二二〇年。漢族）

赤眉軍を破った漢朝皇族の**劉秀**（**光武帝**。前六～後五七。在位二五～五七）は、都を洛陽に置いた。後漢初期、紀元五七年の人口は二一〇〇万人だったが、八八年には約四三〇〇余万人に回復した。支配領域の拡大を示すものである。後漢は、対外膨張政策をとり、南匈奴を取りこみ、北匈奴を駆逐し、現・新疆ハミを占領してふたたび西域諸国を支配した。班固の弟、漢軍の**班超**（三二～一〇二）は、「虎穴に入らずんば虎児を得ず」と言って少数で匈奴の大軍に突入し、勝利を得たとされる。九〇年には、班超の率いる漢軍はトカラ族の建てた西トルキスタンのクシャーナ王朝（中国語名「貴霜」、「大月氏」）と交戦し、これを打破した。班超は九七年、部将甘英を「大秦《たいしん》国」に使いさせたが、シリア（中近東）まで行って引き返し、目的地に到達することはできなかった。大秦国とは、ローマ帝国本国ないしその東方の属領のことと見られている。光武帝は、「**漢の委《わ》の奴《な》の国王印**」を与えたとされる。一七八四年、現・福岡県志賀島《しかのしま》で百姓甚兵衛が発見した方二・三センチメートル、重さ一〇九グラムの「金印」である。

後漢では、宦官《かんがん》が権勢を掌握し、地方豪族地主との連合政権となり、皇帝の権力は弱まっていった。後漢は八九年頃から衰退しはじめ、外戚・豪族勢力と宦官勢力が対立し、宦官を批判した太学の学生たちが捕らえられる「**党錮《とうこ》の禁**」（一六六年、一六九年）が発生した。豪族地主によって農地を奪われた農民たちは、反乱を起こし、一八四年には**黄巾の乱**が起こった。リーダーの**張角**（?～一八四）は、「**太平道**」という道教の行者《ぎょうじゃ》で、農民反乱と宗教の結びつきはこれがはじめてとされる。河北の豪族**袁紹《えんしょう》**は、この混乱に乗じて宦官二〇〇〇余名を皆殺しにした。将軍**董卓《とうたく》**は一九〇年、袁紹を追い、首都を洛陽から長安に移し、洛陽を焼き討ちにし、事実上、漢王朝は滅んだ。董卓は、まもなく部将の**呂布《りょふ》**に殺害された。

班彪（三～五四）は、『史記』のあとを書き、その子・班固（三二～九二）はそれを受け継いで『**漢書《かんじょ》**』をまとめた。『**説文解字《せつもんかいじ》**』は、許慎《しん》が紀元後一〇〇年にまとめた字書である。**張衡《こう》**は、青銅製の**渾天儀《こんてんぎ》**をつくり、星座の運行の法則性を明らかにした。後漢には、**磁器**の製造が始まった。また、**墓碑銘**もつくられ始めた。戦国時代末に磁石の指磁性が知られ、漢代には**羅針盤**が用いられていたと言われる。

仏教伝来　仏教は、後漢はじめにインド地域クシャーナ朝から伝来したと見られている。大月氏の僧・**支謙《しけん》**は、パルティア王族の**安世高**とともに後漢の都・洛陽に入り、仏典多数を翻訳したが、漢代には仏教は広まらなかった。

漢代には、『楚辞』の流れを汲む辞と漢の賦を合わせた「辞賦」と呼ばれる韻文が発展した。後漢半ばには、「古詩十九首」がつくられた。これによって、五言詩の形式が確立された。後漢末には、「四六駢儷文《べんれいぶん》」が起こり、六朝時代に完成される。

8. 匈奴（テュルク系）

匈奴の登場　モンゴル高原は、海抜約一五〇〇メートルの地である。戦国時代中国地域では、その北方の「匈奴」は「胡」と呼ばれ、東北アジアの人びとは「東胡」と呼ばれ、匈奴の西の人びとは「月氏」と呼ばれていた。匈奴は、「五畜」（馬・牛・羊・山羊・ラクダ）と言われる家畜を飼育する遊牧民であった。戦国時代中期の前三一八年、韓・魏・趙・燕・斉の五カ国が連合して秦を攻めたさい、匈奴は五カ国と呼応し、秦と戦って敗れて北に敗走したとされ、これが匈奴の歴史への初登場とされる。『史記』「匈奴列伝」は、匈奴の先祖は「夏后氏」であるとし、夏王朝の分支とするが、疑わしい。

秦が中国地域の他の六国を滅ぼした頃、匈奴には頭曼（テュルク語、テュメン。在位？～前二〇九）が現れ、諸部族を統合し、「**単于《ぜんう》**」（君主、「天の子にして偉大なる王者」の意）の称号を得、モンゴル南部のオルドス（現・内モンゴル）に進出した。秦は、匈奴を駆逐し、オルドスを奪って、匈奴を防ぐ長城を建造した。秦が滅びると、匈奴の**冒頓《ぼくとつ》**（トルコ語で「勇者」の意）は父・頭曼を殺し、単于《ぜんう》（在位、前二〇九～前一七四）となった。冒頓《ぼくとつ》は、秦に奪われた南方の旧領を回復し、東方の東胡を滅ぼし、西方の大月氏を駆逐し、北方のモンゴリアに侵入して「トルコ系」の隔昆《かくこん》・丁零《ていれい》諸部をくだし、モンゴル史上最初の大国家を建設した。冒頓《ぼくとつ》の子・老上単于《ぜんう》（在位・前一七四～前一六〇）は、月氏王の首をはね、その頭蓋骨で酒を飲んだという。歴史学で使用されてきた「トルコ系」は、現トルコを連想してしまうので、「テュルク系」と呼ぶのがよいと思われる。「テュルク系」には、匈奴・突厥《とっけつ》・ウイグル・現トルコ人などが含まれよう。

漢の匈奴への服属　劉邦は、楚の項羽を倒して漢王朝を樹立したのち、匈奴と山西の平城（現・大同）で戦って敗れ、匈奴に和を請い、漢は匈奴に毎年、まわた・絹・酒・米を献上することなどを約し、事実上、属国化した。これを「平城の恥」と言う。

匈奴の社会　匈奴は、騎馬遊牧社会であるとともに狩猟・農耕も行なっていた。騎馬戦法は前八〜前七世紀頃に黒海周辺で活躍したペルシア系と見られるスキタイ人が始め、匈奴は彼らから騎馬、青銅の馬具、兵器を導入したという。戦時には、部族単位で隊伍を組織し、什《じゅう》長・百長・千長があり、千長の上に万騎王将があり、匈奴全体で二四王将がいた。単于《ぜんう》は、冒頓の子孫に限られ、屠各《とかく》部の攣鞮《らんてい》氏から出た。単于はさらに、攣鞮氏から二四万騎王将を任命した。匈奴は、穹廬《きゅうろ》（テント）に住み、肉・乳製品を食べ、馬乳酒を飲んだ。匈奴には、壮年者を尊び、日月遙拝、先祖・天地・鬼神の祭り、嫂《そう》婚制（父子兄弟が死ぬと、その妻を継承する）、一〇〇人に及ぶ殉死、犯罪者の斬首、軋《あつ》刑（足のかかとをつぶす）、葬送のときに顔面を傷つける、頭髪の一部を抜いて死者に捧げる、などの風習があった。四〇〇以上の記号はあったが、文字はなかったと見られている（沢田勲）。

匈奴の東西分裂（前五七年頃）　漢の武帝（在位・前一四一〜前八七）の頃、匈奴は単于の位をめぐる争いから内訌が起こり、西域を支配していた日逐《じっちく》王は前六〇年に漢に投降した。匈奴は前五七年頃、東匈奴と西匈奴に分裂し、東匈奴は現・内モンゴル地域を支配したが、東匈奴の呼韓邪単于《こかんやぜんう》は前五一年、漢に服属・同盟した。これによって、**西域**《さいいき》は前漢に支配されることになった。西匈奴は分裂後、タラス川上流に移動したが、前三六年、漢と東匈奴の連合軍に滅ぼされた。

東匈奴の南北分裂（後四八年）　前漢を倒した「新」の王莽《おうもう》は、匈奴に強圧的政策をとった。そのため、匈奴は反発し、「新」は滅亡を早めた。その後成立した後漢は、天山南路から匈奴を一掃した。匈奴・冒頓に滅ぼされた東胡の後裔《こうえい》・**烏桓**《うかん》（**烏丸**）が蜂起し、東匈奴は紀元後四八年、南匈奴と北匈奴に分裂した。後漢の光武帝は降伏した南匈奴を長城以南に移動させた。彼らは、并《へい》州（現・山西省中部以北）で単于を存続させ、古来の氏族制を維持し、漢の郡県制とは別系統の自治的存在を維持し続けた。南匈奴の人口は、九〇年には二四万人弱、九一年頃には三三万人弱であったという。并州の西隣の涼州には、氐《てい》・羌《きょう》などチベット系民族が多く居住し、東隣の冀《き》州外にはモンゴル系東胡の子孫と見られる**烏桓**（烏丸）**部族**がいたとされる。

北匈奴の西方移動　モンゴルにとどまった北匈奴は、モンゴル北部のオルホン（オルコン。現モンゴル）河畔を拠点とし、天山南路の領有をめぐって漢としばしば争ったが、東方で匈奴の支配から脱したモンゴル系東胡の子孫ないしテュルク（トルコ）系と見られる**鮮卑**《せんぴ》（**ツェツェン**）**族**が匈奴を襲い、北方のテュルク（中国語名「丁零」）、南方の漢・南匈奴連合軍も北匈奴を攻撃したため、九一年には天山北路、イリ河畔に逃れた。イリ河畔のテュルク系とされる**烏孫**《うそん》**族**も匈奴から独立して匈奴を攻め、匈奴は追われて転々と移動した。一五八年には東トルキスタン（現・新疆）を放棄してカザフ草原に移動したのち、消息を絶ったという。彼らは、三世紀頃にはアラル海、カスピ海に出現し、三七五年、ドン河を渡ってヨーロッパに侵入し、**アッティラ**（?～四五三）に率いられてローマ・ゲルマン世界に「**民族移動**」（「**ゲルマン人の大移動**」、四～六世紀）を起こさせ、西ローマ帝国の崩壊をもたらした**フン族**であるとされる。モンゴル地域は、鮮卑族の支配するところとなった。

長城の北方では、匈奴の残部はオルドス付近に散在したが、西晋（二六五～三一六）の「**八王の乱**」（二九〇～三〇六）のとき、南匈奴の後裔《こうえい》である劉淵《えん》（在位三〇四～三一〇）が三〇四年、大単于《ぜんう》と称し、「漢」（のち「趙」と改称。「前趙」）を建国した。三一九年、同じく匈奴の後裔とされる石勒《せきろく》（在位三三〇～三三三）が「前趙」を滅ぼし、「後趙」を建てた。このほか、甘粛《かんしゅく》の「北涼」（三九七～四三九）、陝西《せんせい》北部の「**大夏**」（四〇七～四三一）なども匈奴王朝だった。いわゆる「五胡十六国」である。その後、中国地域に残った匈奴の多くは漢族に同化吸収されていったと考えられる。

第二部　アジア中世

第4章　中世・東北〜西南アジア

1．東北アジア・朝鮮半島1（前一九四〜六六八）

朝鮮神話によれば、朝鮮の開祖タングン（檀君）は、修行した熊が女性に変身し、ハンウンという者と結ばれて生まれた子だった。

1-1　箕《き》氏朝鮮・衛氏朝鮮（古朝鮮）

中国地域・周朝を開いた武王が殷を滅ぼしたとき、殷王族の箕子を朝鮮王に封じたとの伝説により「箕氏朝鮮」が存在したとされる。中国地域・戦国時代の燕《えん》王盧綰《ろわん》が前一九五年に匈奴《きょうど》に亡命したさい、臣下の衛満（ウイマン）が朝鮮地域に亡命し、前一九四年頃、「箕氏朝鮮」を滅ぼして「衛氏朝鮮」を建て、都を王倹《おうけん》（ワンゴム。現・平壌《ピョンヤン》付近）に定め、中部朝鮮半島以北を支配した。これが、朝鮮地域有史時代の最初の王ともされ、タングンから箕氏朝鮮・衛氏朝鮮までを「古朝鮮」と呼ぶ。古朝鮮は、中国地域長江北部までを支配していたとするが、信じがたい。

前漢の武帝は、衛氏を滅ぼして「朝鮮四郡」（「漢四郡」）を建て、楽浪郡には二五県が置かれ、約六万三〇〇〇戸、約四〇万七〇〇〇人が住んでいた。楽浪郡の役人の墓から、前四五年頃の『論語』の一部の木簡が出土した。これまでのところ二番目に古い『論語』である。それから約四〇〇年にわたって、朝鮮は中国地域の漢・魏・晋などの王朝の支配を受けた。

1-2　高句麗《こうくり》（前三七頃〜六六八、約七〇五年間。ツングース系貊《はく》族）

モンゴル族ないしツングース（東胡）族の分支とされる**鮮卑《せんぴ》族**の燕がマンジュ（満州）地域（現・中国東北

部）を占領すると、中国地域王朝と朝鮮半島は切り離された。朝鮮半島北方では、扶余《ふよ》（プヨ）出身の貊族《はくぞく》のチュ・モン（朱蒙）が前三七年頃、鴨緑江《おうりょくこう》（アムノクカン）中流域に高句麗（コグリョ）を建てた。建国神話では、チュ・モンの母は太陽を避けたところ、太陽が追ってきてチュ・モンの母は巨大な卵を孕み、その卵からチュ・モンが生まれたという。チュ・モンは、「太陽の子」と称した。高句麗は、遼東を攻め、南下して漢の楽浪郡を倒し、南マンジュ（満州）から朝鮮半島北半部に至る地域を支配した。

東アジア／中国地域で漢朝が滅んだのち、魏朝は二四四年、高句麗に侵入し、二四六年、高句麗の都、丸都《がんと》（ホアンド）を攻略した。魏が晋王朝（東晋）に取って代わられると、高句麗は反撃し、三一三年、三一四年と二度にわたって東晋軍を破り、楽浪郡・帯方郡を支配し、さらに玄菟郡《げんと》・遼東郡も支配した。高句麗は三七二年、漢字による教育のための太学（テハク、最高学府）を建てた。中国地域・北朝「前秦」の宮廷から派遣された僧・順道は三七二年（三八四年との説もある）、高句麗に仏教を伝えた。

高句麗は、第一九代・**広開土王**（好太王、三七四〜四一二、在位三九一〜四一二）の時代に繁栄した。マンジュ東南部から朝鮮半島北部を支配した高句麗は、半島西南部の百済《くだら》、東南部の新羅《しらぎ》を攻撃し、朝鮮半島では高句麗・新羅・百済三国の抗争がしばらく続くことになる。

中国地域の隋朝《ずい》（五八一〜六一八）は、高句麗出兵（六一二年、六一三年）を二回行なったが、高句麗は、隋の文帝（五四一〜六〇四、在位五八一〜六〇四）、煬帝《ようだい》（五六九〜六一八、在位六〇四〜一八）の侵入をいずれも撃退した。高句麗はその後、隋に朝貢《ちょうこう》したが、隋は六一八年に滅んだ。「**朝貢**」とは、中国地域の王朝皇帝が周辺諸国からの貢ぎ物を受け取るかわりに、皇帝が恩恵的に物品を与えるという形式の貿易形態である。

隋を滅ぼした唐朝（六一八〜九〇七）第二代皇帝の太宗（五九八〜六四九、在位六二六〜四九）も遼東に侵入し、高句麗を攻めたが、失敗した。第三代皇帝・高宗（六二八〜八三）も六四五年、高句麗に攻撃をかけたが失敗し、新羅と組んでまず六六〇～六三年、百済を海路から攻撃して破り、ついで高句麗を滅ぼし（六六八年）、百済の故地に都督府を置き、平壌に安東都護府を置いた。唐は六六九年、高句麗人三万八三〇〇戸以上、百済の農民一万二八〇七名、靺鞨《まっかつ》人および捕虜たちをマンジュ（満州）の営州（現・遼寧省朝陽）に強制移住させた。

1-3　三韓（韓族）

朝鮮半島中南部では、韓族が台頭し、三韓（サムハン）の部族連合体が形成された。朝鮮半島東南中部の**辰韓**《しん》（チンハン）、辰韓の西に**弁韓**（ピョンハン）、半島南西部に**馬韓**（マハン）で、三韓は計七八の小国に分かれていたが、弁韓は鉄を生産しており、辰韓・馬韓・「漢四郡」・日本地域の各小国にも提供していた。この頃までは、朝鮮半島・日本地域にはまだ王朝が形成されていなかったと見られる。馬韓は帯方郡を倒して**百済**《くだら》王朝を建て、辰韓は**新羅**《しらぎ》王朝を建てた。楽浪・帯方二郡の滅亡によって中国地域王朝の支配が朝鮮半島から一掃され、三国が並立し、あい争った。朝鮮半島南部には日本人も居住しており、日本は朝鮮半島南部の弁韓の加羅（伽耶《かや》、任那《みまな》）と関係が密であった。任那《みまな》には日本府があったとされてきたが、現在では否定されている。高句麗は、しばしば百済・新羅を攻めた。

2. 中国地域三国時代

2-1　魏・蜀・呉三国時代（二二二～六五、約四三年間）

「三国時代」とは、漢朝が無力化して**曹操**《そうそう》（一五五～二二〇）・**劉備**《りゅうび》（一六一～二二三）・**孫権**《そんけん》（一八二～二五二）が各地に割拠して抗争し始めたころから呉が滅びるまでの時代を指すことが多いが、厳密には呉の成立から蜀の滅亡までということになる。漢の将軍・**董卓**《とうたく》が滅ぼされると、その後、長江以北地域を支配した魏、長江以南の西南部を支配した蜀、長江以南の東南部を支配した呉に分かれて争った。小説『三国志演義』の時代である。三国時代には、この地域の人口は激減したという。

2-2　魏（二二〇～二六五、約四五年間）

戦国七雄の魏と区別し、三国魏と称する。小説『三国志演義』は、漢朝正統史観から蜀を善玉とし、漢朝と蜀を滅ぼした魏を悪玉として描いているが、魏王となった曹操は文才に優れ、「短歌行《こう》」「蒿里行《こうりこう》」などの詩を残している。息子の**曹丕**《そうひ》（文帝。一八七～二二六）は、漢朝最後の皇帝・献帝に皇帝の位を禅譲《ぜんじょう》させ、二二〇年、魏の文帝に即位し、洛陽を都とした。曹丕は、官吏登用制度として**九品官人法**をつくった。第一品から第九品まで等級を設け、「中正」という官を設け、官吏の資格審査をさせた。魏晋南北朝時代には、これによって貴族制度が確立されるに至った。日本の邪馬台国《やまたい》の女王・卑弥呼《ひみこ》は二三九年、魏に使者を送った。魏の人口は、三国最大の四百数十万人であった。三国は、それぞれ「皇帝」を名乗った。

禅譲　「禅」も「譲」も、「ゆずる」意味で、禅譲とは五帝の一人、帝堯《ぎょう》が舜《しゅん》に位をゆずったことを手本とし、帝王が徳のある者を後継者に指名する平和的権力交代のことと美化された観念であるが、それは神話時代の話で、歴史時代の禅譲とは、すべて武力を背景に「禅譲」という形式を借りて行なわれた権力・地位の委譲にほかならなかった。これに対し、むきだしの武力で権力を奪うことを**放伐**《ほうばつ》という。禅譲は、権力委譲の条件を「徳」と想定する点では儒教的であるが、世襲権を否定する点では非儒教的であるという相反する面があった。

魏朝文学　四〇〇年にわたる魏晋南北朝の最初に来る魏の時代には、貴族社会が発展し、詩人が輩出した。まず、曹操・曹丕・曹植の父子が「三曹」と呼ばれ、曹植（陳思王、一九二～二三二）は「七歩の詩」で知られる。建安（一九六～二二〇）年間には、王粲《さん》（一七七～二一七）ら「建安の七子」が登場し、正始（二四〇～四九）年間には、**阮籍**《げんせき》（二一〇～六三）・**嵆康**《けいこう》（二二三～六二）ら「**竹林の七賢**」が現れ、俗世を避けて老荘的世界に遊ぶ「清談」にふけったと解されている。阮籍は、俗人を「白眼」視した。「清談」とは、後漢における人材登用のための「郷党の清議」から転化した言葉だった。「清談」は、実は激烈な政治闘争・権力闘争を避ける手段であったのだが、それにもかかわらず刑死を避けられなかった者もいた。

2-3　蜀（二二一～六三。約四二年間）　劉備は、**諸葛亮**《しょかつりょう》（字《あざな》、孔明）を三度訪れ、軍師となることを依頼し、「**三顧**《こ》**の礼**」という言葉が生まれた。諸葛亮は「**天下三分の計**」を提案し、北方の魏、東南の呉に対抗して西南に蜀を建て、成都を都とした。孫権と劉備は連合して曹操に対抗し、長江の「**赤壁**《せきへき》**の戦い**」（二〇八年）で曹操軍を大破した。時代はくだって宋の**蘇軾**《そしょく》（**東坡**《とうば》、一〇三六～一一〇一）は、「**赤壁の賦**《ふ》」で往年の赤壁の戦いに想いを馳せた。

蜀の丞相・諸葛亮は、雲南の反乱を平定するため、現・雲南の昆明まで出兵した。諸葛亮の「**出師**《すいし》**の表**《ひょう》」は、君主への忠心を表明した文として有名である。しかし、蜀の人口は魏の五分の一にすぎなかった。劉備の死後、あとを継いだ劉禅は無能と言われ、その幼名・阿斗《あと》は愚かな後継者の代名詞となった。蜀は、魏に滅ぼされた。

2-4　呉（二二二～八〇）　**孫権**は、新開発地帯であった長江以南の**建業**（現・南京）に都を置き、呉を建てたものの、魏のあとを継いだ晋に滅ぼされた。

3. ササン朝ペルシア（二二四～六五一、約四二五年間）

ペルシア地域では、イスラーム教が入ってくる前にササン朝が存在した。パルティア（ペルシア）は、ローマとの抗争のなかで衰弱し、ペルシア湾東岸のペルシア系農耕民である**アンダシール一世**はゾロアスター教を基盤としてパルティアを滅ぼし、「王の王（シャー・アン・シャー）」という称号を復活し、ササン朝ペルシアを建てた。「ササン朝」は、建国者アンダシールの祖父ササンの名に由来する。ササン朝は、東西貿易路をおさえて繁栄した。ササン朝は、貨幣として銀貨を使用した。また、ササン朝はゾロアスター教を国教とした。ササン朝美術には、独特の風格があり、中国地域の三国時代から唐朝はじめにあたり、そのガラス・銀・織物などの工芸品がオアシスの道（シルクロード）を通じて中国地域や日本にも伝わり、日本の正倉院御物《しょうそういんぎょぶつ》などとして収められている。ササン朝は、六世紀に全盛期を迎え、東方のクシャーナ朝（一〜三世紀）を滅ぼしたが、アラビア半島から来たイスラーム軍に敗れ、七世紀に滅んだ。

マニ教　マニ（二一五／一六頃〜七六頃）は、二一五年頃、メソポタミアに生まれ、ゾロアスター教を基とし仏教・キリスト教を取りこんだ三教合一論のマニ教を創始し、東アジア地域やヨーロッパにも影響を与えたが、キリスト同様、処刑された。マニ教は、肉食・婚姻・肉体的快楽を否定し、年中四分の一は断食すべしとした。

ソグド人　中央アジア・サマルカンド一帯は、ソグディアナとも呼ばれ、ペルシア系のソグド人は、ペルシア語の一方言であるソグド語を用いて交易を行なった。彼らは、ゾロアスター教を信仰し、唐朝にもこれが伝えられていった。日本の平安時代、関白藤原道長の「具注暦」には、七日ごとに「蜜」（あるいは「ウ」）という字が記されており、それはソグド語の七曜の日曜を表す「ミル」の音訳であるという。ペルシア語のピッパラ（中国語表記「畢撥」）は、胡椒であり、英語のペッパーとなった。

4. 晋（二六五〜四二〇、約一五五年間。漢族）

4-1　西晋（二六五〜三一七、約五二年間）

三国魏の重臣・**司馬炎**《しばえん》（二三六〜九〇）は二六五年、魏の元帝を退位させ、晋の武帝に即位した。晋の武帝（在位二六五〜二九〇）は二八〇年、呉を滅ぼし、三国を統一した。武帝は、周王朝の「公・侯・伯・子・男」という封建諸侯制を復活させた。人口は、二八〇年には二四五万戸だったが、二八三年には三七七万戸に増えた。晋の武帝は好色で、後宮《こうきゅう》には一万人の女性が集められたというが、誇張だろう。晋の武帝が死ぬと、司馬氏の諸王による「**八王の乱**」（二九〇～三〇六）が起こった。一六年間に及ぶ乱が終わり、流民は約三〇万戸、西晋人口の一二分の一に達した。洛陽に都を置いていた時期を西晋と呼ぶ。

匈奴の一部は、南単于《ぜんう》（王）が後漢に服属したのち、山西・陝西北部に居住し、漢族に同化していった。匈奴は、一九部族に分かれ、その中で高い地位を占めたのは屠各《とかく》部で、その中でも劉氏が尊ばれた。晋の恵帝のとき、并《へい》州に雌伏していた南匈奴の単于の子孫で屠各部長の劉淵《えん》（在位三〇四～三一〇）は独立の旗を掲げ、**平陽**を都として「漢王」と号した。その子・劉聡《そう》は洛陽をおとし、三万人を虐殺し、華北の大半を支配した。これによって、西晋は滅んだ。

「**山水詩**」　西晋時代には、左思《さし》（二五〇？～三〇五？）の詩「三都賦」が評判となり、「洛陽の紙価を高からしむ」と言われた。左思は、「必ずしも糸と竹とにあらず　山水に清音あり」と歌い、「山水詩」という用語が成立した。

4-2　東晋（三一七～四二〇、約一〇五年間）

それまでは長江以北（江北）地域を居住地としてきたいわゆる「漢族」王朝は、北方諸族に圧迫されて、長江以南（江南）に移動した。晋の司馬睿《えい》（東晋初代皇帝。二七六～三二二）は、江南に逃れ、建康（現・南京）を都とした。これを東晋とする。東晋は、大土地所有制を基盤とする貴族制社会であった。これに不満を抱く農民層は、**五斗米道**《ごとべいどう》という道教の一派を中核として反乱を起こした。五斗米道は、天師道とも言い、二世紀後半に**張**《ちょう》**陵**《りょう》（？～？）が創始した宗教結社で、祈祷で病気を治すと称して米五斗（約九リットル）を謝礼として受け取ったので、この名で呼ばれる。太平道とともに道教の源流のひとつとなった。

4-3　仏教の中国地域での流布

仏教は、魏晋南北朝時代になってやっと中国地域社会一般に広まった。中国地域では大乗仏教が支配的で、法華経《ほっけ》を中心とする天台宗が成立した。やがて西南アジア起源と見られる弥勒《みろく》信仰が起こり、これによって阿弥陀《あみだ》信仰が盛んとなり、浄土宗が流行した。これらは、朝鮮半島を経て日本にも伝えられていった。

西域《さいいき》クチャ（中国語名「亀茲《きじ》」）出身の**ブドチンガ**（中国語名「仏図澄」、?〜三四八）は、三一〇年に洛陽に来て「後趙」に重用され、華北地域に約九〇〇の寺を建立し、弟子は一万名に及んだ。**クマーラジーヴァ**（中国語名「鳩摩羅什《くまらじゅう》」、三四四〜四一三）もクチャの出身で、父はインド人であった。氐《てい》族が建てた「前秦」の涼州、羌《きょう》族が建てた「後秦」の長安などを訪れ、仏典三五部二九四巻を漢訳し、それらは中国大乗仏教の基本経典となった。**敦煌**《とんこう》には、四〜一四世紀にかけて**莫高窟**《ばくこうくつ》**（千仏洞）**と呼ばれる石窟寺院が建造された。現在までに四九二窟が調査されている。北朝魏は、敦煌を支配すると、平城（現・山西省大同）に五世紀半ばから六世紀前半にかけて北魏（北朝魏）様式の**雲崗**《うんこう》大石窟寺院を建造した。孝文帝が洛陽に都を移したあと、五世紀末から八世紀にかけて洛陽近辺の**竜門**《りゅうもん》に石窟二一〇〇余にのぼる仏教大石窟寺院が建造された。

東晋時代の僧・**法顕**《ほっけん》（三三七〜四二二）は、仏典収集のため、三九九年、長安を出発して陸路、チャンドラグプタ二世（超日王。在位三七五頃〜四一四頃）時代のインド地域・スリランカを訪れ、三〇数カ国を巡礼し、帰りはスリランカから海路で一三年後の四一二年に山東省沿岸に到達し、帰国後、『**仏国記**』を著した。

晋末には、下級貴族の田園詩人・**陶潜**《とうせん》（字《あざな》、**淵明**《えんめい》。三六五〜四二七）が出た。「帰りなん、いざ」で有名な「帰去来《ききょらい》の辞」や「桃花源の記」などを書き、六朝最大の詩人とされる。

志人小説・志怪小説　「小説」という言葉は、『漢書《かんじょ》』「芸文志《げいもんし》」ではじめて用いられたが、六朝時代には人物を記載した志人小説と怪異な存在を語る志怪小説が現れた。**六朝志怪**小説には、仏教の中国地域への流入に伴って、中国地域在来の祖先などを祭る儀式での動物の肉を供える儒教的・道教的（道教としては必ずしもまだ確立されていないが）しきたりとの対立が生じ、殺生を否定する思想が表現されており、仏教の影響が確認できる。

干宝《かんぽう》『**捜神記**《そうじんき》』、陶潜『捜神記後記』などがある。

東晋時代には、書家としては行書《ぎょうしょ》で書かれた「蘭亭序《らんていじょ》」で有名な**王羲之**《ぎし》（三〇七～六五）、画家には、ロンドン大英博物館に模写が所蔵されている「女史箴《しん》」を描き画聖と称された**顧愷之**《こがいし》（三四四～四〇五）が出た。

5．長江以北「五胡十六国」（三〇四～四三九、約一三五年間、モンゴル系／ツングース系鮮卑族）

後漢時代以降、**鮮卑族**《せんぴぞく》は、匈奴の原住地を掌握した。この頃、西は現・甘粛、青海から東は遼寧、南は河南に至る地帯には、「五胡」（すなわち匈奴・烏桓《うがん》（羯《けつ》）・鮮卑・氐《てい》・羌《きょう》）が存在していた。

「**民族移動**」　これまでの「中国史」記述は、中国地域について「統一」していたのが正常で、分裂していたのは不正常であるかのごとく扱ってきたが、現在の「中国」の領土が昔からすべて「漢族」の領土であったり、居住地であったわけではないので、「漢族」を基軸として「統一された中国史」を描く必要は実はないのである。東アジアでも、「民族移動」は歴史的に頻繁に行なわれていたのだと考えられる。漢朝の崩壊から隋朝の成立までを「**魏晋**（三世紀～五世紀）**南北朝**（五世紀～六世紀）」と呼ぶ。

「**五胡十六国**」　劉聡の死後、匈奴系の「漢」は滅び、「前趙」・「後趙」の争覇戦となった。現在の陝西・甘粛にはチベット系の氐《てい》・羌《きょう》が優勢で、現・山西には匈奴およびこれに類似の羯《けつ》族があり、ツングース（東胡）系ともモンゴル系とも言われるジュシェン／マンジュ（満州）族の分支とされる鮮卑族は遼東・遼西から甘粛・青海にかけて進出してきた。河北では鮮卑族が盛んとなった。モンゴルから長城を越えて南下した遊牧民族・鮮卑族の中で最初に栄えたのは慕容《ぼよう》部で、中国地域に前燕・後燕・西燕・南燕などの国々を建てた。

長江以北地域では一三五年の間に一六国が興亡した。五胡の一三国と「漢族」の三国であるが、これを「五胡十六国」（匈奴の漢・北涼・夏の三国、氐《てい》族の成（漢）・前秦・後涼《こうりょう》の三国、羯《けつ》族の後趙の一国、鮮卑族の前燕・

後燕・西秦・南燕・南涼の五国、漢族の前涼・西涼・北燕の三国、羌《きょう》族の後秦の一国）と呼ぶ。これは、中国地域における部族・民族の大移動でもあった。

「中華」という用語は、五～六世紀の南北朝時代に使われ始めたという。

6．東北アジア・朝鮮半島２（四世紀半ば～九三五）

6‐1　百済（四世紀半ば～六六〇、約三〇〇年間。韓族）

新羅《しらぎ》の西隣、馬韓の百済《くだら》（「ひゃくさい」とも読む。ペクチェ）は、帯方郡を倒して百済王朝を建てた。百済は、日本の世界史記述によれば、四世紀半ばに馬韓の地に建てられ、六六〇年に滅んだ。朝鮮史では、前一八頃建国、六六三年滅亡とされるが（約六八〇年間）、馬韓から数えているものと見られる。都は、漢城に置かれ、のち熊津《ゆうしん》、夫余《ふよ》に遷都した。百済は四七二年以降、中国地域の魏王朝に高句麗出兵を要請したが、魏にその余裕はなかった。百済は、日本と連合し、高句麗に対抗したが、しだいに朝鮮半島南西部に追いつめられていった。唐は六四五年、高句麗に攻撃をかけたが失敗し、六六〇～六三年、新羅と組んで百済を海路から攻撃して破り、六六三年、「**白村江**《はくすきのえ》（「はくそんこう」とも読む）の**戦い**」で日本の百済支援軍も破り、唐・新羅連合軍によって百済を滅ぼした。

仏教の百済伝来　仏教の百済伝来は、中国地域・東晋の孝武帝が三八四年、中央アジア出身（インド出身ともいう）の胡僧摩羅難陀《まらなんだ》を派遣したことによっているとも、中国地域・南朝の陳が派遣した僧によってであるとも言われる。仏教の日本伝来は、『**日本書紀**』（七二〇年）によれば、百済《くだら》から五五二年に伝えられたとされるが、『上宮聖徳法王帝説』『元興寺縁起』などには五三八年伝来と記されており、有力視されている。日本地域で王朝が形成されたのは、六～七世紀とされる。百済の**阿佐**（アチョワ）**太子**は、日本に渡り、推古天皇の摂政《せっしょう》・聖徳《しょうとく》太子（五七二～六二二）の彩色肖像画を描いた。

6-2　新羅《しらぎ》（「しんら」とも読む。シルラ。四世紀半ば～九三五、約五八〇年間。韓族）

日本の世界史記述では、新羅は四世紀半ばに建てられたとする。朝鮮史では、新羅は前五七年頃、建てられ、九一八年に滅んだとされるが（約九七五年間）、やはり辰韓から数えているものと見られる。建国神話によれば、新羅の始祖は「天の使い」（一匹の白馬）が地上に産み落とした卵から生まれた。新羅には、鶏信仰があった。新羅は、加羅を滅ぼし、北方・西方にも領土を広げていった。都を慶州に置き、唐の官僚制を導入した。

高句麗の南では、新羅・百済が争い、新羅が唐の援助を求めたので、唐は百済を攻撃し、国王を捕らえた。その後、唐は新羅と連合して高句麗を滅ぼし、領土を大同江畔まで拡張した。新羅は、唐が高句麗を滅ぼすまで唐に協力したが、唐による高句麗・百済の領土支配に反対して六七二～七七年、唐と戦い、唐勢力を追い出して朝鮮を統一し、都を慶州に置き、唐の都督府を撤廃したが、高句麗の故地は唐軍が押さえていた。新羅はその後、名目上、唐の保護国となったが、六七六年には唐軍を撃退し、朝鮮半島の大部分を支配した。唐は六七七年、安東都護府を遼東に移動させた。新羅の言語・風習は、朝鮮全土に広がった。

新羅は、支配領域に九つの州を置き、六八二年には太学を設置した。新羅は、**骨品制**《こっぴんせい》という貴族中心の氏族的身分制度をとり、出自により五段階に分け、位階・官職・婚姻などを規制した。骨品は、王族の骨（コル）と貴族の骨（コル）という二つの骨（コル）に分けられ、さらに始祖から二八代目までの王族の聖骨（ソンゴル）、二九代目から最後の王までの真骨（チンゴル）、王族以外の骨（コル）に分かれていた。貴族の衣服の色も形も位によって分けられていた。慶州にあった都には、約一七万九〇〇〇戸があった。新羅は遣唐使を送り、唐からも使節がやってきた。新羅には五二七年、高句麗から仏教が伝えられ、仏教が普及し、七世紀には浄土宗が栄え、八世紀後半には**仏国寺**が建てられた。八世紀末からは、阿弥陀《あみだ》信仰、「西方極楽往生《さいほうごくらくおうじょう》」信仰が流行した。文字は、「吏読《りと》（イドゥ）」（漢字を朝鮮語の語順に並べて朝鮮語を表記する方法）が用いられた。新羅は、国内の権力闘争の中で崩壊した。

7. 「北朝」五王朝（北魏・東魏・西魏・北斉・北周。三八六〜五八一、約一九五年間）

長江以北の「五胡十六国」と言われた状況は、北魏（北朝魏）が統一する。それに続く東魏・西魏・北斉・北周の計五王朝を「北朝」とし、江南の南朝四王朝と合わせて「**南北朝**」と呼び、それに先立つ魏・晋を合わせて「**魏晋南北朝**」（四二〇〜五八九）と呼ぶ。

7-1　北朝魏（北魏。三八六〜五三四、約一五〇年間。鮮卑族）

鮮卑族のうちの**拓跋部族**《たくばつ》は、山西境外を拠点として興り、**拓跋珪**《けい》（道武帝、在位三八六〜四〇九）が三八六年、魏を建国し、都を平城（現・大同）に置いた。この魏を「三国魏」と区別するために、一般に北魏または後魏と呼ぶが、本書では北朝魏と呼ぶことにする。北朝魏は、部族制を解体し、専制君主体制をしき、オルドス（現・内モンゴル）の匈奴を吸収し、燕が衰えたとき、第三代皇帝太武帝（四〇八〜四五二）は、四三九年に長江以北一帯を統一支配した。

北朝魏は、外モンゴルのモンゴル系あるいはテュルク（トルコ）系とされる柔然《じゅうぜん》族を撃破し、東北アジア地域の高句麗《こうくり》や中央アジア地域の天山南路諸国もこれに朝貢した。北朝魏は、従来の氏族制度を捨てて「三長制」という村落制度をつくり、五家で一隣長、五隣で一里長、五里で一党長を立て、長は免役とし、戸口（戸籍）調査・徴税にあたらせた。

第六代皇帝孝文帝（四六七〜九九、在位四七一〜九九）は四九四年、平城から洛陽に遷都し、漢化政策をとり、胡服・鮮卑語を禁止し、漢服を着、漢語を話させ、姓を漢字一字とし、中国地域の官僚制を導入し、積極的に漢人と通婚した。みずから積極的に漢化しようとしたのは、のちにはマンジュ（満州）族の清朝がある。

「**拓跋国家**」**制度**　北朝・隋朝・唐王朝は主役が鮮卑族であること、**均田制**・**府兵制**など国家制度に共通性がある「拓跋国家」時代（四～一〇世紀）とする分類がある（宮崎市定）。均田制では、国民は一五歳になると、男は田四〇畝《ムー》（一畝＝約六・六六アール）、女は二〇畝を与えられ、七〇歳を越えるか死亡するかすると、国家に返還する制度で、『孟子』『周礼』に記載された井田法《せいでん》という土地公有制にならったものと見られている。妻・奴婢《ぬひ》（男女奴隷）・耕牛にも給田されたため、それらを多く所有する豪族に有利であった。この制度は、隋・唐に引き継がれたが、時期それぞれに違いがある。

道教　北朝魏の**寇謙之**《こうけんし》（三六三～四四八）は、「**新天師道**」を開き、道教を大成させて仏教に対抗した。道教は、天上を支配する元始天尊、天から地上に派遣された太上老君《たいじょうろうくん》（老子）および地上に現れた玉皇上帝（張道陵）の三神を最上神とする。北朝魏の太武帝（四二三～五二）は寇謙之を重用し、四四二年、道教を国教化し廃仏を行なった。これは、中国地域最初の仏教弾圧であり、北朝周の武帝・唐朝の武宗の弾圧と合わせて「**三武の法難**」と呼ばれる。

7-2　北朝東魏（五三四～五〇、約一六年間。鮮卑族）・**西魏**（五三五～五六、約一六年間。鮮卑族）

五三四年、北方で反乱が起こると、北朝魏は東西に分裂した。北朝魏の将軍高歓《こうかん》は孝静帝を擁立し、東魏を建てた。都は鄴《ぎょう》（現・河北省臨漳県西）に置き、河北・山東を支配したが、その後、北朝斉に取って代わられた。北朝魏の将軍宇文泰《うぶんたい》は孝文帝の孫の文帝を擁立し、西魏を建てた。都は長安に置き、陝西・甘粛を支配し、土地を支給された農民を徴兵する兵農一致の**府兵制**を敷いた。

7-3　北朝斉（五五〇～七七、約二七年間。鮮卑族）

将軍高歓の子・高洋が禅譲により、東魏に取って代わって帝を称し、北朝斉（鮮卑族）を建て、鄴《ぎょう》（河北）を都としたが、北朝周に取って代わられた。北朝斉では、皇族は奴隷を最高三〇〇人まで所有できたので、多くの農地が与えられた。北朝斉の**斛律金**《こくりつきん》は、現・山西地方にいた遊牧民・敕勒《ちょくろく》族の民歌「**敕勒の歌**」を漢語訳した。「敕勒の川　陰山のもと　天は穹廬《きゅうろ》に似て　四野《しゃ》を籠蓋《ろうがい》す　天は蒼蒼　野は茫茫　風吹き草低《た》れて牛羊見《あら》わる」。「穹廬」は、遊牧民のテントである。実に爽快な歌である。中国地域には、それまで丸彫りの像は存在していなかったが、仏教美術の影響によって北朝斉時代にはじめて孔子像が制作され、山東省曲阜《きょくふ》の孔子廟に置かれ、さらに道教の神像がつくられるようになっていったという。

7-4　北朝周（五五六～八一、約二五年間。鮮卑族）

北朝魏の将軍宇文泰の子・宇文覚は、禅譲により北朝周を建て、長安を都とした。北朝周は北朝斉を併合し、長江以北を統一したが、摂政の地位にあった太后の父・楊堅《ようけん》に倒された。楊堅は、隋朝を開いた。

8.「南朝」四王朝（宋・斉・梁・陳。四二〇～五八九、計約一七〇年間。漢族）

江南で（長江以南）は、東晋滅亡後、宋・斉・梁・陳の四王朝がつぎつぎに興り、都はいずれも建康（現・南京）に置かれた。これを「南朝」と言い、この四王朝に先立つ呉・東晋の二王朝を加えて「**六朝**《りくちょう》」（二二二～五八九、約二六五年間）と言う。六朝は、貴族文化が開花し、仏教・道教が広がった時代だった。また、南北朝時代には、仏教の浄土思想が中国地域に浸透した。

8-1　南朝宋（八代。四二〇～四七九、約六〇年間）

東晋の部将・劉裕《ゆう》は、東晋を倒して「宋」（南宋、劉宋などとも呼ばれるが、本書では「南朝宋」とする）を建て、これ以後、中国地域は南北朝時代と呼ばれる。南朝宋は江北（長江以北）に出兵したが、北朝魏に撃退された。南朝宋の時代、杭州は行在《あんざい》の地（皇帝の仮ずまいの地）とされ、アラビア人たちはこれをキンザイと呼んだという。范曄《はんよう》は、『**後漢書**《ごかんじょ》』を著した。劉義慶（四〇三～四四）は、魏晋時代のエピソードを集めた『**世説新語**』を著した。南朝宋の元嘉《げんか》（四二四～五三）年間には、大貴族から山水詩人・**謝霊運**《しゃれいうん》（三八五～四三三）が現れた。

8－2　南朝斉（七代。四七九～五〇二、約二三年間）

南朝宋はその後、南朝斉に取って代わられ、さらに南朝斉は南朝梁に代わられた。この頃から、「**四六騈儷文**《しろくべんれい》」（「四六」）がつくられるようになった。全編が原則として対句によって構成される文章で、四字、六字で構成される。「騈」は二頭立ての馬車、「儷」は一対の夫婦を表し、形式美を追求した。四六騈儷文はその後、科挙の試験で要求される八股文《はっこ》（時文《じぶん》）の原型の文体となった。志怪小説には、『述異記』がある。

8－3　南朝梁（六代。五〇二～五七、約五五年間）

南朝斉の皇族一族の蕭衍《えん》（武帝）は、梁朝を建てた。梁の武帝は、仏教に深く帰依し、唐の**杜牧**《とぼく》（八〇三～五二）が詩「江南の春」で「南朝四百八十寺《しひゃくはっしんじ》」と歌ったように多数の寺院を建設した。僧尼は、一〇余万にのぼったという。この時代に、インド地域の声明《しょうみょう》学（音韻学）が伝えられ、沈約《しんやく》（四四一～五一三）はその影響のもとに漢字二字を組み合わせて発音を表示する反切《はんせつ》法（例えば「東」の音を「都」＋「籠」で表わす）をつくりだした。『梁書』は、沈約の作『**四声譜**』があったことを伝えている。これは、中国地域では失われてしまったが、八〇四～〇六年に唐に滞在した日本の弘法大師《こうぼうだいし》（空海、七七四～八三五）の『**文鏡秘府論**《ぶんきょうひふろん》』に引用されている。梁の**昭明**《しょうみょう》**太子**蕭統（五〇一～三一）は、詩文集『**文選**《もんぜん》』全三〇巻を編纂した。『文選』は、日本の平安文学にも影響を与え、『枕草子《まくらのそうし》』に「書《ふみ》は文集《もんじゅう》・文選……」、『徒然草《つれづれぐさ》』に「文《ぶん》は文選のあはれなる巻々」とその名があげられている。**徐陵**（五〇七～八三）は、『**玉台新詠集**《ぎょくたいしんえいしゅう》』を編纂した。文学批評に、鍾嶸《しょうこう》の『詩品』、劉勰《きょう》の『**文心雕竜**《ぶんしんちょうりゅう》』などがある。

梁の武帝は、敵軍に囲まれ、餓死したという。また、梁の貴族たちは贅沢三昧のはて、ひとりでは歩行できないほどに身体がふやけていたという。

8-4　南朝陳（五五七〜八九）

南朝梁は、南朝陳に取って代わられた。顔之推《がんしすい》（五三一〜九一）の『**顔氏家訓**《がんしかくん》』はいわゆる家訓に止まらず、学問論・文章論・音韻論なども含み、仏教信仰が表明されている。仏教は、この南朝陳から朝鮮半島の百済《くだら》に伝えられたとされる。志怪小説には、劉敬叔『異苑』などがある。

9. 柔然《じゅうぜん》（ツェツエン。四世紀〜五五四、約二〇〇年間。モンゴル系／テュルク（トルコ）系）

柔然（ツェツエン）は、四世紀から六世紀中頃までモンゴリアを支配した遊牧民で三〜四世紀頃、柔然族は、拓跋《たくばつ》部に従属し、その後、匈奴に従属していたが、拓跋部が南下して北朝魏を建てると、南モンゴリアを支配した。社崙《しゃろん》は四〇二年、カガン（カカン、可汗。「王」の称号）を称した。北朝魏を北からおびやかした柔然は一時、衰微したが、中国地域・北朝魏が東西に分裂すると、両国を保護国化した。柔然は五五四年、突厥《とっけつ》の**木杆カガン**《もくかん》に滅ぼされた。

10. 突厥《とっけつ》（五五二〜七四四、約一九〇年間。テュルク（トルコ）系）

アルタイ山脈一帯に原住していたテュルク系**突厥**（「とっくつ」とも読む）族は、北朝魏の時代には柔然に属し、鉄の鍛冶に従事していたが、北朝西魏の時代になると、西魏と組んで柔然を破って独立し、王は柔然が用いていたカガンの称号を用いた。西方のテュルク（トルコ）系**エフタル**を破り、南方の**吐谷渾**《とよくこん》（鮮卑族）を従え、木杆カガンは東は現、内モンゴル東部方面のモンゴル系**キタイ**（**契丹**）を服属させ、北方では南シベリアのテュルク系キルギスを併合し、東はマンジュ（満州）、西はアラル海からビザンツ（東ローマ）帝国と接し、北はバイカル、南は青海にわたり、ペルシアと接する広大な地域を支配した。突厥は、ペルシア起源のマニ教や仏教を受け入れ、セム語系のアラム文字を変化させた「**突厥文字**」を持ち、七三二年、オルコン河流域（現モンゴル）に**突厥碑文**を残している。これを基にしてさらに「**ウイグル文字**」がつくられた。

突厥の東西分裂　突厥では隋朝のとき、阿波《あわ》カガンが自立し、中央アジアのイリ（伊犁）に牙（本営）をつくり、**西突厥**を建てて東突厥と分離した。西突厥は、ビザンツ帝国と組んでペルシアに侵入し、西突厥は根拠地を千泉に移した。中央アジア諸国はことごとく服属し、領土はカスピ海に及び、ビザンツ帝国と国交を結び、ペルシアを従えた。

唐の東突厥への従属　東突厥は、中国地域・北朝周の時代に西北辺に侵入した。隋の文帝は、東突厥のカガン（王）に皇女を嫁がせたが、その後、東突厥は隋に侵入した。唐朝を建てる**李淵**《りえん》は、隋朝に対して挙兵したとき、東突厥の援軍を借り、唐の高祖となってからも、東突厥に従い臣属した。唐の太宗のとき、東突厥軍一〇数万は長安まで迫ったが、太宗は黄金と絹布を差し出し、東突厥軍は退去した。その後、東突厥には内紛が起こり、**シルタルドゥス**（中国語名「**薛延陀**《せつえんだ》」）族の諸部が東突厥に対して蜂起すると、唐の太宗は六三〇年、彼らと同盟して東突厥を滅ぼし、北方の脅威を除去した。東突厥に代わったシルタルドゥス族は、ウイグル族に破られた。西突厥はその後、トゥルギシュ（突騎施）部に滅ぼされた。

11. 隋《ずい》（二代。五八一～六一八、約三七年間。一部鮮卑系）

長江以北地域を統一支配した北朝周は、外戚・**楊堅**（文帝。五四一～六〇四）に倒された。楊堅の父・楊忠は、北朝周の開国の功臣のひとりで漢族だが、妻は鮮卑族貴族・独孤氏の娘であったので、楊堅は鮮卑族の血を引いていることになる。楊堅は隋朝を建て、文帝となって即位し、長安の東南に大興城をつくってこれを都とした。隋・唐ともに北朝の制度を踏襲した。文帝は北方のテュルク系騎馬民族、突厥《とっけつ》を撃破し、五八九年、江南の南朝陳を滅ぼし、江南も支配したが、遼東の高句麗攻撃には失敗した。隋は、律令制・府兵制・科挙制を敷き、中央集権化を進めた。隋は五九二年、北朝の「**均田制**」を踏襲した。均田制は、一八〜五九歳の丁男（成人男性）に露田八〇畝《ムー》、永業田二〇畝、妻に露田四〇畝を支給し、身分・官職に応じた露田、職分田も設置された。北朝魏の制度とは異なり、耕牛への給田は廃止された。この均田制に基づき、はじめは夫婦を単位とし、のち丁男を単位として「**租**《そ》（粟《あわ》二石）・**庸**《よう》（一年に二〇日の労役）・**調**《ちょう》（絹・綿・麻）」という税制を敷いた。また、西魏以来の「**府兵制**」を踏襲した。隋朝成立時の人口は、三六〇余万戸であったが、文帝の終わりの頃には八九〇万戸、四六〇一万人（一戸約五人）に増加していた。第二代皇帝**煬帝**《ようだい》（五六九〜六一八、在位六〇四〜一八）は、父・文帝を殺して即位したと言われる。煬帝のときには、女性・奴婢《ぬひ》への給田は廃止された。隋が中国地域史のなかで果たした功績は、科挙制度の確立と大運河の開鑿《かいさく》とであった。

科挙　隋は、地方豪族の世襲的任官制を剥奪して官吏登用は試験制度によるという原則を確立し、魏から四〇〇年近く継続した九品官人法と「中正」の官は廃止され、秀才・進士という科目が設けられた。これが科挙の始まりで、清代末期（一九〇四年）まで約一三〇〇年間にわたって継続した。

大運河　中国地域では、河川は基本的に東西方向にながれており、南北をつなぐには運河を開鑿《さく》する必要があった。秦・漢時代には、すでに現・河南省滎《けい》陽県から黄河の水を開封経由で淮《わい》河につなげる水路ができていた。南方では、現・江蘇省淮《わい》安県から揚州までの運河がつくられ、長江とつながっていた。隋の煬帝は、これらの基礎の上に黄河・長安間、淮河・長江間、長江・銭塘江《せんとうこう》間をつなぐ大運河を開鑿し、東西に流れている白河・黄河・淮水・長江・銭塘江の五大河川を南北につなぎ、さらに銭塘江から杭州湾に出れば、海路で広州にもつながった。全長一八〇〇キロメートル、世界最長の運河であり、南北交通・食糧輸送の幹線となった。白河との交差点は幽州（北京）に近く、北京は金・元・明・清・中華民国前期（一九一二〜二八）・中華人民共和国の首都となった。黄河との交差点は汴州《べん》（現・開封）であり、五代・北宋の首都となった。長江との交差点には揚州があり、銭塘江との交差点には杭州があり、南宋の首都となったことからわかるように、その後の中国地域発展史の基礎を築くものであった。運河の沿線には商業都市が発生し、貨幣経済が発達した。モンゴル元朝のフビライ・ハンは、さらにこの運河を改修して、おおむね今日の姿をつくりあげ、水軍の訓練、日本攻撃にも利用した。大運河は、万里の長城と並ぶ二大土木工事のひとつであり、大運河は主として隋朝と元朝によって完成された。隋朝は一部鮮卑系であり、元朝はモンゴル王朝であったという事実も興味深い。

煬帝もまた、対外膨張政策をとり、琉求（台湾）、東南アジアのチャンパー（林邑《りんゆう》）に出兵し、青海・**吐谷渾**《とよくこん》（鮮卑族）を支配し、高句麗《こうくり》を攻めたが、高句麗に対する六一二年の第一回攻撃、六一三年の第二回攻撃は大敗し、それを機に隋朝は四〇年弱で滅んだ。隋朝のとき、最古の木版書がつくられたが、現存しない。

遣隋使　日本は、四回（六〇〇年頃、六〇七年、六〇八年、六一四年）遣隋使を送った。飛鳥《あすか》時代、小野妹子《おののいもこ》（?〜?）は、二回（六〇七年、六〇八年）、隋に派遣され、隋の煬帝に「日出《ひい》ずる処の天子、書を日没する処の天子に致す」という聖徳太子の国書（六〇七年）を渡した。

隋代仏教　仏教は、中国地域に輸入されたのち、三**論宗**《しゅう》・**法相宗**《ほっそう》が生まれ、さらに真言密教も入ってきた。隋代には、天台大師智顗《ちがい》が**天台宗**を大成した。天台宗は、法華経を最高とした。嘉祥大師吉蔵は、般若思想による三論宗を立てた。また、華厳《けごん》宗・浄土宗・禅宗などが隋・唐にかけて生みだされていった。日本には、三論宗・法相宗・倶舎《くしゃ》宗（法隆寺）が輸入され、奈良時代には浄土宗、平安時代には天台宗・真言密教、鎌倉時代には禅宗が導入された。その後の日蓮宗・浄土宗・浄土真宗などは、日本独特の仏教となった。

12．唐（二〇代、六一八〜九〇七、約二九〇年間。一部鮮卑系）

李淵《りえん》（高祖。五六五〜六三五。在位六一八〜二六）・**李世民**《りせいみん》（太宗。五九八〜六四九。在位六二六〜四九）父子は、隋の混乱に乗じて挙兵し、唐を建て、都は長安（現・西安）に置き、洛陽を陪京《ばいけい》（副都）とした。唐朝は、「隴西郡《ろうせい》の李氏」と名乗っているが、もともと北朝西魏の豪族で、鮮卑族の要素が強く、文化的には漢化していたとされる。李世民が兄と弟を殺害した「玄武門の変」ののち、高祖は世民を太子とし退位した。都・長安は、碁盤の目状に南北東西に整然と区画された。これは、北京や日本の京都にも導入された。太宗の治世は、「**貞観《じょうがん》の治**」と呼ばれる。貨幣は、銅銭が用いられた。貞観時代の人口は、隋の盛時の四分の一にすぎなかったが、玄宗時代には隋代の水準を回復した。

唐代律令制　唐朝の行政システムは、戦国時代以来の成文法を整備して隋の律令制を引き継ぎ、「**律**（刑法典）・**令**《りょう》（行政法・民法典）・**格**（律令の補充・改正規定）・**式**（律令の施行細則）」という法制を敷き、**三省**（中書省・門下省・尚書省）・**六部**《りくぶ》（吏部・戸部・礼部・兵部・刑部・工部）・**九寺制**などからなり、中書令が天子の命を受け、門下侍中が天子の命を審議し、尚書令が施行するというものであった。ただし、尚書令は実際には任命されず、左右僕射《ぼくや》二名がこれを代行し、左僕射の下には「吏（官吏の進退）・戸（財政）・令（儀制）」、右僕射の下には「兵（軍事）・刑（司法）・工（土木）」という六部尚書が置かれ、そのうち吏部尚書（「尚書」＝長官）の権限がもっとも大きかった。日本の奈良時代（七一〇〜八四）に入る前後の時期の大宝律令（七〇一年）・養老律令（七一八年）や高句麗・高麗・渤海などの律令制は、唐の律令に習ったものである。「九寺」とは、太常寺（宗廟祭祀）・光禄寺（祭祀犠牲）・衛尉寺（宮門警護）・宗正寺（皇族管轄）・太僕寺（馬政）・大理寺（司法・裁判）・鴻臚寺《こうろ》（対外関係）・司農寺（農政）・太府寺（庫蔵管理）である。

ヤマト（大和）政権は七世紀後半／八世紀初め頃、「**日本**」という国号を使用し始めた。

唐代科挙　官吏任用制度としては、隋の制度を受け継いで科挙が確立された。秀才（論文）・進士（詩文）・明経（経書）・明法（法律）・算・書などの科が設けられたが、秀才はまもなく廃止された。唐代に詩作が発展するのは、進士科の存在が関わっていた。科挙は、礼部（日本の文科省にあたる）の所管だったが、人事権を握る吏部は貴族集団がおさえていたので、科挙によってすべての人事が決められたわけではなかった。唐の各種制度は、渤海・朝鮮・日本・ベトナムなどに影響を与えた。太宗は、儒教を重視し、『顔氏家訓』の著者である顔之推の子孫・顔師古らに儒教経典の本文を校註させ、第三代皇帝高宗のとき、**孔穎達**《くようだつ》（「こうようたつ」とも読む。五七四〜六四八）・**賈公彦**《かこうげん》らに五経の伝註に疏《そ》を編纂させ、**『五経正義**《ごきょうせいぎ》**』**（六三八年）とし、官吏登用試験の基準とさせた。

唐代均田制　唐は六二四年、北朝・隋の制度を受けつぎ、永業田・口分田《くぶんでん》などを収授する均田制を採用し、「租（穀物納入）・庸（二〇日間の労役）・調（布の納入）法」をとった。一八歳以上の男子には田地一〇〇畝を配分し、老年・死亡のさいは返却する。永業田は二〇畝で、子孫に相続される。奴婢に対する給田は、廃止されたが、皇族から下級官吏まで最高一〇〇頃《けい》（一頃＝一〇〇畝）から最低六〇畝までの農地が与えられ、子孫に相続できることとした。田地の売買は、自由であった。この制度は、旧北朝の貴族たちの協力を取りつけようとしたものであった。

唐代兵制　兵制は当初、北朝西魏以来の**府兵制**を採用した。一〇人を火《か》とし、火長一人、五〇人を隊とし、隊正一人、三〇〇人を団とし校尉一人が統率し、一単位となった。八世紀になると**募兵制**が敷かれ、府兵制は七四九年に廃止された。唐は、はじめは軍政統括機関である**都督府**をいくつか置いた。また、六**都護府**《とごふ》が安南（六二二年、交州〈ハノイ〉に設置。南海諸国管轄）・安西（六四〇年、高昌、のちクチャ〈亀茲〉に設置。天山南路・トルキスタン管理）・安北（六四七年、現・モンゴル都斤山、のち現・内モンゴル陰山ふもとに設置。現・

内モンゴル管理）・単于《ぜんう》（六五〇年、綏遠《すいえん》の雲中城に設置。現・内モンゴル管理）・安東（六六八年、平壌、のち遼東城に設置。マンジュ・朝鮮管理）・北庭（七〇二年、庭州〈新疆迪《てき》化県東〉に設置）などに置かれ、州県が設置された。周辺の服属各民族には、**羈縻《きび》政策**がとられた。「羈」とは「馬のたずな」、「縻」とは「牛の鼻につなぐ綱」、「羈縻」とは「牽制」の意であり、在地部族の族長を都督や刺史《しし》に任命し、間接統治を行なう政策である。計八五六の羈縻州は、都督府・都護府が統率した。このほか、もっと間接的な朝貢関係の国々とは、使者の交換を行なった。

七一〇年以降はいわゆる「中国本部」地域を一〇道に分け、各地に一〇**節度使**が置かれた。「節度」とは懲罰権であり、「節度使」とは各軍の司令官である。周辺諸民族を統治するために、唐朝は、七一〇年から七一九年にかけて周辺を防衛するために一〇**藩鎮**（安西・北庭・河西・朔方《さくほう》・河東・范陽《はんよう》・平盧《へいろ》・隴右《ろうゆう》・剣南・嶺南《れいなん》）を置いた。

対外膨張　唐は、積極的対外膨張政策をとり、支配地域を広げていった。太宗は六三〇年、北方の**東突厥**（五八三〜七四四）を破り、天山南路の地を奪って郡県をしき、羈縻《きび》政策（間接統治）を行なった。六四一年、中央アジア・トルファン盆地の**高昌国**に侵攻してこれを滅ぼし、西域を支配していった。太宗は六四五年、みずから高句麗を攻めたが、失敗に終わった。

太宗はまた、鮮卑族がチベット族の一部を支配して建てた**吐谷渾《とよくこん》**を属国化し、さらにその南方の**タングート**（中国語名「党項」）を併合し、青海地域を領有して**ヤルルン王朝**（中国語名「**吐蕃《とばん》**」。チベット）と境を接し、争うことになった。唐の詩人**岑参《しんじん》**（七一五〜七〇）が「君聞かずや胡笳《こか》の声最も悲しきを　紫髯《しぜん》緑眼の胡人これを吹く」と歌い、**王翰《かん》**（？〜？）が「葡萄の美酒　夜光の杯…古来征戦幾人《いくたり》か回《かえ》る」と歌ったのは、唐のこうした対外膨張戦争の過程で生まれたものである。**杜甫《とほ》**（七一二〜七〇）「兵車行《へいしゃこう》」の一節「君見ずや青海の頭《ほとり》　古

来　白骨　人の収《おさ》むるなきを　新鬼《しんき》は煩冤《はんえん》し　旧鬼は哭《こく》す　天陰《くも》り　雨湿《うるお》えば声啾啾《しゅうしゅう》たり」は、ヤルルン王朝（吐蕃）との抗争を歌ったものである。

第三代皇帝高宗（六二八〜八三）は六五七年、**西突厥**《にしとっけつ》（五八三〜七世紀末）を破り、西突厥は滅んだ。高宗は、新羅と組み、海路、百済を攻め、日本の百済《くだら》援軍四〇〇余隻を白村江で破り（六六三年）、朝鮮南西部を支配し、高句麗を滅ぼし（六六八年）、安東都護府を置いた。

遣唐使　日本は、六三〇年から八九四年までの二六五年間に計一六回、遣唐使を送り、留学生・修学僧も派遣された。日本の漢字には、呉音（例、行《ぎょう》・頭《ず》）・漢音（例、行《こう》・頭《とう》）・唐音（宋音ともいう。例、行《あん》・頭《じゅう》）があるが、遣唐使が派遣されるまでは、南方の呉音が用いられていたが、七九〇年代に桓武《かんむ》天皇（七三七〜八〇六）はこれ以降、漢語・漢文を漢音（長安音）で読むよう指示した。**阿倍仲麻呂**《あべのなかまろ》（唐名「朝衡《ちょうこう》」あるいは「晁衡《ちょうこう》」。六九八〜七七〇頃）は、七一七年、一六歳で遣唐使に加わり、唐朝に仕えた。長安では李白・杜甫らと交際し、七六〇年から七六七年まで現ベトナムのハノイで鎮南《ちんなん》都護府の長官を務め、長安で没した。「天《あま》の原　ふりさけ見れば春日《かすが》なる　三笠の山に出でし月かも」の作者である。「鎮南」とは、その前に安禄山《あんろくざん》の乱が起こって、「安南」が「鎮南」と改称されていた。

女帝・則天武后《そくてんぶこう》（六二三／六二四／二八〜七〇五）　利州都督・武氏の娘、武照は、一四歳で太宗の才人となったが、太宗の死後、太宗の息子、第三代皇帝・高宗の妃となり、高宗に代わって政務を執るようになり、六八三年に高宗が死ぬと、子の中宗を立てたが、六九〇年、中宗を廃し、みずから皇帝と称し、「**周**」（六九〇〜七〇五、約一五年間）という国号を立てた。則天武后（武則天）である。中国地域史上では、漢代の呂后に続き、女性で最高権力者となった。これは、鮮卑族では女性が家庭内を取り仕切る習慣があり、そのため唐朝でも女性の発言権が強かったためとされる。しかし、儒教意識の強い漢族からは、否定的に評価されてきた。則天武后は、新しい漢字一七文字をつくった。この新字は日本にも伝来し、水戸光圀《みとみつくに》の「圀」は、則天武后が制定した「国」に代わる新字である。七〇五年、中宗がふたたび帝位につき、唐王朝は復活した。中宗は、母・則天武后の評価を書かない「無字碑」を建てた。

開元・天宝年間　第六代皇帝玄宗《げんそう》（六八五～七六二）が統治した時代は、「開元（七一三～四一）」「天宝（七四二～五六）」と続くが、前者は**「開元の治」**と呼ばれ、唐朝の最盛期となった。太宗の時代（六二六年）の戸数は三〇〇万弱で、隋代の八九〇万戸の三分の一足らずだったが、高宗時代（六五二年）に三八〇万戸、中宗時代（七〇五年）に六一五万戸に増加し、玄宗の開元年間（七四〇）では八四一万戸、四八一四万人、天宝年間（七五〇）では九〇六万戸、五二八八万人に増加、貞観年間の三倍に達した。玄宗の時代の七四二年には首都長安の人口は三六万戸一九六万人であった。そのうち、唐朝に従った突厥《とっけつ》族は、九万戸だったというから、四分の一を占めていたのである。開元年間には、「開元通宝」という銅銭が流通した。玄宗は天宝年間に入ると、政治に関心を失っていった。

「**タラス河畔《かはん》の戦い**」（七五一年）　唐の安西節度使、高仙芝（朝鮮語音、コ・ソンジ。?～七五五）の軍は、「タラス河畔の戦い」でアッバース朝のイスラーム軍と闘って大敗し、唐の中央アジアへの進出はここで挫折した。なお、高仙芝は、高句麗人で、高句麗が唐に滅ぼされたのち、唐朝に仕え、安禄山の反乱鎮圧（七五六年）にあっては功績があった。唐は、西南アジア人を「胡人」と呼び、アラビア人を「大食《タージ》」、ウマイア朝を「白色大食」、アッバース朝を「黒色大食」と呼んだ。

「**安史の乱**」（七五五～七六三、約八年間）　**安録山**（中国語名。七〇五～七五七）は、中央アジアのサマルカンド出身の父と突厥族の母の間に生まれ、テュルク系あるいはペルシア系ソグド族出身とされ、平盧《へいろ》（黒竜江）・范陽《はんよう》（現・北京）・河東（現・山西省太原）の三節度使を兼任し河北の実権を掌握していた。彼は、玄宗の寵愛する**楊貴妃**のまたいとこである宰相・楊国忠と対立して反旗をひるがえし、洛陽・長安を占領し、帝位を称して国号を「大燕」と称した。玄宗は蜀（四川）に逃れた。安録山はその子・安慶緒に殺され、反乱は平定された。安録山の部下でソグド族出身の**史思明**《ししめい》（?～七六一）も、一時、唐朝に降伏したが、七五八年、再び反乱を起こし、洛陽を占領し、安慶緒を殺して大燕皇帝と名のったが、子・史朝義に殺され、安史の乱は終わった。**白居易**《はくきょい》（字《あざな》、**楽天**。七七二～八四六）は、「**長恨歌**《ちょうごんか》」で玄宗と楊貴妃の悲劇を歌った。ヤルルン（吐蕃《とばん》）は、七六三年に長安を陥落させた。唐朝は、これを機に財政紊《びん》乱に陥り、均田制が崩壊し始めると、現物による租税を銅銭に改め、年二回徴税する**両税法**が採用され、さらに塩の専売制度が採用された。

「**黄巣**《こうそう》**の乱**」（八七五～八四、約九年間）唐末、山東の塩の密売商人・**王仙芝**（?～八七八）は、江北（長江以北）で反乱を起こし敗死した。黄巣（?～八八四）も塩の密売商人で、数度科挙の試験を受けたが失敗し、山東で王仙芝に呼応し、八八〇年から二年四カ月間、長安を占領し、国号を「大斉」と称した。兵力は、五〇万に達し、一九世紀清朝の太平天国とともに中国地域の二大農民反乱とされる。唐朝は、藩鎮やモンゴル南部オルドス（現・内モンゴル）付近のテュルク系遊牧民・沙陀《さだ》部の助けなどを借りてこれを平定し、黄巣は自殺した。

唐の昭宗は、黄巣の反乱軍の部将だったが唐にくだり反乱の平定に功績のあった**朱全忠**（八五二～九一二）の兵を使って宦官を皆殺しにさせた。朱全忠はさらに、唐朝の貴族三〇数名を黄河に投げこんだ。朱全忠は九〇一年、「梁」王となり、九〇七年、禅譲させて梁の太祖に即位し、唐朝は滅んだ。この梁朝は、南朝梁と区別するため、「後梁」と呼ばれ、ここから「五代十国」時代となる。

唐代西アジア人　唐代、広東に滞在したイスラーム教徒・ユダヤ人・ネストリウス派キリスト教徒・ペルシア人ゾロアスター教徒は、一二万人であった。「西アジア人数十万人」説もあるが、誇張であろう。また、黄巣の乱で殺戮された西アジア人は一二万人とも二〇万人とも言われるが、いずれも誇張された数字と見られる。広

唐三彩

州・泉州・杭州などの港には数万人のアラビア人が居留していた。海路による往来がいかに大規模であったかを示す数字でもある。アラビア人は、広州をカンフ、揚州をカンツウ（江都）と呼んでいたという。

唐代文化　唐代には、漢字の字形は、「楷書」となった。また、優れた**銅鏡**が製作され、**唐三彩**（褐色・緑・白）と呼ばれる人・馬・器物などの陶器がつくられ、西南アジアにも影響を与えた。**製紙法**も、技術が向上し、七五一年、唐軍とアッバース朝（サラセン）軍が戦ったさい、唐人の捕虜に紙漉《ろ》工がおり、アッバース朝人はサマルカンドに製紙工場を設置し、その技術は西方に伝えられていった。西南アジア以西では、古代エジプトのパピルス製造技術が断絶し、羊皮紙が用いられていた。**木版印刷**は、隋代ないし唐初に発明されたと推定されている（宋代説は誤りと見られる）。現存するアジア最古の印刷物は、日本の法隆寺に保存されている「百万塔陀羅尼《だらに》」（仏教経文）である。

唐代宗教　唐朝では、仏教が広く信仰された。洛陽の**竜門**石窟には、北朝魏に続いて奉先寺仏洞石刻がつくられた。また、**玄奘**《げんじょう》（六〇二〜六六四）は六二九年、長安を出発し、陸路、中央アジアの西域《さいいき》を経てインドに入り、一六年間にわたって旅行した。ハルシャ・ヴァルダナ王（戒日王）の厚遇を受け、ナーランダー僧院で学び、インド各地を巡礼し、六四五年、多数の仏典を持ち帰り、太宗の命を受け仏典の漢訳をし、『**大**

唐代・加彩女俑

唐西域記』を著した。その後、インド地域渡来の法相宗や華厳経を中心教典とする**華厳宗**《けごんしゅう》などが生まれた。盛唐の頃、インド僧の無畏《むい》・金剛智などが**真言密教**《しんごんみっきょう》を伝えた。**義浄**《ぎじょう》（六三五～七一三）は六七一年、広州からペルシア船に乗って海路インドに入り、ナーランダ僧院で学び、六九五年に帰国し仏典を漢訳した。

浄土宗は、東晋の**慧遠**《えおん》（三三四～四一六／四一七）が阿弥陀《あみだ》仏による極楽浄土を願う念仏三昧の白蓮《びゃくれん》社をつくった。浄土信仰の宗派で、唐代の善導によって大成され、一般庶民社会に浸透し、禅宗とともに中国地域仏教の主流のひとつとなった。**禅宗**は、座禅によって悟りを開こうとする宗派で、南北朝時代にインドから中国地域に渡来した**ダルマ**（達磨）によって始められたとされるが、唐代になってから盛んになり、上流階級に影響を与えた。則天武后（武則天）は、弥勒《みろく》の生まれ変わりと称し、詩人・白居易も、弥勒を信仰した。インド地域の天文学は、唐僧の一行《いちぎょう》（「いっこう」）とも。六八三～七二七）ら仏教徒によって中国地域に伝えられた。中唐の**韓愈**《かんゆ》（七六八～八二四）は、「原道」を著して仏教に反対し、その後、**武宗**が**廃仏令**を出し、仏教は衰えた。

そのほか、**ゾロアスター教**（中国語名「祆《けん》教」）、**マニ教**、イスラーム教、ネストリウス派キリスト教（中国語名「景教」）などの寺院も建てられた。「祆」とは、ペルシアの神のことである。ゾロアスター教は、火を崇拝することから「拝火教」とも呼ばれ、「明教」ともいう。唐の書家・**顔真卿**《がんしんけい》（七〇九～八六）は、その子の小字（幼名）に穆護《ぼくご》と名づけたという。穆護とは、「マギ」（ゾロアスター教の僧侶）の写音であったと言い、同教の流行を反映しているとのことである。イスラーム教は、ウイグル（中国語名「回紇《かいこつ》」）人の間で広まったので、中国語では「**回教**」と呼ばれる。イスラーム寺院を中国では清真寺と称し、各地に建てられた。ネストリウス派は、もともとシリアを本拠としたキリスト教であった。西安には「大秦景教流行中国碑」という石碑がある。「大秦」とは、一般にローマ帝国のこととされる。

「**古文**」**運動**　唐代散文では、魏晋南北朝の形式美を追求した四六駢儷《べんれい》文に対する反省・批判が起こり、秦漢以前の古来の散文の文体を手本とし、文は「道」（儒教道徳）を述べるべきものとする**韓愈**《かんゆ》（七六八～八二四）らの「載道《さいどう》」を主張する「古文」運動が広がり、以後、二〇世紀初期に至るまでこの文体が中国語の文語文の標準となった。

唐代伝奇小説　「伝奇」とは、この世のこととは想われない不思議な物語ということで、六朝志怪小説を継承する。『任氏《じんし》伝』『李亜《りあ》伝』『離魂《りこん》記』など、伝奇小説の流行を支えたのは、木版印刷の普及であった。

講談から話本へ　「事実は嘘らしく、嘘は事実らしく」（清・金豊「説岳全伝序」）書かれた「虚構」を楽しむことが発展していった。張鷟《さく》（六六〇～七三二？）の『遊仙窟』は、中国地域では失われていたが、日本に保存されていた。

唐詩　唐代には、四行詩の絶句と八行詩の律詩に、それぞれ一行五字の五言と七字の七言という詩型が確立され、漢字詩の黄金期が築かれた。これには、科挙の進士科という制度の存在が大きな役割を果たしていた。唐詩は、初唐・盛唐・中唐・晩唐に分けられるが、それらを何年から何年までとかっちり分けることはできず、諸説がある。初唐（六一八～七一〇／一二）には、**駱賓王**《らくひんおう》（六四〇？～八四）ら「初唐の四傑」ほかがいるが、**張**《ちょう》**若虚**《じゃくきょ》（？～？）の華麗な「春江花月夜」はもっとも好まれている。盛唐（七一一／一二～六二／六五）は玄宗の治世であり、「詩仏」、「詩中に画あり、画中に詩あり」（蘇東坡）と言われた**王維**（六九九？～七五九？）、「春眠暁を覚えず」で有名な「春暁」の**孟浩然**《もうこうねん》（六八九？～七四〇？）、「詩仙」と呼ばれる**李白**（七〇一～六二）、「詩聖」と呼ばれる**杜甫**《とほ》（七一二～七〇）ほか、多士済々である。李白の詩は、グスタフ・マーラー（一八六〇～一九一一）の交響曲「大地の歌」に四首採られている。中唐（七六二／六六～八三五／四〇）の**柳宗元**（七一二～七〇）、**韓愈**《かんゆ》（七六八～八二四）は、古文運動の代表者でもあり、「韓柳」と併称される。「長恨歌《ちょうごんか》」「琵琶《びわ》行《こう》」などをつくった**白居易**《はくきょい》（**楽天**。七七二～八四六）の『白氏長慶集』（『白氏文集《もんじゅう》』）は、日本でも愛読された。晩唐（八三六／八四〇～九〇七）には、**杜牧**《とぼく》（八〇三～八五二）、**李商隠**（八一二～五八）ほかが出た。

13. チベット（六二九～一九一二）

ソンツェン・ガンポ（中国語名「棄僧弄讃《きそうろうさん》」。五五八?～六四九）チベット地域では、ラサ南東のヤルルン地方・ヤルルン家のソンツェン・ガンポが六二九年、チベットを統一し、**ヤルルン王朝**（中国語名「**吐蕃**《とばん》」）を建て、ラサを都とし、「**チベット文字**」を制定し、唐の太宗の娘・文成公主（「公主」とは「皇帝・諸侯の娘、姫」）とネパール王女チツンを妃とした。仏教がチベットに入ったのは、この二人を通じてであったという説がある。「ラサ」とは、「神の地」の意とも、「ヤギ（ラ）」に「土（サ）」を運ばせ伽藍《がらん》をつくったところ、十一面観音像が出たので王はここに住んで国家統一をなしとげ、この名がついたとも言われる。標高三六〇〇メートルの地である。王は、ツェンポと呼ばれた。チベット語では、「ボット」は「土地」の意で、自国を「ボット」あるいは「トゥ・ボット」と言った。「トゥ」は、「高燥」の意である。「吐蕃」はその中国語表記、「チベット」は英語表記である。チベット人は、みずからを「ボエ／ポエ」と称した。

チベット仏教成立　ティソン・デツェン王（在位七五四～九七）は七六三年頃、インドからシャーンタラクシタ（七二五～八八頃）を招き、七七五年、サム・エに仏教寺院を建立した。この頃、中国地域から流入した禅宗がチベットで勢いを得ていたが、シャーンタラクシタ死後、その弟子カマラシーラ（七四〇～九五頃）がチベットに入り、七九二／九三／九四年、禅宗の大乗和尚と対論し、インド仏教が広がり、さらに密教も入り、禅宗は影響力を失った。インド地域・中国地域から流入した大乗仏教とチベット在来

ソンツェン・ガンポ

のボン教（中国語名「黒教」）は融合し、チベット仏教（中国語名「ラマ教」あるいは「紅教」）が成立した。ティソン・デツェン王のときには、仏教を国教とした。

ヤルルン（吐蕃）は、軍事大国となり、唐朝は文成公主などを吐蕃に嫁がせ、ヤルルン・唐朝関係は一時改善されたが、ヤルルンと唐朝はしばしば争い、ティソン・デツェン王は唐の都・長安を陥れたこともあった。ランダルマは、チベット仏教を激しく排斥し、仏教は一時的に衰えた。ダルマ王はその後、暗殺され、ダルマ王の二子のとき、王位継承をめぐって内乱が起こり、東西に分裂し、ヤルルン王朝は崩壊した。

パスパ

仏教復興　一一世紀になると、仏教復興の気運が高まり、西チベットの諸侯は一〇四二年、インドから名僧アティーシャを招いた。一三世紀になると、モンゴルが西夏を滅ぼし、チベットにも勢力を及ぼし、オゴタイ・ハンはチベット仏教サキャ派によるチベット支配を認めた。フビライは一二六〇年、この派の高僧**パスパ**（**パク**パ。一二三五／三九～八〇）を国師（帝師）に任じた。一四世紀半ば、中央チベットでチベット仏教パグモドゥ派が台頭し、東部も制圧してサキャ派を圧倒し、全土を統一支配して**パグモドゥパ王朝**（一四世紀半ば～一六世紀）と呼ばれ、一六世紀まで存続したが、明朝はその弱体に乗じ、パグモドゥパ以外の諸侯も王に封じた。

チベット14世紀前半・
カーラチャクラ父母仏立像

黄帽派　一四世紀後半、青海アムド地方の**ツォンカパ**（中国語名「宗喀《かく》巴」。一三五七～一四一九）は、アティーシャの精神にもどることを提唱し、**ゲルク派**をつくった。この派は、従来の派が紅帽を用いたのに対し、黄帽を用いたので、黄帽派、のち黄教と呼ばれた。彼には、東チベットの**ダライ**（中国語名「達頼」）、西チベットの**パンチェン**（中国語名「班禅」）、モンゴルの**ジェプツェンダンバ**という三大弟子がいた。黄教の僧侶は「ラマ」と呼ばれるので、チベット仏教はラマ教と呼ばれる。ラマ教は、政教一致であった。紅教の僧は、結婚が許されたが、黄教は許さなかった。青海には、このほか、白教・花教もあった。

元朝は明朝に滅ぼされたが、モンゴル人たちは一六世紀後半にチベットに影響を及ぼし始め、**タタール**（**韃靼**《だったん》）の**アルタン・ハン**（カン）（一五〇七～八二）は青海地方に進出し、ゲルク派第三代管長ソナム・ギャムツォ（一五四三～一五八八）にダライ・ラマの称号を贈り、帰依した。このダライ・ラマ三世は、内モンゴルに布教し、以後、モンゴル人の間で黄帽派が普及していった。

ホショット部・ジュンガル支配　ゲルク派は一七世紀初頭、西チベットの紅教派のツァンパ・ハン（カン）の台頭により、圧迫されたが、ダライ・ラマ五世（一六一七～八二）と執権のサンギュ・ギャムツォ（一六二四？～一七〇五）は青海地域にいたモンゴル系**オイラト**のホショット部のグシ・ハンに支援を依頼し、グシ・ハンは一六三七年、チベットに進攻し、一六四二年、カム（東チベット）やカルマ派の雲南・ツァンの支配者たちを倒し、ゲルク派はダライ・ラマ政権を樹立した。しかし、グシ・ハンは自分の長子をラサに置き、全チベットの全権を握った。

黄教派は、ダライ・ラマ五世の時代に発展し、ラサにポタラ宮殿が建設された。一六三六年には清朝と接触し、外モンゴルにもハルハ部の一ラマ僧を初代ジェプツェン・ダンバ・フトゥクトゥ（ホトクト）

ダライ・ラマ一世

として置き、勢力を拡大してゆき、その後、ラサのポタラ宮を増築していった。

その後、ホショット部は新興の中央アジア・ジュンガルのガルダンに敗れ、一時チベットから後退した。サンギュ・ギャムツォは、ダライ・ラマ五世の死後、ジュンガルに接近し、清朝とも敵対した。青海ホショットのグシ・ハンの孫ラサン・ハン（?〜?）は、清朝の支援を得て、一七〇五年、サンギュ・ギャムツォを殺し、ダライ・ラマ六世を立てた。それに対して、ジュンガルのガルダンの後継者ツェワン・アラプタン（一六九七〜一七二七）が介入し、ジュンガル軍は一七一七年、ラサまで進出した。

清朝への服属（一七二〇〜一九一一）　清朝の康熙《こうき》帝は一七二〇年、ラサに侵入し、ダライ・ラマ七世を支持した。清の世宗は次いで一七二七年、軍隊を伴った駐蔵大臣を派遣し、さらに一七五〇年、ジュンガルと通じた反乱が起こると、ジュンガルとチベットとの交通を禁止し、すべての重要案件は駐蔵大臣とダライ・ラマとの合議によることとさせ、チベット内政への干渉を強化した。

14. 渤海《ぼっかい》（パルへ。六九八〜九二六あるいは七一三〜九二六、約二一五年間。靺鞨《まっかつ》系）

マンジュ（満州）地域では、キタイ（**契丹**《きったん》）が唐に反乱を起こした。靺鞨系高句麗人の**大祚栄**《だいそえい》（テ・ジョヨン。?〜七一九）は、高句麗の遺民や靺鞨人を率いてマンジュ東部に移動し、六九八年、鴨緑江《おうりょくこう》（アムノクカン）以北に**震国**《しん》（チン。六九九〜七一三）を建て、震国王と称し、七一三年、渤海《ぼっかい》王となった。唐は、これを「渤海郡王」に任じたが、「渤海国」と呼ばれた。渤海は、都を上京竜泉府（東京城《とうけい》）に置き、唐の官制を導入し、朝鮮半島北方の沿海州（日本海沿岸地域）および朝鮮半島北部を支配し、唐の制度・文物を吸収し、仏教も栄えた。渤海は、唐・日本と親密な関係を結び、七二八年以降、日本に「**渤海使節**」を送った。唐は七三五年、大同江南流域の旧高句麗住民に対する新羅の支配権を認めた。渤海は九二六年、ツングース系／モンゴル系遊牧民キタイ（契丹《きったん》／遼）の耶律阿保機《やりつあぼき》に滅ぼされた。

15. ウイグル（テュルク系）

テュルク系ウイグル族は、突厥《とっけつ》に服属していたが、中国地域・唐朝時代に突厥に反乱を起こし、唐に帰服したが、唐が衰えると、再び突厥に服属した。ウイグル国のフトルク・ボイラは七四四年頃、初代カガンに即位し、内外モンゴルを統一した。彼らは、アラム文字を変形した「**ウイグル文字**」を使用した。ウイグル文字は、のちにモンゴルに伝わって「モンゴル文字」となり、さらにマンジュ（満州）に伝わって清朝「マンジュ（満州）文字」となった。

ウイグル族はその後、北方からテュルク系キルギス部族の襲撃を受けた。①東方に移動したウイグル族はモンゴル南部のキタイ（契丹）族に吸収された。②西南の天山北方から天山南方に移動したウイグルは、天山を越え、天山南路諸国を支配し、先住のペルシア系民族と混血し、天山以北と天山以南のトルファンを中心として「**西ウイグル国**」を建て、ウイグル文化を発展させた。③これとは別のウイグル族は一〇世紀中頃、天山北方のベラサグンを中心に「**カラ・ハン王国**」を建て、カシュガルを前進基地としてホータン地方を征服し、「**東トルキスタン**」を形成し、ウイグル語を通用語とした。「トルキスタン」とは、「トルコ人の土地」の意である。このウイグル人たちは、イスラーム化していった。カラ・ハン王国は一〇世紀末、サーマーン朝ペルシアを倒し、ソグディアナ地方を占領した。

16. 南詔国（六四九?～九〇二、約二五〇年間、ロロ族）

チベット・ビルマ語族のロロ族は、雲南の大理を中心に王国を建てた。「詔」は、「王」の意。雲南地域を支配し、ヤルルン王朝（吐蕃）の南進を阻止し、唐朝から雲南王に封ぜられた（七三八年）。南詔国は、唐朝に入貢した。漢字と儒教を導入し、仏教を奨励したが、漢人宰相に国を奪われて滅亡した。

第5章　中世インド地域・東南アジア地域

インド地域については、一般に「グプタ朝期封建制論」が有力で、それ以前を古代、グプタ朝以降を中世とする。これについては、ジャーティによる身分制が確立される七～一〇世紀が古代から中世への転換期とする見解もあるが、本書では便宜的に旧説に従い、一七世紀ヨーロッパ勢力の侵入をもってインド地域近代の始まりとする。

1．中世インド地域（四～一六世紀）

1-1　グプタ朝（三二〇～五五〇頃、約二三〇年間）

初代**チャンドラグプタ一世**（在位三二〇～三三五）がガンジス川中流域に建てたグプタ朝は、中世北インド地域を統一し、パータリプトラ（中国語名「華氏城」。現パトナ）を都とした。その領土はガンジス河中流域だったが、その子第二代**サムドラグプタ**（在位三三五頃～七六頃）のときにはガンジス河全流域に及び、スリランカ（セイロン）なども朝貢国とした。サムドラグプタは、遠隔地の諸王には帰順と貢納を求め、封建的統治体制をしいた。サムドラグプタの子・第三代**チャンドラグプタ二世**（在位三七五頃～四一四頃）はヴィクラマジチャ（中国語名「超日王」）の称号を持った。サムドラグプタ、チャンドラグプタ二世らは、クシャーナ朝と並んで金貨を大量に発行したが、民間では貝貨が用いられ、村落では物々交換が一般的だった。法顕《ほっけん》の『仏国記』には、はなやかな都市生活が描かれている。

グプタ式仏像は、インド様式で完成され、この様式は中国地域や日本にも伝えられた。グプタ朝時代には、インド古典文化が成熟し、第二代サムドラグプタの頃にはバラモン教が復興し、これを国教とした。それとともに、ヒンドゥー教が発展していった。チャンドラグプタ二世は文学・芸術を保護し、宮廷には詩人カーリダーサなどが集まり、サンスクリット文学が花開いた。

この頃、上座部仏教各派の教義を収録批判した『大毘婆娑論《だいびばしゃろん》』が編纂された。五世紀頃には、世親が『大毘婆娑論《だいびばしゃろん》』を基礎として『倶舎《ぐしゃ》論』を著し、仏教の哲学的根拠を示す「論部」と呼ばれた。革新的な**大衆《だいじゅ》部**は、般若経《はんにゃきょう》・法華《ほっけ》教・華厳《けごん》経・維摩《ゆいま》経などの大乗仏典をつくっていった。大乗仏教が、釈迦中心の原始仏教から諸仏神崇拝に変化したのに対し、釈迦の真身とされる大日如来の信仰を中心とする真言《しんごん》密教が起こった。これらの諸派への展開は、主として西北インド地域で行なわれ、中央アジアの天山南路を経て中国地域・朝鮮半島・日本へ伝えられていった。これを「**北伝仏教**（**北方仏教**）」と言う。また、ボーディダルマ（菩提達磨）とパラマールタ（真諦）は、海路中国地域に渡った。五世紀中頃には、クマーラグプタ王によって**ナーランダー僧院**が建てられた。**アジャンター石窟院**の壁画などグプタ様式の仏教美術は、敦煌や法隆寺の仏教画にも影響が見られる。六～九世紀頃には、バーミヤーンの岩壁に二体の巨大な仏像が建てられたが、二〇〇一年にアフガニスタンのタリバンによって爆破されてしまった。インド地域では、仏教はヒンドゥー教に押され、一三世紀までにほぼ消滅してしまった。現在、仏教徒・仏教寺院が多い仏教国は、スリランカ・タイ・カンボジア・ミャンマー・チベット・モンゴル・台湾・日本・中国などである。

グプタ文化　『**マヌ法典**』は、グプタ朝時代に今日に伝えられる形にまとめられた。天文学・数学・物理学なども発達した。医学では、解剖・手術などが進歩し、のちにアラビアを通じてヨーロッパ医学に採りいれられていった。また、薬学・植物学・化学なども発展し始めた。北伝仏教の教典やこれらの知識は、サンスクリット語で書かれた。

ヒンドゥー教　バラモン教は、仏教からの批判や異民族による支配などの経験から、アーリヤ人の特権的宗教から脱皮し、シヴァ神・ヴィシュヌ神を最高の神とするヒンドゥー教の教義を整えていった。アーリヤ至上主義を改め、非アーリヤ的要素を取り入れ、商人・農民を取りこんでいった。ヒンドゥー教では、ブッダも十大化身の第九番目に位置づけられ、象・牛・猿・孔雀・蛇など動物が神格化されているのが特徴で、ヤクシャ（夜叉《やしゃ》）・アプサラス（天女）なども崇拝の対象とされる。ちなみに、「牛」とは背中にこぶのあるインドこぶ牛（ゼブ牛）のことで、水牛は牛に入らず、「けがれたもの」「悪魔の化身」と忌み嫌われているという。現在、インドでは人口の八割がヒンドゥー教徒になっている。ヒンドゥー教のインドラ神は、日本では帝釈天《たいしゃくてん》と呼ばれる。弁天も、サラスヴァティーというヒンドゥー教の女神で、弁舌や学問芸術をつかさどるところから、「弁才天」「弁財天」と漢字表記される。ヒンドゥー教の神々は、大日如来《だいにちにょらい》・梵天《ぼんてん》・帝釈天《たいしゃくてん》・十二神将《じんしょう》・聖天《しょうてん》・閻魔《えんま》などとして日本人にもなじまれている。

1-2　エフタル（テュルク系エフタル族。五〜六世紀）

グプタ朝は、エフタルの侵入や外国貿易の不振によって衰退した。チャンドラグプタ二世（超日王）の孫スカンダグプタ王のころ、中央アジアから遊牧テュルク系エフタル族（中国語名「白匈奴」）が西部インド地域に侵入し始め、インダス河全流域を占領した。エフタルは、クマーラグプタ王の末年に西北インドに侵入し、一時撃退されたが、やがてガンダーラ・カシミールを併合して東南に進み、五世紀末から六世紀初めには中部インド地域マールワ東部にまで侵入した。ミヒラグラ王は、シヴァ神を信仰し、仏教を迫害した。エフタルは六世紀、ササン朝ペルシアおよび中央アジアから来た突厥の攻撃を受けて衰弱した。

1-3　ヴァルダナ朝（七世紀）

インド地域には諸国家が割拠していたが、七世紀初めに北インド中部の西端にあったヴァルダナ朝が強大になった。その**ハルシャヴァルダナ王**（ハルシャ王、中国語名「戒日王」。在位六〇六／〇七～四六／四七）は、ガンジス河畔のカナウジを都とし、南インドを除くインダス・ガンジス両河流域を支配し、封建的分権体制を敷き、ヒンドゥー教と仏教を保護し、肉食を禁じた。このころ、仏教寺院は一〇〇、ヒンドゥー教寺院は二〇〇あった。ハルシャ王は、シヴァ神を信仰していたが、五年ごとに仏教の式典を挙行した。ハルシャ王は、インドを訪れた唐僧**玄奘**《げんじょう》（六〇〇～七四）を宮廷で歓待した。**義浄**（六三五～七一三）も、海路インドに渡ってナーランダー僧院で学び、帰路、東南アジアに滞在し、計二五年間の旅行をした。ナーランダ僧院には、数千名の学僧が集まっていたという。ハルシャ王の時代は、唐の太宗の貞観《じょうがん》時代であり、ハルシャ王と唐の太宗は使者を送りあった。

ベンガル地域には六世紀半ば、**カルナスヴァルナ**王国（中国語名「金耳国」）が強国として出現したが、ハルシャ王に支配された。ハルシャ王の死後、ヴァルダナ朝はまもなく分裂した。

数学　一〇進法と共に、「ゼロ」という概念が生みだされ、アラビア数学のもとがつくられた。ゼロは、古代エジプト・メソポタミア・マヤなどにも存在したが、数学的概念として確立されたのは、インドのブラーマグプタの『ブラーマグプタ・スプタ・シッダールンタ』（六二八年）によってであり、これが八世紀頃にアラビアに伝えられ、さらにヨーロッパに伝えられて、数学の発展に寄与した。

1-4　南インド地域

南インド地域では、ドラヴィダ文化が維持され、マウリア王朝時代にはデカン高原には**サータヴァーハナ（アーンドラ）王朝**（前一～後三世紀）があり、グプタ王朝盛時にはカンチを中心とする**パルラヴァ王朝**などがあり、デカン高原には**チャルキア王朝**があった。その王プラケーシン二世は、北方から来たハルシャ王の大軍を撃破した。パルラヴァ王は、東方から来たチャルキア王朝軍を破り、一時、デカン高原を支配したが、チャルキア王朝は再起し、パルラヴァ王朝を破り、デカン高原を回復した。南インド地域では、ヒンドゥー教のシヴァ派三聖人が登場したが、そのうちの一人、サンバングルはジャイナ教徒八〇〇〇人を串刺しにさせたという。

1-5　スリランカ（セイロン）

スリランカの原住民は、オーストラリア型混血種族とされる。

シンハラ王国（前五世紀頃〜一八一五）アーリヤ系の**シンハラ**（シンハリ）**族**（白種族）は海を渡って侵入して平野部を押さえた。『ラーマーヤナ』では、悪鬼が住む島、「**ランカー島**」と呼んだ。シンハラ族は、前五世紀頃から一八一五年までシンハラ王国を建てた。前三世紀半ば頃、アショーカ王の王子マヒンダは、上座部仏教を布教した。シンハラ族の住む部分を「**シーハラ・ディーバ**」（「獅子の島」の意。中国語名「師子国」）と呼び、近世になってアラビア人がこれを「セレディバ」となまり、ポルトガル人が「セイラン」、オランダ人が「ザイラン」、イギリス人が「**セイロン**」となまったのであった。タミル族が住む部分は、中国語では「狼牙脩《ろうがゆう》」と呼ばれた。八世紀には、イスラーム教徒がシンハラ王国に侵入し、一五〇五年にはポルトガル人が侵入してイスラーム教徒を駆逐し、その後、オランダ人がポルトガル人を駆逐し、スリランカを支配した。スリランカは一八一五年、イギリスに支配された。

1-6　チョーラ朝（前三世紀〜後一三世紀。約一五世紀間）

一〇世紀はじめ頃、南インド東岸でドラヴィダ系**タミル人**（黒種族）のチョーラ朝が強力になると、スリランカに侵入し、先住のシンハラ族はこれと抗争した。チョーラ朝は、一〇〜一一世紀にはスリランカ北部を支配し、東南アジア地域スマトラ島のシュリーヴィジャヤ王国への遠征も行なった。チョーラ朝では、ヒンドゥー教が盛んとなった。

1-7　パーラ朝（七五〇頃～一一五五頃、約四〇五年間）

ハルシャ王国が分裂すると、ベンガルには八世紀中葉、パーラ朝が出現し、パータリプトラを都として中部インド地域まで領有するに至った。パーラ朝は、仏教を保護した。七世紀末から八世紀にかけて、オリッサで活躍したインドラブーティは男女交会を**ヨーガ**の最高境地とする実践を導入し、左道密教を発展させた。パーラ朝は一二世紀に滅んだ。

1-8　プラティーハーラ朝（八〇〇頃～一〇一九、約二二〇年間）

プラティーハーラ王朝は、カノウジを拠点としてパーラ朝から中部インド地域を奪った。

インド仏教衰亡　ヴァルダナ朝滅亡後、インド地域では陸上交易が衰え、都市が衰退し、都市商人を支持基盤とした仏教は経済的基盤を失い、ヒンドゥー教に圧迫されて衰退していった。イスラーム教徒のゴール朝（一一四八頃～一五）は、一二〇三年にヴィクラシマー仏教寺院を破壊し、さらにナーランダー僧院（仏教寺院）も破壊した。仏教僧は南インド・チベットなどに流亡し、インド仏教はほぼ滅亡した。それに反し、ジャイナ教は出家者と都市商人など在家信者とのつながりが維持され、西インド地域を中心に存続した。仏教の衰亡に代わって、北インド地域ではヒンドゥー教が地域社会に浸透していった。

地方ではベンガル語・ヒンドゥー語などの地域言語や文化が発達した。インドは、日本ではながく「天竺《てんじく》」と呼ばれ、仏教をはじめ、盂蘭盆会《うらぼんえ》・施餓鬼《せがき》などの風習、寓話、暦術、「声明《しょうみょう》」（音韻学）などのインド地域文化が中国地域を通じて日本にも伝えられた。「盂蘭盆会」の「盂蘭盆」とは、「逆さづりの苦しみ」の意で、陰暦七月

パーラ朝・弥勒像

一三～一五日に祖先を死後の苦しみから救うために供物を供えて冥福を祈る仏事で、墓参りをする。「施餓鬼」とは、飢餓に苦しんで災いをなす鬼衆や無縁の亡者《もうじゃ》の霊に飲食を施す法会《ほうえ》である。

1-9　**「ラージプート時代」**（八～一二世紀。約四世紀間）

プラティーハーラ朝やその衰退後に西・中央・北インド地域などに成立した諸王朝は、中央アジアから移住してきた遊牧民や土着の部族だった。彼らは権力を掌握すると、「ラージプート」（サンスクリット語の「王子」を意味する「ラージャプトラ」のなまり）と称したので、八～一二世紀の北インド地域は「ラージプート時代」と呼ばれる。ヴァルナ／カースト／ジャーティ的社会秩序が尊ばれ、妻は戦死した夫の荼毘《だび》の火に身を投ずる**サティー**という風習が重んじられた。「荼毘」とは「火葬」の意であり、「サティー」とは「貞節な妻・貞女」の意である。殉死が求められたのである。

2. 東南アジア地域

東南アジアは、熱帯モンスーン地帯に属し、水田耕作が生活の中心となっている。人びとは、灌漑した田地で稲作を行ない、水牛や牛を利用し、航海術にも長《た》け、青銅・鉄・金の加工を行なっていた。今日、人口は六億人である。言語面では、①タイ・カダイ語族（タイ語）、②チベット・ミャンマー語族（ビルマ語）、③オーストロアジア語族（モン・クメール語、ベトナム語）、④オーストロネシア語族（インドネシア語、ポリネシア語）などに大別される。文化面では、西方のインド地域と北方の中国地域から大きな影響を受けており、インド地域のバラモン教や仏教が伝えられた。東南アジアでは、交易の発達から「港市国」が各地に形成されていった。

2-1　ベトナム地域

紀元前に、中国大陸東南海岸地域には「**百越**」と呼ばれる人々が住んでおり、その最南端に「駱越《らくえつ》」と呼ばれる種族がいたが、いわゆる「漢族」に圧迫されて南下し、ベトナム（ヴィエットナム、ヴェトナム）民族の祖先となったとされる。彼らは、「**ドンソン文化**」と呼ばれる青銅器文化を創造し、原始社会から王朝形成への道を歩みつつあった。ベトナム地域の前近代史は、北方の中国地域王朝による侵略に対する抵抗の歴史であった。ベトナムでは、最初は南伝仏教が伝えられたが、のち中国地域からの禅宗の影響が強くなった。

2-1-1　ベトナムの独立闘争　ベトナム北部地域は、秦・漢以来の中国地域各王朝に支配され、漢代から唐代にかけて、交州または交阯《こうし》と呼ばれていた。紀元初頭には、後漢王朝に侵略・支配されていたが、紀元後四〇年にはチュン・チャク、チュン・ニ姉妹が独立のための蜂起を起こしたのを初めとして、二四八年のチュウ・アウ（趙嫗）、五四四～四八年のリー・ボン（李賁《ぼん》）による「万春国」建設、七二二年の梅叔鸞《ばいしゅくらん》の反乱、七九一年のフン・フン（馮興《ふうこう》）の乱まで反乱が続いたが、成功しなかった。唐朝は六七九年、安南都護府を設置し、それ以降、ベトナムは中国地域からは「安南」と呼ばれた。ベトナム土豪の曲承祐《きょくしょうゆう》は九〇六年、みずから節度使となって唐朝の承認を受け、楊廷芸《ようていうん》・矯公羨《きょうこうせん》などの土豪がこれに続いた。

2-1-2　チャンパー（林邑《りんゆう》）。一三七～一四七一、約一二三四年間。ベトナム南部地域）インドシナ半島に至ったインド人はモン・クメール系民族と合体し、現ベトナム南部にインド名「チャンパー」（中国語名「林邑」「環王」「占城」）を建設した。ベトナム中部のフエ地方には、チャンパー（林邑）が一三七年には興り、その後、チャンパー王国の中核勢力となった。チャンパーは、後漢に支配されていた日南郡を攻撃し、三四〇年には中国地域王朝軍を駆逐した。ニャチャン付近には、四世紀後半頃、サンスクリット語の碑が建てられた。バドラヴァルマン王（在位三四九～八〇）は、シヴァ神のミーソン寺院を建立《こんりゅう》した。ここから、ヒンドゥー教が流布していたことがわかる。また、この地域には「吉貝の木」（木綿）が豊かだったので、木綿の布が早くから利用されていた。

2-1-3　ダイコヴェト（大瞿越《だいくえつ》）国（九六五〜八〇）　ベトナム北部は中国地域・唐朝の崩壊後、ゴー・クエン（呉権。〜九四四）が九三八年、中国地域「五代十国」の「南漢」軍を破って九三九年にはコロア（古螺）で王を称し、独立を果たした。ベトナムは、これによって国家形成に成功したと言ってよいだろう。次いで九六五年、十二使君の割拠時期を経て、九六八年に**ディン・ボリン**（丁部領）が皇帝を称し、都をホア・ルウ（華閭）に置き、ダイコヴェト（大瞿越）国を建てた。

2-1-4　前レー（黎）朝　九八〇年には、将軍レー・ホアン（黎桓。在位九八〇〜一〇〇五）が帝位を奪い、ベトナム再征服をめざしてきた中国地域・「北宋」軍を打破し、南隣のチャンパーを攻撃し、首都インドラプタを破壊した。このため、チャンパーは、首都を南方のヴィジャヤに移転した。

2-1-5　大越（ダーイヴィエット／ダイベト）国リー（李）朝（一〇〇九／一〇〜一二二五、約二一五年間。）リー・コンウアン（李公蘊《うん》）はベトナム北部にリー（李）朝を建て、一〇五四年、国号を大越（ダーイヴィエット）国と改めた。リー氏大越国あるいはリー（李）朝とも呼ばれる。なお、大越（ダーイヴィエト）という国号は、一八〇四年まで用いられた。大越（ダーイヴィエト）国リー朝は、タンロン（昇竜。現ハノイ）に首都を置き、一二世紀初め頃まで盛んであった。また、ハノイはこれ以後、八〇〇年間首都となった。

リー朝は、一〇四三年、一〇六九年に南方のチャンパー王国を侵略し、奴隷を獲得した。一〇七五年には南下してきた宋軍を撃退した。リー朝皇帝は、仏教を信仰し、一一世紀末頃から儒教が普及し始めた。宋は、ベトナムの君主をはじめは交趾《こうし》郡王に任じ、その後、南平王に封じ、一一七四年には安南国王に冊封した。リー朝では、科挙制度が導入された。しかし、農民に対する重税や自然災害などのため暴動が起こって収拾不能となり、実権を持つ外戚のチャン（陳）一族に政権を委譲した。チャン（陳）氏は、リー朝を廃し、チャン（陳）朝を興した。

2-1-6　大越国チャン（陳）朝（一二二六～一四〇〇、約一七五年間。ベトナム地域）外戚のチャン・カイン（陳煚《けい》）は一二二五年、リー氏に代わってチャン朝を開き、暴動を鎮圧し、タンロン（昇竜）に都を置き、国号はリー朝の大越を踏襲した。チャン朝は、中央集権制を確立し、農業・商業が発展し、貨幣経済が普及した。一二七九年、中国地域で宋朝に取って代わったモンゴル元朝のフビライ・ハン（在位一二六〇～一二九四）は一二八二年、チャンパーに侵攻したが、チャンパーはこれを阻止した。チャン朝はさらに一二八七年、一二八八年の元軍によるベトナム侵入を撃退した。これは、日本の元寇阻止（一二七四年、一二八一年）に続くものであった。また、「**チュノム**」（字喃）というベトナム文字をつくった。チャン朝も仏教を保護したが、儒教官僚の台頭により、仏教は政治への影響力を失った。

中国地域明朝は一四〇七年、大越に侵入し、これを支配した。チャン氏一族は一四一三年まで明朝に抵抗を続けた。

2-1-7　レー（黎）朝（一四二八～一八〇二、約三七五年間）チャン朝が乱れると、レー・ロイ（黎利）は一四一八年、タンホア省ランソンで反乱を起こし、一四二八年にレー（黎）朝を建てた。レー朝は一四七一年、チャンパーの首都ヴィジャヤを制圧し、チャンパーを滅ぼし、ラオ王国にも宗主権を広げた。レー朝は大土地所有制・奴隷制の改革によって、私有財産や商業の発達を促進した。近隣諸国では、奴隷制は一九世紀半ばまで残存した。

2-1-8　グエン朝（一八〇二～一九四五。約一四五年間）グエン（阮）氏は一七七三年、反乱を起こし、一七八六年、タンロン（昇竜、現ハノイ）に入城した。グエン朝は、ベトナム地域最後の王朝であった。グエン朝では、商人階級が登場し、中国地域・日本・インドネシア地域・ヨーロッパ地域との通商が進んでいった。一七八八年には、ベトナムに侵入した北方の清朝軍を撃退した。グエン氏は一八〇二年、タンロンに入城し、ベトナムの統一を回復した。グエン朝は、中央集権制を追求し、唐朝と同じ六部を設け、試験による官吏登用を実施した。

2-2　カンボジア地域

2-2-1　扶南《ふなん》（一～七世紀半ば。約六世紀間。カンボジア・ベトナム）チャンパの西、メコン川流域には、扶南が一世紀頃登場した。クメール人もしくはマレー人が建てた国の中国語名であり、クメール族とインド系移民の混淆の所産だったとされる。その建国神話によれば、バラモンと原住民の女王が結婚して立国されたということなので、インド地域からバラモンがやってくるまでは、この地域には国家形成が行なわれていなかったということになろう。扶南は、二世紀頃にはマレー半島のランカスカまで広がった。港市オケオ（現ベトナム南部アンザン省）には、インド地域や中国地域三国時代の「呉《ご》」、ローマ世界などから外国商人たちが訪れ、繁栄した。文字は「胡《えびす》（西域《さいいき》人を指す）の文字」に似た文字を持っていたという。扶南王カウンディニヤ・ジャヴァルマン（四八〇頃～五一四）のとき、最盛期に達した。七世紀半ば、真臘《しんろう》に滅ぼされた。仏教は、インドシナではカンボジアの扶南国・チャンパ・ビルマ・タイに伝えられた。

2-2-2　真臘《しんろう》（六～一五世紀、約九世紀間。カンボジア地域）真臘は、メコン川中流域にクメール人が建てた国の中国語名で、扶南国に取って代わり、ヒンドゥー教を国教とし、仏教とヒンドゥー教が流布した。国都は、のちのアンコール・トムに置かれた。八世紀頃、北部の**陸**

バンティアン・スレイ寺院

真臘と南部の**水真臘**に分裂した。九世紀にアンコール朝のもとで再統一されたが、一四世紀にタイ諸勢力に圧迫されて衰退した。真臘については、元代の一二九六～九七年にカンボジアに派遣された使節のひとり周達観が一三世紀末に書いた『**真臘風土記**《ふどき》』がある。

2-2-3　アンコール朝（八〇二頃～一四三二。約六三〇年間。カンボジア地域）　アンコール朝は、カンボジア北西部のアンコール地方で栄えた王朝であり、九世紀末に一辺三キロメートルの城壁に囲まれた**アンコール・トム**（「トム」は「大きい」の意）を建設し、都とした。アンコール朝は、一一四五年までにチャンパーの首都ヴィジャヤを陥落させた。その支配領域は、東はチャンパーから西はビルマまで、北はチャオプラヤー川上流域から南はマレー半島のクラ地域まで広がった。しかし、一一七七年にチャンパー軍によってアンコール都城は占拠された。ジャヤヴァルマン七世（在位一一八一～一二二〇頃）は、一一八一年に国土を奪回した。王は熱心な仏教徒で、**アンコール・トム**を完成させ、中心に建てられた**バイヨン寺院**はクメール美術を代表するとされる。**アンコール・ワット**は、アンコール朝が一二世紀前半に建設した三層のヒンドゥー寺院であるが、一四世紀頃から仏教寺院になった。一二～一三世紀には、アンコール・トムの人口は、一〇〇万に達していたという。カンボジア人は、蝕を推算した。

アンコール・ワット

2-3　マレー半島地域

2-3-1　小港市国家群　二世紀には、ベンガル湾とタイ湾をつなぐ中継路のマレー半島には小港市国家群が出現した。テナセリム・ランカスカ・タンブラリンガ・タッコラ・バンバンなどである。四～五世紀には、仏教が伝来したことを示す碑文が建てられた。バンバンは、元嘉《げんか》年間(四二四～五三)に中国地域に使節を派遣しており、ヒンドゥー教・仏教・道教が共存していた。カリマンタン(ボルネオ島)には、約四〇〇年ごろのサンスクリット語のクタイ碑文があり、ヒンドゥー教・仏教の彫像も発見されている。ジャワ島・スマトラ島・スラウェシ島から南インド・アマラヴァーティ様式の仏像(二～四世紀)が発見されている。

2-3-2　マレー・ジャワ・スマトラ　インド地域から東方に進出したインド人たちは五世紀頃、ムラカ(マラッカ)海峡を通ってジャワ島に至った。マレー半島の現シンガポールには、五世紀にインド起源の植民都市が建てられたと見られ、隋・唐はこれを「師子石」、「師子州」と呼んだ。四三五年には、ジャワと南朝宋の間の交通が記録されており、唐はジャワを「訶陵《かりょう》」と呼んだ。スマトラ島には、ジャンピを中心に「赤土国」が生まれ、まもなくバレンバンを都とするシュリーヴィジャヤ国が興った。

インド僧クナバツマ(中国語名「求那跋摩」)は五世紀頃、仏教をジャワに伝えた。クナバツマは、中国地域の南朝宋の都・建康にも至り、文帝に拝謁している。

2-3-3　ムラカ王国　一四世紀末にムラカ海峡にムラカ(マラッカ)王国が成立した。「マラッカ」は英語なまりで、マレー語では「ムラカ」である。ムラカは、北方のシャム(タイ)・アユタヤ朝に対抗して発展した。宋の鄭和の航海(一四〇五～三三、計七回)は、ムラカ海峡を通過した。イスラーム教はマレー半島で、仏

カンボジア・観世音菩薩

教やキリスト教が世界各地でそれぞれ土着の信仰と習合していったのと同じように土着の諸信仰と習合していった。

2-4　スマトラ島

シュリーヴィジャヤ王国（七～一四世紀、約七世紀間）　マレー人がスマトラ島東南部のパレンバン河口を中心にシュリーヴィジャヤ（中国語名「室利仏逝」、「三仏斉」）王国が発展していった。シュリーヴィジャヤ王ジャヤナーシャは、ムラユ・ジャワを支配し、中国地域とインド地域の中継交易路を支配した。シュリーヴィジャヤ王国の繁栄ぶりは、ここを三回訪れた唐僧義浄《ぎじょう》が伝えている。シュリーヴィジャヤは、七七五年にマレー半島のリゴールに大乗仏教の三仏寺を建立《こんりゅう》した。

2-5　ジャワ島

2-5-1　古マラタム国　ヒンドゥー教の最古の遺跡は、中部ジャワにある。ジャワ人はジャワ島中部に八世紀頃、ヒンドゥー教の古マタラム国を建てたが、その後、ジャワ島東部に追い払われた。

2-5-2　シャイレンドラ朝（八世紀半ば～九世紀前半、約一世紀間）　古マタラム国を圧迫したのは、仏教を信奉したシャイレンドラ朝であった。同朝は八世紀に、ジャワ島中部では大乗真言的仏教が隆盛をきわめ、ジョグジャカルタ付近に仏教の**ボロブドゥール寺院**（一辺一一一・五メートル、四角形、高さ三一・五メートル、三層石造り）・カラサン寺院などを建立した。インド様式とジャワ様式を融合させていると見られる。その後、ヒンドゥー教が流行し、さらにイスラーム教に圧倒された。シャイレンドラ朝は、九世紀前半に古マタラム王国に滅ぼされた。

2-5-3　クディリ朝（九二八～一二二二、約二九五年間）　古マタラム王国は再興され、一〇世紀頃、ボロブドゥール仏教寺院に対抗してヒンドゥー教の**プランバナン寺院群**をつくった。古マラタム王国は九二九年頃、クディリ朝となった。同朝では、インドの『マハーバーラタ』がジャワ語に翻訳され、**ワヤン**（ジャワ影絵人形芝居）の題材となった。クディリ朝は、シンガサリ朝に滅ぼされた。

2-5-4　シンガサリ朝（一二六八～九二、約二四年間）　シンガサリ朝の第五代王クルタナガラ（在位一二六八～九二）は、ジャワ全島を支配下に収め、モンゴル元への従属を拒否したが、反乱により殺害された。

2-5-5　マジャパヒト朝（一二九三～一五二七頃、約二三五年間）　ジャワでは、モンゴル元の侵入を撃退したのち、シンガサリ朝のクルタナガラの後継者ヴィジャヤは一二九三年、マジャパヒトで王位につき、ヒンドゥー教のマジャパヒト朝を開いた。同朝は、ジャワ・スマトラ・マレー半島全域・カリマンタン南部と西海岸・スラウェシ・マルク諸島まで広がり、現在のインドネシアよりも広大となった。マジャパヒト王朝は、中国地域の明《みん》代まで存続し、一六世紀初期に**ドゥマク王朝**に滅ぼされた。インドネシア地域では一三世紀頃からイスラーム教が流入し、根をおろした。

2-5-6　ドゥマク王国（一五二七年頃～）　ジャワではマジャパヒト王国が衰退し、イスラーム教のドゥマク王国が一五二七年頃までにジャワを制圧し、ヒンドゥー教文化はバリ島に避難した。続いてポルトガルが侵入し、ドゥマク王国はこれに抵抗したものの、一七世紀にはオランダが侵入し、支配された。

2-6　ビルマ（ミャンマー）地域

2-6-1　ピュー（中国語名「驃《ひょう》」）**国**（八世紀末～）　ビルマ（ミャンマー）は、前三世紀に歴史に登場す

ジャワ・ボロブドゥール寺院

る。八世紀の終わり頃、一八国を統属するピュー国が出現した。住民は、海岸地方はモン族、中部以北はビルマ人が多数を占めていたと見られている。ピュー人は、「**ピュー文字**」を持っていた。また、貨幣も持っていたらしい。北方の南詔国が八三二年、侵入し、その後、下ビルマ地区の**モン人**が勢力を拡大した。モン人は、スリランカから上座部仏教を受け入れ、「**モン文字**」を持っていた。

2-6-2　パガン朝（一〇四四〜一二九九、約二五五年間）パガン朝は、ビルマ族による最初の統一王朝で、パガンを都とし、現在のミャンマー領域をほぼ支配した。パガン朝は、下ビルマのモン人やスリランカ人から上座部仏教を受容し、アーナンダ寺院など仏塔・寺院を多数建設したので、建寺王朝とも呼ばれる。パガン朝では、モン文字綴り字を借用した「**ビルマ（ミャンマー）語文字**」が使用された。パガンは一二八七年、モンゴル元の侵入によって落城し、一二九九年に滅んだ。ビルマ地域は、その後、三世紀にわたって分裂した。ビルマ地域に進出してきたポルトガルは一五一九年、マダマ（マルダバン）に商館を開設した。

2-6-3　トゥングー朝（タウングー。一五三一〜一七五二。約二二〇年間）トゥングー朝のバインナウン（在位一五五〇〜八一）は、ビルマ統一を回復したが、「中国」人の反乱で滅んだ。

2-6-4　コンバウン朝（一七五二〜一八八五。約一三五年間）トゥングー朝のあとには、コンバウン朝が建てられた。コンバウン朝は、ビルマ人による最後の王朝で、一八一七年から一八二二年にかけてインド地域のアッサム・マニプールを支配し、タイのアユタヤ朝を滅ぼし、清朝軍を撃退した。イギリスは、「インド帝国」（一八七七〜一九四七）を建てたので、コンバウン朝は英領インドと国境を接することになった。

2-7　タイ地域

「タイ」とは、言語の名称で、タイ語族人の発祥地は中国地域南部と見られている。彼らは、「漢族」に圧迫され、次第に南下していった。ラオ人・シャン人もタイ語族である。タイ人は、「ミュアン・タイ」（自由の国）と称した。

2-7-1　小王国分立時代（一二二〇頃～一三五一、約一三〇年間）チャオプラヤー川流域に定住したタイ（シャム）人は一二二〇年頃、クメール人太守をスコータイから追放し、中部に**スコータイ朝**、北部に**チェンマイ朝**、山地タイ人がメコン川中流域に**ラーンサーン朝**（一三五三～一七一〇）を建て、上ビルマにはシャン人の国々、チャオプラヤー川下流域アユタヤ地方の王国などがつくられていった。「ラーンサーン」とは、「百万頭の象」という意味だった。スコータイのラームカムヘーン王（在位一二七九頃～九八）は、クメール文字の草書体から「**タイ文字**」をつくった。その後の王たちは仏教に帰依し、衰退していった。タイの旧称「シャム」は、「スコータイ」から来ているとされる。

2-7-2　アユタヤ朝（一三五一～一七六七、約四一五年）アユタヤは、現タイ・バンコク北方七〇キロメートル位置する。アユタヤ朝は、一三五二年にカンボジアのアンコール朝を攻略し、さらに一四三八年にはスコータイを併合し、マレー半島北部までを支配した。しかし一五六九年、ビルマによる侵攻でアユタヤ都城は陥落し、数千人の住民が下ビルマに連れ去られ、アユタヤはビルマの属領となった。アユタヤは一五九三年、独立を回復し、一七世紀には中国地域・ヨーロッパ地域との通商・外交も行なわれた。駿河《するが》の人、**山田長政**《ながまさ》（？～一六三〇）は、一六一二年頃、アユタヤ朝に渡り、アユタヤ日本人町の長となった。そのころ、日本人約一五〇〇人が居住していた。

ナーラーイ王（在位一六五七～八八）は、ギリシア人**コンスタンス・フォールコン**を通商大臣に起用しオランダとの貿易を抑制しようとしたが、フォールコンはフランスにオランダと対抗させようとした。フランスのルイ一四世（一六三八～一七一五、在位一六四三～一七一五）は一六八七年、使節団とともに一四〇〇名の兵を送ってきたため、アユタヤ朝は一六八八年、フォールコンを処刑し、ヨーロッパ地域とは鎖国したが、日本・清朝とは貿易を継続した。ビルマのコンバウン朝（一七五二～一八八五）は、アユタヤを攻撃し、一七六七年、アユタヤ都城は陥落し、住民一万人が連れ去られ、アユタヤ朝は崩壊した。

2-7-3　タイ王国（在位一七八二～現在）　タクシン将軍（在位一七六七～八二）は、ビルマのコンバウン朝に反撃し、ビルマ軍を追放し、王位についた。その後、チャクリー将軍が王位につき、さらにラーマ一世（在位一七八二～一八〇九）が今日のタイ王国を創始し、バンコクに遷都した。タイは、東南アジアでヨーロッパ諸国の植民地とならなかった唯一の国である。

2-8　ラオス地域

「ラーンサーン朝」は、山地タイ人が建てた王朝であったが、ラオ人も一三五三年頃、メコン川流域のルアンプラバンにラーンサーン王国を建てたとする。一三七六年の人口調査によれば、三〇万人が登録されていたという。一五六三年にはビエンチャンに遷都した。都城には、エメラルド製の仏陀像を安置したワット・プラ・ケオ寺院が建立《こんりゅう》され、首都の東北にはタート・ルアン寺院が建立された。ビルマのタウングー朝は一五七四年、ビエンチャンを占領し、一五九一年まで支配した。一六三七年、スリニャウォンサー王は、ダーイヴィエット（大越）と同盟を結び、平和を回復したが、同王の死後、王国は①北部のルアンプラバン、②中部のビエンチャン、③南部のチャンパーサックの三つに分裂した。タイは、まずチャンパーサックを滅ぼし、一七七八年にはビエンチャンを攻略し、一八二八年には住民数千人をタイ東北部に連れ去った。ルアンプラバンは、みずからベトナムの支配下に入った。ラオス地域が統一されるのは、第二次世界大戦後の一九四六年のことである。

第6章　イスラーム世界の成立

中世西南アジアの主役となったのは、アラブ人・ペルシア人・モンゴル人・テュルク（トルコ）人たちだった。

1. アラビア

1-1　ジャーヒリヤ時代

アラビア半島は、ヒジュラ（聖遷）紀元元年（六二二年）以前の約一五〇年間はジャーヒリヤ（無知・野蛮）時代とされる。当時、メッカは商業の中心地となり、繁栄していた。五世紀末頃、クライシュ族がメッカを支配し、氏族会議で重要事項が決定された。この頃、アラブ各族は多神教で、偶像崇拝、メッカのカーバの黒石などのアニミズム（精霊崇拝）を行なっていた。アラビアにも次第にキリスト教の影響が及び、唯一神**アッラーフ（アラー）**崇拝も生まれた。この時代には、アラブ（人）、アラビア（半島）という観念は存在していなかった。

1-2　ムハンマドとイスラーム教

ムハンマド（マホメット。五七〇頃〜六三二）は、クライシュ族のハーシム家の生まれで、六一〇年頃、四〇歳のとき、アラビアの商業都市メジナ市を拠点として唯一神アラーを信仰するイスラーム教を起こした。「**イスラーム**」とは、「絶対的帰依」の意である。イスラーム教の教典『**コーラン**』（クルアーン）は、唯一神アラーの声を天使ガブリエルがムハンマドに伝え、ムハンマドの口から民衆に伝えられた言葉とされ、初代カリフから第三代カリフにかけて記録され、アラビア語で書かれている。富裕な商人階級は、ムハンマドを迫害し、彼は六二二年、メディナに移住した。これが「**ヒジュラ**」（聖遷）であり、同年七月一六日を「**ヒジュラ暦**」元年元日とし、ユダヤ教にならって正月一〇日を断食の日とし、メディナに**モスク**（礼拝堂）をつくった。ムハンマドは、自身を神の代理人とする「**ウンマ**」（神権政治社会）を建設し、軍を編制して六三〇年、メッカを征服し、六三二年にはアラビア半島を統一支配して「アラブ」という観念が成立し、「アラブ人」たちはイスラーム教をテコとして「民族」形成を図っていった。イスラーム教徒は、アラビア語で「**ムスリム**」（神に身を捧げた者）と呼ばれる。

1-3　正統カリフ時代（六三二〜六六一、三〇年間）

ムハンマドが六三二年に亡くなると、「**ハリーファ**」（代理人、後継者）が選出され、「ハリーファ」は「カリフ」と呼ばれるようになり、カリフ制は正統カリフ（六三二〜六六一）、ウマイヤ朝（六六一〜七五〇）、アッバース朝（七五〇〜一二五八）と六世紀以上続いた。その後は、オスマン朝が「スルタン・カリフ制」を採用し、一九二二年に廃止されるまで存続した。

アラブ人たちは六三六年、シリアを攻略して**ビザンツ帝国**（**東ローマ帝国**）**軍**を駆逐した。アラビア人たちは六四一年、エジプトを支配した。さらに、北はタウロス（トロス）山脈に至り、東はペルシア（現イラン）高原を越え、「**ニハーヴァンドの戦い**」（六四二年）でササン朝ペルシアを破り、ササン朝は六五一年、滅んだ。

アラビア半島に生まれた宗教は、急速に砂漠をこえて東西南北に勢力を伸ばし、南西は北アフリカへ、西はイベリア半島まで、北はアナトリアへ、東はインド地域へと勢力を広げていった。ビザンツ帝国は、西南アジアからヨーロッパに後退した。

1-4　ウマイヤ朝（六六一〜七五〇、約九〇年間）

ムハンマドの甥、第四代カリフの**アリー**（？〜六六一、在位六五六〜六六一）のとき、カリフの選出について争いが起こり、アリーとウマイヤ家の家長でシリア総督の**ムアーウィア**（ムアビア。?～六八〇、在位六六一～八〇）が争った。六六一年、アリーが暗殺されると、ムアーウィアはダマスクスを都としてウマイヤ家のウマイヤ朝を開き、その初代カリフとなった。以後、カリフは選挙によらず、世襲となった。ムアーウィアは、イスラーム海軍を建設した。ウマイヤ朝は、南は北アフリカを支配し、七一二年にはヨーロッパのイベリア半島まで征服し、東は西北インドに達し、領域全体に完全な地方分権制を実施した。アラビア語は、公用語として各地に広がった。アブド・アルマリクは六九五年、アラブ貨幣を鋳造した。正統カリフ時代とウマイヤ朝は、「**アラブ帝国**」と呼ばれる。

1-5　後《こう》ウマイヤ朝（七五六～一〇三一、約二七五年間）

ウマイヤ朝がアッバース朝に滅ぼされたのち、一族は七五六年、イベリア半島に逃れ、コルドバで後ウマイヤ朝を復興した。

1-6　アッバース朝（旧呼称「**サラセン帝国**」、中国語名「**大食《タージ》**」。七五〇～一二五八、約五一〇年間）

ムハンマド（マホメット）の叔父アッバースの血をひくアッバース家は七五〇年、東部ペルシアで挙兵し、ウマイヤ朝を破ってアッバース朝を建て、メソポタミアのバグダードに都を置き、アラブ族の貴族政治に終止符を打ち、中央集権制を整えていった。宮廷では、ペルシア式の服装が用いられた。アラビア語が共通語とされ、アラブ族が政治的中心となり、ペルシア族・テュルク族が協力する体制が築きあげられていった。「タラス河畔の戦い」（七五一年）では唐軍を大敗させ、中央アジアの西トルキスタンから東トルキスタンへとイスラーム教の影響力を広げていった。八五〇年頃、アラビア商人スレイマンは、インド地域・南洋を経て中国地域に至り、詳細な記録を西方に伝えた。

正統カリフ時代からアッバース朝まで、特にアッバース朝の時代は、「**イスラーム帝国**」と呼ばれる。以前は、ウマイア朝とアッバース朝を「サラセン帝国」と呼んでいたが、「**サラセン**」とは古代にギリシア人・ローマ人が遊牧アラブ人を呼んだ「サラセニ」を語源とし、中世ではキリスト教徒がヨーロッパのイスラーム教徒を呼んだヨーロッパ・キリスト教視線の用語であり、かつてはヨーロッパ崇拝の日本人学者も無批判に用いていたが、現在は使用されない。

シーア派　アリーの党派（シーア〈シーアト〉・アリー、アリーを支持する「派」の意）は、イスラーム教団の代表者はアリーの子孫から出すべきだと主張した。これがイスラーム教シーア派の起源となったが、イスラーム教の中では少数派である。

スンナ派　シーア派に対して、スンナ（スンニー）派とは代々のカリフを正統とする派である。「スンナ」とは、「伝承主義者」「ムハンマドの言行に従う者」との意である。アッバース朝は、アリーの子孫を虐待し、みずからが正統派であると主張した。これが、イスラーム教スンナ派の起源である。

1-7　ワッハーブ王国（または**サウード王国**。第一次＝一七四四頃～一八一八〈約七四年間〉。第二次＝一八二三～八九〈約六六年間〉）

アッバース朝が滅んだあと、西南アジアの主役はテュルク（トルコ）人に奪われたが、一八世紀になると、ムハンマド・ビン・アブド・アル・**ワッハーブ**（一七〇三～九二）は、イスラーム改革運動を起こしアニミズムを邪道として排斥し、一七四五年、戸数七〇戸ほどのアラビアの豪族イブン・サウードと提携し、一七四七年、ワッハーブ王国を建て、アラビア半島内陸中部のリヤドを都とした。ワッハーブの宗教改革運動は、アラビア半島の大半に広がった。オスマン朝のエジプト総督ムハンマド（メフメト）・アリー（一七六九～一八四九、在位一八〇五～四九）は一八一八年、ワッハーブ王国を滅ぼした。これを第一次ワッハーブ王国という。イブン・サウード家は一八二三年、再起し、ワッハーブ王国を再建したが、ワッハーブ王国は内紛を繰りかえし、一八八九年に滅んだ。

2. ペルシア

2-1　サッファール朝（八六七～九〇三、約三六年間）

ヤークーブ・ブン・ライスは、ペルシア化したアラブ系王朝のターヒル朝（八二〇～七二、約五二年間）から自立してペルシア系最初のイスラーム王朝であるサッファール朝を建てたが、サーマーン朝に滅ぼされた。

2-2　サーマーン朝ペルシア（八七五～九九九、約一二五年間）

ペルシア豪族サーマーンは、ゾロアスター教を捨ててイスラーム教に改宗した。アッバース朝は、サーマーンの孫**イスマーイール**に中央アジアのアム川・シル川流域を与えた。イスマーイールは、「スルタン」と号した。ここからサーマーン朝が起こった（八七五年）。サーマーン朝は、中央アジアでは初のイスラーム王朝であり、西トルキスタンを支配し、九〇〇年以降、都をブハラに置き、東西交易で繁栄したが、テュルク系カラ・ハン朝（一〇世紀中頃～一二世紀中頃）に滅ぼされた。

2-3　ブワイフ朝（九三二～一〇六二、約一三〇年間）

ブワイフ朝は、ペルシア系シーア派の軍事政権で、九四六／一〇四五年、バグダードに入り、カリフより「**大アミール**」（総督、太守）に任命され、イスラーム法を施行する権限を与えられたが、テュルク系のセルジューク朝に滅ぼされた。「大アミール」とは、カリフによって全イスラーム世界の軍事指導権・統治権を与えられた者の称号である。ブワイフ朝は、国庫収入が減少したため、軍人・官僚に現金俸給額（**アター**）に見あう金額を徴収できる土地の管理・徴税権を与える**イクター制**を採用し、その後、セルジューク朝に引き継がれた。

2-4　サファヴィー朝（一五〇一～一七三六、約二三五年間）

サファヴィー家は、ムハンマド（マホメット）の子孫とされ、アラブ系だったが、すでにペルシア化していた。**イスマーイール一世**（一四八七〜一五二四、在位一五〇一〜二四）は一五世紀末、一三世紀末に設立されていた**神秘主義教団**（サファヴィー教団）の指導者となり、一五〇一年、タブリーズを占領してシャー（王）を名乗り、サファヴィー朝を建てた。サファヴィー朝は、イスラーム教シーア派を国教とした最初の王朝となった。首都は、アゼルバイジャンのタブリーズ、カズヴィーンからペルシア中部のイスファハーンへと移動した。サファヴィー朝は、オスマン朝トルコと対立し、抗争を続けた。第五代シャー、アッバース一世（一五七一〜一六二九）は一五九七年、イスファハーンに遷都し、美しい都を建設した。サファヴィー朝には、中国地域から陶工三〇〇人が招かれて技術が伝えられたという。

ヨーロッパ勢力のペルシア進出　一六世紀になると、ヨーロッパ勢力が進出してきた。一五〇七年、ポルトガルの艦隊が来航し、一五一五年にホルムズ島を占領したが、サファヴィー朝は一六二二年にはペルシア・イギリス同盟軍によってこれを奪回した。一六一六〜一七年にはイギリスが、一六一八〜一九年にはスペインが使節を派遣してきた。一六二三年にはオランダがバンダル・アッバースに工場設立を求め、許可された。フランスも一六六四年、使節を送ってきた。ロシアは、一六六四年に使節を送ってきた。一七二二年、アフガン族が首都を占拠し、サファヴィー朝はやがて滅んだ。ロシア・トルコ両国は一七二四年、ペルシア解体を目的とする条約を結び、トルコ軍はハマダーン・タブリーズを占領した。

２-５　カージャール朝（一七九六〜一九二五、約一三〇年間）

ペルシアでは、テュルク系のカージャール朝が、テュルク系のアフシャール朝（一七三六〜九六、約六〇年間）にかわったザンド（ゼンド）朝（一七三六〜九六、約六〇年間）を倒して成立した。

3．北アフリカ・パレスチナ（チュニジア・エジプト・シリア）

3-1　ファーティマ朝（九〇九～一一七一、約二六〇年間）

過激シーア派の分派、**イスマーイール派**は九〇九年、チュニジアにファーティマ朝を建て、シーア派を国教とした。ファーティマ朝は九六九年、エジプトを攻略し、新都**カーヒラ**（**カイロ**）を建設し、**アズハル学院**（**マドラサ**、「大学」の意）を創立した。一一世紀には、この派から**暗殺団**（**アッサシン**）が生まれた。暗殺者は、暗殺する前に大麻《たいま》（ハッシッシ *hashish*）を吸ったので、アッサシン *assassin* という呼称が生まれたという。ファーティマ朝は、サラディンのアイユーブ朝に滅ぼされた。

3-2　アイユーブ朝（一一六九～一二五〇、約八〇年間）

クルド人の武将サラディン（サラフ・アッディーン。一一三八～九三、在位一一六九～九三）は一一六九年、イスラーム教スンナ派のアイユーブ朝を建てた。彼の父アイユーブは、北イラクの領主だった。サラディンは一一七一年、ファーティマ朝を滅ぼし、カイロを中心にエジプト・シリアを支配し、一一八七年にはイェルサレム市を奪回し、第三回十字軍と戦った。アイユーブ朝は、第三・五・六回の十字軍と戦った。サラディン死後、分裂し、アイユーブ朝のエジプト地域はマムルーク朝に、西南アジア地域はモンゴル軍に支配され、一二五〇年、マムルーク軍のクーデタで滅んだ。

4．インド地域のイスラーム時代（七一二～）

ムハンマドのムスリム軍は六三〇年、メッカを征服し、急速に勢力を広げ、海路では七世紀前半にペルシア湾からアラビア海を渡ってインド地域に到達した。陸路からは、「ニハーヴァンドの戦い」（六四二年）でササン朝を破ってペルシアを支配し、七一二年には現パキスタン南部シンド地方を征服した。こうして、ムスリムのインド地域侵入が開始された。

4-1　ガズナ朝（九六二～一一八六、約二二五年間、テュルク人）

七五〇年にはアッバース朝が成立し、シンド地方を支配したが、シンド各地にムスリム地方政権が分立した。アッバース朝に服属していたサーマーン家は、サーマーン朝ペルシアを樹立した。九六五年頃、サーマーン朝のテュルク人マムルーク（宮廷奴隷）の**アルプテギン**が現アフガニスタン地域のガズナを占拠し、ガズナ朝を建てた。ガズナ朝は、イスラーム教スンナ派だった。マフムード（在位九九八～一〇三〇）は一〇〇一年、ガンダーラ地方のペシャワールでヒンドゥー教の**シャーヒー朝**軍を破り、一〇〇八年にはパンジャーブ地方に進出し、シャーヒー朝を滅ぼした。この頃からイスラーム教はインド地域に根をおろしていった。

4-2　ゴール朝（一一四八頃～一二一五、約六七年間、テュルク系／ペルシア系）

テュルク系あるいはペルシア系のイスラーム教徒は一一四八年、ガズナ朝から自立して現アフガニスタン地域のゴールを中心としてゴール朝を建て、アフガニスタン地域を支配し始め、一二世紀にインド地域に進出、一一八六年にガズナ朝を滅ぼし、パンジャーブ地方を支配し、さらに北インド地域に進もうとした。一一九一年にはラージプート諸国連合軍に破られたものの、翌一一九二年にはラージプート諸国連合軍を破った。ゴール朝のマムルーク（テュルク人奴隷）・**アイバク**（?～一二一〇）は一一九三年、デリーを陥落させ、中央インド地域を占領し、一二〇二年には東インド地域のベンガルまで占領した。ゴール朝は、インド仏教最後の拠点ヴィクラマシラー寺院を破壊した。その後、ゴール朝は分裂し、セルジューク朝のテュルク（トルコ）人奴隷出身者が建てたイスラーム教徒のホラズム朝（一〇七七～一二三一）に滅ぼされた。

4-3　奴隷王朝（一二〇六～九〇、約八四年間、テュルク人）／**デリー・スルタン諸王朝**（一二〇六～一五二六、約三二〇年間）

ゴール朝のムハンマドが一二〇六年に暗殺されると、**アイバク**（在位一二〇六〜一〇）はデリーに王朝を樹立した。アイバクはマムルーク（奴隷）出身だったので、奴隷王朝と呼ばれる。これを含め、ハルジー王朝（一二九〇〜一三二〇、約三〇年間）、トゥグルク王朝（一三二〇〜一四一三、約九三年間）、サイイド王朝（一四一四〜五一、約三七年間）、ロディー王朝（一四五一〜一五二六、約七五年間）の五代王朝はデリー地域に都を置くムスリム政権だったので、これらをデリー・スルタン諸王朝と呼ぶ。こうして、イスラーム教はインド地域に定着した。フィールーズシャー・トゥグルクやシカンダル・ロディーらは、ヒンドゥーを迫害し、各個人に一律に同額を課税するジズヤ（人頭税）をバラモンにも課し、ヒンドゥー寺院を破壊した。

5. トルコ（一〇〜一八世紀）

現在、「トルコ人」と呼ばれている人びとは、紀元前一千年紀には東北アジアから北アジア中央部（モンゴリア）にかけて居住していたが、四世紀頃、西方に移動し、ドナウ川中流域にまで至った。おそらく匈奴／突厥族であろう。したがって、テュルク（トルコ）人とは、紀元前にアナトリア半島（現トルコ）に居住していた人びととは系統が異なる。

5-1　カラ・ハン朝（一〇世紀中頃〜一二世紀中頃。約二世紀間）

九〜一〇世紀には、サーマーン朝ペルシア（八七五〜九九九）によってペルシア地域にイスラーム教がもたらされたが、カラ・ハン朝は最初のテュルク系イスラーム王朝となり、九九九年、サーマーン朝を倒し、中央アジアの東西トルキスタンを支配し、イスラーム化を促進したが、一一世紀中頃、パミール高原を境に東西に分裂し、その後、セルジューク朝や西遼に支配された。

5-2　セルジューク朝（一〇三八〜一一九四、約一五五年間。テュルク系セルジューク族）

続いて、遊牧民のテュルク系セルジューク族でイスラーム教スンナ派のセルジューク朝が、アナトリア（小アジア）でビザンツ（東ローマ）帝国軍を破った。テュルク（トルコ）人のアナトリア進出である。これが、十字軍の遠因となった。セルジューク朝の創始者トゥグリル・ベク（九九三～一〇六三、在位一〇三八～六三）は一〇五五年、バグダードに入城してブワイフ朝を倒し、アッバース家カリフから「**スルタン**」（世俗君主）の称号を与えられ、初代スルタンとなり、西南アジア一帯を支配した。「**ベク**」あるいは「**ベイ**」とは、ペルシア語を起源とすると見られるトルコ語で「首長」「支配者」の意である。トゥグリル・ベクのあとを継いだアルプ・アルスラーン（在位一〇六三～七二）は、一〇七一年には一万五〇〇〇名の兵をもってビザンツ帝国軍二〇万を撃破し、ビザンツ帝国皇帝を捕虜にした。次のスルタン、マリク・シャー（在位一〇七二～九二）は、商工業を奨励し、道路・運河を整備し、天文台・宮殿・礼拝堂・病院・学校を建設し、新暦を制定した。

5-3　ルーム・セルジューク朝（一〇七七～一三〇八、約二三〇年間）

ルーム・セルジューク朝は、セルジューク族の分派がアナトリアに建てた王朝で、ニケーアに都を置いたが、一〇九七年、第一回十字軍によってニケーアを奪われ、コンヤ（コニヤ）に都を移した。コンヤは、中近東でもっとも重要な交易都市に発展した。ルーム・セルジューク朝は、ビザンツ帝国を圧迫し、アナトリアのトルコ化・イスラーム化を促進し、今日のトルコの基礎をつくりあげた。しかし、モンゴル勢力が一二四一～四二年、東部アナトリアに侵入し、ルーム・セルジューク朝は攻撃を受け分裂した。

5-4　ホラズム朝（フワーリズム。一〇七七～一二三一、約一五五年間）

セルジューク朝のテュルク系奴隷が、中央アジアのアム河下流ホラズムの太守に任ぜられ、イスラーム王朝のホラズム朝を建て、セルジューク朝からペルシアを奪い、ゴール朝を倒してアフガニスタンを支配した。こうして、テュルク（トルコ）人は西南アジアの主役となっていった。ホラズム（・シャー）朝は一二二〇年、チンギス・ハンに攻略され、その後滅んだ。

「**ミニアチュール**」は、もともとは写本の赤い飾り文字のことだったが、しだいに写本のさし絵を指すようになった。「ミニアチュール（細密画）」は一三世紀にペルシア地域で発展し、その後、ティムール朝（一三六九～一四九四）で細密性と装飾性が強まり、オスマン朝（一二九九～一九二二）・ムガル帝国（一五二六～一八五八）に広がった。

5-5　十字軍の来襲

十字軍は、ヨーロッパ・キリスト教勢力によるアジア・イスラーム教領域に対する長期にわたる組織的な攻撃であり、計七回起こされた（①一〇九六～九九、②一一四七～四九、③一一八九～九二、④一二〇二～〇四、⑤一二二八～二九、⑥一二四八～五四、⑦一二七〇、開始から終結まで約一七五年間）。ローマ教皇**ウルバヌス二世**（在位一〇八八～九九）は、聖地イェルサレムをイスラーム教徒から奪還することを大義名分とし、十字軍を起こした。紀元前のアレクサンドロスおよびビザンツ帝国によるアジア侵入に続くヨーロッパ勢力の三回目のアジア侵入となった。しかし、第一回・第四回・第五回以外は、失敗に終わり、結果的にヨーロッパ中世封建社会の崩壊を引き起こした。第一回十字軍は、聖地奪還に成功し、「イェルサレム王国」（一〇九九～一二九一、約一九〇年間）をはじめフランク人による四つのラテン公国を建設した。第一回十字軍は、フランス諸侯が中心となっていたので、アラブ人は十字軍を「フランク人」と呼んだ。第一回十字軍が侵入してきたとき、聖地を支配していたのはファーティマ朝だった。

5-6　ザンギー朝（一一二七～一二二二、約九五年間）

ザンギー朝は、セルジューク朝の流れをくむ王朝で、イスラーム勢力として十字軍に対する組織的戦闘を行なった。

5-7　マムルーク朝（一二五〇～一五一七、約二六五年間）

アイユーブ朝のテュルク（トルコ）系マムルーク（奴隷）出身の軍司令官たちは、スンナ派の王朝を建てた。最初は、女奴隷シャジャル・アッドッルが王スルタン・サーリフの子を産んで自由の身となり、王が死ぬと、第六回十字軍を撃退し、王位についた。シャジャルは、テュルク（トルコ）人奴隷**アイバク**を夫として彼をスルタンとしたが、その後、彼を殺し、みずからも殺された。

続いて、この王朝はエジプト・シリアを支配し、首都カイロは、国際交易の中心として栄えた。モンゴル軍の侵入を阻止し、第七回の十字軍も撃退した。「**マムルーク**」とは、「奴隷」の意（アラビア語）で、主にテュルク（トルコ）人・チュルケス人（コーカサス出身）・ギリシア人など白人奴隷を指す。マムルーク朝は、前期（バフリー・マムルーク朝）・後期（ブルジー・マムルーク朝）に分けられるが、後期はテュルク（トルコ）人王朝ではなく、二三代のスルタンのうち、チェルケス人が二一人、ギリシア人が二人で、アラビア語がわからない者もいた。エジプトは、イスラーム教徒がインド洋の海上権を握っていた間は東西交通の要衝として繁栄し、**ウラマー**（イスラーム学者）を養成する**マドラサ**（学院）が建てられた。しかし、一四〇一年にはティムールの侵入により、シリアの要地が荒らされ、一五世紀末にはポルトガル人の進出によって海上権が奪われ、さらにオスマン朝に滅ぼされた。

5-8　オスマン・トルコ（オスマン帝国。三六代。一二九九～一九二二、約六二五年間）

前期（一二九九～一八三九、約五四〇年間）

テュルク（トルコ）系オスマン族は、モンゴル勢力に圧迫されて中央アジアからアナトリア（小アジア）に移動してきた。

5-8-1　オスマン朝の創始者**オスマン一世**（オスマン・ベイ。一二五八～一三二六、在位一二九九～一三二六）は、アナトリア西北部から興り、徐々に支配地域を広げた。オスマン・ベイは、一三世紀にオスマン朝（一二九九～一九二二）を建てた。オスマン朝は、**ビザンツ帝国**（東ローマ帝国。三九五～一四五三）を破り、一四世紀には東ヨーロッパ・バルカン半島のほとんどを支配した。アジア勢力がヨーロッパ地域に侵入したのであった。

5-8-2　第三代スルタン・**ムラト一世**（一三五九～八九）は、ビザンツ帝国の第二の都市エディルネ（アドリアノープル）を取得し、バルカン地域に進出し、一三七一年、ブルガリアを破り、これを臣従国とした。一三八九年にはセルビアを破った。東ヨーロッパのイスラーム教に改宗した封建領主たちは、「**シパーヒー**」（封建騎士）としてオスマン朝に仕えた。シパーヒーは、分与地の徴税権が与えられ、その収入に応じた従士を引き連れて従軍する義務を負った。ムラト一世は一三六二年頃、「**イエニチェリ**」（「新しい兵」の意）を創設した。イエニチェリとは、被征服地のキリスト教徒の子弟をイスラーム教に改宗させて訓練したスルタン直属の奴隷軍団であり、一五世紀に制度化された。のちには、特権集団化し、一八二六年に廃止された。オスマン朝の君主は、ムラト一世から「ベイ」（王）の称号をやめ、「スルタン」と称するようになった。

5-8-3　第四代スルタン・**バヤジット一世**（一三六〇～一四〇三）は一三九六年、ブルガリア北境のニコポリスで十字軍を撃破したが、「**アンカラの戦い**」（一四〇二年）で東方のサマルカンドから来たティムール（一三三六～一四〇五）の二〇万の軍団に敗れ、捕らえられて病死し、以後、一四一三年まで空位時代となった。

5-8-4　メフメト一世（一四〇三～二一）は一四一三年、オスマン朝を再建した。そのあとを継いだムラト二世（一四二一～五一）は東欧諸国と争い、**メフメト二世**（一四五一～八一）はコンスタンティノープル（現イスタンブル）を占領し、これを首都とし、ビザンツ帝国は崩壊した（一四五三年）。ギリシア正教のセント・ソフィア大寺院は、イスラーム教寺院に変わった。イスラームとビザンティンの文化的影響は、イタリアの「**ルネ**

サンス」（一四～一五世紀）を推進することになったと言われる。

ビザンツ帝国の名は、前七世紀の中頃、ボスポラス海峡をへだてたアジア側とヨーロッパ側にまたがって建てられたギリシア人の植民市がビザンティウムと名づけられていたところからの呼称である。その後、三三〇年、ローマ皇帝コンスタンティヌスがローマからここに都を移してコンスタンティノポリス（コンスタンティノープル）と命名し、その後、イスタンブルと改称された。「ポリス」も「プル」も「ブル」も、都市の意である。

5-8-5　第九代スルタン・**セリム一世**（在位一五一二～二〇、約六二五年間）は、一五一四年にサファヴィー朝ペルシア（一五〇二～一七三六）を破り、一五一六年にはシリアを攻略し、一五一七年にはマムルーク朝を滅ぼし、シリア・エジプトを支配し、アラブ人たちはこれ以後、数百年にわたって独立を失った。セリム一世は、アッバース朝最後のカリフから「**カリフ**」（ムハンマドの後継者）の称号を受け継いだ。

5-8-6　第一〇代**スレイマン一世**（一五二〇～六六）のとき、オスマン帝国は空前の繁栄期に入り、アナトリア（小アジア）を中心にメソポタミア・シリア・アラビア半島の一部・エジプト・北アフリカ・バルカン地域を支配する大帝国となった。スレイマン一世は、ハンガリーを破って大部分を支配し、「**第一次ウィーン包囲**」（一五二九年）を行ない、一五三四年、メソポタミアに侵入し、バグダードを併合し、「トルコの脅威」をヨーロッパ諸国に印象づけた。ここまでは、オスマン朝はヨーロッパ諸国に対し、優位を占めていた。首都イスタンブルは、パリの人口が二〇万人であったのに対し、五〇万～七〇万を擁していた。スレイマン一世は、フランスに「**カピチュレーション**」（治外法権）を与えた。これは、のちにトルコを苦しめるものとなった。オスマン朝は、バルカン半島からさらに東欧・北アフリカ・シリア・エジプトに支配を広げてゆき、一五七〇～七一年にはキプロス島も支配し、地中海はトルコの支配下に入った。しかし、「**レパントゥの海戦**」（一五七一年）でローマ教皇とスペインの連合艦隊に敗れた。

5-8-7　メフメト四世（一六四八～八七）は、一五万の大軍で「**第二次ウィーン包囲**」（一六八三年）を行なったが失敗した。セルヴィアのカルロヴィッツで「**カルロヴィッツ条約**」（一六九九年）が結ばれ、オスマン朝の領土の一部を割譲し、支配領域は後退した。

5-8-8　一八世紀、**アフメト三世**（一六七三～一七三六）の治世では、西欧を模した華麗な宮殿などがつくられ、「**チューリップ時代**」と呼ばれる。この時代に、オスマン朝ではじめての印刷所がつくられた。しかし一八世紀以降、ヨーロッパ列強が強大化するのに対し、オスマン・トルコ帝国は弱体化し、両者の力関係は、逆転していった。そこで、オスマン朝は、近代化に向けて改革に取り組んでゆくことになる。

6. イスラーム教の東南アジア・中国地域への浸透

アラブ商人たちは、ふるくからモンスーンを利用して南アジア・中国地域との通商を行なっていた。中国地域の広州には、紀元三〇〇年頃から居住していたが、イスラーム教を東南アジアに伝えたのは「インド」人イスラーム教徒で、彼らは一五世紀（一三世紀説もある）頃、さらに東に進み、マライ半島南部にムラカ（マラッカ）王国を成立させ、スマトラ、ジャワ、カリマンタン、スラウェシ、モルッカ、さらにフィリピンにまで影響力を広げていった。マルコ・ポーロ（一二五四～一三二四）は、一二九二年にはスマトラ島のパサイに立ち寄った。イスラーム教は一四六〇年、ムラカを経て香料主産地のテルナテ島に到達し、スペインが一五七一年にマニラ市を建設する以前に、ジャワ島からさらにフィリピンのミンダナオ島まで進出していった。フィリピン南部地域では、アラビアの暦や法が定着した。イスラーム教は、アラビア半島で成立してからインド地域に到達するのは早かったが、東南アジア地域までには数百年の時間がかかった。

イスラーム教は、中国大陸には内陸部中央アジアからと海上路から浸透していった。現在、中華人民共和国のイスラーム教徒は、新疆ウイグル自治区を中心に二〇三二万人（二〇〇〇年現在）を数える。

第7章　中世・東～中央アジア（一〇～一三世紀）

1．五代十国（九〇七～六〇、約五〇年間）

「五代」とは、「後梁《こうりょう》」の太祖朱全忠（八五二～九一二）が帝位についた九〇七年から宋朝が建てられる九六〇年までの五三年間に中原に興起した五つの王朝（後梁・後唐・後晋・後漢・後周）を指す。五代は、いずれも武人（藩鎮）勢力による専制政治であったので**武断政治**と呼ばれる。同時にこの時期には、周辺および中原以南に一〇国（前蜀・後蜀・呉・南唐・呉越・閩《びん》・荊《けい》南・楚・南漢・北漢）が存在したので、「五代十国」と称する。「民族移動」の時代である。この時期、中国地域には新興地主層・富商が台頭し、産業が発達した。

1-1　後梁《こうりょう》（九〇七～二三、約一六年間）

唐末の黄巣の乱に加わっていた朱全忠は、唐朝に帰服して汴《べん》州節度使となっていたが、唐の天子哀帝に迫って位を譲らせ、後梁朝を開き、大運河と黄河が交差する河南の汴州《べんしゅう》を開封《かいほう》府と改称して都とした。朱全忠は、宦官・高級官僚を一掃し、黄河一帯を支配した。朱全忠は即位後六年で息子に殺され、息子の梁の末帝が即位したが、後梁は二代で後唐に滅ぼされた。

1-2　後唐《こうとう》（九二三～三六、約一三年間。テュルク系沙陀族／突厥）

山西を基盤とするテュルク系沙陀《さだ》族を主力とする晋王李克用は、後梁と対立し、戦火を交えた。李克用は、まもなく死亡し、李存勗《きょく》があとを継いだ。李存勗は、新疆地域の突厥の出身であった。李存勗は、河北に進出して梁の末帝を殺し、後唐の荘宗となり、都を洛陽に移した。荘宗（李存勗）の父・李克用は、唐から李姓を与えられたので、唐朝を継ぐ意味で後唐と称したという。荘宗は、河北三鎮を手中におさめ、黄河流域を支配し、北方のキタイ（契丹《きったん》）と衝突した。荘宗は、蜀国を滅ぼし、五代中最大最強国となった。後唐は、四代で後晋に滅ぼされた。

1-3　後晋《こうしん》（九三六～四六、約一〇年間）

後唐の重臣石敬瑭《とう》は、キタイの援助を受けて後晋朝を建てた。都は、開封に置いた。キタイに臣礼をとり、九三六年、河北・山西の一部にわたる**燕雲十六州**（山西北部から河北北部にかけての地）を割譲し、二代でキタイに滅ぼされた。

1-4　後漢《ごかん》（九四七～九五〇、約三年間。**突厥**）

後晋の節度使・劉知遠は、後漢朝を建て、開封を都としたが、わずか三年で後周に滅ぼされた。劉知遠も突厥出身だった。

1-5　後周《こうしゅう》（九五一～九六〇、約三年間。テュルク系**沙陀族**）

後漢の節度使・郭威は、テュルク系沙陀族で、後周朝を建てた。都は開封。第二代・世宗は、五代一の名君とされ、廃仏を行なって財政を確立し、キタイを破って燕雲十六州の一部を回収したが、三代で宋に滅ぼされた。

2. キタイ（契丹《きったん》）／遼《りょう》（九〇七／一六～一一二五、約二二〇年／二一〇年間。ツングース系／モンゴル系キタイ族）

キタイ　ツングース系／モンゴル系遊牧狩猟民キタイ（中国語名「契丹」）族の神話によれば、中国地域長城の北方、モンゴリア東部のラオ・ムレン川を白馬に乗った神人がくだって来ると、青牛に引かせた車に乗って遼河支流のシラ・ムレン川をくだって来た天女と合流点の木葉山《もくようざん》で出逢い、夫婦となって八人の男子を産んだ。これが、キタイ人の始祖であり、八人の男子はキタイ八部族の長となったという。八部族は、七世紀初め頃、連合組織を形成していった。彼らは、キタイあるいはキタンと呼ばれ、中央アジアおよび西方の人びとは「キタイ」で中国地域を指すようになった。ロシア語でも、「キタイ」は「中国」の意である。キタイはなまって「カタイ」とも言われ、「キャセイ」とも発音された（島田正郎）。

耶律阿保機《やりつあぼき》（太祖。八七二～九二六、在位九一六～二六）　キタイ族の耶律阿保機は九〇七年、八部族からなる氏族連合の可汗となってキタイ族を統一した。「耶律」とは、シラ・ムレン川という地名を表わすとの説がある。阿保機は九一六年、「天皇帝」に即位し、キタイ（契丹）王朝を建て、のちに遼の太祖と呼ばれた。そこで、キタイ王朝成立について、「九〇七年」説と「九一六年」説とがあるわけである。

　キタイ語は、モンゴル語・朝鮮語・日本語と同じくアルタイ語系に属し、漢語（中国語）とは系統が異なる。阿保機は九二〇年、大字に漢字、小字にウイグル文字を母体とする「**キタイ（契丹）文字**」をつくったが、まだ解読されていない。キタイは、仏教を奨励した。阿保機は、西の突厥《とっけつ》・タングート・ウイグルを攻め、マンジュ（満州）地域の渤海《ぼっかい》国を滅ぼし（九二六年）、旧渤海の地に「**東丹国**」を建て、長男の倍（八九九～九三六）を東丹王にした。「東丹国」とは、「東の契丹」の意であろう。阿保機の死後、あとを継いだ次男の堯骨《ぎょうこつ》（太宗、九〇一～四七）は、渤海国の遺民を遼東に移住させて遼東地域開発に当たらせ、東丹国は事実上、消滅した。九三六年には五代・後晋《こうしん》の石敬瑭《とう》を援助した見返りとして中国地域長城南部の燕雲十六州を手中に収めた。堯骨は、九四七年に国号を「遼」と改めたが、聖宗は九八三年に再び「キタイ（契丹）」と改称し、一〇六六年、さらに「遼」にもどした。「遼」は、中国地域長城北方の「遼河」からとられたと考えられている。太宗堯骨は、汴京《べんけい》（現・河南省開封）から本拠地にもどる途中に急死し、遺体の腹に塩をつめて運ばれた。

キタイは、「**五京の制度**」により統治地域を五つに区分し、それぞれに中心都市（京）を置き、遊牧民を支配する北面官制と農耕民を支配する南面官制という「二重（二元）統治体制」を敷いた。日本は三回、キタイに「来貢」したという（九二五、一〇九一、一〇九二）。キタイ（契丹）／遼は、金王朝によって滅ぼされた。

3. **カラ・キタイ**（中国語名「黒契丹」、「**西遼**」。一一三二～一二一一、三代、約八〇年間、キタイ族）・**ナイマン**

キタイ族・阿保機《あぼき》の八世の孫・**耶律大石**《やりつたいせき》（?～一一四三）は一一二四年、中央アジアに移動し、テュルク系ウイグル人イスラーム王朝のカラ・ハン朝を倒して「カラ・キタイ」を建国した。「カラ」は、「黒」の意である。カラ・キタイは、都は、ベラサグン（フス・オルダ）に置かれ、東西トルキスタンを支配した。カラ・キタイは、ナイマン部に滅ぼされた。

ナイマン部は、一〇世紀から一三世紀にかけてモンゴル高原西部にいたテュルク系遊牧民で、一二〇四年にチンギス・ハンに征服されると、中央アジアに逃れてカラ・キタイ（西遼）を滅ぼしたが、一二一八年、チンギス・ハンのモンゴル軍に滅ぼされた。

4. **高麗**《こうらい》（コリョ。九一八～一三九二、約四七五年間）

朝鮮半島の新羅《しらぎ》では、全国に反乱が頻発し、新羅の部将であった王建（ワンゴン、八七七～九四三）は九一八年、高麗《こうらい》を建て、九三五年、最後の新羅王を退位させた。高麗は、開城《ケソン》を都とした。高麗は、唐・新羅の律令制を導入し、**三省**・**六曹**を設置した。「三省」とは、一般事務を取り扱う内議の中書省、人事担当の門下省、行政担当の尚書省であり、「六曹」とは、文官人事担当の吏曹、軍事担当の兵曹、租税担当の戸曹、刑罰担当の刑曹、儀典担当の礼曹、工事担当の工曹である。高麗は、隋・唐の制度にならって九五八年、**科挙**制度を導入した。その後、官吏志願者は九九二年に設置された**国子監**で学んでから、科挙の試験を受けなければならないことになった。高麗は九九五年、一〇道を設置した。人口は、二一〇万人に増加していた。

両班《ヤンバン》　高麗は、仏教を国教とし、骨品制は崩壊した。行政機構の運営は、約一万七〇〇〇名の両班が担った。「両班」とは、高麗・朝鮮王朝時代の特権的官僚で、兵役・賦役などが免除された。**東人**（トンイン、文班ムンバン）と**西人**（ソイン、武班ムバン）の二班に分かれ、それぞれ九階級に分けられた。文班と武班は一一七〇年以来、対立を深めた。両班は、次の朝鮮王朝（李氏朝鮮）にも引き継がれた。貴族を除く一六～六〇歳の男子は、すべて兵役義務があり、高麗がキタイと戦ったときの兵力は、三〇万人だった。貴族・僧侶以外は、**庶人**と**賤人**に分けられ、庶人は下級役人になることができ、賤人は職人・商人・農夫・農奴・奴婢《ぬひ》・芸人などであった。奴婢は、売買され、馬一頭が奴婢一～二名にあたった。土地は、国有だった。高麗は、コリア *Korea* という呼称の源になったと見られる。

　キタイ（遼）は九九三年、高麗に対し第一回侵入を行なったが、高麗はこれを撃退し、続く第二回目の侵入も撃退した。一〇一八年、第三回目の侵入を受け、高麗は翌年、キタイに西北国境地域を割譲した。

モンゴルの高麗侵略（一二三一～一三六八。約一三七年間）　モンゴル帝国（一二〇六～七一）は、朝鮮地域に侵入し、モンゴル軍は一二一六年、鴨緑江《おうりょくこう》（アムノクカン）に接近した。オゴタイ・ハンのモンゴル軍は一二三一年、開城《ケソン》を襲撃し、朝鮮東北部に侵入した。高麗王宮は一二三二年、江華島（カンファド）に避難した。オゴタイ・ハンの後継者マング・ハンは一二五三年、朝鮮侵略を進めた。

　宋朝を滅ぼして成立したモンゴル**元朝**（一二七一～一三六八）は一二八〇年、征東行省を設置し、高麗はその支配下に置かれた。元の世祖フビライ・ハンは、「**第一次日本遠征**」（一二七四年）を行なったが失敗し、一〇万のモンゴル人・漢人・高麗兵を動員して「**第二次日本遠征**」（一二八一年）を行なったが、やはり失敗した。元寇と呼ばれる。これに参加した高麗兵・水夫約二万七〇〇〇名のうち朝鮮に帰れたのは二万名弱だった。

モンゴル元が滅亡（一三六八年）すると、続いて中国地域に成立した明朝は、元が支配していた地域を継承支配する意思を示した。高麗はこれに対し、李成桂（イ・ソンゲ）将軍を指揮官とする遠征軍を派遣した。李成桂は、日本の南北朝時代（一三三六〜九二）の倭《わ》寇の侵入を撃退する実績をあげていた。

高麗文化　高麗時代には、一〇世紀に**郷歌**（ヒョンガ）と呼ばれる詩がつくられるようになった。代表的詩人に、均如（キュンヨ、九二三〜九七三？）がいる。また、中国地域の宋磁に学んだ**高麗青磁**が独自の発展を遂げた。**仮面舞踏**も発展した。また、一二五一年には仏教の『**大蔵経**』が木版印刷された。高麗では一三六四年頃、モンゴル元に使わされた使者が中国地域から**綿花**の種子を持ち帰り、その栽培が始まり、衣服はそれまでの粗絹・麻から変化したとされるが、遅すぎるのではないかという点が腑に落ちない。高麗王朝最後の恭譲（コンヤン）王（一三八九〜九二）のとき、一三九二年に設置された書籍院は**金属活字**（材質不詳）をつくった。

5. **大理国**（九三七〜一二五四、約三二〇年間、白族《ペー》）

中国語呼称「白蛮族」（現在、「白族《ペー》」と呼ばれる）の段思平は、雲南に大理国を建てた。唐代の「南詔国」の後身で、仏教を重んじ、宋朝に入貢していた。権臣が一時、王位を簒奪して「大中国」（一〇九四〜九六）と号したが、段氏は権力を回復して「後理国」と称した。のち、モンゴルのフビライ・ハンに滅ぼされた。

6. **宋**（北宋・南宋計約三二〇年間。北方遊牧民？）

6-1 **北宋**（九代、九六〇〜一一二七、約一六五年間）

五代十国ののち、テュルク系**沙陀族**の王朝・**後周**の武将であった**趙匡胤**《ちょうきょういん》（九二七〜九七六、在位九六〇〜九七六）は、宋朝を建てた。彼らは、遊牧民の子孫だったが、われこそは中華の「**漢人**」であるとし、それが「**中華**」意識の起源となったとする説がある。都は、北宋は**汴梁**《べんりょう》（現・河南省開封）に置かれた。宋朝は、藩鎮（武人）を抑え、「**禁軍**」を強化した。禁軍とは、本来、皇帝の衛兵のことであるが、宋代では国軍のことで、首都周辺に駐屯した。宋朝は、文治主義を採用して官僚制を整備し、皇帝独裁を強化したが、北方の遼・西夏・金などとの軍事抗争が激化し、財政難に陥った。北宋は、世界最初の紙幣である「**交子**《こうし》」を発行した。

新法　第六代皇帝神宗（一〇四八～八五）は、一〇七〇年に**王安石**（一〇二一～八六）を宰相に起用し、財政立て直しをはかった。王安石の新法とは、各地の特産物を政府が買い付け、不足地で売却する**均輸法**、差役《さえき》（労役）を免除する代わりに免役銭を徴収し、それを使って差役を募集する**募役法**、小農民に貸し付けを行なう**青**《せい》**苗**《びょう》**法**、兵農一致で民戸一〇家を保、五〇家を大保、五〇〇家を都保とし、農閑期に軍事訓練を施す**保甲法**、馬を平時に農耕に用い、戦時に軍馬とする**保馬法**、中小商人を保護する**市易法**《しえき》などである。**司馬光**（一〇一九～八六）ら旧法党は、新法に反対した。司馬光は一〇八四年、編年体で戦国時代から五代末までの通史、『**資治通鑑**《しじつがん》』を編纂した。

宋代科挙　科挙は、宋代に完成され、州で行なわれる州試（解試）、礼部が京師《けいし》（首都）で行なう省試、天子がみずから行なう**殿試**という三段階試験制度となった。天子による試験は、皇帝の人事権を強化するものとなった。殿試は宋代にはじまり、清代まで引き継がれた。科挙の秀才科・明経科は、進士科に一本化されて文科と称し、合格者は進士と呼ばれた。試験内容も詩文・経学・論文を含むものになっていった。

「**靖康**《せいこう》**の変**」（一一二六～二七）　第九代欽宗《きんそう》（一一〇〇～六一、在位一一二五～二七）は、金軍が開封を攻撃したときに即位し、一時、金と和した。しかし、宋と同盟して遼を滅ぼした金は、宋の違約を責め、一一二六年に汴梁《べんりょう》（現・開封）を占領し、欽宗は一一二七年、捕虜になり、金の地で病没した。これを「靖康の変」という。これにより、北宋は滅んだ。

宋学　宋代に成立した儒学を宋学という。**周敦頤**《しゅうとんい》（一〇一七〜七三）は、儒教に道家思想と仏教哲学（禅宗）を導入し、易《えき》と中庸に基づく道徳論を述べ、『太極図説』を著して宋学の祖とされた。**程顥**《こう》（一〇三二〜八五）・**程頤**《い》（一〇三三〜一一〇七）兄弟は「二**程**」と呼ばれ、「理」（宇宙の根本原理）を人間本来の心性でとらえること、理・「気」（物質を形成する原理）一致の二元論を唱えた。

宋朝の**木版書籍**は、現存する最古のものである。宋の太祖は、『大蔵経』（『一切経』。経〈シャカの教え〉・律〈生活規範〉・論〈経の解釈〉の「三蔵」などを集大成）を木版で印刷させ、成都で刊行させた。木版印刷が普及すると、畢昇《ひっしょう》（？〜一〇五一？）によって**活字印刷**が開始された。粘土を固めたものに字を刻んで活字をつくるという方法だった。金属製活字は一三世紀半ば頃、発明された。ヨーロッパのグーテンベルク（一四〇〇頃〜六八）の活版印刷は、一四五〇年頃なので、約二世紀早い。磁石の指極性は戦国時代末には知られていたと言われるが、南宋時代の一一世紀後半には磁針（**羅針盤**）が航海に用いられた。アラビア・ヨーロッパでは、一三世紀に使用が開始された。**火薬**は、唐代にはじめてつくられたというが、実用は南宋に始まった。南宋軍は一一六一年、金軍との戦闘で「霹靂《へきれき》砲」という兵器を使用し、大音をたてて爆発する火薬を撃ちこんだと言われる。一三世紀にモンゴル軍がこれを使用し、アラビア人を経て一四世紀にヨーロッパに伝えられた。

唐宋八大家　名文家として唐宋八大家の名があげられるが、唐代は韓愈・柳宗元の二人で、ほかの六人（欧陽脩《しゅう》・蘇洵《じゅん》・蘇軾《しょく》・蘇轍《てつ》・曾鞏《そうきょう》・王安石）はすべて宋代の人である。**欧陽脩**《おうようしゅう》（一〇〇七〜一〇七二）は、古文復興を唱え、『新唐書』『新五代史』を編纂した。『新唐書』には、「日本」についての記載がある。**蘇軾**《そしょく》（**東坡**《とうば》、一〇三六〜一一〇一）は、蘇洵《じゅん》の子で、北宋第一の詩人とされ、三国時代の「赤壁《せきへき》の戦い」に題材をとった「赤壁の賦《ふ》」で知られる。**蘇洵**《じゅん》（一〇〇九〜六六）は、子の蘇軾《しょく》・蘇轍《てつ》とともに「三蘇」と呼ばれる。蘇軾《しょく》の弟、**蘇轍**《てつ》

（一〇三九〜一一一二）は、王安石の新法に反対した。**曾鞏**《そうきょう》（一〇〇九〜六六）も、新法に反対した。『**唐宋八家文読本**』は、清の沈徳潜《しんとくせん》の作である。**黄庭堅**《こうていけん》（山谷、一〇四五〜一一〇五）は、「換骨奪胎」「点綴《てんてつ》成金」という手法を用いて作詩し、その出身地によって「江西詩派」と呼ばれた。幽蘭居士《ゆうらんこじ》（孟元老）の『**東京夢華録**《とうけいむかろく》』は、北宋の都・汴京《べんけい》（現・河南省開封）の地理、宮中・民間の行事・市民の生活、風習・風俗などを記録し、汴京の繁栄を描いている。絵画としては、張択端の工筆画「**清明上河図**《せいめいじょうがず》」がある。

演劇の誕生　都・汴京には、瓦子《がし》（盛り場）が数カ所あり、そこには大きいものでは数千人を収容できる勾欄《こうらん》（演芸場）があって**雑劇**と呼ばれる演劇が上演された。

6-2　南宋（一一二七〜一二七九、九代、約一五〇年間）

南宋の金への服属　「靖康《せいこう》の変」で江南に逃れた宋の高宗（一一〇七〜八七）は一一三八年、都を港市・臨安（現・浙江省杭州）に置いた。主戦派の**岳飛**（一一〇三〜四一）は、和平派の宰相・**秦檜**《しんかい》（一〇九〇〜一一五五）に捕らえられて獄死し、のちに「民族英雄」とされたが、いささか単純な評価であろう。秦檜は一一四二年、金に臣下の礼をとり、淮河《わいが》を境界とし、毎年、歳貢《さいこう》（銀二五万両、絹二五万匹）を贈る和約を取り結んだ。

この時代、北方諸民族の南下、「民族移動」によって長江北方の地を奪われ、長江南方に移動した漢族の間に、漢族の文化を上位に置き、周辺諸民族を蔑視する「**華夷**《かい》」の別、「華夷」意識が強まったとされる。つまり、他民族集団に対する優越意識としての「華夷」意識は、かならずしも常時存在していたわけではなく、それまではとくに上下意識のない自己と異なる「民族」集団との区別意識が、一定の歴史的条件のもとで優越意識、上下意識に転化する時期があったのだと考えられる。

江南の開発によって、**形勢戸**（新興地主層）が台頭し、経済的に発展を遂げた。**佃戸**《でんこ》（小作人）は、収穫の約半分を地代として地主に納入した。南宋の紙幣は、「**会子**《かいし》」と呼ばれた。南宋は、モンゴル元のフビライによって滅ぼされた。長江（揚子江）の北部を金・元が支配し、南部を南宋が支配していた時期は、南北朝時代、五代十国などに続く中国地域の「民族移動」の時代と言ってよい。

宋代には、飲茶が普及し、それにつれて定窯《よう》・景徳鎮《けいとくちん》などで窯業が発達し、青磁・白磁・天目などの**宋磁**が生産され、海外にも輸出された。

マルコ・ポーロ（一二五四～一三二四）は、『世界の記述』（日本語訳題『東方見聞録』）で臨安をキンザイ、泉州をザイトン、広州をカンフーと呼び、西方に伝えた。南宋時代、港市の泉州は、人口五〇万人を数えた。同じく港市の明州《めいしゅう》（明代以降、寧波《ニンポー》）は、日本や南海（東南アジア）との交易で繁栄した。

朱子学　**朱熹**《しゅき》（**朱子**。一一三〇～一二〇〇）は、四書（『大学』『中庸』『論語』『孟子』）を儒学の根本教典として**『四書集注《しっちゅう》』**を編纂し、周敦頤《しゅうとんい》以下の説を総合して**格物致知**《かくぶつちち》（物事の道理の究明）・**理気**《りき》**二元論**・**性即理**《せいそくり》**説**・**大義名分論**（君臣関係論）などを説いた。これは、朱子学または「**宋学**」と呼ばれた。「集注」とは、「注を集めたもの」ということである。儒学は宗教化され、全国に仏廟・道観のほかに、孔廟がつくられ、「**三綱五常**」（君臣・父子・夫妻関係で前者を綱《もとづな》とし、仁・義・礼・智・信を「五常」とする）が力説された。宋以後、三〇歳以下の女性は再婚は許されず、**貞節廟**が建てられた。『四書集注』は、鎌倉時代以降に日本に輸入され、江戸（徳川）時代の近世儒教の正統とされた。

仏教　宋代には、民衆の間に**浄土宗**が広がり、**念仏結社**ができた。また、禅と念仏を合わせた**念仏禅**が盛んとなった。

陸游《りくゆう》（一一二五～一二〇九）は、金に対する徹底抗戦を主張した。彼は、「柳暗花明又《また》一村」という名文句で知られる七言律詩「山西の村に遊ぶ」を著した。宰相・**文天祥**は、宋が滅びるとき、国に殉ずる決意を「正気《せいき》の歌」に歌った。

7. 西夏（一〇三八～一二二七年、約一九〇年間、タングート族）

モンゴル南部オルドス砂漠西部・寧夏《ねいか》の遊牧民、タングート（党項）族は、従来、チベット系とされてきたが、チベット語族ではなくロロ・モソなどと同系統とする説が唱えられているものの、タングート族のロロ語もチベット・ビルマ語族とする説もある。**李元昊**《こう》は一〇三八年、皇帝を称し、国名を「大夏」（中国語名「西夏」。紀元前二世紀アフガニスタン北部トハラ族のトハラ〈中国語名「大夏」〉と異なる）と号し、興慶府《こうけいふ》（現・銀川市）を都とし、宋朝と争った。東西交通の要衝にあり、中継貿易で栄えた。李元昊は、漢字に似た「**西夏文字**」をつくらせた。約六〇〇〇文字あり、ほぼ解読されている。西夏は、モンゴルのチンギス・ハンによって滅ぼされた。

8. 金朝（一一一五～一二三四、約一二〇年間、ツングース系ジュシェン族）

中国地域長城の北方・旧渤海《ぼっかい》の遊牧民は、キタイ（契丹《きったん》）が旧渤海地域に対する支配を放棄した頃から**ジュシェン**（**ジュルチン**、中国語名「**女真**《じょしん》」あるいはジュルチ、中国語名「女直」）族と呼ばれるようになった。ジュシェン（女真）族は、高麗を脅かし、高麗は一一二六年、東北部の一部を割譲した。一一世紀になると、ジュシェン族の一部族・**ワンヤン**（**完顔**）部が強力となり、**ワンヤン・アクダ**（中国語表記「**完顔阿骨打**」、太祖。在位一一一五～二三）が部族の長となって一一一五年にジュシェン族を統一し、皇帝と称して「金」王朝を建てた。金はその後、遼と戦って領土を広げ、宋朝と連合して遼を滅ぼし、さらに宋を攻めて長江以北を支配した。北方民族の中国地域北部への「民族移動」が行なわれたのである。都は、はじめは遼の都・上京会寧府《じょうけいかいねいふ》に置かれた。金は、北宋も滅ぼして南下し、一一五三年に燕京《えんけい》（現・北京）を「中都」と改称し、一二一四年まで首都とした。その後、都を汴梁《べんりょう》（現・河南省開封）に移し、ここを「南京」と称した。金は、伝統的部族制度を維持し、約三〇〇戸を単位として謀克《ぼうこく》とし、一〇謀克《ぼうこく》を猛安《もうあん》とする軍事・行政制度をとった。金朝は、「**交鈔**《こうしょう》」という紙幣を発行し、これはモンゴル元朝に受け継がれた。宋朝は、長江以南に移動し、南宋となった。その後、金朝はオゴタイ・ハン（一一八六〜一二四一）のモンゴルに滅ぼされ、モンゴル人が長江以北地域に移動してきた。

金の文化　金王朝は、北京郊外に**盧溝橋**《ろこうきょう》をつくった。元代にイタリアのマルコ・ポーロが訪れ、これをヨーロッパに紹介したので、ヨーロッパでは**マルコ・ポーロ橋**の名で知られる。金王朝は、漢字と契丹文字をもととして「**女真文字**《ジュシエン》」をつくった。これは現在、かなり解読されている。道士・**王重陽**（一一一三〜七〇）は、儒教・仏教を取り入れた**全真教**という道教の一派を開いた。詩人・**元好問**《げんこうもん》（遺山、一一九〇〜一二五七）は、金代詩のアンソロジー『中州集』を編纂した。金朝では、北宋の雑劇と同様の「**院本**」と呼ばれる演劇が盛んであった。

第８章　中世・北〜南アジア（一三〜一九世紀）

１．モンゴル帝国（一二〇六〜七一、約六五年間。モンゴル族）

モンゴル高原（モンゴリア）およびその周辺には、アルタイ語系の遊牧民モンゴル族が居住していた。彼らは、「蒼き狼」を父とし、「白き鹿」を母として生まれた人の子孫と信じていた。使用言語は、アルタイ語族のモンゴル語である。

1-1　チンギス・ハン（中国語名「成吉思汗」、*Chinggis Khan* 太祖。一一六二頃〜一二二七）

モンゴル（中国語名「蒙古」）の一部族長の息子**テムジン**（「最良の鉄でできた人」の意。一一六二頃〜一二二七）は、一二〇六年、モンゴル諸部族を統一し、西方のテュルク系遊牧民**ナイマン**部（一〇〜一三世紀）のタヤン・ハンを倒し、大モンゴル国が建国され、重要事項の合議・決定機関**クリルタイ**（クリルタ、集会）でハンに推され、チンギス・ハンと号した。「**ハン**」（中国語表記「汗」、*khan*）とは、柔然《じゅうぜん》（ツェツェン）以降のカガン（ハガン、カカン、可汗、*khagan*）の変化型で、突厥《とっけつ》・ウイグル・モンゴルにおける「君主」の意である。

チンギス・ハンは、従来の氏族制を廃止し、**千戸制**を敷き、全国の遊牧民を九五の千戸集団に編成し、さらに百戸・十戸に分けた。長征軍は、すべて騎兵であった。チンギス・ハンは、金・西夏を攻め、一二一四年、金朝を降伏させ、一二一九年、セルジューク朝のトルコ人奴隷出身者が建てたイスラーム教のホラズム（フワーリズム、一〇七七〜一二三一）を攻め、一二二七年、西夏を滅ぼした。モンゴル軍は、さらに東ヨーロッパにまで遠征した。モンゴル帝国は、太平洋沿岸からロシアにかけて空前の大帝国を築きあげた。その成功の理由としては、組織力と騎馬軍団・鉄製武器の使用があげられる。チンギス・ハンは、捕虜のウイグル人からウイグル文字を知り、それを利用して「**モンゴル文字**」をつくった。

キタイ（契丹）人・**耶律楚材**《やりつそざい》（一一九〇〜一二四四）は、遼の東丹国（九二六〜二八）の王の孫で、学問に長じ、金朝のとき、進士に合格し、その後、チンギス・ハンに仕え、重用された。

1-2　オゴタイ・ハン（オゴデイ、太宗。第二代。一一八六〜一二四一、在位一一八六〜一二四一）

チンギス・ハン死後、第三子オゴタイ・ハンが、帝位を継ぎ、都を現モンゴル中央部のカラコルム（中国語名「和林」）に置き、駅伝制を整備し、人口調査・税制の整備を行なった。オゴタイ・ハンのモンゴル軍は一二三四年、金朝を滅ぼし、さらにチンギス・ハンの長子ジュチの子バトゥ（一二〇七〜五五）に西征（ヨーロッパ遠征）を行なわせた。バトゥはロシア・ポーランド・ハンガリーに侵入したが、一二四一年、オゴタイ・ハンが亡くなったため、ヨーロッパから軍を引き揚げた。

1-3　モンケ・ハン（憲宗。第四代。一二〇八〜五九、在位一二五一〜五九）

オゴタイ・ハンの死後、チンギス・ハンの末子トゥルイの長子で第四代皇帝モンケ・ハンは、弟フビライを四川から雲南に向かわせた。フビライは一二五四年、大理国を降伏させ、一二五七年、ベトナムの首都大羅城を占領した。西方では、チンギス・ハンの末子トゥルイの第三子**フラグ**（一二一八〜六五）は、バグダード・シリア・アラビアを服属させた。一三世紀にメソポタミアまで進出したモンゴル勢力は、灌漑網を破壊し、以後、メソポタミアは砂漠化したという。

1-4　フビライ・ハン（世祖《せいそ》。第五代。一二一五〜九四、在位一二六〇〜九四）

モンケ・ハンが一二五九年に死亡すると、第五代皇帝フビライ・ハンがそのあとを継ぎ、一二六四年に**大都**（現・北京）を都とし、七年後の一二七一年に元朝を建てた。モンゴル帝国は一二七一年には、元と諸ハン国（オゴタイ・ハン国、チャガタイ・ハン国、キプチャク・ハン国、イル・ハン国）に分立したとされてきた。元朝成立以前までを「モンゴル帝国」と呼び、モンゴル帝国によってもたらされたユーラシア大陸の安定は、「タタールの平和」と呼ばれる。

2. モンゴル諸ハン国・モンゴル元朝

2-1　中央アジア地域／オゴタイ・ハン国（一二二五頃〜一三一〇、約八五年間。モンゴル族）

従来説によれば、チンギス・ハンの第三子でモンゴル帝国第二代皇帝オゴタイとその子孫たちは、中央アジア・ジュンガリア地方の**エミール**（現・新疆ウイグル自治区北西部）を都として「オゴタイ・ハン国」を建てたとされてきたが、現在ではオゴタイの死後、モンケの取り締まりでオゴタイ家は解体され、オゴタイ・ハン国は存在しなかったとする説が有力視されている。

従来説によれば、第四代ハイドゥ（?〜一三〇一）は、元朝のフビライ・ハン（一二一五〜九四、在位一二六〇〜九四）の即位に反対し、キプチャク・チャガタイ両ハン国と連合して**ハイドゥの乱**（一二六六〜一三〇一、約三五年間）を起こし、元朝と争って四ハン国のうち、もっとも早く滅亡し、チャガタイ・ハン国に併合されたとされる。

2-2　中央アジア地域／チャガタイ・ハン国（一二二七〜一四世紀中頃、約一二〇余年間。モンゴル族）

チャガタイは、**アルマリク**（現・新疆ウイグル自治区クルジャ付近か）を都とし、イリ川からシル川にかけてチャガタイ・ハン（汗）国を建て、一四世紀にイスラーム化した。内乱がひどく、一四世紀中頃、東西に分裂し、西チャガタイ・ハン国からティムールが出た。ティムール軍は、ムスリム（イスラーム教徒）だった。

2-3　南ロシア地域／キプチャク・ハン国（一二四三〜一五〇二、約二六〇年間。モンゴル族）

バトゥは、西征の帰途、南ロシアにキプチャク・ハン国を建て、南ロシアのボルガ河流域のサライを都としてモンゴル王朝キプチャク・ハン（汗）国を建てた。一四世紀前半に、**ウズベク・ハン**（在位一三一三〜四〇）はイスラーム教徒となり、マムルーク朝・ビザンツ帝国と友好関係を打ちたてた。キプチャク・ハン国は、モンゴル四ハン国の中でもっとも長命だったが、その後、アストラ・ハン国とクリム・ハン国に分裂した。

2-4　西南アジア地域／イル・ハン国（一二五八〜一三五三、約九五年間。モンゴル族）

チンギス・ハンの末子トゥルイの第三子**フラグ**（一二一八〜六五）は、アッバース朝を滅ぼし、ペルシアを中心としてモンゴル王朝イル・ハン（汗）国を建て、タブリーズ（現アゼルバイジャン）、スルターニーヤを都とした。第七代ガザン・ハン（在位一二九五〜一三〇四）は、イスラーム教に改宗して国教とした。モンゴル元および諸ハン国の中でイスラーム化したのは、イル・ハン国がもっとも早かった（キプチャク・ハン国がもっとも早かったとするものがあるが、誤り）。イル・ハン（汗）国は、四ハン国のうち、二番目に滅んだ。

2-5　中国地域／モンゴル元朝（一二七一〜一三六八、約九七年間。モンゴル族）

フビライは、朝鮮半島の高麗（一二五九年）・ミャンマーのパガン朝（一三世紀末）を服属させ、一二七九年には南宋を滅ぼして中国地域全体と東南アジアの一部を支配した。フビライに仕えたペルシア人は回回砲という投石機を制作し、南宋攻略に使用した。しかしフビライは、日本（一二七四、一二八一）・ベトナム（陳朝）・ジャワ（シンガサリ朝）遠征には失敗した。日本は、鎌倉時代（一一九二〜一三三三）であった。

モンゴル元は、「大元」と称した。これは、『易《えき》経』の「大なる哉《かな》、乾元《けんげん》」という言葉からとられている。モンゴル人第一主義をとり、その下に「色目人・漢人・南人」を位置づけた。色目人とは西域《さいいき》人であり、漢人とはいわゆる「漢人」ではなく、淮河《わいが》以北の旧金朝統治下の漢人・キタイ（契丹《きったん》）人・ジュシェン（女真）人・高麗人・渤海《ぼっかい》人であり、南人とは江南の旧南宋支配下の住民であった。漢人の社会階層は一〇等位に分けられ、読書人（儒者）は第九位に位置づけられた。最下位の第一〇位は「丐《かい》」（乞食）だった。中央・地方の長官はモンゴル人とし、財政事務には主として色目人をあてた。駅伝制（ジャムチ、中国語名「站赤」）、運河などの交通制度、郷村制度を整え、貨幣制度としては**馬蹄銀**・交鈔などが用いられた。馬蹄銀は元・明・清で使用された。さらに、「**パスパ（パクパ）文字**」が制定された。元は、科挙を一時廃止したが、一三一三年には復活させた。元代には、朱子学が儒教の正統の地位を占め、元以降、朱子学が官吏登用試験の基準とされた。元朝は、地方行政組織として「行中書省」（「行省」・「省」）を設け、中国地域の後続王朝もこれを引き継いだ。

郭《かく》守敬（一二三一〜一三一六）は、イスラーム天文学を参考として、一二八〇年、天文観測によって一年を三六五・二四二五日とする陰陽暦の**授時暦**をつくり、明の大統暦や日本の江戸時代の貞享暦《じょうきょうれき》に影響を与えた。**貞享暦**は、江戸時代の初代天文方《てんもんがた》・渋川春海《しぶかわしゅんかい》（一六三九〜一七一五）が授時暦を基礎として作成した暦で、一六八五年に採用され、一八四二年の修正を経て一八七二年（明治五年）まで使用された。

イタリアのヴェネツィア出身の商人で旅行家の**マルコ・ポーロ**（一二五四〜一三二四）は、フビライに一七年間仕えた。そのほか、モロッコ人でイスラーム教徒の旅行家**イブン・バットゥータ**（一三〇四〜六八／六九／七七）などが来訪し、その見聞が西方に伝えられた。

モンゴル元朝は、チベット仏教（ラマ教）を信仰したが、キリスト教も優遇して大都（現・北京）に教会を建てさせ、またイスラーム教も流布した。元末には、弥勒仏《みろくぶつ》が現れて民衆を救うという弥勒下生《げしょう》信仰から生まれた宗教結社の白蓮教《びゃくれんきょう》が「**紅巾の乱**」を起こし、元朝は統治能力を失い、モンゴル諸ハン国の中のイル・ハン国に続いて滅んだ。

曾先之《そうせんし》は、一七史（『史記』『漢書』『後漢書』『三国志』『晋書』『宋書』『南斉書』『梁書』『陳書』『北魏書』『北斉書』『周書』『南史』『北史』『隋書』『新唐書』『新五代史』）に『宋史』を加えた一八史から抜粋して『**十八史略**』をつくり、初学者の読本とした。しかし、中国地域ではほとんど知られず、日本では広く親しまれた。

元曲（雑劇）は、宋代に始まり元代に完成された演劇で、四折《せつ》（幕）の短編オペラであり、文学性・演劇性・音楽性を備えている。歌舞伎と異なり幕はなく、舞台装置・道具立てもない。折は、同一音階の小曲（曲牌）を十数曲連ねた一組の歌で構成され、宮調は九種類だった。大都を中心とする北曲と江南の南曲とに分かれた。清朝後期に成立した京劇・越劇などの原型である。役者は、「末《ばつ》（男役）・旦《たん》（女役）・浄《じょう》（敵役）・丑《ちゅう》（道化役）」からなり、演技は様式化されていた。脚本の書き手は、社会階層第九位とされる読書人で、「元曲四大家」として『西廂記』の王実甫・『漢宮秋』の馬致遠、そして関漢卿・白実甫らがいる。

3. 中央〜西南アジア・西北インド地域／ティムール朝（一三七〇〜一五〇七、約一三五年間。モンゴル系）

デリー諸王朝は、北方をモンゴル勢力に脅かされ続け、テュルク人に代わってモンゴル人がインド地域に侵入してゆく。チンギス・ハン（一一六二頃〜一二二七）はみずからインダス河畔まで兵を進めた。モンゴルのバルラス族出身の**ティムール**（一三七〇〜一四〇五）は一三七〇年、中央アジア・ソグディアナのオアシス都市サマルカンドを都としてティムール朝（イスラーム王朝）を建て、東西チャガタイ・ハン国を併合し、さらにイル・ハン国も併合し、キプチャク・ハン国もくだした。一三九八年、インド遠征に乗り出し、同年、デリーに入城し、西北インドを領有し、西南アジアの大半を支配した。ティムールは、さらにガンジス河上流域も支配し、**「アンカラの戦い」**（一四〇二年）でオスマン帝国軍を攻撃し、追いつめた。しかし、四代目のウルグ・ベク（一三九四〜一四四九）のとき、衰退していった。（「ティムールが病死すると、大帝国は瓦解した」説は誤り）。

4. 東アジア地域／明《みん》朝（一七代。一三六八〜一六四四、約二七五年間。漢族）

朱元璋《しょう》（洪武帝・太祖。一三二八〜九八、在位一三六八〜九八）　乞食僧出身の朱元璋は、モンゴル元朝に対する紅巾の乱の中から台頭して反乱軍の主導権を握り、一三六八年、金陵で即位し、明朝を建てた。明という王朝名は、「朱明」（「夏王朝」の異名、あるいは「太陽」の意）からとられたと見られる。朱元璋の兵の多数が「明教」（ゾロアスター教）教徒であったためだという説もあるが、誤りだろう。都は、金陵に置き、「京師《けいし》」

朱元璋

と呼び、モンゴル元朝の都であった大都は「北京《ペキン》」と名づけられた。
六部《りくぶ》　明朝は、唐朝の制度であった「吏部（官吏を司る）・戸部（内務・財政担当）・礼部（儀礼・祭祀・科挙・学校担当）・兵部（軍事担当）・刑部（司法担当）・工部（土木治水担当）」の六部《りくぶ》を置き、中書省は一三八〇年に廃止し、その職掌は皇帝直属とした。都の治安担当は、九門提督であった。「**九門**」とは内城の門が九つだったことに由来する。

行政・司法・軍事　朱元璋は、皇帝独裁体制を敷き、左丞相・胡惟庸《こいよう》の謀反事件が起こったのちは宰相は置かず、一四〇二年に大学士を置いた。大学士は閣内で執務し、以後の「**内閣**」という呼称の由来となった。行政は、順天府尹《いん》の担当であった。天を祭る天壇・地を祭る地壇・太陽を祭る日壇・月を祭る月壇・豊作を祈る先農壇・衣のための蚕壇《さんだん》および風の廟・雷の廟・雨の廟が設けられた。皇帝は、祭祀用の穀物を作る籍田をみずから耕した。皇帝一代に一元号をあてる制度（**一世一元**）は、明朝から始められ、皇帝を元号で呼ぶこともここから起こった。洪武帝は一三六八年、唐律・唐令に習い**明律**（刑法典）・**明令**を制定した。最高軍事機関としては、**五軍都督府**を置き、五軍の都督を皇帝直轄とした。中央の監察・司法機関として皇帝直轄の**都察院**を置いた。

明代科挙　科挙をめざす者はまず童生となり、県知事が行なう県試、府知事が行なう府試、天子に派遣された学政（教育行政官）による院試を受け、合格すると生員（秀才とも呼ばれる）となり、次に三年に一回（十二支の子《ね》・卯《う》・午《うま》・酉《とり》の年）の郷試を受け、合格すると挙人となった。合格率は一〇〇人に一人だった。次にその翌年（丑《うし》・辰《たつ》・未《ひつじ》・戌《いぬ》）の会試を受け、合格すると貢士《こうし》となり、最後に殿試を受け、順位が定められて進士となった（一位が状元、二位が榜眼《ぼうげん》、三位が探花と呼ばれた）。合格率は、やはり一〇〇人に一人で、一回の合格者は三〇〇名前後だったとされるが、その人数には疑問もある。明・清の科挙では、県学の制度が設けられ、八股文による答案を要求した。受験は、奴僕・娼優・隷卒（門番・獄卒）・賤業者（広東の蛋民《たんみん》など）を除いて四民平等に開放されていた。現在の南京には、この試験場跡がある。

農村には、**魚鱗図冊**と呼ばれる土地台帳がつくられ、民戸一一〇戸を一里とし一〇戸を一甲とする**里甲制**を敷いた。貨幣は、元以来の馬蹄銀とともにスペインがメキシコの銀山で採掘した銀でつくった**メキシコ銀貨**が流通した。明代後半以降は、日本からも大量の銀が輸入され、一五九九年から一六三七年の三八年間だけで五〇〇〇万両であったとされる（日本の一両は、銀の場合、四匁《もんめ》三分《ぶ》、一匁は三・七五グラムなので、一両約一六グラム）。税制としては、明代後半以降は銀の流通を反映して田賦（土地税）と丁税（人頭税）を一括して銀で収めさせる**一条鞭法《べんぽう》**が採用され、清初まで実施された。

現在見られる万里の長城は、明代に築かれたものである。秦の長城は泥土でつくられたが、明の長城は煉瓦・石を用いた堅牢なもので、二〇〇九年の測量結果の発表によれば、長さ約八八五二キロメートルだった。太祖・朱元璋の墓・皇陵は南京にあるが、その他一三は北京の北の郊外にあり（**明の十三陵**）、景帝陵は北京西郊にある。

永楽帝（成祖。第三代、一三六〇〜一四二四、在位一四〇二〜二四）朱元璋の第四子、燕《えん》王朱棣《てい》は、「君側《くんそく》の奸《かん》を除く」と称して「**靖難《せいなん》の役**」（一三九九〜一四〇二）を起こして第三代皇帝・永楽帝に即位した。永楽帝は、都を北京に移転し、金陵は南京とされて副都となった。永楽帝は、ベトナムの内乱に乗じてこれを支配しようとしたが、失敗した。永楽帝はじめ歴代皇帝は、チベット仏教（ラマ教）に帰依した。一三八一年の人口は、六七二一万人だったという。

『**永楽大典**』全二万二八七七巻（二万二九三七巻ともいう）一万一〇九五冊（一四〇八年完成）は、中国地域最大の類書（漢籍分類法により分類・編纂された書物）であるが、明末の動乱、アロー戦争、義和団事件（一九〇〇年）などにより燃やされたり奪われたりし、八〇〇巻六〇冊しか現存していないという。類書ではないが、ヨーロッパで「百科事典」が編纂されたのは、イギリスのチェンバーズ『百科事典』全二巻二四六六頁（一七二八年）が最初であり、ついでドイツのツェドラー編『百科事典』全六四巻六万八〇〇〇頁（一七三二〜五四）、フランスの『百科事典』全二八巻一万六〇〇〇頁（一七五一〜七二）であり、『永楽大典』はこれらより三〇〇年前のことである。永楽帝は、ついで「四書」の注釈書『**四書大全**』や『**五経大全**』（いずれも一四一五年）を編纂・刊行させ、科挙の基準とした。永楽帝はまた、『**性理大全**』（一四一五年）もつくらせた。明朝・朝鮮王朝・日本では、朱子学は**官学**（官府において学ぶべきとされた学問）とされた。

日明勘合貿易《にちみんかんごう》**・冊封体制**《さくほう》　室町《むろまち》幕府第三代将軍・**足利義満**《あしかがよしみつ》（一三五八〜一四〇八、在職一三六八〜一四〇八）は一四〇二年、明の永楽帝から「日本国王」に冊封された。これによって、日明間の貿易を行なう日本国王の遣明船は一四〇四年以降、明が発行した割符である**勘合符**《かんごう》によって行なわれた。遣明船は、勘合船と呼ばれ、一〇年一「貢《こう》」、船三隻、乗員三〇〇人と定められ、一五四七年まで続けられた。「貢」とは、朝貢の意である。日本からは、主として銅・硫黄・刀剣・漆器が輸出され、明からは銅銭・生糸などが輸入された。明・清時代には、朝鮮王朝・ベトナムのレー（黎）王朝・琉球・日本の室町幕府などは中国地域王朝と上下関係を位置づける冊封体制下に入った。

鄭和《ていわ》（一三七一〜一四三四頃）　永楽帝は、雲南出身のムスリム（イスラーム教徒）の宦《かん》官・鄭和に一四〇五〜三三年に七回、南海大航海を行なわせた。鄭和の船隊は、東南アジアからインド洋に至り、一部はペルシャ湾、東アフリカ沿岸まで達した。ヨーロッパでは、ポルトガル・スペイン・オランダが一五〜一七世紀にかけてインド洋や大西洋海域への進出を行ない、「**大航海時代**」と呼ばれるが、鄭和による南海大航海はそれに先立つものだった。

「**土木堡の変**《どぼくほ》」　西北モンゴルを拠点としたモンゴル系部族**オイラト**のエセン・ハン（?〜一四五四）は一四四

九年、河北省北部の土木堡《どぼくほ》で明の第六代・**英宗**（一四二七～六四、在位一四三五～四九）を捕虜にした。

永楽帝の死後、都は南京にもどされたが、その後、北京にもどされ、一四四一年に正式に首都とされた（北京定都）。一四九一年の人口は、九一九七万人だった。

倭寇《わこう》　一三世紀から一六世紀にかけて日本の商人・海賊集団は、朝鮮半島・中国大陸沿岸で略奪を行なった。一六世紀の倭寇は、倭寇を名乗った中国地域の人々の集団だったという。

王陽明《おうようめい》（守仁《しゅじん》、一四七二～一五二八）は、『**伝習録**』を著し、心の働きを重んずる「心即理」、ことの善悪を判断する「良知」、認識と実践は一体とする「知行合一」を唱えて、実践重視の**陽明学**をたてた。王陽明らは、仏教の禅宗と結びつき、静座を説き、「狂禅」と呼ばれた。**李贄**《し》（**卓吾**《たくご》、一五二七～一六〇二）は、陽明学派の人で、儒学の礼教を偽善と非難し、商人の営利活動を弁護、男女平等を主張し、投獄されて自殺した。中国地域での近代思想の芽生えと見られる。明代には、女性の再婚が禁止され、「**貞節牌坊**《はいぼう》」が建てられた。江戸時代（一六〇〇～一八六七）の**中江藤樹**《なかえとうじゅ》（一六〇八～四八）は、日本陽明学の祖、「近江聖人《おうみせいじん》」とされる。

西洋諸学の導入　内閣大学士にもなった**徐光啓**（一五六二～一六三三）は、イタリア出身のイエズス会宣教師**マテオ・リッチ**（中国語名「**利瑪竇**《りまとう》」、一五五二～一六一〇）と親交があり、一五九六年、広東でキリスト教に入信し、エウケレイデス『**幾何《きか》原本**』（リッチとの共訳、一六〇七年）、『**崇楨《すうてい》暦書**』『**農政全書**』をまとめるなど、西洋諸学の導入に努めた。マテオ・リッチは一六〇二年、地球球体説に基づく漢訳版の

マゼラン船

世界地図『**坤輿万国全図**《こんよ》』を作成した。同じくドイツ出身のイエズス会宣教師**アダム・シャール**（中国語名「湯若望」、一五九一～一六六六）も、徐光啓と『崇禎暦書』を作成した。これは、次の清朝で「**時憲暦**」として実施された。

タバコの流入　アメリカ原産ナス科の植物・タバコの葉の喫煙は、アメリカ大陸ユカタン半島の**マヤ文明**（四～一四世紀）において七世紀には始まっており、同じくアメリカ大陸メキシコの**アステカ文明**時代（一二世紀頃～一六世紀頃）にも用いられていたが、ヨーロッパ・アジア・アフリカではまったく知られていなかったので、タバコにあたる名詞も植物名も存在していなかった。大航海時代にコロンブスの一行がアメリカ大陸に行ってこれを知り、一六世紀にヨーロッパに持ち帰った。これに対し、一七世紀にはスイスではタバコ喫煙を禁止し、鞭打ちの刑ののち、焼き印を押して市・州から追放した。ロシアでも全面禁止し、死刑を宣告できることとした。オーストリア帝国やプロイセンはじめドイツ諸邦でもこれを禁止し、禁止令は一八四八年の三月革命まで続いた。

タバコの喫煙は、あっと言う間にアジアにも持ちこまれたが、トルコ・ペルシアでは禁止され、ペルシアではタバコを持ちこんだ者は鼻・耳が切り落とされた。日本でも、一六〇一年にはフィリピンからタバコが持ちこまれて流行し、江戸幕府は一時期これを禁止したが、効果はなかった。中国地域では、明代天啓年間（一六二一～一六二八）には流入しており、鼻嗅ぎタバコなどが広がった。ジョルジュ・ビゼー（一八三八～七五）のオペラ『カルメン』の主人公カルメンは、タバコ工場の女工だった。中華人民共和国の中国共産党幹部は、聴衆の前でタバコを吸いながら演説をしていたこともあった。タバコ喫煙の風習は、一六世紀以来約五〇〇年間に全人類に広がった悪習にほかならない。

宦官《かんがん》　明代には、宦官が力を持ち、熹《き》宗（在位一六二一～一六二七）の宦《かん》官・魏忠賢（?～一六二七）は強力な権限を握り、「九千九百歳翁」（「一万歳」の皇帝に次ぐ意）と称した。

明朝最後の皇帝・崇禎《すうてい》帝（一六一〇～四四）樹木の年輪調査から、一六三八年から四一年にかけて、中国地域では広範囲に大旱魃《かんばつ》が発生していたことが確認された（二〇一〇年）。飢饉で食いつめた農民たちは、反乱に参加し、明朝最後の第一七代崇禎帝は、李自成（一六〇六～四五）の反乱軍に北京を攻略され、紫禁城《しきんじょう》（現・故宮）の北側の煤《ばい》山（「煤」とは石炭。現・景山公園）で首を吊って自殺し、明朝は、一六四四年に滅んだ。

明代文学　**高啓《こうけい》**（青邱《せいきゅう》、一三三六～七〇）は、明代第一の詩人とされる。一六世紀には、李夢陽ら「**前七子**」、一六世紀後半には李攀《はん》竜らの「**後《こう》七子**」が現れた。**戯曲**は、元曲や南宋の南戯をうけ、長編演劇が発展した。高明の『**琵琶《びわ》記**』は、四二齣《せき》（幕あるいは場）からなった。作者の多くは文人官僚で、元曲の自由な精神とは違って儒教的倫理性が強調された。一六世紀半ば頃からは、蘇州東の崑山地方腔調である**崑腔《こんこう》**（**崑曲《こんきょく》**）というメロディが用いられるようになった。**湯顕祖《とうけんそ》**（一五五〇～一六一六）の才子佳人劇『**還魂《かんこん》記**』は南戯最高傑作とされる。瞿佑《くゆう》（一三四一～一四二七）の『**剪灯《せんとう》新話**』二一編は、元代の婚姻・愛情をテーマとした文言短編小説集である。

「**四大奇書**」（『三国志通俗演義』『水滸伝』『西遊記』『金瓶梅』）明代には、長編の白話（口語）小説（通俗小説）が多数つくられた。「四大奇書」とは、明代の文人・**馮夢竜《ふうぼうりゅう》**（一五七四～一六四六）の命名である。『**水滸《すいこ》伝**』は、北宋末から南宋はじめにかけて誕生した説話に基づき、モンゴル元朝の**施耐庵《したいあん》**がまとめ、一四世紀頃に明の**羅貫中《らかんちゅう》**が完成させたとされる。北宋末の山東の梁山泊《りょうざんぱく》を根城とする宋江《そうこう》・花和尚魯智深《かおしょうろちしん》・林冲《りんちゅう》・柴進《さいしん》・黒旋風《こくせんぷう》李逵《りき》ら一〇八人の豪傑義賊の物語である。百二十回本・百十回本・百回本・金聖嘆《きんせいたん》七十回本などがある。『**三国志通俗演義**』全二四巻は、史書『三国志』を題材とした講談が『三国志平話』となり、それがふくらまされて元末明初に羅貫中がまとめたと言われる。「演義」とは、「史実（義）を敷衍《ふえん》する（演）」意で、劉備玄徳・

諸葛孔明《しょかつ》・関羽・張飛らが登場する。『**西遊記**《さいゆう》』は、**呉承恩**の作で、玄奘《げんじょう》三蔵の供をする孫悟空・沙悟浄《さごじょう》・猪八戒《ちょはっかい》らが各地の妖怪変化と闘う神魔小説である。蘭陵《らんりょう》笑笑生の『**金瓶梅**《きんぺいばい》』（『金瓶梅詞話』）は、山東方言で書かれており、好色な商人・西門慶《さいもんけい》と六人の妻妾および武大・武松兄弟らが登場する風俗小説である。三人の女性の名（潘《はん》**金**蓮・李**瓶**《へい》児・春**梅**《ばい》）から題がつけられている。

明末清初には、白話短編小説がたくさんつくられた。明末の馮夢竜が編纂した『古今小説』『警世通言』『醒世恒言』各四〇巻四〇編を『三言』と言い、同じく明末の『初刻拍案驚奇』『二刻拍案驚奇』各四〇巻四〇編を『二拍』と言って、合わせて『**三言二拍**』（一六二一～三二）と呼ぶ。明末の姑蘇抱甕老人《こそほうおう》はそこから四〇編を選び、『**今古奇観**』を出版した。

5. 東北アジア地域／朝鮮王朝（一三九二～一九一〇、約五二〇年間）前期（一四～一七世紀）

中国地域明王朝の侵攻に備えて遠征軍を率いた高麗の**李成桂**（イ・ソンゲ。一三三五～一四〇八）は一三八八年、鴨緑江《おうりょくこう》（アムノクカン）河口に到着したが、それ以上進まず、都に引き返し一三九二年に高麗王朝を倒して王位につき（太祖。在位一三九二～九八）、朝鮮王朝を建てた。李氏朝鮮または李朝とも呼ばれる。朝鮮半島最後の王朝であり、日本による「韓国併合」まで存続した。一三九四年には都を開城《ケソン》から漢陽（ハニャン。漢城府。現ソウル）に移し、漢城と改称した。行政機構としては、議政府を置き、領議政・左議政・右議政が統括し、高麗の**六曹**《りくそう》を継承し、全国八道に観察司を置き、各道に六曹の

李成桂

地方版としての六房を設置、都には二万七四四〇人の衛兵を置き、地方には約二〇万の兵を配置した。儒教の**朱子学**を重視し、科挙も踏襲した。高麗時代の貴族の土地は没収し、新たに官職の高さに応じて土地を支給する**科田法**を実施したが、一六世紀には土地不足により廃止した。

両班《ヤンバン》は、高麗王朝から引き継がれた。賤人も同様で、占い師・芸人・農奴・奴婢《ぬひ》などであり、一四八四年には約二六万二〇〇〇人だった。仏教よりも儒教が重視され、寺院数は一四〇六年、二四二寺に制限され、土地・奴隷を没収、公認僧は三七〇〇名とされた。親族を殺した者は死刑、強盗は死刑または奴隷とされ、その奴隷には「強盗」と入れ墨を入れた。地租は、生産物の一〇％であった。都では、市が月六回立った。一五世紀には金属貨幣「朝鮮通宝」が流通したが、広まらなかった。朝鮮王朝では一四〇三年、鋳字所が設置され、世界ではじめての**銅活字**がつくられた。これは、日本の慶長活字版のもととなった。

朝鮮王朝は、中国地域明朝の影響で儒教が強い影響力を持ち、**儒教**は国教（官学）とされ、一三九八年には最高学府として成均館が設置された。第四代・世宗（セジョン。一三九七〜一四五〇、在位一四一八〜五〇）は、「吏読《りと》」（イドゥ）に代わる音標文字をつくらせ、一四四六年、「**訓民正音**」と名づけられた。母音一〇、子音一四の組み合わせからなり、「韓国併合」の一九一〇年頃、「**ハングル**」（「偉大な文字」の意）と改称され、現在、韓国でも北朝鮮でも公式に使用されている。

朝鮮文化　朝鮮王朝では、文学創作が盛んに行なわれ、三行詩の**時調**（シジョ）、三・四または四・四応接構成の長い詩である**歌辞**（カサ）、小説などがつくられた。また、この時代には**白磁**が好まれるようになった。ソウルの南大門は、一四四七年に建てられたが、二一世紀に入って放火で消失し、現在（二〇一〇年）、再建準備中である。

日朝関係　日朝関係は、一六世紀まで良好だった。一四〜一六世紀に朝鮮は五回、日本に使節を送り、日本は朝鮮に一三回使節を派遣した。ところが、**豊臣秀吉**（一五三七～九八）は一五九二年、明朝を攻めるとの理由で約一五万（朝鮮史では三〇万と言われる）の軍を朝鮮に送り、釜山《ふざん》（プサン）に上陸し、漢城・平壌を占領し、さらに北進した（一五九二～九八）。これに対し明軍十数万人が送られ、朝鮮王朝軍との連合で一五九三年、豊臣軍を撃退した。一五九七～九八年、再度の侵攻も撃退した。しかし、この戦争のため、一六世紀末、朝鮮の耕地面積は三分の二減少し、この間に朝鮮陶工を含む朝鮮人五万人（朝鮮史では二〇万人と言われる）が日本に拉致されたという。また、明軍十数万人も暴行を働いたという。

日本で新たに成立した江戸（徳川）幕府（一六〇三～一八六七、二六五年間）は一六〇五年、朝鮮王朝と講和を成立させ、朝鮮から日本に計一二回、**朝鮮通信使**が送られた。「通信」とは「信（よしみ）を通じる」の意である。対馬《つしま》藩に仕えた朱子学者・**雨森芳洲**《あめのもりほうしゅう》（一六六八～一七五五）は、朝鮮語・中国語に通じ、朝鮮との外交に当たった。

後金は一六三六年、清朝と改称し、朝鮮北部に侵入して朝鮮王朝を従属させた。

6. 中世インド地域／ムガル朝

中世インド地域／ムガル朝（ムガル帝国。一五二六～一八五八、約三三〇年間。モンゴル系）

ティムール朝第六代の子孫**バーブル**（一四八三生、在位一五二六～三〇）は、サマルカンドでの権力闘争に敗れてサマルカンドから撤退したのち、カーブルを本拠としてサマルカンド攻略をめざしたが失敗し、北インド地域に目標を変更し、西北インド地域に侵入し、「**パーニーパットの戦い**」（一五二六年）で、奴隷王朝以来のデリー・スルタン朝（一二〇六～一五二六）最後の王朝となったアフガン系のロディー朝を倒し、デリーを占領してムガル朝を樹立し初代皇帝となった。ついでヒンドゥー教徒と戦ってガンジス河上流を確保した。「ムガル」とは、「モンゴル」のなまりである。

バーブルの孫、ムガル朝第三代皇帝**アクバル**（在位一五四二～一六〇五）は、インド地域北半部の全平原を支配した。アクバルは、中央集権的統治機構を整え、土地測量を行ない、地租の負担を公平にし、財政の中央集権をはかり、財政は豊かになった。彼は、一五六四年にはヒンドゥー教徒の王家の娘を娶り、非ムスリムのヒンドゥー教徒に課されていたジズヤ（人頭税）を免除して、イスラーム教徒とヒンドゥー教徒の融合をはかった。彼は、サンスクリット語の聖典・詩歌を宮廷用語のペルシア語に翻訳させ、バラモンを呼んで、ヒンドゥー教の教義に耳を傾け、キリスト教の宣教師とイスラーム教徒に議論をさせたという。アクバルからアウラングゼーブに至る時期は、ムガル朝の全盛期とされる。この時代に、北インド地域の口語を主としアラビア語・ペルシア語を融合させた「**ウルドゥ語**」が発展していった。

第五代皇帝シャー・ジャハーン（一六二八～五八）は愛妃ムムターズ・マハルの死をいたんで、インド様式とイスラーム様式が融和した世界でもっとも美しい壮大な白大理石の墓廟、**タージ・マハル**を建設した（一六三二～五三）。

ムガル朝は、第六代皇帝**アウラングゼーブ**（在位一六一八～一七〇七）の時代にデカン高原を征服し最大の領土となったが、対ヒンドゥー宥和《ゆうわ》政策を転換してヒンドゥー教徒を圧迫し、一六七〇年にヒンドゥー寺院を破壊し、一六七九年にジズヤ（人頭税）を復活したため、抵抗が起こり、ムガル帝国は衰退していった。

タージ・マハル

7. ロシア（一〇～一九世紀。スラブ人／ロシア人）

ルーシ／キエフ公国　東北ヨーロッパ地域には、三世紀から一〇世紀にかけてスラブ人など各種の部族集団が居住しており、スラブ諸部族はまだ国家を形成していなかった。ヘルギ（オーレグ賢公、八八〇頃～九一二）はフィンランド湾に注ぐネバ川から黒海に至る中央ロシア地域にルーシ（ロシアの古称）／キエフ公国を建設し、南ロシアのキエフを首都とした。ロシアは、ヨーロッパには含めない考え方もある。

モンゴルの侵入　バトゥのモンゴル軍は一二三六年、ボルガ河畔に集結し、一二四〇年、キエフを攻略し、**キエフ公国**は滅んだ。モンゴル軍は、「リーグニッツ（ワールシュタット）の戦い」（一二四一年）でドイツ騎士団・ポーランド連合軍を破ったが、オゴタイ・ハンの死によって引き返した。バトゥは、キプチャク・ハン国を建て（一二四二～一五二〇）、ロシアはその後、キプチャク・ハン国の属州のひとつとなった。

「**タタール**」（中国語名「韃靼《だったん》」）「タタール」人とは、キプチャク・ハン国の分支、**カザン・ハン国**（一五世紀前半～一五五二）の遺民で、ボルガ・ウラル地方のテュルク系ムスリム民族であるが、ロシアではキプチャク・ハン国のすべてのアルタイ語系の住民を「タタール」と呼んだので、「タタール」はモンゴル人を指すようになった。中国語では、元朝滅亡後のモンゴル人を「韃靼」と呼ぶ。カザン・ハン国は、モスクワ大公イヴァン四世（雷帝、一五三〇～八四、在位一五三三～八四）によって滅ぼされた。

モスクワ公国（一二七一～一七〇〇）　アレクサンドル・ネフスキー（一二五二～六三）は、モスクワを中心とするウラジーミル大公となり、その後、ダニール公がモスクワ公国を建設し、一四世紀、イヴァン一世（?～一三四〇、在位一三二五～四〇）のとき、モスクワ大公国と呼ばれるようになった。モスクワ大公国は、キプチャク・ハン国を滅ぼして（一五〇二年）、「**タタールのくびき**」から脱した。「**公国**」（*dukedom*）とは、「公」（*duke*）の称号を持つ君主が統治する国の意である。イヴァン四世は、「モスクワ大公にしてロシアのツァーリ

(皇帝)」と認められた。

シベリア・東北アジアへの膨張　ロシアは、毛皮・砂金などを求めて一六世紀末にはウラル山脈を越えて東方に向かって急速に膨張し、シベリアに進出して**シビル・ハン国**を滅ぼし、一七世紀には太平洋沿岸にまで達した。シベリアは、ロシア語で「シビーリ」だが、モンゴル語の「シビ」(眠れる)・「イル」(国)、すなわち「シビル・ハン国」から来ているという。デジニョフは、一六四八年に小舟でベーリング海峡をまわり、ハバーロフは、一六四九年にアムール川に達した。ロシアは、シベリア庁を設置した。この頃、ロシア人は、樺太《からふと》(ロシア名、サハリン)は大陸と地続きと考えていた。**間宮林蔵**《まみやりんぞう》(一七七五〜一八四四)は、樺太を探検し、間宮海峡を発見し、樺太が島であることを確認した。ロシア語では、間宮海峡を「タタール海峡」と呼ぶ。ロシアは一九世紀末になると、東北アジアから南下し、清朝領内マンジュ(満州)地域に侵入し、利権を確保した。世界史では、このロシア人のシベリア進出を「民族移動」としているが、ウラル山脈以西の本拠地を拠点とした膨張行動であり、前近代帝国主義ないし近代帝国主義と規定すべきものであろう。

近代化　ロシアは、エカチェリーナ一世(一七二五〜三〇)の時代に鉄・銅などの生産で世界第一位を占め、一七六二年には人口は二五〇〇万人に発展していた。ロシアは、西欧化・近代化をめざし、鉄道を敷設し(一八三七年〜)、各種技術学校を設立していった。ロシアでは、一六四九年に農奴制を完成し、農奴制が敷かれていたが、アレクサンドル二世(一八一八〜八一、在位一八五五〜八一)は「農奴解放令」(一八六一年)を布告し、肉刑を禁止し、高等学校・師範学校を設置し、女子教育を始めるなど近代化改革が行なわれていった。

中央アジア進出　ロシアは、中央アジアへの進出をめざしたとき、チェルケス人・チェチェーネ人などイスラーム教徒の抵抗を受けたが、一八世紀前半、大中小のハン国(ロシア語では「オルダ」)に分裂していたカザフ人のうち小オルダを服属させ、一七三五年、ウラル山脈南端のウラル河畔にオレンブルグ要塞を建設し、中央アジア進出の拠点とした。一八四四年には西北のキルギス人が降伏し、ロシアは一八四七年にはアラル海に近いシル河畔に要塞を建設、一九世紀中葉までにカザフの大・中オルダも服属させた。ロシア軍は一八五三年、オレンブルグを出発し、ホーカンド・ハン国の要塞アク・メチェト（現キズィル・オルダ）を攻略し、一八六五年にはタシケントを攻略し、一八六七年にはタシケントを首都とするトルキスタン省を設立し、ペルシア・アフガニスタンと境を接するまでになった。ロシアはまた、南方でオスマン・トルコと接し、黒海北方でのクリミア戦争（一八五三〜五六）、露土（ロシア・トルコ）戦争（一八七七〜七八）などを起こした。

8. 清《しん》朝〈ジュシェン、ジュルチン〈女真〉族／マンジュ〈満州〉族。一二代。一六一六／三六／四四〜一九一一、約二九五年間〜約二六五年間〉**前期**（一六一六／三六／四四〜一八四〇）

清朝を二期に分け、前期（一八四〇年アヘン戦争以前）を前近代とし、後期（アヘン戦争以後、一八四〇〜一九一二）を近代とする。

8-1 ジュシェン族／マンジュ族

中国地域東北部のツングース系**ジュシェン**（**ジュルチン、女真、女直**）**族**は、一二世紀に金朝を建てたが、モンゴル人に滅ぼされたのち、元・明に服属していた。**アイシンギョロ**（**愛新覚羅**《あいしんかくら》）**氏ヌルハチ**（太祖。一五五九〜一六二六、在位一六一六〜二六）は、一五八〇年代に「マンジュ（満州）」国と号した。ヌルハチは一六一六年、ハンの地位につき、金王朝の後継者として「**後金**《こうきん》」王朝を建てた。**ジュシェン**（女真）族は、「マンジュ（満洲、満住、満州）族」と称するようになった。「マンジュ」は、族名・地域名・言語名となった。ホンタイジ（太宗）は、一六三五年に「マンジュ（満州）」を正式に採用した。「満州」は、これまで「文殊」から来ていると思われていたが、結局、語源はわからないとのことである。

ヌルハチは、伝統的氏族制度の上に行政・軍事制度としての**八旗**《き》制度をつくった。壮丁三〇〇人を単位としてニルとし、五ニルを一ジャラン（甲喇《こうら》）とし、五ジャランをグサ（固山）または「旗《き》」とするものであり、はじめ四旗だったが、のちに八旗とした。旗は、黄・白・紅・藍の四色と、それぞれに縁をつけたものの計八種類からなる。太宗のとき、マンジュ（満州）八旗のほかに、モンゴル（蒙古）八旗・漢軍八旗が加えられ、計二四旗となり、一旗一万一〇〇〇余名、計二八万名だった。二四旗は、全国各地二五カ所に配置された。軍制は、八旗制とともに**緑営制**をとった。「緑営」は、志願した漢人によって編成され、緑色旗を用いた。在京緑営は、歩軍統領（九門提督）が統括し、在外緑営は各省総督あるいは巡撫《じゅんぶ》が統括した。全国には、緑営が一〇〇〇営あり、一営五〇〇名、計五〇万名だった。ヌルハチはまた一五九九年、モンゴル文字を基本として「**マンジュ（満州）文字**」をつくらせた。

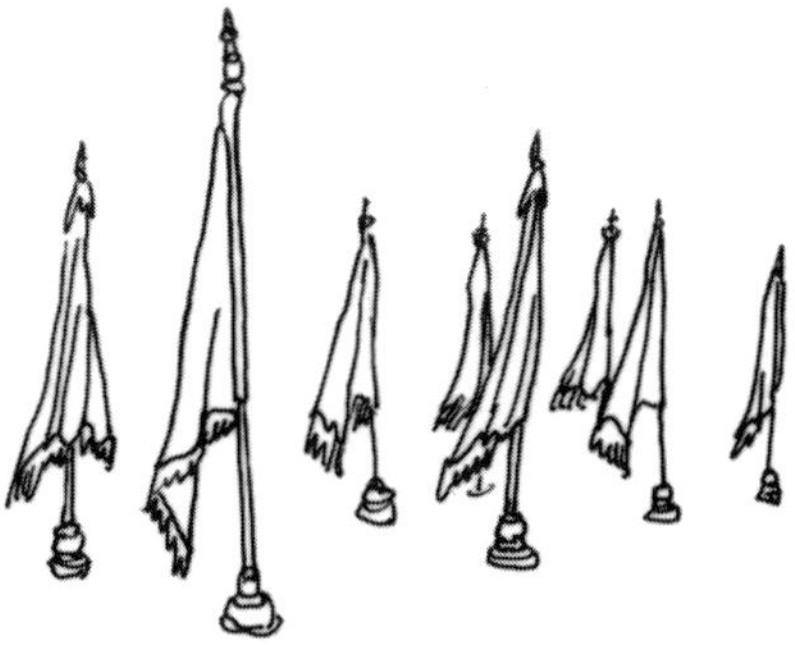
満州八旗

8-2　第二代太宗（ホンタイジ。一五九二～一六四三、在位一六二六～四三）

ホンタイジ（太宗）は一六三六年、国号を「**清**」とした。ホンタイジのとき、みずからの民族名を「ジュシェン」（ジュルチン、女真）から「マンジュ」（満州）に改め、モンゴル南部（内モンゴル）を支配して「蒙古衙門《がもん》」（「役所」の意）を設け、一六三八年、「**理藩院**」と改称した。理藩院とは、「藩部」の爵禄・参賀・刑罰などを主管する事務機関である。「**藩部**」とは、清朝における「中国本部」およびマンジュ三省を除く藩属関係にある内外モンゴル・新疆・チベット・青海の総称で、植民地支配領域を意味するが、それらの地域の自治を認めるものだった。理藩院は、清朝末期に「**理藩部**」と改称した。

太宗は一六三二年、モンゴル・チャハル部を滅ぼした。モンゴル北部のハルハ（カルカ）・モンゴルは一六三八年、清の地を犯したが敗北し、謝罪して「九白の貢」（白いラクダ一頭、白馬八頭を毎年貢《みつ》ぐ）が定められた。これが、清とハルハ（外モンゴル）との「**宗藩**」（宗主国・藩属国）関係の始まりだった。

8-3　第三代順治帝（世祖。一六三六～六一、在位一六四三～六一）

順治帝は一六四四年、明朝に代わって中国地域を支配し、都を北京に移した。清朝が中国地域を支配するのはこの年からなので、中国地域王朝であったのは約二六五年間となる。

中央政務機構は、明の制度を受け継ぎ、吏部（文官の任命・勤務評定・処罰・叙勲など）・戸部（戸籍・徴税・給与・貨幣鋳造など）・礼部（儀典・教育・科挙など）。兵部（軍務）・刑部（法律・刑罰）・工部（土木建設・水利）の**六部**《りく》が置かれた。六部の長官は、尚書と侍郎《じろう》だった。さらに、都察院（最高監察機関）・翰林院《かん》（国史編修・天子の言行の記録など）・大理寺（全国の司法）・国子監《こくしかん》（国立大学。のち、学部に合併）その他が設置された。

清朝官制は、官階が九品に分けられ、品ごとに正・従の区別があった（正一品～正九品、従一品～従九品）。正一品の大学士は、入閣して宰相の職務にあたった（内閣）。各品により、服飾も区別された。官吏の出身・資格は、進士・挙人・貢生・監生・蔭《いん》生・生員・官学生・吏に分けられた。上級官吏は、科挙によって採用されたが、下級の場合は、金銭で買うこともありえた。地方の最高長官は、総督と巡撫だった。通常は、一省に巡撫一名、一～三省に総督一名が置かれた。官階上は、総督は巡撫の一級上で、一般に総督は軍政に、巡撫は民政に比重があった。省の下には、道・府・州・県・庁が置かれた。

清朝は、明の制度を受け継いで**科挙**を実施し、清末の一九〇五年に廃止された。

清朝は、頭髪を剃り上げ一部を残して長く編んでたらすジュシェン（女真）族／マンジュ（満州）族の「辮《べん》

（弁）髪《ぱつ》」という風俗を漢人にも強制した。

チベットでは、チベット仏教（ラマ教）ゲルク派（中国語名「黄帽派」、「黄教」）が創始され、チベットを統一支配し、ラサにはポタラ宮殿が建設された。清朝歴代皇帝は、チベット仏教を信仰し、ダライ・ラマ政権を認め、皇帝の避暑山荘・承徳に、チベットに遠慮してラサのポタラ宮より小さな**小ポタラ宮**を建設した。

8-4　第四代・康熙《こうき》帝（聖祖。一六五四～一七二二、在位一六六一～一七二二）

康熙帝は、中国地域史上第一の名君とされる。康熙帝は一六八一年、「藩王」に任じていた漢人武将（雲南の呉三桂、広東の尚可喜、福建の耿継茂《こうけいも》）による**三藩の乱**（一六七三～八一）を平定した。マンジュ族は、みずからを「中華」と位置づけ。これは、「華夷」意識との関係で興味深い。清朝は一六八三年、澎湖諸島を攻撃し、ついで台湾の鄭氏を降伏させ、翌一六八四年、福建省の管轄下に台南に台湾府を設置した。

税制としては、明朝の一条鞭法を廃止し、**地銀**（土地税）の中に**丁銀**（人頭税）を繰りこんで、一括して銀納させる**地丁銀**を実施した。一六八四年には**海禁**（海外との貿易禁止）を解除して、翌年、広州など四カ所に**海関**（税関）が設置された。康熙帝はまた、『**康熙字典**』を編纂させた。

清朝は、シベリア大陸を東進しマンジュ（満州）を南下してきた**ピョートル一世**（一六七二～一七二五）のロシアとの間に、一七世紀には**ネルチンスク条約**（一六八九年）を結んでアルグン川と外興安嶺《そとこうあんれい》（スタノヴォイ山脈）を国境と確定し、アムール川（中国語名「黒竜江」）全流域を確保し、両国の通商、越境者の処理方法などを定めた。これは、清朝が外国と結んだ国際条約である

小ポタラ宮

が、この中で清朝は自称として「中国」を用いた。

康熙二七年（一六八八年）中央アジアのイリ地方にいたジュンガル国のガルダン・ハンが外モンゴルに侵入したため、外モンゴルの初代活仏、ジェプツェンダンバ・フトゥクトゥ（ホトクト）は清に援助を依頼し、一六九六年、清はガルダンを滅ぼし、外モンゴルの諸王公と活仏をこの地に復帰させた。清朝は、外モンゴルとモンゴル族が居住していた青海およびチベットを服属させて**藩部**とし、支配地域を拡大した。

清朝考証学　明末清初の**黄宗羲**《こうそうぎ》（一六一三〜八二）は、明朝復活をはかったが失敗して学問に専念し、『**明夷待訪録**《めいいたいほうろく》』を著し、清朝中期の考証学の先駆者とされた。**顧炎武**《こえんぶ》（一六一三〜八二）は、清朝に仕えず、実証主義の立場から考証学の基礎をつくり、『**日知録**《にっち》』を著した。「**考証学**」とは、「明の遺臣」として宋学の主観性や陽明学の空理空論性を批判し、客観的実証的に古典文献を研究することを主張する儒学の一派である。**王夫之**《おうふうし》（**船山**《せんざん》。一六一九〜九二）も、明の遺臣として清朝に仕えず、「華夷」意識を強調した。黄宗羲・顧炎武・王夫之らは、「清初三大儒」と呼ばれ、清末の「漢族」民族主義に影響を与えた。

8-5　第五代・雍正帝《ようせい》（世宗。一六七八〜一七三五、在位一七二二〜三五）

雍正帝は、**軍機処**（一七二九〜一九一一）を設け、軍事と政治の大権を内閣から軍機処に移し、君主独裁を強化した。軍機処は、軍機大臣（四〜五人）が統括した。それまで明朝の制度を受け継いで設けられていた内閣大学士は、権限が弱められた。雍正帝は、一七二四年にはキリスト教の布教を禁止した。ロシアとは、**キャフタ条約**（一七二七年）を結んでモンゴル方面の国境を確定し、国境での交易場所の設置を取り決めた。

8-6　第六代・乾隆帝《けんりゅう》（高宗。一七一一〜九九、在位一七三五〜九五）

乾隆帝は、古今の書籍を集めて「経・史・子・集」の四部に分類した『**四庫全書**《しこ》』を編纂させるとともに、清朝批判者を極刑に処する「**禁書**」や「**文字の獄**」などの思想弾圧を行なった。中央アジア・天山山脈北方のオイラトの一部族**ジュンガル**を一七五八年に滅ぼし、天山南路（東トルキスタン）のイスラーム系テュルク人（ウイグル人）の「**回部**」を支配し、一七五九年「**新疆**《しんきょう》」（新しい土地）と命名し、清を東アジア・北アジアから中央アジアに至る大帝国とした。清朝は、中国地域の王朝に止まらないのである。康熙・雍正・乾隆の三代は、清朝の最盛期であった。この清朝版図（領土）は辛亥革命後、外モンゴルが独立を達成（一九二一年）し、チベットが中華民国時期に独立していたのを除いて基本的に中華民国・中華人民共和国に引き継がれた。

一七八六年には、台湾で林爽《そう》文の反乱が起き、朱一貫の乱（一八世紀前半）、戴万世の乱（一九世紀半ば）などが続いた。中国地域では一八世紀から一九世紀にかけて「**白蓮**《びゃくれん》**教徒の乱**」（一七九六〜一八〇四）が起き、清朝は次第に衰退し始めた。

人口爆発　しかし、人口は一八世紀から一九世紀にかけて爆発的に増加し、一八三〇年には一七世紀末の四倍に達した（一六六一〜一六八五年、九〇〇〇万〜一億人。一七二四年、一億二五七八万五〇八一人。一七四九年、一億八二六二万五四九四七人。一七六二年、二億一〇三八万九〇三二人。一七九一年、三億一〇八〇万三一六七人。一八一二年、三億六七二一万九三九九人。一八三〇年、四億〇〇七一万五三七一人）。

8-7　清朝前期文化

王士禎《てい》（**漁洋**）（一六三四〜一七一一）は、「清朝第一」の詩人と評された。袁枚《えんばい》（一七一六〜九七）には、詩文『小倉《しょうそう》山房集』がある。「**桐城派**《とうじょう》」とは、安徽省桐城の**方苞**《ほうほう》（一六六八〜一七四九）・**劉大櫆**《りゅうだいかい》（一六九八〜一七七九）・**姚鼐**《ようだい》（一七三一〜一八一五）らがつくりだした文体で、清代から民国初期にかけてもっとも影響力の強かった散文の流派である。清代**南戯**《なんぎ》（演劇）を代表するのは、玄宗と楊貴妃を描いた洪昇（一六四五〜一七〇四）の『**長生殿**』（一六八八年）と愛情をテーマとした孔尚任（一六四八〜一七一八）の『**桃花扇**』（一六九九年）であり、「南洪北孔」と併称される。

清代には、小説が多数生みだされた。主として恋愛を描いた蒲松齢《ほしょうれい》（一六四〇～一七一五）の短編小説集『**聊斎志異**《りょうさいしい》』八巻／一六巻（一七六六年版あり）、五〇数歳でやっと科挙に合格する人物を描いた呉敬梓《ごけいし》（一七〇一～五四）の章回体長編小説『**儒林外史**』全五五回、貴族の家庭を描いた曹雪芹《そうせっきん》（霑《てん》、一七一五?～六三?）の『**紅楼夢**《こうろうむ》』百二十回（『石頭記』八十回本、一七九一年）、鬼怪神異を描いた高級官僚・紀昀《きいん》（一七二四～一八〇五）の小説集『**閲微草堂筆記**《えつびそうどうひっき》』二四巻（一七九八年）、武則天時代を描いた李汝珍（一七六三～一八二八）の『**鏡花縁**《きょうかえん》』百回（一八一八年）、女主人公・十三妹《シーサンメイ》の仇討ち物語を書いたマンジュ（満州）族高級官僚・文康（?～一八六五）の『**児女**《じじょ》**英雄伝**』五三回（現存四一回、一八七八年?）などがある。

龔《きょう》**自珍**《じちん》（一七九二～一八四二）は、アヘン戦争に先んじて『春秋公羊伝《くようでん》』の流派に立つ「**公羊学**」の立場から「三世」説を借りて改革を唱え、一九世紀末清朝の変法論に大きな影響力を与えた。

第三部　アジア近代

第9章　近代世界史の成立――帝国主義と民族主義

ヨーロッパ各国が、大挙してアジアに侵入してきた。ヨーロッパ各国は、「帝国主義」としてアジアに現れたのである。ヨーロッパがアジアにもたらしたものは、まず侵略と植民地支配であったが、それだけではなく、近代社会、すなわち近代的政治・社会・経済制度、科学・技術・文化、「国家」・「民族」という観念や民族主義（ナショナリズム）、そして民主主義制度、人権尊重、マルクス主義などの思想も含まれていた。ヨーロッパ近代が生みだしたものの多くは、アジアでは自生的には発生・成長しなかった。アジアでヨーロッパ近代と接触し、アジア近代を最初に切り開いたのは、①インド地域、東南アジア地域であり、②それに続いたのはオスマン朝トルコ、ペルシア、エジプト、パレスチナなどの西南アジアであり、③ついで清朝、朝鮮王朝など東・東北アジア、そして④日本であった。「近代化」と言っても、①主として独立を維持しつつ西欧型の制度・技術・思想を導入するというパタン（トルコ・タイ・日本）、②主として植民地化の進行というパタン（インド地域・東南アジア・西南アジア）および③部分的植民地化と西欧型の制度・技術・思想の導入の同時進行（清朝）という三類型に分かれた。

1．近代

近代「国家」　近代と前近代を区分するものは、前近代が王朝体制（国家）の形成・膨張・崩壊という過程であったのに対し、「近代」以降においては「**民族・国家・領土・国境・国民・国籍・国語**」という概念が成立し、それらの形成・確立がめざされ、国家間関係においては「主権」・「条約」などがキーワードとなり、多くの問題が「国家」という枠組みでとらえられてゆく点にある。「国家」・「国境」とは、近代世界でこそ「寸土《すんど》を争う」のが常識とされているが、前近代世界ではそれほど明確なものではなかった。そこで、近代国家の成立とともに国境・境界線の確定が重要事項となる。

近代の開始　アジアにおける近代の開始をいつと見るかという問題を設定したとき、アジア史研究者による「発展段階の傾斜」という指摘を待つまでもなく、ヨーロッパ世界のアジア到達の時期が違うため、地域によって違ってくるが、もっとも早いインド地域・東南アジア・ペルシアでは一六世紀から始まり（インド地域の場合、本格的には一八七七年の「インド帝国」の成立から）、トルコ地域は一九世紀初め、中国地域・日本は一九世紀中頃、朝鮮／韓国は一九世紀末と見ることにする。

アジアにおける「近代」とは、ヨーロッパ世界がアジアに進入を開始したことによって始まり、ヨーロッパ資本主義の発展を前提として本格化したと考えられる。本書では、アジアにおける「近代」史は一六世紀直前に開始され、一九世紀に本格化したと設定する。

1-1　近代「民族」概念

「民族」（英語 *nation, nationality*　ドイツ語 *Nation*）という概念は、人によりさまざまな規定がある。一般には、言語・生活上の風俗習慣・宗教的信仰の一定の共通性や歴史の共有などの文化的共通性、領土・居住地域の共通性、共通する経済圏にあることなどを根拠として共同所属意識（アイデンティテイ）を持つ集団と理解されている。これに対して、「民族」とは「幻想」にすぎないという指摘も有力である。少なくとも「民族」という集団は、固定不変なものではなく、歴史的に可変的な存在であるが、この「民族」概念はまたさまざまな意図によって操作されうるものでもある。

今日の民族問題の複雑さは、特にソ連崩壊（一九九一年）後の東南ヨーロッパや西南アジア・南アジア・アフリカなどで目撃されてきたように、現状の国境線がかならずしも言語や宗教の共通性に基づく「民族」集団の分布に対応していないということに表れている。古代にも中世にも、「民族移動」はめずらしいことではなかった。また、文化的共通性の核心部分は言語であるが、言語が共通だから統一国家をめざすべきものというわけでもないことは、英語を共通言語とし、イギリス王室を共通の支配者とした歴史を持つイギリス、アメリカ、オーストラリアなどの例をみれば、明らかである。また、フランス語・ドイツ語・イタリア語を公用語とするスイスの事例もある。民族によっては、居住地域の拡散という現象も珍しくない。

1-2 「帝国主義」概念

「帝国主義」も、**幸徳秋水**（一八七一～一九一一）の『二〇世紀の怪物　帝国主義』（一九〇一年）、ジョン・アトキンソン・**ホブソン**（一八五八～一九四〇）の『帝国主義論』（一九〇二年）、ウラジミール・イリイチ・**レーニン**（一八七〇～一九二四）の『資本主義の最高の段階としての帝国主義』（一九一六年）などがあり、人によりさまざまな規定があるが、もっとも影響力を持った帝国主義論はレーニンのものである。レーニンは、①生産と資本の集積が独占的段階に達したこと、②銀行資本と産業資本が融合し、金融寡頭制がつくりだされたこと、③資本輸出が重要な位置を占めるに至っていること、④資本家の国際的独占団体が世界を分割していること、⑤資本主義の強国による地球の領土的分割が完了していること、という五つの指標をあげている。しかし、これでは、二〇世紀以前のヨーロッパによるアメリカ・アフリカ・アジア進出に帝国主義概念を用いることができなくなってしまい、不便である。そこで、本書ではレーニンの規定は狭義概念とし、広義には、「他国、他民族を完全に支配したり、その主権の一部を侵害したりする膨張主義」と規定する。そして、資本主義が膨張主義の経済的基盤になっている段階を「近代帝国主義」とし、それ以前を「前近代帝国主義」とする。「帝国主義」と「民族移動」の明確な線引きはむずかしいが、主として「帝国主義」とは本拠地たる国家を拠点としての膨張行動であり、「民族移動」とは本拠地である現住地からの移動行動と考えておきたい。

「帝国主義国家」としては、次の九カ国がある。まず、もっとも早く登場したポルトガル、スペイン、イギリス、オランダである。これらはスタートが早かったので、前近代帝国主義でもあり、近代帝国主義でもある。ポルトガルは、先頭を切ってインド地域・東南アジア・清朝に進出していった。スペインは、フィリピンなどを領有した。オランダは、東南アジアの香料を独占し、インドネシア地域を植民地化した。イギリスは、インド地域・東南アジアを植民地化し、アヘン戦争によって清朝から香港を割譲させ、さらに不平等条約を押しつけた。

一九世紀後半以降にアジアに登場した近代帝国主義国家としては、フランスが一八八〇年代にインドシナを植民地化した。ドイツは、一八八〇年代から九〇年代にかけてアフリカ・太平洋諸島を植民地化し、清朝から山東省の利権を獲得した。ロシアは、ウラル山脈を越えてシベリアの東端まで膨張し、さらに一九世紀には中央アジアを南下し、一九世紀末には東北アジアを南下し、清朝マンジュ（満州）地域に侵入した。アメリカは、ヨーロッパからの移民の国家であるが、アメリカ大陸西海岸まで到達したのに止まらず、ハワイを支配し、米西戦争に勝利して太平洋を西進し、グアム・フィリピンを領有した。日本は明治維新後、大急ぎで欧米帝国主義のあとを追い、台湾・朝鮮・満州を植民地化した。このほか、アフリカに植民地を領有し、清朝領土に租界を設置したベルギーなどもある。

1-3　「国民国家」論

歴史学では、今日なお「国民国家」論が常識でもあるかのように大手をふって流行している。「国民国家」とは、*nation state* の訳語であり、もともと「単一民族による単一国家」という観念で、「近代」世界がめざすべき当然の目標であるかのように扱われている。しかし、現実に形成されている近代国家は、大部分が単一民族ではなく複数民族によって構成されているにもかかわらず、実は「単一民族による単一国家」を否定し、複数民族の統合は近代社会がめざすべき道筋であるかのように位置づけられている。「国民国家」は、多くの場合、一国の領域内に居住する弱小民族の「民族自決権」要求を否定する点で、帝国主義を合理化する論理であって、一九～二〇世紀の時代遅れの観念にすぎない。

2. 民族主義と帝国主義の関係

2-1　民族主義から帝国主義へ

「民族」意識の形成については、一五世紀中葉にヨーロッパで生まれたとするものや、古代から存在するとするものなど、さまざまな見方があるが、やはり前近代とは区別し、近代史との関係においてとらえたい（古代・中世についても「民族」概念は便宜的に使用されるが）。ヨーロッパ各国は、一六世紀ごろからアメリカ大陸やアフリカ・アジアに進出してゆく。民族運動は、一九世紀ヨーロッパでは近代国家の形成・成立と同時進行的に発展していった。イタリアでは、一八二〇年ごろから一八七〇年に至るリソルジメント（*risorgimento* 復興、国家統一運動）によって、一八六一年にイタリアは統一され、イタリア王国が成立した。プロイセンは、一八七一年にドイツを統一し、第二帝政宣言を発した。

ヨーロッパ民族主義は、金銀・香辛料・毛皮などを求め、世界各地に進出し、一八世紀後半イギリスで始まった**産業革命**で成長した生産力のはけ口をアフリカ・アジアに求めて、近代帝国主義と化した。民族主義は、帝国主義に転化したのである。

2-2　帝国主義とアジア民族主義

アジアに登場した帝国主義は、それに抵抗するアジアの民族主義を生みだし、育てた。一般に、アジアの民族運動は、帝国主義に反対する性格を刻印されたので、進歩的革命的思想であり、運動であると考えられてきたが、帝国主義の侵入によって点火された東アジアの民族主義の中には西洋の自由主義・民主主義の政治思想などに反発し、みずからの「悠久の歴史・文化」への賛美が存在したという反動的側面もあったことは、清朝における「洋務」や義和団などの例に見ることができる。民族主義・愛国主義は、侵略に抵抗する思想としては道義的に正義であったが、常に正義であり進歩的であったわけではなかった。「忠君愛国」とか侵略のための「愛国」が、その例である。ヨーロッパ帝国主義が東アジアにおいて情け容赦なく破壊していったのは、古き中華秩序であり、東アジアの近代化を促進していったという側面もあった。

アジアの一番東に位置する日本では、明治維新（一八六八年）によって「民族」国家が成立し、明治政府は東アジアへの膨張をめざしたので、東アジア唯一の近代帝国主義国家への成長過程を辿った。日清戦争（中国語名「甲午《こうご》中日戦争」）・日露戦争・韓国併合・満州国建国・日中全面戦争は、一九世紀から二〇世紀中葉にかけての東アジアに生まれた唯一の帝国主義国家である日本の対外膨張行動であり、しだいにヨーロッパ各国に取って代わって中華秩序破壊の主役となっていった。このように、われわれは、東アジアの歴史の中に帝国主義と民族主義の弁証法の文脈を見て取ることができる。

2-3　「民族」「国家」の二つの側面と「近代化」

「民族」「国家」という問題を考えるとき、二つの側面を見落とさないことが大切である。

その第一は、「民族」という観念そのものが歴史的なものであり、永久不変ではないので、「民族」を固定的絶対的な価値として祭り上げて狭い視野に陥らないようにすべきだということである。「人種」「民族」「国家」という観念は、他国を侵略するときにかならず利用されたのであった。民族主義・人種主義をもっとも極端に表現したものは、二〇世紀ドイツのナチズムである。アーリヤ人がもっとも優秀と考え、第二次世界大戦中に、「滅ぼすべき劣等なユダヤ人」の絶滅をめざし、殺害した人数は一五〇万人とも六〇〇万人とも言われる。

第二は、大民族は、弱小民族に統合の論理を押しつけてはならないということである。すでに存在する弱小民族の「民族」意識（アイデンティティ）は尊重されなければならない。中華民国・中華人民共和国が唱えた「中華民族」のような新しい「民族」意識を創出・形成しようとする場合、既存の「少数民族」とされる諸民族の「民族」意識との関係が問題となる。「民族」意識は変動しうるものだということが、変動・消滅させることが当然であるという根拠となるものではない。既存の「民族」意識を持つ集団がそれをどう受けとめるのかが尊重されなければならない。第一と第二は、セットでなければならない。

帝国主義と民族主義の時代にあっては、特に国際関係史料の取り扱いには細心の注意が必要である。外交文書の公開は制約されていること、政府関係文書などであっても歪められた意図的宣伝、資料の意識的隠滅などもありうるからである。

アジアの西欧との接触、ヨーロッパ勢力によるアジアの植民地化とそれへの抵抗、アジアの近代化の歩みを見るには、まずインド地域・東南アジア、次に西南アジア（オスマン朝トルコ）、第三に東アジア（中国地域・朝鮮・日本）の順で見てゆくべきであろう。

第10章　南・東南アジア

1．ヨーロッパ勢力のインド地域・ペルシア到来（一五世紀末〜）

従来、インド洋交易を担ってきたのは、アラブ商人・ペルシア商人・インド商人であったが、一五世紀末以降、ヨーロッパ勢力がインド地域に到来する。

1-1　ポルトガル

まず、ポルトガル王に派遣された**ヴァスコ・ダ・ガマ**（一四六九頃〜一五二四）が一四九八年、インド西海岸のカリカット（現コーリコード）付近に到着し、インド洋交易に加わった。ヴァスコ・ダ・ガマは一五〇二年にコーチン（現コチ）に商館を建て、要塞をつくり、ポルトガルの拠点となった。ポルトガルのインド総督は、一五一〇年、ゴアを占領し、一五一一年にはムラカ（マレー語。英語名マラッカ）、一五一五年にはペルシア湾のホルムズを占領し、ポルトガルはインド洋全域の海上覇権を確立した。しかし、ポルトガルは一五八〇年、スペインに併合され（〜一六四〇年）、インド洋全域の海上覇権はスペインに継承された。

1-2　東インド会社

続いてオランダ・イギリス・フランスの東インド会社（*East India Company*）が進出してきた。ヨーロッパ人は、コロンブス（一四五一〜一五〇六）のバハマ諸島到着（一四九二年）、アメリゴ・ヴェスプッチ（一四五四〜一五一二）によるアメリカ大陸発見（一五〇一年）以降、インド地域と東南アジアを「東インド」、アメリカ大陸を「西インド」と呼んだ。東インド会社とは、インド地域・東南アジアとの貿易に従事するヨーロッパの会社組織だったが、植民地支配の機関に変化してゆき、その後、それぞれの国家が直接統治を行なうまでの橋渡しの役割を果たした。一六〜一七世紀には、ポルトガル人・オランダ人・イギリス人・フランス人が、インド地域に現れた。英・仏は、激しく抗争した。

1-3　イギリス東インド会社（一六〇〇〜一八七四）

イギリス東インド会社は、一六〇〇年に設立され、東南アジアに進出したが、一六二三年、アンボイナ（現アンボン）で**オランダ東インド会社**がイギリス商館員・日本人を虐殺した**アンボイナ事件**（一六二三年）で排除され、インド地域を主目標に切り替え、インド各地に商館・要塞を建設した。インド地域東部ベンガル地方の太守シラージ・ウダウラは一七五六年、イギリスのカルカッタ（コルカタ）要塞を急襲してイギリス人を追放したが、イギリス東インド会社軍は**プラッシーの戦い**（一七五七年）でフランス東インド会社軍に支援されたベンガル太守の軍を破った。これ以後、イギリスはインド支配へと向かい、一九世紀中葉には植民地支配を完成させてゆく。

イギリス東インド会社は、チェンナイ（マドラス）・ムンバイ（ボンベイ）・コルカタ（カルカッタ）を拠点として、勢力を拡大していった。イギリスは、プラッシーの戦い、**マイソール戦争**（一七六七〜六九、八〇〜八四、九〇〜九二、九九）、**マラーター戦争**（①一七七五〜八二、②一八〇三〜〇五、③一八一七〜一八）、**シク戦争**（①一八四五〜四六、②一八四八〜四九）によって支配地域を広げていった。

マラーター同盟（一七〇八〜一八一八）　西インド地域では、ムガル帝国から独立し、ヒンドゥー国家の建設をめざすマラーター諸侯による同盟が形成され、インド地域を代表する勢力となった。しかし、三回にわたる**マラーター戦争**でイギリス東インド会社軍に敗北し、イギリスはデカン高原中西部を支配した。

「**一八五八年インド独立戦争**」（「**シパーヒー（セポイ）の反乱**」／「インド大反乱」。一八五七〜五九）　イギリス東インド会社インド人傭兵（シパーヒー）は、イギリスによるインド侵略に抵抗して北インドで反英大反乱を起こし、デリーを占拠した。「シパーヒー」とは、ペルシア語で「兵士」の意である。このなかでは、インドのジャンヌ・ダルクといわれる北インドの王妃**ラクシュミー・バーイ**（?〜一八五八）が活躍した。しかし、この反乱は鎮圧され、ムガル帝国は滅亡した。ムガル帝国は、インド地域最後のイスラーム王朝となった。

1-4　「インド帝国」（一八七七〜一九四七）

イギリスは一八七七年、ヴィクトリア女王（在位一八一九〜一九〇一）をインド皇帝とし、「インド帝国」を成立させた。インド地域における近代の開始自体は、一五世紀末からとするが、ムガル帝国の滅亡、インド帝国の成立によって中世の終了、近代の本格的開始となる。インド近代は、植民地時代として進行する点がトルコ・

中国地域とは異なる。「インド」が国号として使われたのは、これが初めてであり、「インド」という国名とその国民としての「インド人」は、イギリス人によってつくられたのである。イギリス帝国主義は、インド地域に対して軍事的な支配を行ない、植民地化した。しかし、イギリスによるインド地域支配は、表層の虫食い状の支配であり、全インド地域の深層までを支配できたわけではなかった。

一九世紀から二〇世紀にかけてアジア各地には民族主義と呼ばれる思潮が広がり、民族国家建設を追求する運動が活発になっていった。欧米列強の植民地となった地域では、それは民族独立運動となり、多くの国々が二〇世紀には独立を達成していった。イギリスは、ムンバイで**インド国民会議**（一八八五年）を開いたが、それを機にインド人の「**国民会議派**」が形成され、インド人による代議制機関の設立、インド人官吏登用の拡大を要求し、民族意識が高揚していった。インド総督**カーゾン**（一八五九〜一九二五）は、反英運動を分裂させるため、**ベンガル分割令**（一九〇五年）を公布した。国民会議派は、**コルカタ大会**（一九〇五年）を開き、ベンガル分割令反対とともに、①イギリス製品不買、②スワデーシ（国産品愛用）、③スワラージ（自治・独立）、④民族教育の四綱領を決議した。ベンガル分割令は、撤回された。一方、一九〇六年にはイスラーム教徒によって「**全インド・ムスリム連盟**」が結成された。

第一次大戦後、インド政庁は、インド人に対する令状なしの逮捕、裁判抜きの投獄を認める**ローラット法**（一九一九年）を発布したため、**アムリットサール**で抗議集会が開かれた。イギリス軍はこれに発砲し、一〇〇〇名以上の死傷者が出た。イギリスは、「**インド統治法**」（一九一九年）を発布したが、重要な権限はイギリスが握り続けるというものだったため、民族運動は引き続き発展していった。

1-5　ネパール

ネパールの住民は、チベット系だったが、その後、インド系の人びとが流入した。前六世紀に仏教が伝えられたとされ、四世紀にリッチャビ王国が成立し、七世紀前半に仏教寺院が建てられ、七世紀後半以降、チベットに仏教が導入されてチベット仏教が成立したが、ネパールはそれに重要な役割を果たしたと言われる。一〇世紀にはマッラ王朝が統治し、一四五〇年頃、三王朝に分裂したが、一七六七年、プリトゥビ・ナラヤンがシャー王朝を建ててネパールを統一した。一八一四年、イギリスの保護国とされ、グルカ兵部隊の提供が義務づけられた。

1-6　ブータン

ブータンは一七世紀、統一され、チベット仏教を国教とした。ブータン人は、みずからを「ドゥルック・ユル」(「ドゥルック」は「雲竜」、「ユル」は「国」の意) と称した。

1-7　スリランカ（セイロン）

スリランカは一八一五年、イギリスに支配された。

2. 東南アジア（一六世紀～）

「東南アジアの近代」とは、タイを除いてヨーロッパ勢力による植民地化の歴史だった。

2-1　フィリピン

2-1-1　スペイン領フィリピン（一五六五～一八九八、約三三三年間）

ポルトガル人**マゼラン**（フェルニャン・ド・マガリャンイス、一四八〇頃～一五二一）は、スペイン王カルロス一世の援助を受け、一五二〇年一〇月、南アメリカ南端のマゼラン海峡を経由して太平洋を横断し、一五二一年、フィリピンに到着した。フィリピンには、「インドネシア人A」・「インドネシア人B」・マレー人などが居住しており、文字を持っていた。ポルトガル人・スペイン人などがやってきた頃、マニラにはイスラーム王国が形成されていたと言われる。マゼランは、セブ島対岸のマクタン島の首長ラプラプと戦い、殺された。スペインは、皇太子フェリペにちなんでフィリピンと命名し、総督レガスピが一五六五年、七〇〇〇〜八〇〇〇の島々からなるフィリピン諸島の領有を宣言した。一五七一年、主島ルソン島に首都として港市マニラを建設した。フィリピンには、日本人も在住しており、豊臣秀吉の頃、スペインはフィリピンから八〇〇〇人以上の日本人を追放したという。フィリピンは、一八九八年の米西戦争までスペイン領であった。

独立運動　スペインの植民地となったフィリピンでは、独立運動が起きた。一八九二年、フィリピン革命をめざす秘密結社「**カティプーナン**」が結成され、一八九六年八月に武装蜂起したが鎮圧された。「カティプーナン」とは、「人民の息子の最高にしてもっとも尊敬すべき教会」の略である。**ホセ・リサール**（一八六一〜九六）は一八九二年、亡命先から帰国し、平和的方法で独立をめざす「**フィリピン（民族）同盟**」を結成したが、**カティプーナン暴動**に関係したと見なされ、銃殺された。リサールには、日本人妻もいた。

2-1-2　アメリカ領フィリピン（一八九八〜一九四一）　アメリカは一八七五年、ハワイ王国との間に通商条約を結び、一八八七年、パール・ハーバー（真珠湾）を海軍基地として租借し、一八九八年、**ハワイ**を併合した。アメリカは**米西**（アメリカ・スペイン）**戦争**（一八九八年）の結果、**グアム・フィリピン**を領有した。エミリオ・**アギナルド**（一八六九〜一九六四）は、一八九六年の武装蜂起に参加し、一八九七年、革命政府大統領に就任したが、スペイン軍に追われ亡命した。アギナルドは、米西戦争が起こると、アメリカの援助で帰国し、一八九九年一月、「マロロス（フィリピン）共和国」の独立を宣言して共和国大統領となったが、アメリカはこれを認めなかった。フィリピン人は、米西戦争によって植民地支配からの解放を期待したが、アメリカ統治に変わっただけだった。アギナルドは、フィリピン・アメリカ戦争を遂行したが一九〇一年、逮捕され、抵抗運動から身を引いた。この過程を、**フィリピン革命**（一八九六〜一九〇二）と呼ぶ。この戦乱の時期に、フィリピンの人口は不衛生のために一〇分の一近くに激減したという。

アーサー・マッカーサーは、一時期、軍政総督となったが、その息子ダグラス・**マッカーサー**（一八八〇～一九六四）も一九三五年、フィリピン軍元帥として太平洋戦争開戦までフィリピン統治にあたっていた。

2-2　オランダ東インド会社（一六〇二～一七九九）

オランダでは一六〇二年、アジア貿易に従事する各社が合同してオランダ東インド会社が設立された。オランダ東インド会社は一六〇五年、「**香料諸島**」と呼ばれた東南アジアのモルッカ諸島（フィリピン南方、現インドネシアのマルク諸島）のアンボイナ（現アンボン）島のポルトガル（のちスペイン）要塞を占領し、香料貿易を独占した。香料は、金よりも高価で取り引きされたという。オランダ東インド会社は一六一一年、バタヴィア（現ジャカルタ）に商館をつくり、ここを拠点にした。オランダ東インド会社は一六四一年、ポルトガルからムラカ（マラッカ）を奪い、一六五八年にはスリランカ（セイロン）からポルトガル人を追放し、一六八二年にはバンタムからイギリス人を追放し、香料諸島支配が確立した。オランダ東インド会社は一七九九年、解散し、本国の直接統治となった。オランダはマタラム王国を滅ぼし、ジャワ島の大半を支配した。

オランダ帝国主義の支配に対し、インドネシア地域では、一九世紀末から民族主義組織が結成され、独立運動が発展していった。農民サミンは、一九世紀末から**サミン運動**を起こし、オランダによる支配に反対し、原始共産社会への回帰をめざした。一九〇八年に知識人を中心に結成された**ブディ・ウトモ**（「最高の叡知」の意）は、インドネシア人の社会的地位と文化的向上をめざした。チョクロアミノト（一八八二～一九三四）が中心となって一九一一／一九一二年ジャワ中部で結成された「**サレカット・イスラム**」（イスラム同盟）は、民族運動の中心的役割を果たし、華僑商業資本に対して民族資本を擁護し、オランダに自治を要求していった。

2-3　海峡植民地（一八二六年～）

イギリスはペナン・ムラカ・シンガポールを入手して海峡植民地を設置し、さらにマレー半島を支配した。

2-4　ビルマ（現ミャンマー）のインド帝国への併合（一八八六年）

ビルマのコンバウン朝は、トゥングー朝に続いて全国統一を達成し、清朝軍を撃退したこともあったが、イギリスとの三回にわたる**ビルマ戦争**（一八二四～二六、五二～五三、八五～八六）を経てインド帝国に併合された。

2-5　フランス領インドシナ連邦（日本名、仏印。一八八七～一九四一）

フランスは、カンボジアを保護国化し（一八六三年）、清仏戦争（一八八四～八五）でベトナムを支配し、**フランス領インドシナ連邦**（一八八七年）をつくり、さらにラオスを編入した。東南アジアのインドシナ地域で中華世界を崩壊させた主役は、フランス帝国主義であった。

ドンズー（東遊）運動　一九〇五年、日本に渡ったベトナム独立運動の革命家**ファン・ボイ・チャウ**（一八六七～一九四〇）は、ベトナム青年に日本留学を呼びかけ、最盛期の一九〇八年には約二〇〇人の青年が日本で学んだ。これをドンズー（東遊）運動と呼ぶ。フランスは一九〇七年に締結された日仏協約に基づいて、日本に留学生取り締まりを要求し、日本政府は一九〇八年秋、独立運動の会を解散させ、困窮した留学生たちは次々に日本を離れていった。開業医・浅羽佐喜太郎は、残った留学生を経済的に支援した。帰国した留学生たちは、「東京義塾」を各地に開いて独立を呼びかけていった。

第11章　西南アジア

1．オスマン朝トルコ（オスマン・トルコ帝国。一二九九〜一九二二）後半（一八三九〜一九二二）

オスマン朝トルコとヨーロッパの関係は、アジアとヨーロッパの関係の転換を示すものである。

イエニチェリ解体、軍事面での近代化　イエニチェリ軍団は、鉄砲を装備した常備軍だが、世襲化・特権集団化し旧勢力を代表していた。第二八代スルタン・**セリム三世**（在位一七八九〜一八〇七）は、西欧式の新軍隊**ニザーム・ジェディット**を創設したものの、イエニチェリなどの暴動で廃位され、殺害されてしまった。第三〇代スルタン・**マフムト二世**（在位一八〇八〜三九）は一八二六年、イエニチェリを解散した。軍事面での近代化の第一歩と言えよう。

タンジマート（一八三九〜七六）　一八三九年から一八七六年にかけて約三七年間、司法・行政・財政・軍事・文化にわたる西欧化・改革をめざして「タンジマート」（恩恵改革）と呼ばれる近代化の試みが追求された。それは、明治維新（一八六八年）より早く始められていたが、体制の変革が行なわれなかった点が異なる。第三一代スルタンの**アブデュル・メジト一世**（在

トプカプ宮殿遠景

位一八三九～六一）は一八三九年、**ギュルハネ勅令**（一八三九年）を発布し、「生命・名誉・財産の保障」、「公正な税制・裁判」、「**ムスリムと非ムスリムの平等**」、「刑法制定」など、近代化をめざした。「ギュルハネ」とは、**トプカプ宮殿**内のバラ園の名称である。続いて一八五六年の改革勅令では、「議会の開設」、「信教の自由」、「拷問の禁止」などを保障し、「非イスラーム教徒の社会的平等」を確認した。オスマン・トルコは、**クリミア戦争**（一八五三～五六）では、イギリス・フランスの支持を受けてロシアを破った。しかし、タンジマートは、保守派の抵抗により挫折した。

第一次憲政期・アジアで初めての憲法　次に、第三四代スルタンの**アブデュル・ハミト二世**（一八四二～一九一八、在位一八七六～一九〇九）は、**ミドハト・パシャ**（一八二二～八四）を宰相（在任一八七二、七六～七七）とし、一八七六年、アジアではじめての憲法を公布し、国民を「**オスマン人**」と規定し、公用語を「**トルコ語**」とした。明治憲法（一八八九年）より一三年早い。これは、第一次憲政期と呼ばれる。これに基づいて翌一八七七年には、二院制議会が開設された。しかし、アブデュル・ハミト二世は同年、**露土（ロシア・トルコ）戦争**（一八七七～七八）の勃発を理由としてスルタン専制体制を復活させ、ミドハトを追放し、翌年、憲法を停止し、スルタン主導型の近代化を進めた。ロシア・トルコ戦争では、オスマン・トルコは敗北した。

青年トルコ革命（一九〇八～一八）**・第二次憲政期**　日本が日露戦争（一九〇四～〇五）でロシアに戦勝すると、立憲制が専制政治に勝ったとする認識が西南アジアに広がった。「青年トルコ」グループは一九〇八年一〇月、革命によって政権を奪取し、ミドハト憲法復活を宣言し、スルタンの専制支配から**立憲制**に改めた。これは、第二次憲政期と呼ばれる。

「**オスマン人**」**から**「**トルコ人**」**へ**　かつて、オスマン・トルコの領土はアジアとヨーロッパにまたがっており、多民族・多宗教国家であったが、バルカン半島の大半を失ったのち、住民多数派のトルコ人は、「トルコ人」

としての民族意識を強め、**「青年トルコ人」**と称した。従来の「オスマン人」意識を変更し、「青年トルコ」政権は、**パン（汎）・トルコ主義**を掲げたので、非トルコ系のブルガリアなどバルカン諸国は同年、これに反発してあいついで独立した。オーストリアも同年、ボスニア・ヘルツェゴビナを併合した。イタリアは、**伊土（イタリア・トルコ）戦争**（一九一一～一二）をしかけ、トルコのトリポリ・キレナイカを奪った。一九一二年には、セルビア（一八七八年、オスマン・トルコから独立）・ブルガリア・モンテネグロがパン・スラブ主義に基づいて結成し、ギリシアも加わった**「バルカン同盟」**（一九一二年）とオスマン・トルコとの間に**第一次バルカン戦争**（一九一二～一三）が起こり、オスマン・トルコは敗れて、イスタンブル周辺以外のヨーロッパ領とクレタ島を失った。

トルコ型民族意識形成（**「オスマン人」・「トルコ人」**）　トルコ近代において重要なのは、第一次憲政期における「オスマン人」という観念の提起である。それは、中国地域における清末・中華民国・中華人民共和国における「中国人」「中華民族」という観念の提起と共通する発想である。当時、トルコは多民族国家であったので、王朝下のすべての人びとを「オスマン人」と呼んだのだが、その後の領土縮小過程のなかで、「トルコ人」意識が強調されると、非トルコ人がこれに反発し、ブルガリアが離脱し、その後、さらにヨーロッパ列強による蚕食で領土が縮小していった点は、二〇世紀初頭中国地域での「漢族」意識の強調から「中国人」「中華民族」という観念に転換していったのと対称的であるが、どのように「民族」意識を提起するかという点でトルコ型のコースを示したものであった。

2. ペルシア・アフガニスタン・エジプト

2-1　カージャール朝（一七九六～一九二五）

ペルシアでは、テヘランを首都とするテュルク系のカージャール朝が成立していたが、英・露の侵略に苦しめられていた。カージャール朝は、イギリス商人にタバコの生産・販売などの独占権を与え、ウラマー（イスラーム宗教指導者）・商人・民衆がこれに抗議して**タバコ・ボイコット運動**（一八九一年）を起こし、これ以後、ペルシア民族運動が高揚していった。ペルシアでも、日露戦争における日本の勝利（一九〇五年）は立憲制によるとして立憲運動が起こり、一九〇六年には仮憲法が制定され、国民議会が開設された。これは、**ペルシア立憲革命**（一九〇五～一一）と呼ばれるが、イギリス・ロシアの干渉があり、シャーは一九一一年に議会を解散させた。

2-2　アフガニスタン王国（一七四七～一九七三）

アフガニスタンは、一七四七年にペルシアから自立し、アフガニスタン王国が建てられた。イギリスは一九世紀に第一次アフガン戦争、第二次アフガン戦争をしかけたが、いずれも撃退された。イギリスは一八八〇年、アフガニスタンを保護国化した。ペルシア出身のジャマールッ・アル・**アフガーニー**（一八三八／三九～九七）は「アフガン人」（アフガーニー）と名乗り、イスラーム教徒が団結して外国からの侵略に対抗することを主張した**パン・イスラーム主義**を提唱した。

2-3　エジプト

一八〇五年、オスマン朝トルコのエジプト太守となったムハンマド・アリーは、ワッハーブ運動の弾圧に成功した一八二〇年代頃から次第に独立への動きをとり、オスマン朝トルコとの二回にわたる戦争（一八三一～三三、三九～四一）を経て、事実上、独立王国を形成した。この中でエジプト人たちの民族運動が起こり、「国民党」が結成された。一八八一年九月、ウラービー（オラービー。一八三九～一九一一）らエジプト人将校らは、リヤード内閣の罷免などを要求し、太守は要求を受け入れざるをえなかった。英・仏は連合してこれに干渉し、四万人の英軍がエジプト軍を破ってウラービーを捕虜とし、**「ウラービー運動」**は崩壊したが、これを通じて**「エジプト人のためのエジプト」**という「国民」意識が形成された。

エジプトでは一八六九年、スエズ運河（全長一六〇キロメートル）が完成し、ヨーロッパとアジアの交通の便が格段に改善された。

第12章　中国地域近代第一期／清朝（一二代、一六一六／一六三六／一六四四～一九一一、約二九五年間／約二六五年間。ジュシェン族／マンジュ族）後期（一八四〇～一九一一）

1．中国地域「近代」概念

欧米勢力の進出が、中国地域に及ぶのは一九世紀中葉である。中国地域の近代史を、本書では三期に分ける（Ⅰ．一八四〇～一九一一、Ⅱ．一九一二～一九二八、Ⅲ．一九二八～一九四九）。

清末から中華民国の全期間を貫く主題の一つは、中国社会の近代化という課題であった。中国近代のモデルは欧米社会であったが、「欧米近代」といえども内容は複雑であり、一言で特徴づけることはできない。「近代化」とは、資本主義化であるとよく言われるが、それは事柄の一面であり、一般常識的に言えば、都市化、機械化、日常生活の利便化、そして国民の政治的権利の拡大と人権尊重という方向性であろう。「近代」という概念は、一般に、前近代に比して、市民的権利、政治的平等、議会制度、人権尊重などの観念を主軸としていると考えられているが、それと同時に、帝国主義による他民族抑圧、植民地支配、階級対立、さまざまな人権抑圧などの側面も含まれてくるので、「近代」を即肯定的進歩的概念と規定するわけにはゆかない。

「中国地域近代」「中国地域近代」がめざしたものは、単純化して言えば、一九世紀・二〇世紀の欧米が到達した政治・法制・経済・教育・軍事等のシステムと内容であり、科学技術の振興と生産力の向上であった。「中国地域近代」とは、伝統的「中華」世界の一部が崩壊過程に入る中で、「欧米近代」世界の政治・社会・経済システムと文化への接近を追求する過程であるが、本質的に反近代と言うべき「漢族主権」による「中華」世界の回復・強化をめざす感情・意識・運動を伴っている。中国は二一世紀の今日なお、このような「近代化」の過程にある。

中国地域近代化五つのコース　中国の近代化には、つぎの五つのコースがあった。①清朝の立憲君主制構想。②中華民国前期（一九一二～二八）のうち最初期（臨時約法が機能した時期）と「中華民国憲法」（一九四七年）の議会制民主主義。③それに続く中華民国前期の大総統制。④連省自治・連邦制構想。⑤中華民国後期（一九二八～四九年）の訓政＝「以党治国」（党をもって国を治める）体制と中華人民共和国（一九四九年～）の党国家主義である。このうち、④以外はすべて中央集権型であり、どこに中心的な権力が存在するかという点で言えば、①は皇帝権力型、②は議会権力型、③大総統（臨時総執政を含む）ないし議会権力型、⑤は党権力型である。④は不明確な点もあるが、基本的には議会権力型に属すると見られる。

2. アヘン戦争と太平天国

清朝は、白蓮教徒の乱ののち、一九世紀中頃、アヘン戦争と太平天国という外圧・内乱の激動に見舞われる。

2-1　帝国主義の中国地域への侵入と「華夷」意識の崩壊

イギリス東インド会社は、広州に商館を設置し、清《しん》朝から茶・生糸《きいと》・陶器などを輸入した。イギリスでは一八世紀から喫茶の風習が広がったため、清からの茶の輸入量が激増して、代金としてのスペイン銀貨が流出していた。「茶」の発音は、閩南《びんなん》語音「テ」が英語のティー *tea* となり、北方語音「チャー」が日本語の「チャ」、ロシア語音の「チャイ」となった。イギリスはインド地域産の**アヘン**（阿片、鴉片）を輸出し、清では一八世紀にアヘンを喫煙する風習が広がり、一八二六年から清のアヘン輸入額は茶の輸出額を上回り、清からイギリスに銀が流出するようになったため、清は一七九六年にアヘンの輸入を禁止したものの、効果はなかった。

2-2 アヘン戦争（一八四〇〜四二）

清朝第八代皇帝**道光帝**（一七八二〜一八五〇）は一八三九年、湖広《ここう》総督**林則徐**《りんそくじょ》（一七八五〜一八五〇）を特権を持つ欽差《きんさ》大臣に任命し、広州に派遣した。林則徐は、イギリス東インド会社からアヘンを没収し、海に捨てた。これに対して、イギリスは一八四〇年、軍艦一六隻、軍隊四〇〇〇名を派遣し、アヘン戦争を起こし、戦闘の結果、清朝は降伏した。イギリス自由党の**グラッドストン**（一八〇九〜九八）は、これを「汚い戦争」と批判した。このアヘン戦争の結果、清はヨーロッパ世界と正面から交渉するようになり、一般に「中国地域の近代」はこれをもって開始したとされ、「ウェスタン・インパクト」（西洋の衝撃）とも呼ばれる。その意味では逆説的ではあるが、アヘンが中国地域に近代をもたらしたのだと言えよう。

2-3 清朝「華夷」意識の崩壊

アヘン戦争の結果、清朝は欧米列強によって不平等条約を押しつけられることとなった。

南京条約（一八四二年八月）　イギリスと清朝は、南京条約を締結し、①五港開港（広州・福州・厦門《アモイ》・寧波《ニンポー》・上海）、②広州で外国貿易を独占していた公行《コーホン》の廃止、③香港島割譲、④没収アヘンの補償金六〇〇万両《テール》（*tael*　一テール＝銀三八グラム）、軍事費賠償金一二〇〇万両《テール》の支払い、⑤関税協定、⑥対等国交の原則、を取り決めた。これは、不平等条約の始まりとされるが、不平等条約というよりもむしろイギリス帝国主義の中国地域への侵入と清朝の「華夷」意識体制の崩壊過程の開始と位置づけられるべきだろう。

不平等条約・領事裁判権　清朝は、イギリスと**五港通商章程**（一八四三年七月）を締結し、イギリスの領事裁判権を認めた。「領事裁判権」とは、外国人刑事犯罪の裁判権を犯罪者の所属する国家の領事が持つことで、イギリスが初めて清に認めさせた不平等条約の項目である。イギリスとは、同年一〇月には**虎門寨追加条約**《こもんさいついかじょうやく》が締結され、①輸出入税率、②片務的最恵国待遇、③開港場での土地租借と居住権の付与を定めた。②③は、不平等条約である。

租界・租借地　南京条約で、香港が割譲され、上海等が開港された。上海には一八四五年、イギリス租界が、一八四八年、アメリカ租界が、一八四九年にはフランス租界が、一八六三年には英米租界を合わせて共同租界がつくられ、共同租界を管理する「工部局」が設けられた。参事九名のうち、イギリス五名、アメリカ二名、日本二名（一九二七年）だった。黄浦江《こうほこう》沿いにはバンド（中国語名「外灘《ワイタン》」）がつくられた。「バンド」(*bund*) とは、「堤防・海岸通り・埠頭」を意味するヒンドゥー語で、イギリスによって上海にも持ちこまれた。租界とは、開港場に設けられた外国人居留地で、そこには清朝の主権が及ばないので、不平等条約の一項目となった。イギリスは一八四五年、上海にはじめて租界を設置し、その後、各国は上海を含め天津・漢口・広東・厦門《アモイ》・蕪湖・蘇州・杭州・沙市・福州・重慶・鎮江《ちんこう》・九江などの租界を、威海衛《いかいえい》に租借地を設置していった。日本は、蘇州（一八九七年）・杭州（一八九七年）・天津（一八九八年）・漢口（一八九八年）・沙市（一八九八年）・福州（一八九九年）・重慶（一九〇一年）に租界を所有した。租界のほかに、租借地もつくられたが、その違いは、租界が居住権・貿易権に限定されていたのに対し、租借地は領土割譲と同様の独占的排他的特権があったことにあった。

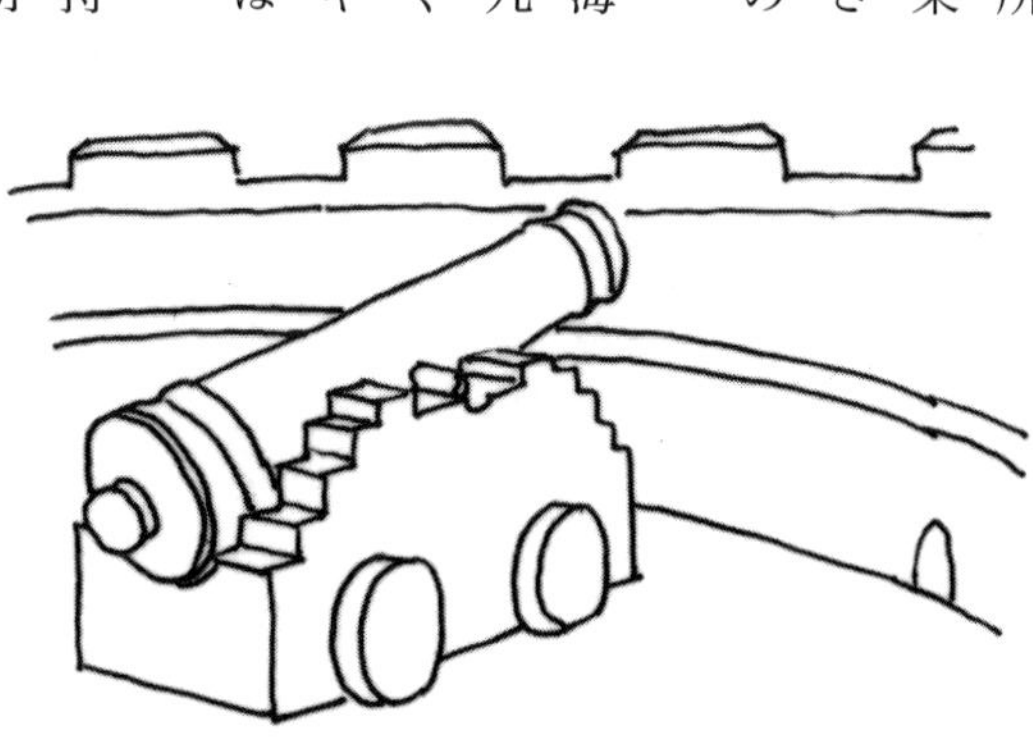

虎門砲台

諸条約　これらに続いて、アメリカは、**望厦**《か》**条約**（一八四四年）、フランスは**黄埔**《こうほ》**条約**（一八五八年）などを強要し、清朝と欧米各国との間に不平等条約が取り結ばれるにいたった。ロシアも、**アイグン条約**（一八五八年）により黒竜江を国境と定め、ウスリー川以東（沿海州）を両国の共同管理とした。

2-4　アロー戦争（第二次アヘン戦争。一八五八〜六〇）

広西省では、フランス人宣教師が清の地方官憲によって殺害される事件が起き（**フランス人宣教師殺害事件**、一八五六年二月）、イギリス船籍のアロー号が海賊の容疑で清の官憲によって臨検され、清国人船員が逮捕されるという事態が発生した（**アロー号事件**、一八五六年一〇月）。イギリスは、これに対してイギリス国旗が侮辱されたと称し、フランスのナポレオン三世と組んで清にアロー戦争をしかけた。

天津条約（一八五八年）　英仏連合軍は一八五八年、広州を占領し、北上して天津に迫ると、清朝は屈服し、英・仏・米・ロとの間に天津条約を結び、①外国公使の北京駐在、②キリスト教布教の自由、③外国人の旅行の自由、④開港場の増加（漢口・九江・南京など一〇港）と貿易の自由、⑤英仏への六〇〇万両《テール》の賠償金支払いを定めた。

北京条約（一八六〇年）　しかし、清朝側にはこれに対する激しい反発があり、一八五九年、大沽《タークー》で英仏の批准使節に対する清側からの発砲事件が発生してふたたび武力衝突が起こった。英仏軍の攻撃も暴挙であったが、清側の発砲も無謀であった。英仏軍は、一八六〇年に北京を占領した。同年一〇月、英仏軍は皇帝の北京の別荘・**円明園**を破壊し、略奪を行なった。清朝は降伏して北京条約が締結され、①天津開港の追加、②賠償金八〇〇万両《テール》への増額、③九竜半島南部のイギリスへの割譲、などを定めた。香港島および九竜半島南部は、イギリスの拠点となり、一九九七年、中華人民共和国に返還された。ロシアは、イギリス・フランスがしかけた清とのアロー戦争に便乗し、北京条約によって沿海州（日本海沿岸部）を領有した。

2-5　清仏戦争（一八八四〜八五）・「**フランス領インドシナ連邦**」

フランスは、仏越戦争（一八五八〜六二）によってベトナムに進出し、さらにベトナムの宗主権を有する清朝に戦争をしかけ（清仏戦争、一八八四〜八五）、**天津条約**（一八八五年）を結んだ（一八五八年天津条約とは別）。その結果、清朝はベトナムに対する宗主権を放棄し、フランスは「フエ条約」（一八八三年、一八八四年）によってベトナムを保護国化した。これはフランスによるベトナムの植民地化であるとともに、中華世界解体の一歩という意味を持った。フランスは、こうして東南アジアのコーチシナ（交趾支那《こうちしな》）・アンナン（安南）・トンキン（東京）・カンボジアを統合し、「フランス領インドシナ連邦」（日本名、仏印）という植民地を形成した。アンナンはベトナム中部、トンキンはベトナム北部である。一八九九年には、これにラオスを加えた。

イリ条約（一八八一年）　中央アジアの新疆《しんきょう》方面では、イスラーム教徒が清朝に対して反乱を起こし（**イリ事件**、一八七一〜八一）、ロシアはそれに乗じてイリ地方を占拠した。ロ清交渉の結果、イリ条約が締結され、ロシアはイリ地方の一部を清に返還し、ロシアには貿易上の利権が認められた。

マカオ（澳門）　ポルトガル人は、一六世紀初頭にインド地域のゴア、マレー半島のムラカ（マラッカ）に進出し、さらに一六世紀前半に中国地域マカオに居住し始めた。ポルトガル人のマカオ居住は明朝に認められ、ポルトガルはこれを自国領のように扱った。清朝は、それを認めなかったが、一八八七年のリスボン議定書とポルトガル・清北京条約によってマカオはポルトガル領となり、それは一九九九年の中華人民共和国への返還まで続いた。

2-6　太平天国（太平天国の乱、太平天国運動。一八五一〜六四）――反満意識の原型

中国地域の中の「漢人」意識を持つ人々の大部分は清朝に服従していたが、中にはマンジュ（満州）族による統治を屈辱と受け取っている人々がいた。清朝統治を揺るがした最大の反乱、「太平天国」は、漢人によるマン

ジュ族への反感の現れの最たるものであった。広東省の客家《はっか》出身の**洪秀全**（一八一三～六四）は、キリスト教の影響を受けて「**上帝会**」を組織し、一八五一年、金田村《きんでんそん》で清朝に対する反乱を起こして、一八五三年、「太平天国」を建て、みずから天王と称し、都を南京に置いて天京《てんけい》と名づけた。「太平天国」は、マンジュ族の風俗である辮《べん》（弁）髪《ぱつ》を否定し、長髪にしたので、長髪賊と呼ばれた。洪秀全は、強い反満意識をもって「**滅満興漢**」を掲げた。太平天国文書には、「中国」「中華」「華人」、などの表現が用いられている。

楊秀清・蕭朝貴《しょうちょうき》の「奉天討胡の檄《げき》」（一八五二年）は、マンジュ族を「胡虜《こりょ》」と呼び、「そもそも中国は首《こうべ》、胡虜は足」、「明の失政以来、満州はすきに乗じて中国を混乱させ、中国の天下を盗」んだにもかかわらず、「中国の人はかえって首をたれ、心をくだし、甘んじて臣僕となっている」と述べている。また、洪仁玕《こうじんかん》の「誅妖檄《ちゅうようげき》文」（一八六一年）でも、「韃妖《だつよう》がすきに乗じて中華にもぐりこみ」、「中華を濁乱」させた、「わが中土の華人はどうして時に乗じて恨みを雪《すす》がないのか」と述べている。これらは、清朝とは「漢族」に対する異民族支配であるとの認識であると共に、「華夷」の意識を明確に示している。太平天国は、清朝後期の反満意識の出発点に位置しており、反満「民族主義」は中国地域近代の特徴の一つとなっている。清朝は、みずから漢化を選択したにもかかわらず、太平天国は満州人を漢化したとは認めなかったわけである。

洪秀全は一八五三年、**天朝田畝《でんぽ》制度**（男女均等に土地を配分）を敷き、男女平等を唱えるなど儒教や伝統秩序を否定したという一面があるが、儒教的意識をみずからの支柱としたという側面もあった。

李鴻章《りこうしょう》（一八二三～一九〇一）の**淮《わい》軍**、曽国藩《そうこくはん》（一八一一～七二）の**湘《しょう》軍**は、アメリカ人**ウォード**（一八三一～六二）の外人部隊、イギリス人**ゴードン**（一八三三～八五）の英軍と連携し、太平天国を鎮圧した。太平天国は、中華人民共和国では「革命」と高く評価されているが、言わば農民反乱であって近代的革命とは言えず、清朝に対する反満意識の噴出であった。

2-7　鉅野《きょや》事件とドイツ山東権益

一八九七年、山東省鉅野でドイツ人宣教師二名が殺害される事件（「教案」と言う）が起こった。この事件は、排外意識によって発生したものであり、翌年に山東省で始まる大規模な排外暴動、義和団事件（一八九八～一九〇一）の口火となった。ドイツはこの事件を利用して、清朝から膠州湾《こうしゅうわん》を租借し、山東省の鉄道・鉱山利権を獲得した。これは、第一次世界大戦中の日本によるドイツ山東権益の奪取、第一次世界大戦終了後の五・四運動へとつながっていった。

3.「反帝国主義」か、「反列強中華主義」か

「中国近現代史」は、「帝国主義の侵略による瓜分、亡国」に対する「愛国、抵抗、革命」の歴史であり、「近代化」、「国民国家」の形成、「統一化」をめざす歴史、「反帝国主義」の歴史であった、とされてきた。そこでは、「帝国主義」とはどういう概念であるかを問わずに、アヘン戦争から義和団、五・四運動、五・三〇運動、抗日戦争等のすべてを「反帝国主義」と説明している。本書では、他国・他民族を完全に支配したり、その主権の一部を侵害したりする膨張主義を「帝国主義」とし、レーニン規定型の「独占資本主義段階の帝国主義」はその一部であると位置づける。こうすることによって、アヘン戦争以来の中国の近現代史は「反帝国主義」の歴史として描けるわけである。

3-1　「反帝国主義」の三類型

中国近現代史の中で従来「反帝国主義」と呼ばれてきた事件・運動は、次の三つに分類できる。

①中国本部への列強の侵略に対して、運動主体がレーニン的「帝国主義」認識をもって推進した主観的にも客観的にも「反帝国主義」と呼ぶにふさわしい運動。一九二〇年以降のコミンテルン・中国共産党（その準備組織

も含めて）影響下の運動は、原理的にはこれに属する。五・三〇運動（一九二五年）は、中国共産党によって反帝国主義戦略の中に位置づけられていたものと思われる。抗日戦争は、反帝国主義と位置づけうる側面と次に述べる愛国主義あるいは中華主義の側面とからなり、むしろ後者の性格の方が主要であったと考えられる。

②中国本部への列強の侵略に対して、反侵略という点で客観的には「反帝国主義」と呼びうる運動。この場合、運動主体の側にレーニン的「帝国主義」認識は存在せず、独占資本主義の支配する世界帝国主義体制を打倒しようという意識も目的も存在していなかった。これは、「帝国主義」概念について、レーニン的規定から離れて「膨張主義」とするならば、「反帝国主義」と言ってさしつかえないが、運動主体の側のレーニン規定型「帝国主義」認識の欠如について誤解を避けるためには、「愛国主義」と名付けるのがよい。アヘン戦争は「反英愛国主義」であり、拒俄《が》（ロシア拒否）運動は「反ロ愛国主義」の側面を有し、五・四運動は「反日愛国主義」であり、義和団は「反列強愛国主義」ということになる。

③中国本部以外の清朝版図で、中華世界秩序意識においては「中国」と意識されている地域、国家への列強の侵略に対して、「中華」意識をもって侵略に反対した運動である。列強の「中国」侵略に反対したのは「中華」世界を擁護しようとしてのことであり、崩壊しつつある「中華」世界秩序を回復しようとする意識と目標に立ってのことであった。「中華」世界秩序とは、「中国」あるいは漢族（清朝期には満州族が含まれることもあったが）が直接、夷狄を支配するのは当然である、あるいは宗主国と藩属国という関係のもとにあるべきだという秩序意識とその体制のことである。これは、たとえばマルクス主義が掲げる「民族自決」原理とは全く異なる思想である。このような側面を一方に有する中国の「反侵略」の運動や意識を「反帝国主義」とだけ呼ぶならば、この特徴が完全に捨象されてしまうことになる。それをしも「反帝国主義」と呼び続けるならば、概念と認識の混乱が定着してしまう。そこで本書では、「中華」世界秩序意識を保持していながら、列強の「中国」侵略に反対

する意識と運動を「反～中華主義」と名付ける。外モンゴル、新疆、チベット、ビルマ、ベトナム、朝鮮などをめぐる「反侵略」の感情、意識、運動は、それぞれ「反ロ中華主義」、「反英中華主義」、「反仏中華主義」、「反日中華主義」であり、総体的な対抗意識を持つものは「反列強中華主義」である。

3-2　「反列強中華主義」

「中国の近代化」、「反帝国主義の歴史」と「中華」主義、「中華世界秩序意識」とは、本来、葛藤・対立の関係にあるべきものである。ところが、帝国主義の侵略に抵抗する中国近代の進行に伴い、前近代的大中華主義は、逆にますます強化されていった。それを強化したのは、近代帝国主義の「中国」侵略であった。ここに中国近代の特殊性と個性、パラドックスが存在する。

列強の中華世界への侵入は、中華世界にとっては、またベトナム、ビルマをはじめとする各地域、国家にとっては、侵略と亡国の危機としてとらえられるものであったが、列強の中華世界への侵入以前の明朝・清朝などとベトナム・ビルマ等の関係は、宗主・藩属関係、それは次第に支配と従属の関係になっていったのであり、これらの藩属諸国を宗主国中国に奪回したり、つなぎとめたりするのは、「反帝国主義」と割り切ることはできない。中国地域近代の「民族主義」には、対外的と対内的の二重構造という問題がある。その中核を占める問題こそが、「大中華主義」の形成、確立という問題である。

一九世紀中葉から二〇世紀初葉にかけての欧・日・米列強の東アジア世界への進出・侵略の進行に対応して、清朝中国では次第に「瓜分」、「亡国」、「救国」、「愛国」、「中国」、「中国人」、「国民」、「民族」などの用語の使用例が目立つようになってゆく。思想史的系譜において見た場合、一九世紀後半の洋務論、変法論、二〇世紀初頭の扶清滅洋を掲げた義和団には「排満」という要素は存在しなかったが、二〇世紀初頭の「中国」革命論にはすでに触れたように反満民族主義という側面があった。

4. 洋務・変法・革命「三段階」論

これまでの「中国思想史」では、従来、帝国主義の中国侵略という事態に対して、「洋務」が提唱されたが、日清戦争（一八九四〜九五）における清朝の敗北によって洋務は破産し、ついで変法が唱えられたが、戊戌《ぼじゅつ》の政変（一八九八年）によってこれまた破産し、革命派が登場して辛亥革命（一九一一年）が達成された、と描き出してきた。「洋務・変法・革命」という課題提起の時間的順序は、確かにおおまかにはこのような順序で推移したのであるが、三者の間には絶対的な溝があったわけではなかった。

「洋務」に関して言うなら、産業と軍事の近代化という課題は、日清戦争で破綻したのではなく、二一世紀の今日にも追求されている長期的課題であり、「王朝制・共和制・社会主義」といった政治システムの問題とは別次元の問題であった。「立憲派」（変法派）は、「革命派」と対立する「改良派」とされてきたが、「立憲派」が辛亥革命に参加しているケースもある。このように、「洋務・変法・革命」は、段階の問題ではなく、また人間集団の「派」の区別は重要ではなく、「論」、すなわち課題設定としてとらえるべきものである。また、近代化という角度から問題をとらえた時、「変法」論・「清朝新政」の評価は見直されてしかるべきであり、「革命」論もまた、「排満」論との関係において見直されるべき側面を含んでいる。

4-1 「洋務」論

アヘン戦争以後のヨーロッパ勢力侵入の衝撃を受けた清朝は、伝統思想の西洋に対する優位性にこだわりながらも、西洋の兵器や産業の技術を取り入れる必要を感じ、取り組んだ。一般に総理各国事務衙門《がもん》の設置（一八六一年）から日清戦争（一八九四〜九五年）までが「洋務」期とされる。なお、「洋務運動」という言葉が中国・日本で使われているが、当時使われていた用語ではなく、のちの中国の歴史家が名づけたものである。

魏源《ぎげん》（一七九四〜一八五六）は、公羊学《くようがく》を学び、「夷の長技を師として夷を制する」を主張し、林則徐の依頼で『海国図志《かいこくずし》』（一八四二年）を著し、世界地理・国際情報を紹介した。同書は、幕末の日本でも読まれ、中国地域・日本で海外事情を知る手がかりとなった。

「漢人」官僚の曽国藩《そうこくはん》（一八一一～七二）・左宗棠《さそうとう》（一八一二～八五）・李鴻章《りこうしょう》（一八二三～一九〇一）・張之洞《ちょうしどう》（一八三七～一九〇九）らは、兵器工場や造船所の建設、海軍の設立、鉱山開発、鉄道敷設、各種工場の設置などを推進した。しかし、「西洋」をどう受けとめるかという点については、「**中体西用**」（儒学などの中国地域の思想は西洋思想よりも上であり、西洋の技術だけを利用する）という位置づけで、西洋の政治社会制度の受け入れは否定した点で、中国地域清朝の洋務は西南アジアのオスマン・トルコよりは遅れをとったが、日本の明治維新（一八六八年）よりも少し早く開始されていた。

総理各国事務衙門《がもん》（一八六一年）**設置**　清朝は、総理各国事務衙門を設置した。「衙門」とは、「役所」の意で、対外関係の事務を統括する役所である。これは、清朝が従来の上下意識に基づく「朝貢」関係の破綻を認識し、「対等」な外国との関係を処理する必要を認識せざるをえなくなった結果とされる。

留学生派遣　清朝は一八七二年、近代化の人材を養成するため、初めてアメリカに官費留学生三〇名を送り、一八七五年にはフランスに、翌一八七六年にはドイツに留学生を送り始めた。日本には、一八九六年から留学生が送られ、二〇世紀初頭には約一万名に達した。中華民国前期の一九一五年には、アメリカに送られた留学生は官費・私費合計で一四六一名に達した。フランスには、第一次世界大戦終了後に約二〇〇〇名の留学生が送られた。

湘《しょう》軍・淮《わい》軍　清朝の緑営は日清戦争後、巡防営に改編され、地方防衛軍になった。太平天国の乱が起こると、曽国藩は湖南で「湘軍」を組織し、最大時二〇万名を擁したが、湘軍は日清戦争敗北後、没落した。李鴻章は安徽・江蘇一帯で「淮軍」を組織し、六～七万名を擁したが、淮軍は同じく日清戦争に破れ、没落した。

清朝新軍　直隷軍総督兼北洋通商大臣李鴻章は、一八八〇年に**天津水師学堂**を、一八八五年、天津小站（たん）に**北洋武備学堂**を設立し、ドイツ人教官による洋式軍事教育を実施した。**袁世凱**《えんせいがい》（一八五九～一九一六）がそれを引き継ぎ、「新建陸軍」七〇〇〇名などを養成した。一八九九年（「一八九八年」とするものもある）、北洋通商大臣**栄禄**《えいろく》は京畿《けいき》付近の軍隊を「武衛軍」に編成し、五軍（中軍・前軍・左軍・右軍・後軍）に分け、袁世凱の新建陸軍は武衛右軍とされた。一九〇一年一一月七日、李鴻章が病死すると、即日、袁世凱が直隷軍総督兼北洋通商大臣に任命され、武衛右軍を基礎として、北洋軍六「鎮《ちん》」（中華民国期の「師」に相当）を編成した。一鎮一万二〇〇〇余名で、直隷に四鎮、山東に一鎮、東三省に一鎮を配置した。一九〇七年、袁世凱は軍機大臣兼外務部尚書に任ぜられ、北洋軍に対する直接指揮権を剥奪された。一九〇三年以後、各省は「新軍」を訓練した。

4-2 「**変法**」論

日清戦争の敗北をうけ、「洋務」論に対して、より重要なのは西洋の政治制度や民主主義思想を導入することだと考える人々も現れた。これは、変法論と呼ばれる。

洋務の推進者の一人であった**鄭観応**《ていかんおう》（一八四二～一九二二）は、先駆的に議会制度が富強の根本と主張し、『**盛世危言**《せいせいきげん》』を著した。変法論の代表者は、厳復・譚嗣同・康有為・梁啓超である。イギリスに留学した**厳復**《げんぷく》（一八五三～一九二一）は、トマス・ヘンリー・ハックスレイ（一八二五～九五）の『進化と倫理』（一八九四年）の意訳『**天演論**《てんえんろん》』（一八九七年）でダーウィンの進化論を紹介し、「自然淘汰」「弱肉強食」などの社会ダーウィニズムと呼ばれる思想として清末民国初期の青年たちに大きな影響力を与えた。しかし厳復自身は辛亥革命後、伝統思想に回帰し、袁世凱の皇帝即位のための**籌安会**《ちゅうあんかい》（一九一五年結成）に参加した。**譚嗣同**《たんしどう》（一八六五～一八九八）は、『**仁学**《じんがく》』を著し、君主批判、「華夷」意識・「三綱五常」批判などを開陳した。

西太后

戊戌《ぼじゅつ》の変法（一八九八年）広東省出身の公羊《くよう》学者・**康有為《こうゆうい》**（南海。一八五八～一九二七）は、一八八八年、日本の明治維新を模範とする「**変法自強**」（政治制度を変えて強国化する）を主張する上書を皇帝に提出し、日清戦争敗北後には「講和拒否・変法」を主張する「公車上書《こうしゃ》」を提出して第一一代皇帝・**光緒帝《こうしょてい》**（一八七一～一九〇八、在位一八七五～一九〇八）に起用され、一八九八年（戊戌《ぼじゅつ》、「つちのえ・いぬ」の年）、「戊戌の変法」（一八九八年六～九月）を主導したが、開始一〇〇日後、光緒帝の叔母・**西太后《せいたいこう》**（一八三五～一九〇八）による「**戊戌の政変**」により挫折し、光緒帝は幽閉された。譚嗣同は、逮捕されて刑死し、康有為・梁啓超は日本に亡命した。康有為はその後、「聖人孔子を尊ぶ」**孔教運動**を起こした。康有為の代表作は、『**大同書**』である。

康有為の変法に参加した広東省出身の**梁啓超《りょうけいちょう》**（一八七三～一九二九）は、日本亡命後、横浜で『**新民叢《そう》報**』（一九〇二・二～〇七・一一）を発刊し、「立憲君主制」、「開明専制論」を唱え、革命派と論争を行なった。辛亥革命後は、旧立憲派と合同し、「進歩党」を結成し、袁世凱の帝制復活（一九一五）に反対し、五・四運動（一九一九年）では指導的役割を果たした。

4-3　義和団事件（一八九八～一九〇一）

義和団とは、山東省を根拠地として義和拳という武術を修練した白蓮教系

頤和園　石舫

の宗教結社が山東半島へのドイツの進出とキリスト教の布教活動に対する反感から起こした武装蜂起であるが、次に見る「拒俄《きょが》（ロシア拒否）運動」（一九〇一～〇五）とは違い、排外を主目的とし、「**扶清滅洋**」（清朝を擁護し外国を滅ぼす）をスローガンとした。一八九八年に始まった清朝における義和団の武装蜂起は、各地のキリスト教会を襲撃して牧師・教徒を殺害し、一九〇〇年六月、北京を占領して各国公使館区域に攻撃をかけ、日本・ドイツの外交官を殺害した。清朝は同月、義和団を支持して列強に宣戦布告した。列強は、**八カ国連合軍**（日本・ロ・英・米・独・仏・伊・オーストリア）を出兵させ、同年八月、北京を占領し、**北京議定書**（中国語名「辛丑《しんちゅう》和約」、一九〇一年九月）が締結され、①賠償金四億五〇〇〇万両《テール》、②北京公使館区域での外国軍駐兵などが定められた。ロシアは、義和団事件が起こると、マンジュ（満州／満洲／東三省／東北）を占領した。義和団事件は、中華人民共和国では「反帝愛国運動」「革命」と評価されてきたが、清朝の失ったものは大きかったし、排外主義的で進歩的運動とは見なしがたい。

4-4　拒俄（ロシア拒否）運動（一九〇一～〇五）・「中国人」意識

ロシアと清の間には、ネルチンスク条約（一六八九年）が結ばれ、両者の東アジアにおける国境線は定められていたが、ロシアは一九世紀末から東アジアへの進出に力を入れ始め、清および日本はそれぞれ警戒を強めていた。日ロの対立関係は、日清戦争の約一〇年後の日露戦争（一九〇四～〇五）に帰結した。清国内では、満州人はもちろん、漢人の間でも、二〇世紀初頭にはロシア排斥運動が高まっていった。ロシアは、義和団事件での出兵後、マンジュ（満州）から撤退することになっていたが、事件決着後も留まり、各地を占領し、朝鮮へも出兵した。

これに対して、一九〇一年から一九〇五年にかけて発生した拒俄運動（「俄」はロシア）では、「排満」意識をまったく持たず、清朝中国の「国民」という意識をもって、清朝がロシアに抵抗することを求めた。この運動の中では、「中国」「中国人」という用語が多用されているが、それらは漢族に限定されておらず、清朝中国とその「国民」との意で用いられており、「華夷」の意識も認められない。清朝では、ロシアが満州地域で勢力を拡大してゆくと共に、従来通り清朝に対する反満意識を持ち続ける漢人のほかに、満・漢を区別せず、一体の「中国人」という意識を持つ漢人が登場した。拒俄（ロシア拒否）運動には、この変化がはっきり表れている。

清朝は一九〇七年、マンジュ（満州）に「**東三省**」を設置した。

4-5　新政（清朝新政、光緒新政、一九〇一～一一）

二〇世紀に入って、両江総督劉坤一《りゅうこんいつ》、湖広総督張之洞らの上奏を受け、一九〇一年一月、光緒帝の上諭《ゆ》によって清朝は新政を開始した。清朝末期光緒年間の一九〇一年四月、新政推進機構として「督辦《とくべん》（弁）政務処」を設置し（一九一一年、「責任内閣」設立により政務処は廃止）、一九〇一年七月、列強公使団の要求により総理各国事務衙門《がもん》を「**外務部**」に改編するなど官制の改革を行なった。光緒年間に通貨の元宝は**銀元**（円形の銀貨）に改められた。はじめはメキシコ銀貨が用いられ、のちに清で鋳造するようになった。

軍の近代化　一九〇一年八月には、「武科科挙」を廃止し、常備軍の編成、武備学堂の設置を行なった。一九〇六年には、従来の兵部が「**陸軍部**」となり、その後、「**海軍部**」が設置された。

科挙廃止・教育の近代化　教育の面では、洋務における一連の洋学校設置に続き、**京師《けいし》大学堂**を設置（一八九八年）し、一九〇一年九月以来、学校制度の整備を進め、隋朝以来の儒教の**科挙を廃止**（一九〇五年）し、一九〇六年には「**学部**」（学務処を改編。文部科学省にあたる）が設立された。一九一〇年には、全国の学堂（学校）数は四万余校、学生数は一三〇万余名に達した。清朝は、日本に留学生を大量に送りこんだ。また、外国から教師を招聘した。この中には、北洋法政専門学堂教習（一九〇七～〇九）となった**吉野作造**（一八七八～一九三三）らがいる。

法制の近代化　清朝はさらに、法制の近代化に着手した。一九〇六年には、「刑部」を「**法部**」（法務省にあたる）、「大理寺」を「**大理院**」（最高裁判所にあたる）と改称し、法律学堂を創設した。清末における司法の近代化措置としては、一九〇九年に「法院（裁判所）組織法」が公布・施行された。同年、「法院編制法」が公布され、四級（初期審判庁、地方審判庁、高等審判庁、大理院）三審制が実施された。これは、中国における司法と行政の分離の開始であり、司法の近代化の第一歩と評価されるものであった。

一九〇二年、湖広総督**張之洞**、刑部左侍郎沈家本《しんかほん》、駐米大使伍廷芳《ごていほう》らは、法律の修訂に着手し、一九一〇年（宣統二年）一二月二五日、「**大清新刑律**」を定め、宣統五年実施を定めた。辛亥革命により、この予定自体は消滅したものの、刑名を改定（「笞《むち》、杖、徒、流、死」→「罰金、拘役、有期徒刑、無期徒刑、死刑」）するなどの改革が行なわれた。とりわけ、**肉刑**、**体刑の法的廃止**は、近代的進歩的と評価されうるものであった。

『漢書』「刑法志」によれば、周代には「墨《ぼく》、劓《ぎ》（鼻をそぐ）、宮、刖《げつ》（足切り）、殺」の五刑があり、長く肉刑が行なわれてきたが、漢の文帝の一三年に肉刑が廃止され、鯨《げい》（顔のいれずみ）が髡鉗《こんけん》（髪をそり、首を鉄で束ねる）に、劓が笞三百に、斬趾《し》（足切り）が笞五百に変更された。その後、鯨などの肉刑の一部は部分的に復活し、穿耳鼻《せんじび》が一時存在したが、劓と斬趾《ざんし》は例外的時期を除いては復活することはなかった。大清新刑律は、その後の中華民国刑法整備の基礎となった。一九一〇年（宣統二年）には「**大清訴訟法**」が制定・試行された。同法は、陪審員制度、弁護士制度、証拠主義を規定している。

税制改革、**産業振興政策**　一九〇五年には、税制が改革され、「**農工商部**」の設置（一九〇六年）による産業振興政策が進められた。

立憲君主制へ　清朝は、みずから変法に着手し、立憲君主制への移行を準備した。一九〇八年九月には、憲法編査館の制定した「**欽定《きんてい》憲法大綱**」を公布し、「君主立憲政体」を規定すると共に、立憲予備期間を九年と定めた。一九〇九年九月には、各省**諮議局**《しぎ》（省議会にあたる）を新疆《きょう》を除くすべての省に設置した。一九〇六年には**資政院**（国会準備機関）設置の上諭が出され、「上下議院」が「行政の本」ではあるが、すぐには実現できないので、資政院をその基礎とするとの位置づけが与えられ、一九一〇年一〇月、資政院が開設された。一九一一年五月八日、慶親王**奕劻**《えききょう》を総理大臣とする内閣を置いた。この内閣の構成は、一三名の国務大臣中、マンジュ（満州）族が八名、漢族が四名、モンゴル族が一名で、このうち五名がマンジュ族の皇族だったため、**皇族内閣**と呼ばれた（一一月一日解散）。

宣統三年辛亥八月一九日（一九一一年一〇月一〇日）、武昌蜂起が起こった。翌月、清朝は「**憲法一九信条**」を発表し、立憲制の採用や諸制度の近代化に着手したが、ときすでに遅かった。

一九〇六年一一月に、「禁煙章程一〇条」を公布し、アヘンを禁止したが、これも一八三〇年代末のアヘン禁止を受け継ぐ近代化措置と言えよう。

以上に見たような清朝新政の諸施策は中華民国前期中国に基本的に受け継がれ、民国前期中国の近代化政策の基礎となったのである。

「清朝新政」に対する否定的評価　アヘン戦争で手痛い打撃を受けた清朝は、洋務・戊戌変法・清末の新政などを通じて、「近代化」を追求した。しかし、従来の中国・日本での近現代史研究、思想史研究では、これらはいずれも否定的に評価され、清朝は「帝国主義の手先」であるとか、「カイライ政権」であるとか、「洋人の朝廷」であるとかとする歪んだ見方が支配的であったが、そんな馬鹿げたことはあるはずもないのである。中華人民共和国では現在なお、清末・中華民国前期を「屈辱」の歴史とする歴史観が有力であるが、このような過熱した民族主義的な一面的歴史観は、歴史のありのままの姿をとらえることを妨げる。新政の諸施策は、一九世紀中葉から現代中国に至るまで連綿と続けられてきた中国近代化という課題への模索の試みのひとこまとして位置づけられるべきであろう。

5. 清朝後期文化

林紓《りんじょ》（字《あざな》、琴南。一八五二～一九二四）は、自分は外国語ができなかったが、人に訳させて、アレクサンドル・デュマの『椿姫』など西洋の小説二〇六点を紹介し、西洋文学の代表的紹介者となった。李宝嘉《りほうか》（伯元、一八六七～一九〇六）の『**官場現形記**』全六〇回（一九〇三年）は、官界の腐敗した実態を描き、清末四大譴責小説のうちの代表作とされる。「**譴責**《けんせき》**小説**」とは、社会批判の小説である。**劉鶚**《りゅうがく》（鉄雲、一八五七～一九〇九）の『**老残遊記**』全二〇回プラス別に九回（一九〇三年）は、残という姓の人（老残＝残さん）の山東旅行記で、「譴責小説」のひとつである。劉鶚は、甲骨文字の発見者の一人である。韓邦慶（雲間（松江）花也憐儂、一八五九～九四）の『**海上花列伝**』六四回は、呉語（上海語）で上海の花柳界の芸妓（芸者）たちを描いた。前三〇回が一八九二～九三年に発表され、一八九二年に全部が出版された。**黄遵憲**《こうじゅんけん》（一八四八～一九〇五）は、「新派詩」と呼ばれる作詩活動を行なった。

「**花部**（**乱弾**）」　明代以来の昆腔《こんこう》（演劇）が雅部とされたのに対し、一九世紀中葉から「花部（乱弾）」と呼ばれる大衆的な演劇、地方劇が各地方ごとに発展していった。湖北の黄岡県と黄陂《は》県の人がつくったので「二黄」とも呼ばれ、また腔調《こうちょう》（メロディ）で「西皮」（西北地方のメロディが湖北で発展したもの）と「二黄」（黄岡県・黄陂県で起こったメロディ）を区別したので、「皮簧《ひこう》」（「皮黄《ひこう》」）とも呼ばれる。北京地方の劇・**京劇**《きょうげき》のほかに、豫《よ》劇（河南）、晋《しん》劇（山西）、徽《き》劇（安徽《あんき》）、越《えつ》劇（浙江《せっこう》）、粤《えつ》劇（広東）、川劇（四川《しせん》）などがある。

6．清末民族問題

6-1　新疆《きょう》（東トルキスタン）問題

清朝は新疆に対し、植民地統治を行なった。新疆では一八六二年、陝甘ムスリム（イスラーム教徒）大反乱が起こると、クチャのドゥンガン（東干。漢人化したイスラーム教徒）は一八六四年、蜂起し、コーカンド・ハン国の将軍**ヤークーブ・ベク政権**（一八六四〜七七）が成立した。

ロシアは、中央アジアに進出し、イリを占領し、一八六八年、ブハーラ・ハン国、一八七三年、ヒヴァ・ハン国を保護国化し、一八七六年、コーカンド・ハン国を併合した。

一八七六年、**左宗棠**《さそうとう》（一八一二〜八五）を責任者とする新疆収復戦争が起こされ、一八七七年一二月までにイリを除く新疆（東トルキスタン）全域を回復、ヤークーブ・ベク政権は倒れた。一八八一年にはイリもロシアから返還された。一八八四年には省制を導入して新疆省を設置し、東トルキスタンに対する植民地統治が開始され、「中国」化が進められた。ロシアは一八九八年、トルキスタン省を設置した。なお、清朝は一八八五年、台湾にも省制を敷いた。

新疆では一九〇五年、反乱が起こった。宋教仁は、「西方第二の満州問題が出現した！　前月、新疆のクチャ、カシュガルで回民が騒ぎを起こした。ロシア兵と通じ、その保護を請い、ロシア兵のイリ、タルバハタイ、カシュガルに入った者は数千をもって数えるという事態に至った」と述べている。章炳麟は清朝の新疆統治が苛烈であったと述べ、来るべき新国家「中華民国」は「チベット、回部（新疆）、モンゴルの三荒服は、その去来に任せる」と述べていた。「荒服」とは「化外の蛮夷」、すなわち野蛮人の地の意である。

6-2　チベット

一七七二年、ブータンとイギリスが戦火を交えたとき、パンチェン・ラマが仲裁に入った。インド総督は、これを利用し、一七八二年、インド・チベット間の通商を認めさせたが、清朝軍のネパール侵攻で途絶した。チベットは一八八七年、シッキムを併合しようして侵入したが、イギリスはチベット勢力を駆逐し、シッキムをイギリス保護領とした。イギリスは一八九〇年、一八九三年にチベット・清との間に「シッキム条約」を締結し、インド・チベット間交易の再開を認めさせたが、実際の交易は行なわれなかった。

この頃、モンゴリアに進出していたロシアは、チベットにも接近してきた。ダライ・ラマ一三世は、イギリスの攻撃に対処すべく、一九〇〇年、ロシアのニコライ二世に援助を要請した。一方、イギリスは一九〇三年、チベットと交渉し、一九〇四年、ラサに侵攻した。ダライ・ラマ一三世は逃れ、イギリスはチベットにおける優越的地位を認めさせる「ラサ条約」をチベットと結び、清朝も、「中英北京条約」（一九〇六年）でこれを承認した。この間、ロシアは日露戦争の関係で動けず、ダライ・ラマ一三世はロシアの支援が受けられなかった。

清朝は一九〇五年に駐蔵大臣が殺害された事件をきっかけとして、カム地方をチベットから切り離して「西康省」を設置し、さらに軍を進めようとした。ダライ・ラマ一三世は、インドに逃れ、イギリスの援助を期待して親英政策に転換した。宋教仁は、イギリス人による「チベットの侵略」という事態が起きていると述べ、さらにロシア人が「チベットを蚕食している」としている。

一九一一年一〇月一〇日、湖北省武昌で反清蜂起が起こると、一〇月から一二月にかけて、湖南、陝西、江西、雲南、貴州、上海、浙江、安徽、広東、広西、福建、四川、江蘇などがあいついで独立を宣言した。こうした流れの中で、外モンゴルとチベットは独立を宣言した。朝鮮も、一八九五年には清朝の宗主権を拒否し、完全独立していた。

6-3　外モンゴル

清朝の対モンゴル政策は、当初はゆるやかなものであったが、一九世紀後半から次第に植民地化政策に変わってゆき、モンゴル人は抑圧に苦しむようになっていった。モンゴルでは、一九世紀後半に独立運動が始められた。一八八〇年、ウリヤスタイでモンゴル兵の反清反乱が起き、一九〇一年にはラマ僧たちがクーロンの漢人木材商店を襲撃する事件が、一九〇五年には内モンゴルで漢人高利貸商人に対するトクトホ・タイジの反乱、ザサクト・ハン（汗）アイマクでアヨーシの反乱が起き、一九〇六年にはクーロン（現ウランバートル）で漢人商人に反発する反乱が起こっていた。

清朝は、清末新政によって、外モンゴルへの①漢人の植民、牧地の開墾、②官署の設置、③軍隊駐留を進めた。このため、牧地が略奪され、モンゴル人の権益が侵害されていった。モンゴルの社会制度をどうするかという問題は、何よりもモンゴル人の意思が尊重されるべきだろうが、清朝の意思が外モンゴルに押しつけられたのであった。ここに、「宗主権」の問題があるわけである。宗主権とは、前近代的民族関係、一方による他方の支配にほかならない。

清朝の最後　一九〇八年、光緒帝は死亡し、続いて西太后も亡くなった。光緒帝死亡の原因は毒殺であることが、最近明らかにされた。二歳であとを継いだ宣統帝《せんとう》（愛新覚羅溥儀《あいしんかくらふぎ》、一九〇六〜六七、在位一九〇八〜一二）は、清朝最後の皇帝となった。

第13章　明治期日本と朝鮮／韓国

1．明治期日本（一八六八～一九一二）

1-1　明治維新（一八六八年）

日本では一八六八年、江戸（徳川）幕府が倒され、王政復古の明治維新が起こり、近代国家形成に踏み出した。明治維新の成功によって、日本に「民族国家」（*nation state*）が誕生したと言えよう。それは、一八七〇年の統一イタリアの成立、一八七一年のドイツ帝国の成立とほぼ時期を同じくしており、すこし早い。明治政府は一八六八年七月、明朝にならって「一世一元」という元号制を採用し、江戸を東京府と改称し、東京に遷都を行なった（一八六九年）。明治政府は、「**殖**《しょく》**産興業**」・「**富国強兵**」を掲げ、徴兵制を実施した（一八七三年）。

国旗・国歌　倒幕直前の一八六八年、徳川幕府は「日の丸」を日本船の印と定めたが、国旗と規定されたのは二〇世紀末の「国旗・国歌法」（一九九九年）によってであり、「君が代」も、『古今和歌集』の歌を基に一八六九年、イギリス人フェントンに作曲を依頼し、その後、林広守が雅楽調に改め、一九三七年、国定教科書で国歌と扱われたが、法的に国歌と規定されたのは同じく「国旗・国歌法」によってであった。

靖国《やすくに》**神社**（一八六九～）・**神道**《しんとう》　一八六九年、東京九段に戊辰《ぼしん》戦争以来の戦死者を合祀した神社・招魂社が設置され、一八七九年には別格官幣《かんぺい》社・靖国神社と改称された。官幣社は、神祇《じんぎ》省（のち宮内省）から供物を捧げられる格式を持つ神社で、日露戦争のさいはここで合祀祭が行なわれた。日本各地には一五〇の招魂社が建立され、そのほか全国に多数の忠魂碑（忠霊塔）が建てられた。靖国神社は、東アジア太平洋戦争終了後、宗教法人とされた。明治政府は、「**祭政一致**」（神祇の祭祀と国家の政治の一致）により神道を国教化した。「**神祇**」とは、「天神」（天《あま》つ神《かみ》）と「地祇」（国《くに》つ神）、つまり神々のことである。一九四〇年には神社を管理する神祇院が設置され、一九四六年に廃止された。明治国家は、宗教的な色彩が濃厚だったのである。

電気・郵便・鉄道（一八六九〜）　日本では、一八六九年、電信線が東京・横浜間に架設され、電報が利用され始めた。一八七一年には、郵便制度が開始された。鉄道は一八七二年、新橋・横浜間に敷設された。電話は、一八七七年に輸入された。電灯は一八八四年、上野駅で最初に導入され、電車は一八九五年、京都で最初に開通した。自動車は、一九〇〇年に輸入され、一九一三年に国産車が生産された。

ざんぎり（散切り）頭　明治政府は一八七一年、武士のちょんまげを禁止し、断髪令を布告した。当時、「ざんぎり頭をたたいてみれば、文明開化の音がする」と歌われた。清朝末期の革命運動における辮《べん》（弁）髪《ぱつ》切りに先んじた頭髪の「近代化」であった。

琉球の編入（一八七一年）　沖縄諸島には、一四世紀中頃に北山《ほくざん》（山北）・中山《ちゅうざん》・南山《なんざん》（山南）という三王国が成立した。明の洪武帝は、三者に王号を送り、三王国は明の朝貢国となった。中山の按司（領主）尚巴志《しょうはし》（一三七二〜一四三九）は一四二九年、三王国を統一し、琉球王国を成立させた。琉球王国（沖縄）は、江戸時代の一六〇九年に薩摩藩の支配下に入ったが、清朝を宗主国ともした。明治政府は一八七一年、琉球王国を鹿児島県に編入し、一八七二年、琉球藩を設置して琉球国王尚泰を琉球藩王とした。明治政府は一八七九年、琉球処分官を派遣し、琉球藩を沖縄県と改称した。明治政府が「琉球処分官」を派遣したので、これは「琉球処分」と呼ばれるが、この「処分」とは「処罰、切り捨て」の意ではなく、「処置、取りはからい」の意であろう。清朝は、これに抗議したが、琉球帰属問題は日清戦争の結果、日本帰属として決着した。日本による琉球（沖縄）統治は、東アジア内部からの中華秩序の崩壊の部分的開始であった。中華人民共和国には、今なお沖縄は中国の領土とする主張もある。沖縄の言語は、日本語系統とされる。

日清修好条規（一八七一年）　明治政府は一八七一年、清朝と領事の駐在、領事裁判権の相互承認などを取り決めた「日清修好条規」を締結した。これは、清朝と日本との対等条約であるという点で、中華秩序の部分的崩壊、東アジアにおける正の側面の近代化の進行を意味した。

太陽暦採用（一八七二年）　明治政府は一八七二年（明治五年）、貞享暦《じょうきょうれき》（太陰太陽暦、旧暦）を廃止して太陽暦を採用し、明治五年一二月三日を明治六年一月一日とし、七曜制を採用、日曜日を休日とした。

樺太《からふと》・千島《ちしま》交換条約（一八七五年）　樺太は、一八五四年の日露和親条約で日本人・ロシア人雑居地となっていたが、ロシアは一八五八年、清朝から樺太の宗主権を引き継ぎ、日本と一八七五年、樺太・千島交換条約を締結し、樺太をロシア領とし、全千島は日本領とし、日本北方の国境・領土を平和的交渉によって画定した。第二次世界大戦後、樺太はソ連領とされ、ロシア語名「サハリン」（もとはモンゴル語だという）となったが、一九世紀にはロシア人は樺太をユーラシア大陸の地続きと見ていた。

自由民権運動　一八七〇～八〇年代には、政府に民主的改革を要求する自由民権運動が起こり、「国会開設」などを要求した。**福沢諭吉《ゆきち》**（一八三四～一九〇一）は、大坂の緒方洪庵に学び、欧米を三回巡歴し、『**西洋事情**』（一八六六～六九）で欧米事情を紹介、『学問のすすめ』『文明論之概略』などを著した。福沢は一八六八年、慶應義塾を創設した。一八七九年、「**国会論**」を著して民権運動に影響を与え、その後、「**脱亜入欧**」を唱え、日清戦争前後から国権論に傾斜した。一八八一年、**自由党**（総理・**板垣退助《いたがきたいすけ》**）が結成され、「主権在民」を掲げた。**中江兆民《なかえちょうみん》**（一八四七～一九〇一）・**植木枝盛《うえきえもり》**（一八五七～九二）らは「自由民権」を主張した。自由党員は、秋田事件（一八八一）、福島事件（一八八二年）、群馬事件（一八八四年五月）、加波山《かばさん》事件（一八八四年九月）、秩父事件（一八八四年一〇月～一一月）、名古屋事件（一八八四年一二月）、大阪事件（一八八五年一一月）などを起こした。これらは、明治期における下からの近代化をめざす運動であった。

近代教育制度　明治以降の近代教育には、二つの側面がある。第一は教育の普及であり、第二は天皇に忠実な国民の養成であった。小学校は一八七二年に開設され、一八八六年、四年制で義務教育化され（尋常小学校）、中学校も開設された。明治政府は一八八六年、「**学校令**」「**帝国大学令**」を公布し、帝国大学を頂点とする近代的学校体系を確立した。小学校は、一九〇七年に六年制となった。義務教育により、一九一〇年には就学率は九八％になった。一八九〇年には、「**教育勅語**」が発布され、天皇崇拝、儒教的忠孝の思想が徹底されていった（一九四八年廃止）。

大日本帝国憲法（明治憲法。一八八九年二月発布〜一九四七年廃止）一八八二年、**立憲改進党**（総理・**大隈**《おおくま》**重信**《しげのぶ》）が結成され、「立憲君主制」を主張した。一八八九年二月一一日（紀元節）、伊藤博文《ひろぶみ》らがドイツ憲法を手本として起草した「大日本帝国憲法」（明治憲法）全七六条が欽定《きんてい》憲法として発布された。

天皇　明治憲法では、天皇は元首であり、「神聖にして冒《おか》すべからざる」存在とされ、天皇は神とされ、天皇には古代社会的刻印が与えられた。明治憲法は、国民を天皇の「臣民」とする「主権在君制」であり、天皇は議会の協力を必要としない「**天皇大権**」（緊急勅令・条約締結・宣戦・戒厳令・統帥《とうすい》権・憲法改廃権など）を有すると定められた。天皇は大元帥とされ、議会・軍政機関（陸海軍省）の上に立つ「**統帥権**」を有した。天皇の下には、帝国議会が置かれ、貴族院・衆議院の二院制とされ、納税額によって資格が規制された**制限選挙**が行なわれた。明治憲法は、東アジア太平洋戦争に敗れた直後の一九四七年に廃止された。

明治憲法における天皇の位置づけについて、講座派（岩波書店『日本資本主義発達史講座』執筆者グループ）は天皇制を「絶対主義体制」と規定し、雑誌『労農』による労農派は「有産階級の君主制」と規定した。明治憲法の規定では、天皇の権限は「絶対君主」と言ってよいが、明治期・大正期には明治維新元老の発言権がかなり強力だったという側面もあった。日露戦争当時の西南アジアには、日本は「立憲君主制」だという理解があり、今日の日本にも「立憲君主制」だったとする見解もある。「立憲君主」とは「君臨すれども統治せず」とされるが、天皇には「天皇大権」規定があり、また、天皇が統治や戦争遂行にかなり深く関与していた実態から言うと、立憲君主制とは言いがたい。

明治憲法では、神格を有する「絶対君主」の天皇制を基軸とする議会制をとり、法整備、産業・軍事・教育など国内各分野の近代化を推進するとともに、早くから対外膨張を追求し、一八九〇年代には日清戦争を遂行して台湾を植民地とし、一九〇〇年代には日露戦争を遂行して朝鮮を植民地とした。一九一〇年代には中国に二一カ条要求を突きつけて中国地域に対する帝国主義的願望を露わにし、一九三〇年代には事実上の植民地である「満州国」の樹立を経て、日中全面戦争に突入し、一九四〇年代には戦線を太平洋全域、東南アジアから南アジア東部にまで拡大したが、一九四五年に無条件降伏し、「膨張主義・軍国主義・帝国主義・植民地主義・戦争の時代」に幕が下ろされた。

一方、清朝は、一九世紀中頃から始まった欧米列強による東アジア進出に直面し、王朝体制と伝統的文化を維持しようとしながらも、近代化に一歩先んじた日本を参考にして改革を進めようとしたものの不徹底な結果に終わり、日清戦争に敗れた。

1-2　明治期日本の対外膨張政策

1-2-1　台湾出兵（一八七四年）　一八七一年、琉球宮古島の漁民六九名が台湾に漂着し、五四名が台湾のパイワン族によって殺害された。明治政府は抗議したが、清朝は台湾「生蕃《せいばん》」（住民）を「化外《かがい》の民」（文化・統治外の野蛮人）と答え、責任はとらなかった。明治政府は一八七四年、台湾に出兵し、「化外」の地は「無主の地」と言ってその後の台湾領有につなげていった。これは、明治政府成立後六年目にしてとった最初の対外軍事行動であった。

1-2-2　江華島事件（一八七五年）・**日朝修好条規**（一八七六年）　日本の軍艦雲揚《うんよう》号が一八七五年、朝鮮の江華島（カンファド）に接近すると、朝鮮側から砲撃を受けた。日本は報復砲撃を行ない、仁川（インチョン）

港対岸の永宗城島を占領し、「日朝修好条規」が結ばれた。この条約は、日本が朝鮮と清朝との宗属関係を否定して朝鮮を「自主の国」とし、釜山《ふざん》（プサン）など三港を開港させるとともに、朝鮮に日本の領事裁判権を認めさせ、①日本が清朝と朝鮮王朝の間の中華秩序を否定すると共に、②不平等条約を朝鮮に強いたという側面を持っていた。

壬午《じんご》（イモ）**軍乱**（一八八二年）　朝鮮王朝の**大院君**《たいいんくん》（テウォングン、一八二〇～九八）派（守旧派）兵士は一八八二年、都の漢城（現ソウル）で大院君を担いでクーデタを行ない、閔妃《びんひ》一族の要人と日本人を殺害し、日本公使館を焼き討ちした。「大院君」とは、皇帝の継承者が直系の子でない場合、その父を言う。清朝は、派兵してこれを鎮圧し、大院君を捕らえ、閔妃一族を支援し、影響力を強めた。日本と朝鮮は同年八月、「**済物浦**《さいもつぽ》**（仁川）条約**」を締結し、首謀者の処罰、賠償金、公使館守備兵駐留などを取り決めた。

甲申《こうしん》（カプシン）**事変**（一八八四年）　日本を手本として改革を行おうとしていた**金玉均**（キム・オクキュン。一八五一～九四）ら朝鮮の**開化派**（**独立党**・親日派）は、清仏戦争（一八八四年）で清が敗れたのを機に日本公使と結んでクーデタを起こし、親清保守派の**事大党**を追放したが、清の干渉で失敗した。

天津条約（一八八五年）　日清両国は、甲申事変の処理策として、①日清両国軍の朝鮮撤退、②日清両国軍事顧問の派遣中止、③将来の出兵時には互いに通知しあうことを取り決めた天津条約を締結した。

東学党の乱（中国語名「甲午農民戦争」。一八九四年）　朝鮮王朝では、没落両班《ヤンパン》・**崔済愚**《さいさいぐ》（チェ・ジェウ、一八二四～六四）は一八六〇年、西学（西洋思想・キリスト教）に対抗して儒・仏・道三教をまじえて創始した「東学（トンハク）」という教えを唱えた。「天」に対する無条件の信仰が、信者に肉体と霊魂の不滅を保証するというものであった。東学党の**全琫準**《ぜんほうじゅん》（一八五四～九五）は、「斥倭斥洋《せきわせきよう》」（日本人と西洋人の排斥）を唱えて全羅北道を占領した。朝鮮王朝は、この東学党の乱を鎮圧できず、清朝に救援を依頼し、清は朝鮮の牙山に出兵した。反乱軍は、朝鮮王朝と和解した。

1-2-3　日清戦争（一八九四～九五）　日本は、清の朝鮮出兵を日清両軍の朝鮮からの撤退、将来の出兵時には互いに通知しあうことなどを定めた天津条約（一八八五年）違反として出兵し、朝鮮王宮を占領し、朝鮮に清朝軍の撤退を日本に一任させたうえ、清に宣戦布告し（一八九四年八月一日）、日清戦争が起こった。日本陸軍は牙山で清軍を破ってマンジュ（満州）の遼東半島から遼西に兵を進め、日本海軍は清朝北洋艦隊を壊滅させ、一八九五年二月、山東半島の威海衛《いかいえい》を占領した。全琫準は、日本軍に捕まり処刑された。

下関《しものせき》条約（中国側呼称「馬関条約」。一八九五年）　日本と清朝は一八九五年四月一七日、日本の下関で講和条約を結んだ。日本全権は**伊藤博文・陸奥宗光《むつむねみつ》**（一八四四～九七）、清朝全権は**李鴻章《りこうしょう》**（一八二三～一九〇一）で、①清朝の朝鮮王朝に対する干渉権の放棄、清朝による朝鮮独立の承認、②遼東半島・台湾・澎湖諸島の日本への割譲、③日本への賠償金二億両《テール》（邦貨約四五〇〇万円）の支払い、④日本の通商上の特権承認、⑤開港場での日本の企業設立の承認、⑥日本船舶の長江（揚子江）航行権などを取り決めした。

三国干渉（一八九五年）　しかし、その六日後の四月二三日、ロシアはドイツ・フランスとともに日本に遼東半島の清への返還を要求した（三国干渉）。日本は五月五日、三国の勧告を受諾し、一一月八日、三〇〇〇万両《テール》（邦貨約三億一〇〇〇万円）を代償として遼東半島を清に還付した。三国はその報酬を清に求め、ロシアは一八九八年、遼東半島の旅順・大連を二五年間租借し、ドイツは一八九八年、山東半島の膠《こう》州湾を九九年間租借し、フランスは一八九九年、広州湾を九九年間租借した。イギリスもこれに便乗して一八九八年、山東半島の威海衛を二五年間租借し（一九三〇年返却）、香港島対岸の九竜半島を九九年間租借した。以上が、日清戦争の結果であった。遼東半島は、新興国の日本ハゲタカから先輩のロシア・ハゲタカがむしり取り、その他はドイツ・フランス・イギリスなどのハゲタカ諸国が便乗してむしり取ったわけである。

日清戦争は、清朝に対する侵略戦争とは言えないが、東アジア史・世界史のひとつの転換点となった。アヘン戦争・清仏戦争などは、東アジア外部からの中華世界打破の動きだったが、日清戦争はそれとは違って、東アジアの新興小国である日本が東アジアに覇を唱えていた大国・清に戦勝したという点で、東アジア内部における中華世界秩序の全面的崩壊の開始という意味を持ったのであった。

1-2-4　台湾領有（一八九五～一九四五、約五〇年間）　台湾先住民は、マレー系のアミ・パイワン・タイヤル・ブヌン・ツオウ・サイセットなど言語・習慣の異なる諸部族である。鄭氏時代には、日本では高砂《たかさご》・高山国と呼ばれた。台湾には、王朝国家が形成されたことはなく、隋代に遠征が行なわれたり（六一〇年）、モンゴル元が遠征を行なったり（一二九二年、一二九七年）、明朝が常備軍を置いたり（一五九七年）したことがあったが、明代に対岸の福建などから中国地域の人びとが移住してきた。これは、主として明朝による国家的膨張行動ではなく、「民族移動」の一種と考えられる。台湾の中国語名は、古くは「琉求」であったが、明代に「琉球」（沖縄）がこの名を用いると、小琉球などと呼んで区別した。「タイオワン」は「台湾」の閩南《びんなん》語（台湾語）音である。

オランダ人は一六二二年、澎湖諸島を占拠し、一六二四年、澎湖諸島から撤退し、台湾南部に入植した。一六二六年には、**スペイン人**が北部に入植し、一六二九年には淡水にサン・ドミンゴ城を着工した。一六三〇年には、現・台南付近の安平にゼーランジャ城を築いた。オランダ艦隊は一六四三年、サン・ドミンゴ城を攻撃し、スペイン人は退去した。

鄭芝竜《ていしりゅう》（一六〇四～六一）を父とし、田川マツという日本人を母として九州平戸で生まれた**鄭成功**（福松、国《こく》姓爺《せんや》。一六二四～六二）の軍が一六六一年、南部に上陸し、オランダ人は退去した。鄭成功の子・鄭経（一六四三～八一）があとを継いだが、鄭経の死後、息子たちに内紛が起こった。清朝は一六八三年、台湾南部に進攻し、鄭氏政権を破り、一六八四年、福建省のもとに「台湾府」を設置、一八八六年、台湾府を昇格させ、**台湾省**を設置した。

日本は一八九五年、下関条約によって台湾および澎湖諸島領有を開始し、日本最初の植民地とした。同年六月、台北に**台湾総督府**が設置され、海軍軍人・樺山資紀《かばやますけのり》（一八三七～一九二二）が初代総督となった。清朝が把握していたこの年の台湾の人口は、二五四万六〇〇〇人であった。日本による台湾統治に対しては、「**台湾民主国**」などの抵抗運動が起こったが、同年一一月、全島平定と発表された。台湾駐留日本軍の統帥権は、総督が天皇から委譲を受けており、当初は台湾守備混成三旅団等であった。日本は、**台湾銀行**（一八九八年）を設置し、台湾南北鉄道を開通させた（一九〇五年）。日本による戸籍調査によれば、一九〇七年の台湾の人口は約三四〇万人であった。日本による戸籍調査数と清朝によるそれとの差は、清朝の台湾領有が部分的なものに止まっていたことを示している。日本統治下台湾では、日本語教育が行なわれ、製糖・樟脳生産・製塩などの産業が発展していった。

義和団事件（日本呼称、**北清事変**。一八九八～一九〇一）　日本は、義和団事件に対してロ・英・米・仏とともに、出兵し、鎮圧した。日本はその主力となったので、「世界の憲兵」と呼ばれた。ロシアは一八九八年、マンジュ（満州）を南下し、旅順・大連を租借した。

「**門戸開放宣言**」（一八九九年）　アメリカは、ハワイを併合し（一八九七年併合条約、一八九八年併合）、米西戦争に勝利してグアム・フィリピンを領有し（一八九八年）、太平洋を西に進出したが、ヨーロッパ列強にくらべて中国地域には出遅れた。国務長官**ジョン・ヘイ**（一八三八～一九〇五）は、伝統的政策の「モンロー宣言」を放棄し、一八九九年に①中国地域の門戸開放、②機会均等、および一九〇〇年に③領土保全の三原則を提唱した（「門戸開放宣言」）。

日英同盟（一九〇二〜二三）　一九〇二年一月、イギリスはロ・仏・独との対抗上、従来の「光栄ある孤立」（「名誉ある孤立」とも言う）政策を放棄し、日英同盟を結んだとされているが、イギリスは対トルコ政策や対清政策などをめぐってすでに一九世紀に他国との同盟政策を採用している。

1-2-5　日露戦争（一九〇四〜〇五）　日本は、ロシアの鴨緑江《おうりょくこう》（アムノクカン）進出に対抗し、一九〇四年二月八日夜、旅順港外のロシア艦隊を奇襲して日露戦争が始まった。翌九日、ロシアは日本に宣戦布告し、一〇日には日本がロシアに宣戦を布告した。英・米は日本を、仏・独はロシアを支援した。遼陽会戦（同年八月）、沙河《さが》会戦（同年一〇月）、**乃木希典**《のぎまれすけ》による多数の死傷者を出した旅順要塞戦（同年二月〜翌一九〇五年一月一日）、奉天大会戦（一九〇五年三月一〇日）、東郷平八郎の連合艦隊がバルチック（バルト海）艦隊を壊滅させた日本海海戦（一九〇五年五月二七〜二八日）を経て、両国共に国力が疲弊した。ロシアでは、「血の日曜日事件」（一九〇五年一月二二日）が起こっていた。この戦争に対し、清朝は局外中立の立場をとった。

ポーツマス条約（日露講和条約、一九〇五年）　アメリカは同年九月、両国を仲介し、アメリカのポーツマスで条約が結ばれた。その結果、ロシアは、①南マンジュ（満州）におけるロシア所有の関東州の租借権、②南満州鉄道とその付属地の租借権、③撫順《ぶじゅん》炭坑その他一切の権益を日本に譲渡し、④南樺太（サハリン）を割譲し、⑤朝鮮に対する日本の優先権を承認した。これは、東アジアにおける当時の日・ロおよび米・英・仏・独の国益追求の総和であり、決算であった。日本では、ポーツマス条約を屈辱的と受け取った人びとが**日比谷焼き討ち事件**（一九〇五年九月五日）を起こした。日露戦争においてヨーロッパの大国・ロシアとアジアの小国・日本が対決し、日本の勝利となったことは、アジアの新興帝国主義国家の急成長を物語るものであった。

清末期の日露戦争観　日露戦争は、清朝体制下で反満「民族」意識が発生した中で開始されたものだった。中国地域では、日露戦争を中国に対する日・ロの侵略とする受けとめ方もあり、日本への期待感もあり、また、ロシアの劣勢を小気味よがっている受けとめ方もあった。

孫文（号、逸仙《いっせん》・中山《ちゅうざん》、一八六六～一九二五）は、「日露戦争では、ロシアの兵力は日本の数倍で、戦わないうちから日本のロシアとの関係は、あたかも羊や豚を駆りたてて虎の餌食にするようなもので、必ず負けると誰もが思っていた」と言っている。孫文は、「イギリス人は自分では東方でロシアに勝つことができないと思い、日本がロシアの遼東割譲への干渉を怨んでいるのに乗じて、日本をそそのかせてロシアと対抗させたのだった。日本がロシアと戦ったのは、日本人に言わせれば、朝鮮を取るためであり、東三省を保全してロシア人に駐兵占領させないためだった。イギリス人に言わせれば、日本人はイギリス人のためにインドを守ったのにすぎなかった」と述べ、日露戦争がロシア・日本・イギリスのいずれの側から見ても帝国主義戦争に他ならなかったとの認識を示している。また、「日露戦後、日本の地位はさらに固まり、イギリスも瓜分（中国地域分割）のさいに日本を満足させることができなかった」、「日本の勃興はまたヨーロッパが中国を瓜分する障害となり、さらに転じて勢力均衡をもたらした」とも述べている。

孫文は最後の日本訪問のさい、講演「**大アジア主義**」（一九二四年一一月二八日）で、日露戦争に触れ、日本人聴衆に向かって「日本人がロシア人に戦勝したということは、アジア民族がこの数百年の中ではじめてヨーロッパ人に戦勝したということである」、「アジアのすべての民族は大いに驚き、かつ喜び、極めて大きな希望が生まれた」と言い、まもなく孫文はヨーロッパから船でアジアに帰ったが、スエズ運河を通過したとき、アラブ人と見られる人たちがやって来て孫文に「日本人か」と問いかけ、「今回、日本がロシアを打ち負かしたことを、われわれは東方民族が西方民族を打ち負かしたのだと思っている。日本人の戦勝を、われわれは自分の戦勝と思っている」と語ったというエピソードを伝えている。

孫文の日露戦争論には、①弱者と見られていた東方の日本が西方の強者・ロシアと戦って勝利したことにより、欧米列強に抑圧されていたアジアの人々に希望と自信を与え、民族独立の願望を鼓舞したという好感的評価があると共に、②この戦争は日・ロ両国の中国における帝国主義的利権抗争の開始だとの冷めた評価もあり、二つの側面がある。

魯迅の幻灯体験　魯迅（一八八一〜一九三六）は、一九〇二年から七年間、日本に留学した。まず、弘文学院で日本語を勉強し、ついで仙台医学専門学校で学んだ。魯迅も、留日学生「民族」運動の一員となり、光復会に参加した。留学一年後にマンジュ（満州）族の風俗である弁髪を切った。彼が日本の仙台の医学専門学校に在学していたとき、講義が一段落したさい、教員が風景や時事のスライドを見せてくれたが、ちょうど日露戦争のころで戦時物が多くなり、あるとき、体つきは屈強だが血のめぐりのわるそうな顔つきの一人の中国人がロシアのスパイの嫌疑で捕らえられ、日本軍に首を切り落とされようとしており、大勢の中国人がそれを取り囲んで見物しているのを見たと書いている。魯迅は続けて、それ以来、病気を治す医学より人間の精神を変える文芸運動のほうが重要だと思うようになったと述べ、自分が文学に転じたきっかけは日露戦争だったと書いている。しかし、魯迅は反日主義者ではなかった。

当時一〇歳台の少年だった**毛沢東**（一八九三〜一九七六）ものちに、「ロシアに対する日本の勝利のこの歌の中に日本の誇りと力の何物かを感じました」と述べている。

蔣介石の日露戦争論　蔣介石（一八八七〜一九七五）は、「ネルチンスク条約が中ロ両国の国境線を確定し、ロシアは中国の領土を侵略占領した。ロシアが一八五〇年に廟街（ニコリスク）を占領したのち、さらに東北でわが黒竜江以北・ウスリー以東の領土を取り、新疆ではわがホルゴス以西の領土を取った。甲午中日戦争（日清戦争）が終ったのち、ロシアは機に乗じてわが東北鉄道建設権を奪取し、続いて旅順、大連湾を占領した」、その後、義和団事件により、「ロシアは東北に出兵し、辛丑《しんちゅう》和約（北京議定書）が締結されたのち、各国は撤兵したのに、ロシアのみ駐留を続けて撤兵せず、日露戦争を醸成した」と述べている。蔣介石は、「日本は明治維新から現在まで中日戦争（日清戦争）と日露戦争という二つの戦役ののち、わが台湾を割《さ》き、わが琉球（沖縄）を占領し、わが朝鮮を併合し、現在ではわが東三省を侵略占領し、なんと世界の五強の一つと称している」と述べている。これは、蔣介石に限らず、中国国民党・中国共産党を含む大中華主義者に共通の認識である。

レーニンの日露戦争観　ロシア革命の指導者レーニンは、日露戦争について、日本の勝利を喜び、日本の進歩的役割を高く評価した。レーニンのこの立場は、主としてロシアにおける革命運動を推進する立場からツァーリ・ロシアの敗北を有利と捉えたからであった。レーニンが日露戦争において日本を賞賛したのは、孫文が革命運動において日本政府の支援を要請したり、ソ連の支援を受け入れたりしたのと同じ発想によるものであろう。

日露戦争中、**片山潜**（一八五九〜一九三三）は第二インタナショナル・アムステルダム大会でロシアのプレハーノフ（一八五六〜一九一八）と握手を交わし、国際連帯を表明した。歌人・**与謝野晶子**《よさのあきこ》（一八七八〜一九四二）は日露戦争を、「あゝおとうとよ、君を泣く　君死にたまふことなかれ」「人を殺して死ねよとて　二十四までをそだてしや」「すめらみことは戦いに　おほみずからはいでまさね」と歌った。世界にもまれに見る見事なまでの反戦歌であった。日露戦争の将軍・**乃木希典**《のぎまれすけ》は、明治天皇が死去（一九一二年七月三〇日）すると殉死した。

日露戦争の諸側面　日露戦争は、ロシアに対する侵略戦争であったわけではないが、日本の自衛戦争でもなく、満州・朝鮮支配をめぐる日・ロ間の帝国主義戦争であった。日露戦争には、次の諸側面がある。

①日本では、日露戦争が明治維新以来の近代化の歩みの結果として国際的地位の上昇を実現したという点が強調されることが多い。それは、歴史的事実の一面である。

②日露戦争でアジアの後進国、有色人種の小国日本がヨーロッパの先進国、白人の大国ロシアを打ち破ったこ

とが、白人帝国主義に抑圧されていたアジア各地の諸民族に希望と激励を与えたということも歴史的事実である。こうした受け取りかたは、清にも存在した。また、オスマン朝トルコやペルシアなど西南アジア諸国では、立憲君主制をめざす動きに拍車をかけた。

③しかし、日露戦争の意味はそれだけではなかった。日露戦争は日・ロ両国にとって、朝鮮・清に対する帝国主義的対外膨張のための戦争であった。この戦争は、日清戦争から朝鮮支配、「満州国」という植民地国家の建設、そして東アジア太平洋戦争に至り、日本を無条件降伏という亡国の破局に陥れた戦争と他民族支配の歴史の第二段階だった。

④また、日露戦争が白人帝国主義に抑圧されていたアジア各地の諸民族に希望と激励を与えることを目的として行なわれた戦争ではなかったという事実も、認めなければならない。しかし、歴史的事実を総合的に見ないと、日露戦争は「今日の日本を築いた輝かしい栄光の戦い」だとか、「世界史にも稀な偉業を達成した祖先の壮挙」だとかいった単純な礼賛に陥ってしまう。このような見方には、日露戦争を中国・朝鮮から見た場合どうなるのかという問題関心がそもそも欠けており、視野が狭く、一面的で、アナクロニズムでさえある。

⑤日露戦争を「中国への侵略」と批判する中国側の見解の中には、台湾・沖縄・朝鮮・満州・モンゴル・新疆・チベット等は中国のものであるという大中華主義の認識が存在していたことも、見落とすべきではない。一九～二〇世紀の中国地域史において、列強が「中国地域侵略」を行なったことは事実であるが、列強が滅ぼしていったのは中華世界構造・中華意識でもあり、「中国侵略」批判には純然たる「帝国主義」批判とは異なる、④に紹介した日本国内のアナクロニズムと好一対の旧中華意識的要素、旧中華世界の再建という世界戦略的目的意識も含まれていると見られる。

関東州（一九〇五～四五）　日露戦争後、旅順・大連を付属地とする関東州は日本の租借地となった。関東州の管轄と満鉄の保護・監督にあたる**関東都督府**が一九〇五年、遼陽に設置され、一九〇六年に旅順に移転された。日本は同一九〇六年、ポーツマス条約で得た東清鉄道南満州支線の長春・旅順間の鉄道・鉱山・製鉄業を経営する半官半民の**南満州鉄道株式会社**（略称、満鉄。初代総裁、後藤新平〈一八五七〜一九二九〉）を大連に設立した。

「宣戦布告」義務（一九〇七年）　日露戦争では、日本はロシアに「宣戦布告」を行なわずに戦闘をしかけたが、**ハーグ平和会議**（一九〇七年）は、「**ハーグ陸戦協定**」を決定し、宣戦布告のない開戦を禁止した。

社会科学用語等の中国地域への輸出　日本は、漢字を中国地域から輸入してながく利用してきたのだが、明治期になると西洋文化をいち早く導入し、その訳語を製造していった。この訳語、主として社会科学用語（社会、経済、哲学……）は、清末期以後の中国地域に輸出されていった。それらは、計一万語にも達するという。

明治期社会主義思想　明治末期からは、社会主義思想も広まっていった。**安部磯雄**《あべいそお》（一八六五〜一九四九）は、キリスト教社会主義を学び、同じくキリスト教社会主義者・**木下尚江**《なおえ》（一八六九〜一九三七）は、日露戦争に反対した。**幸徳秋水**《こうとくしゅうすい》（一八七一〜一九一一）は、自由民権運動に参加し、中江兆民の弟子となったが、その後、社会主義思想に関心を持ち、**社会民主党**結成（一九〇一年。二日後、結社禁止）に参加し、『**平民新聞**』を発刊して（一九〇三年）、日露戦争に反対した。幸徳はその後、「朝鮮の独立」を主張し、無政府主義を主張した。幸徳らは一九一〇年、明治天皇暗殺計画があったという理由で逮捕された。一九一一年、二四名が死刑判決を受け、幸徳ら一二名が処刑され、社会主義の「**冬の時代**」を迎えた。**大逆事件**《たいぎゃく》と呼ばれる。幸徳には、『社会主義神髄』がある。**堺利彦**（一八七〇〜一九三三）・**片山潜**《せん》らは、**日本社会党**を結成した（一九〇六年、一九〇七年分裂、一九二五年禁止）。警視庁は一九一一年、思想犯・政治犯を取り締まる特別高等課を設置し、一九二八年には全国各府県に特別警察を設置した。これを「特別高等警察」（特高）と呼ぶ。

2. 朝鮮王朝（一三九二～一八九七）／大韓帝国（一八九七～一九一〇）

ヨーロッパ勢力の到来　一六二八年、一六五三年にオランダ人が済州島（チェジュド）などに漂流し、彼らは火砲製造法などを教えた。一八世紀には、天主教（カトリック教）の司祭がやってきて布教が行なわれ始めた。一八五七年には、信者は一万五〇〇〇余人となった。朝鮮王朝第二六代の**高宗**（コジョン、一八五二～一九一九）の父・大院君《たいいんくん》（テウォングン、一八二〇～九八）は一八六六年、フランス宣教師のうち九名と朝鮮人信者八〇〇〇余名の死刑を決定したが、フランスが救助隊を派遣し、神父たちは脱出した。

閔妃《びんひ》殺害事件　東学党の乱（一八九四年）が起こり、清が出兵すると、日本はこれに対抗して出兵し、日清戦争（一八九四～九五）に発展した。高宗の王妃閔妃《びんひ》（ミンビ、明成皇后、一八五一～九五）は立后後、高宗の実父・大院君を引退させ、閔氏親族の政権独占をはかり、親日派とともに近代化を推進したが、その後、清・ロ勢力を背景に親日派を圧迫した。三国干渉後、日本の駐朝公使三浦梧郎《ごろう》と日本公使館守備隊は一八九五年一〇月、ロシアに接近し親ロ反日政策を採った閔妃を殺害するという暴挙を行ない、大院君の親日内閣を成立させた。

日本は一九〇五年、「保護条約」で韓国を「保護国化」した。ソウルには、統監府が設置され、「明治の元勲、初代内閣総理大臣」**伊藤博文《ひろぶみ》**が初代総監になった。その後、総監を辞任していた伊藤博文は一九〇九年一〇月二六日、ハルビン駅で暗殺された。銃撃したのは、韓国の**安重根《あんじゅうこん》**（アン・ジュングン。一八七九～一九一〇）であったとされるが、異説もある。

大韓帝国（一八九七～一九一〇、約一三年間）　日清戦争で宗主国・清が敗れると、朝鮮王朝の高宗は独立国であることを示すため、大韓帝国と改称し、みずから皇帝に即位した。したがって、大韓帝国は、朝鮮王朝の名称変更であって王朝交代ではない。

韓国併合（「日韓併合」。一九一〇～四五、約三五年間）　日本は一九一〇年八月、「韓国併合条約」（日韓併合

条約）により、韓国を領有し、台湾につぐ第二の植民地とした。朝鮮王朝／大韓民国の首都・漢城は、京城《けいじょう》と改名（大韓民国設立後、ソウルと改名）され、天皇直属機関として**朝鮮総督府**が設置された。以後、一九四五年までの三五年間、日本による朝鮮植民地支配が行なわれた。日本軍は一九〇四年、天皇直属のもとに「韓国駐劄《さつ》軍」を創設し、一九一〇年、これを「朝鮮駐劄軍」に再編成し、一九一八年、「朝鮮軍」とした（一九四五年二月六日廃止）。「朝鮮教育令」（一九一一年八月）は、「教育勅語」による「忠良なる国民を育成する」ことを目標に掲げた。朝鮮半島の中華世界を崩壊させたのは、日本帝国主義であった。

第14章　辛亥革命

1．「革命」論の系譜

清朝が日清戦争で日本に敗れた頃、西欧の軍事・産業を導入する「洋務」や立憲君主制をめざす「変法」にあきたりず、清朝を倒し、共和制を実現することをめざす「革命」論が登場した。この革命論は、民主主義的変革をめざしただけではなく、清朝がマンジュ（満州）族王朝であったことから反満民族主義という特色をあわせ持っていた。

1-1　孫文ら「革命」派の排満「民族主義」

太平天国以後、「清朝打倒」を掲げたのは、孫文である。孫文は、ハワイで**興中会**《こうちゅうかい》（一八九四年）を結成し、上書を提出したが、反応がなく、一八九五年、広州で武装蜂起（中国語呼称「広州起義」）を起こしたが失敗した。孫文は、「韃虜《だつりょ》（清朝、満州人）の駆除」を掲げ、日露戦争開始後も満州人（清朝）を「蛮族」と呼んで満州人は「中国人」ではないという認識を述べていた。また、孫文は一九〇三年一二月、「われわれは、必ず非満族の中国人の間で民族主義の精神を発揚しなければならない。これは、わが畢生《ひっせい》の職責である」と排満「民族主義」を述べている。その点で、孫文は太平天国の洪秀全の系列である。**陳天華**（字《あざな》、星台・過庭。一八七五～一九〇五）は、日本に留学し、帰国後の一九〇四年、**黄興**（一八七四～一九一六）・**宋教仁**（一八八二～一九一三）らの「華興会」に参加した。一九〇五年に「中国同盟会」に参加し、日本政府の「清韓留日学生取締規則」に抗議し、大森海岸で入水自殺した。**鄒容**《すうよう》（一八八五～一九〇五）も、日本に留学し、『**革命軍**』（一九〇三年）を書き、清朝批判の『**蘇報**』**事件**で捕らえられ、獄中で死亡した。黄興は、**王夫之**《ふうし》（号、**船山**。一六一九～九二）の影響を受けた。**章炳麟**《しょうへいりん》（号、太炎《たいえん》。一八六九～一九三六）は、浙江省余杭《よこう》出身の「中国」民族（漢族）主義者で、**黄宗羲**《き》（号、黎洲、一六一〇～九五）・**張蒼水**・**呂留良**などの影響を受けた。変法論の張之洞（一八三七～一九〇九）に「攘夷排満」を勧め、『昌言報』を主宰した。『蘇報』事件で鄒容と共に下獄し（一九〇三年）、蔡元培らと共に光復会を結成し（一九〇四年）、中国同盟会機関誌『**民報**』の主筆となった。国民党が権力を掌握（一九二八年）したのちは、訓政（一党専政）に反対した。

1-2　中国同盟会（一九〇五～一二）・「中国」「中華民族」の創出

孫文の「**興中会**」（広東グループ）・黄興《こうこう》ら「**華興会**」（一九〇三年頃結成、湖南グループ）・章炳麟《しょうへいりん》らの「**光復会**」（一九〇四年結成、浙江グループ）は一九〇五年、日本の東京で合同して「中国同盟会」（「中国革命同盟会」は誤り）を結成し、総理孫文・副総理黄興を選出し、三民主義・四大綱領を決定し、東京で機関誌『民報』（一九〇五～一〇、月刊、一～二六号）を発刊した。「中国同盟会」とは、「中国」を創出するという意味であり、「中華民族」意識に基づく「中国人」による「中国」を建国することを目的としていた。

1-3　排満革命としての辛亥革命

「中国」「漢族」「中華」　「**拒俄《きょが》運動**」（一九〇一～〇五。「俄」はロシア）では、「排満」意識をまったく持たず、清朝中国の「国民」という意識をもって、清朝がロシアに抵抗することを求める運動が起こったが、突如として清朝の国民という意味での「中国人」意識から漢族意識・「排満」論に論調が変わってしまう。拒俄運動の清朝「中国人」意識から「排満」論への転換は、一九〇三年五月から六月にかけて起こったと見られる。その例は、鄒容の『革命軍』である。こののち、拒俄運動の排満化が起こるのである。日本に留学した陶成章（一八七八～一九一二）も「中国民族消長史」（一九〇四年）において、「中国は、中国人の中国である。誰が中国人であるのか？　漢人種が、それである」、「中国の歴史は、漢族統治の歴史」である、「中国民族は、一名を漢族という、その自称は中華人または中国人である」と言っている。「『中華』は『中国』と『華夏』との複合語である」という。

章炳麟は、「中国」とは「四裔《えい》〈周辺〉と区別して」言い、「漢土では、中国の名は、先漢の郡県を境界としている」とする。章炳麟は、「華」については、「華山を境界と定めて、その国土を華と名づけ」たのであり、「華はもともと国名であり、種族の号ではない」と言う。「種族について言えば、『夏』と言うべきである。『説文〈解字〉』に、夏とは中国人のことであると言っている」、「諸夏の名は、この民族がはじめて至った土地〈の名〉によって言うのである。世に昆崙を華国と言う」としている。「漢」については、漢王朝がはじめ漢中に封を受け、夏水、華陽を含んでいたので、「華」「夏」「漢」が同じものの三つの名称として使用されるようになり、「漢」や「華」が族名でもあり、邦国の名称にもなったという。清朝はマンジュ（満洲）族の王朝であったが、みずから「中華」、「中国」と名のるようになった。これが、中華民国の「五族共和」論の歴史的前提を形づくっている。

「黄帝の子孫」　排満革命論者たちは、漢族の民族意識と誇りを確立・普及すべく、漢族は「黄帝の子孫」あるいは「炎黄（炎帝・黄帝）の子孫」であると強調し始める。魯迅も一九〇三年、「わが血を以《も》って軒轅《けんえん》に薦《すす》めん」と書いた。軒轅とは、黄帝の名である。なぜ黄帝なのかについては、劉師培《りゅうしばい》が「黄帝紀年論」で、「中国に黄帝がいるのは、日本に神武天皇がいるようなものであり、日本にならっている」と述べている。陶成章・宋教仁・谷鏡秀らは、「中国民族」は「小アジアのバビロンに源を発し」、「中国」を「侵略」したのだと「中国民族」＝「バビロン」起源説を述べている。

1-4　「三民主義」・「四綱」・「五権憲法」論

孫文の革命論は、次のような項目を掲げていた。

①**三民主義**　i．民族（清朝打倒）、ii．民権（共和制国家の樹立）、iii．民生（地主・資本家による利益独占の排除、社会問題の解決）である。

②「**四綱**」論　『軍政府宣言』（一九〇六年）は、「中国人が中国を治める」ための「国民革命」を掲げ、「自由・平等・博愛の精神」による「駆除韃虜《だつりょ》〔韃虜の駆除〕」、「回復中華〔中華の回復〕」（漢族中心秩序の回復）、「建立民国〔民国（共和国）の樹立〕」、「平均地権〔地権の平均〕」を「四綱」とした。孫文は、「中華の回復」とは、「中国人」が「中国」の主権を掌握すること、すなわちマンジュ（満洲）族の支配を排除した漢族中心の国家＝「中華民国」を創設するということだと考えていた。

③「**三序**」論（「**軍政・訓政・憲政**」**三段階論**）『軍政府宣言』は、「四綱」実現の手順として、三年間の「軍法（のち、「軍政」となる）の治」、六年間の「約法（のち、「訓政」となる）の治」ののちに「憲法（のち、「憲政」となる）の治」を行なうとした。

④「**地方自治**」**論**　孫文は、「約法の治」においては「地方自治」が実施されるとし、「地方自治の範囲は一県をもって充分の区域とすべし」とし、地方自治の事務内容として、①「戸籍調査」、②（地方自治）「機関の設

立」、③「地価の決定」、④「道路建設」、⑤「荒地の開墾」、⑥「学校の設立」の六項目を挙げている。

⑤ **「五権憲法」論**　孫文は、「イギリスの憲法」は「三権分立で、行政権、立法権、裁判権」が独立しているが、「将来の中華民国の憲法」は「五権分立」であり、三権の他に「考選権」と「糾察権《きゅうさつ》」を設けた、「考選権」とは独立の機関を設けて上級から下級までの官吏登用に試験を行なうものであり、「糾察権」とは同じく「独立」の機関を設けて「監督・弾劾を所管する」ことであると説明している。

1-5　日本人と孫文の交流

孫文は、日本にたびたび亡命し、**宮崎滔天《とうてん》**（一八七一～一九二二）・**梅屋庄吉**（一八六六～一九三四）などの日本人は支援を惜しまなかった。孫文の号となっている「中山《ちゅうざん》」は、日本亡命中の日本人偽名「中山樵《なかやまこずえ》」から取ったものであり、孫文は現在、中国でも台湾でも「孫中山」と呼ばれている。宮崎滔天の思想には、人類同胞主義、自由民権主義、土地復権主義、支那革命主義、アジア主義などの特徴が見られる。土地復権の思想とは、土地というものは耕作する権利はあっても私有する権利はなく、人々の共有にすべきだ、というものである。支那革命主義とは、日本では革命はむずかしいが、支那でならやりやすいという考えである。支那革命主義とは、「アジア主義」であり、侵略的欧米対弱小アジアという構図がある。これが、自由民権主義と並列してたてられており、このアジア的ないし国家的危機意識が中国へ夢を馳せるスプリング・ボードとなっていた。貿易商の家に生まれた梅屋庄吉は、孫文と意気投合し、今日の金額にして一兆円以上と言われる資金援助をした。

2. 辛亥《しんがい》革命

2-1　反清武装蜂起（一八九五～一九一一）

孫文は興中会設立後、九回武装蜂起を行ない、いずれも失敗した。①広州起義（武装蜂起、一八九五年）、②

恵州三洲田起義（一九〇〇年）、③広東省潮州黄岡起義（一九〇七年五月）、④広東省恵州七女湖起義（同年六月）、⑤広東省欽《きん》州・廉州・防城起義（同年九月）、⑥広西・鎮南関（現・友誼関）起義（同年一二月）、⑦欽州馬篤山《ばとくざん》起義（一九〇八年三月）、⑧雲南省河口起義（同年四月）等を行なったが、いずれも失敗した。その後、孫文は「新軍」建設を重視し、⑨黄花崗《こうかこう》起義（一九一一年年三月）では起義そのものは失敗したものの、一定の成果をあげた。

2-2　**保路運動**（一九一一年五～九月）

清朝は一九一一年五月、民間経営の川漢・粤《えつ》漢鉄路を国有化し、鉄道敷設権を「四国銀行団」（英・仏・独・米）に与えた。これに対し、川漢鉄路株主は六月、「保路同志会」を結成し、参加者は数十万人に達したが、清朝は九月、これを弾圧した。この保路運動のなかで辛亥革命が発生する。

2-3　**武昌蜂起**（一九一一年一〇月一〇日、火曜日）

一九一一年一〇月、中国同盟会の清朝新軍に対する働きかけにより、湖北省武昌の新軍内革命派による武昌起義（武装蜂起）が成功し、「中華民国鄂《がく》（湖北）軍政府」が樹立された。この日は、清朝暦では宣統三年八月一九日、干支《えと》で辛亥《かのとい》の年だったので、辛亥革命と呼ばれる。広義には、興中会設立から中華民国建国までを辛亥革命運動と呼ぶ。一九一二年一月一日には大統領（総統）内閣制をめざす中華民国が成立した。

このほか、清末には**李石曽《りせきそう》・呉稚暉《ごちき》・張静江《ちょうせいこう》**らがパリで週刊誌『**新世紀**』（一九〇七年六月～）を創刊し、東京では『**天義**』（一九〇七年六月～）が創刊され、無政府主義グループの出版物とされるが、アナーキズム（無政府主義）と言えるかどうか疑問がある。

新国家の国号＝「中華民国」　清末排満革命論者たちは、ほぼ共通して新国家名称として、「中華」と「共和国」あるいは「民国」という二つの要素を不可欠のものと考えていた。命名者は章炳麟であった可能性がある。

当初の「中華」には、「排満」が込められていたのだった。

第15章　中国地域近代第二期／中華民国前期（一九一二〜二八）

東アジア世界の変動　中華民国前期の東アジア世界の変動とは、一九世紀中葉以来の列強の東アジア侵略と列強間矛盾、辛亥革命による清朝の崩壊と中華民国の成立という前提条件の下で、①第一次世界大戦（一九一四〜一八）を新たなきっかけとする日本の中国進出とドイツの中国からの撤退、②ワシントン会議（一九二一〜二二）による戦後世界新秩序形成、③ロシア革命（一九一七年）、東北アジアにおける極東共和国の成立とロシア白軍の反革命戦争、日本のシベリア干渉戦争、そして④辛亥革命前後から活発化する旧清朝版図下の諸民族の独立気運とこれを否定する中華民国の大中華主義との対抗による民族関係の変動などを主な内容としている。民国前期には、チベット・外モンゴルが独立を達成し、民国後期には、内モンゴル・新疆が一時期、独立ないし実質的独立を達成した。

北京政権と南方政権　中国地域では、辛亥革命ののち、中華民国が成立したが、袁世凱らの北京政権が中華民国前期（一九一二〜二八）を統治した。孫文ら国民党は、これに対抗して南方の広東に革命政権をつくった。知識人たちは、新文化運動を起こし、伝統文化批判、西洋文化の導入など、さまざまな近代化をめざす文化運動を推進した。その中からマルクス主義に中国の進路を求める動きが生まれ、中国共産党が結成された（一九二一年）。中共は、ロシア／ソ連型の革命をめざした。国民党は、中国の近代化をめざし、中華民国憲法を制定（一九四七年）したが、清朝同様、その実施以前に支配体制は崩壊した（一九四九年）。

民国前期は、政権システムを含む「近代化」の模索の時期であった。民国前期は、袁世凱政権期の帝制復活（一九一六年一〜三月）と張勲復辟《ちょうくんふくへき》（一九一七年七月）という一時期を除けば、基本的に共和制を前提としていたという点が、従来、正当に評価されてこなかった。民国前期中国では、当初は『臨時約法』に基づく議会制民主主義が実行され、袁世凱帝制破綻後は大総統権限を強化した行政府主導型への修正が事実上行なわれるとともに、大部分の期間、国会が存在し、各種法案は国会の審議を経て制定された。また、憲法制定への努力が行なわれ、法制整備が進められ、法治社会への移行が追求されたのであった。民国前期各北京政権も、共和制という国体に規定され、このシステムを曲りなりにも認めている。この共和政体は、中国社会のさまざまな側面に深い影響・変化をもたらしたものと思われる。中華民国成立直後のアヘン禁止令（一九一二年三月二日）、纏足《てんそく》禁止令（同月一三日）、雲南省纏足禁止令（一九一三年七月）、山西省纏足禁止令（一九一六年一二月）なども、広い意味で「近代化」のひとこまと見てよいだろう。纏足とは、女子の足をしばって大きくさせない中国地域独特の風習であり、一〇世紀頃から五代南唐で始められた。

中国同盟会は結成以降、清朝打倒をめざす革命派の中心となり、辛亥革命後の一九一二年に「国民党」に改組された。「中国」は、一九一二年一月一日、「中華民国」という国号を付されて成立はしたものの、中国同盟会／国民党は政権を掌握し続けることができず、第二革命、第三革命の失敗を経て、孫文死後の国民革命・北伐によって、中華民国成立から約一七年後の一九二八年六月に国民党は北京政権を打倒し、一〇月、「民国復興国慶節」を祝い、一二月に東北易幟《えきし》が実現することによって、ようやく東北を含む全国に及ぶ政権を掌握することができたのだった。

1．南京・孫文政権

一九一二年一月一日（月曜日）、「中華民国」が成立し、孫文が臨時大総統に就任した。この日は、陰暦で宣統三年辛亥一一月一三日だったが、この日から**陽暦**を採用することになり、「中華民国一年」または「大中華民国一年」（＝一九一二年）と表記することとなった。

1–1　国号＝「中華民国」

一九一二年一月一日、「中華民国」という国号を付された国家が成立した。「中華」と「民国」（共和国）の結合である。中華民国が成立すると、「中国」民族主義は反満から五族共和へと転換し、満州族も中華民国の一員であるとした。モンゴル族元朝が中国地域北部を支配していたとき、江南（中国地域南部）に存在した漢族系の南宋王朝を「中国」と呼んだり、満州族清朝がみずからを「中国」と称したりしたことはあるが、清朝までの王朝で国号を「中国」と名のった王朝はひとつもなかった。中華民国・中華人民共和国による国号の略称としての「中国」の使用は、二〇世紀にはじめて登場したものである。

中華「民国」は、清朝の帝制を打倒し、近代的憲法体制に基づく国民主権の共和制国家をめざすと共に、「五族共和」という「大家庭」にたとえられる国内民族関係を形成したが、それは決して各民族の対等・平等を意味するものではなく、「大家庭」には家長がおり、家長は漢族であるべきだと考え、非漢族各民族の独立権は決して認めなかった。それが、国号に「中華」を冠した「中華」民国という国名の意味するものであった。

中華民国臨時政府は一九一二年一月、政府人事を決定した（陸軍総長・黄興　海軍総長・黄鐘瑛《えい》　内務総長・程徳全　外交総長・王寵恵　司法総長・伍廷芳　教育総長・蔡元培　財政総長・陳錦濤　交通総長・湯寿潜　実業総長・張謇《ちょうけん》）。

1–2　孫文政権軍

一九一二年一月一六日、陸軍部が制定した「陸軍暫行編制」は、編成を「軍・師・旅・団・営・連・排・班」とし、「軍・営・排」の三級は清末新軍の編成を踏襲し、清朝時代の「鎮（師に相当）・協・標・隊・棚」などは廃止した。陸軍部は、四月までに第一～第五軍を編成した。

1-3　「中華民国臨時約法」（一九一二年三月）体制

「中華民国臨時約法」は三月一一日、公布された。同約法は、「中華民国の主権は、国民全体に属する」と規定し、「中華民国の立法権は、参議院がこれを行なう」として、参議院の「職権」として、一切の法律案の議決、臨時政府の予算・決算の議決、臨時大総統・国務員に対する弾劾権、臨時大総統・副総統の選挙権などを定めた。立法機関は、「参議院」とされた。臨時約法は、臨時大総統制をも定めており、大総統の権限には、「全国海陸軍隊を統帥」、「戒厳」令などがあるが、「臨時大総統は官制、官規を制定できるが、参議院に提出し、議決されなければならない」とされているように、基本的に参議院＝議会優位型の権力構成となっていた。

臨時大総統の地位を孫文から引き継いだ袁世凱は、これに対して強い不満を持ち、袁世凱政権以降の北京政権は基本的には大総統権力型政権システムに移行したばかりではなく、孫文も軍政・訓政・憲政三段階論の立場から臨時約法に強い不満を持った。「臨時約法」の議会権力型構想は、議会制民主主義の中でもかなり徹底した国民主権論の一種であった。同年四月、政府所在地が南京から北京に移ったのちも、北京政権は中国の第二の「近代化」コースである「憲政」型議会制民主主義の実行にとりかかった。

1-4　議会権力としての参議院

民国前期には、一九一三年から一九二五年まで、不安定ではあったが国会が存在した。それは、制限選挙、有権者と議員の関係のあり方、議員の質などの面で、問題だらけであり、未熟児とも言うべきものではあったが、国家的意思の形成・確定、法律制定などのシステムとして機能し、北京政権の法的正統性を保証するものであり、中国社会の近代化に一定の役割を果したものと考えられる。国会が軍人政権によって消滅させられたとき、北京政権自体が正統性を失い、崩壊への道を辿ったのであった。議会制民主主義をめざす勢力は、中華民国期においても、中華人民共和国においても、二一世紀の現在に至るもなお中国社会の主流には成長していない。

1‐5　領土（＝旧清朝版図）

中華民国は、旧清朝満州族も中華民国の一員であるとすることによって清朝版図のすべてを継承しようとした。中華人民共和国もこれを受け継ぎ、今日に至っている。中国地域を支配した秦・漢・魏・晋・隋・唐・宋・元・明・清などの王朝は、いずれも領土膨張政策を追求したので、今日の言葉で言えば帝国主義にほかならないが、それは言わば前近代帝国主義である。清朝の領土を継承しようとした中華民国も、そのあとの中華人民共和国も、その点では帝国主義的側面を持っていると言わなければならない。外モンゴル・チベットなどは、清朝滅亡によってそのあとに成立した中華民国に服する理由はなくなったとして独立をめざした。

1‐6　「中華民族」

「中国」の歴史研究では、「中国近代史」は「中華民族の危機」から話が始まる。清末から民国初期にかけて執筆された劉彦『中国近時外交史』によれば、中国の「近時百年内」に、アヘン戦争の敗北による南京条約の締結、英仏連合軍の北京入城、ロシアの侵略、琉球・ベトナム・ビルマの喪失、日清戦争の敗北と台湾の割譲、ロシア・ドイツ・フランス・イギリス・日本・イタリアによる勢力範囲の画定およびアメリカによる門戸開放宣言、義和団事件と八カ国連合軍の北京入城、ロシアの東三省占領、チベット問題、日本による朝鮮併合、南満洲問題、外モンゴル問題などがあった。

大中華主義の形成・確立　「中国」同様、「中華」が中国と呼ばれる地域の国号に用いられたのは、中華民国が最初であって、中華人民共和国はそれを踏襲したものであり、「中華」が民族主義の旗印として使用されるようになったのは、実に一九世紀後半以降、とりわけ二〇世紀、つまりすぐれて近代に属することである。よく「中華帝国」という表現が用いられるが、この呼称は外国から見た時の表現であって、中国地域においては袁世凱帝制を除けば歴史的には使用されては来なかった。

「五族共和」論への移行　中華民国は、排満革命運動の結果として成立した国家である。しかし、中華民国は成立したとたんに「排満」を放棄し、「五族共和」論に移行した。一九一二年一月一日成立を宣言した中華民国は、「五族共和」と呼ばれる方針を発表し、清朝中国の版図を継承しようとし、領土宣言を行なった。ここでは、「清朝中華」領土の継承とその域内に居住するすべての民族を「中国人」とする思想を「大中華主義」と呼ぶ。

「五族一人、一家」論　中華民国が成立を宣言した日に発表された孫文の「臨時大総統就職宣言」には、「共和を確定」するという決意を述べると共に、「漢、満、蒙、回、蔵諸族を合わせて一人《いちにん》とする。これを、民族の統一と言う」と述べている。ここには、中華民国が五族を一体化し、新国家から満洲族を排除しないとの方針が示されている。この「五族一人」論は、まずは清朝支配下諸民族の統合という方針であり、これが中華民国の成立と共に宣言されたのである。この「五族一人」論、すなわち「五族共和」論は、論理上は明らかに「排満」論からの転換である。

国会憲法起草委員会で決定された「中華民国憲法草案」（いわゆる**天壇憲草**《てんだんけんそう》、一九一三年一〇月三一日）は、「中華民国人民は、法律上、種族・階級・宗教の区別なく、ひとしく平等」としている。「中華民国憲法」（いわゆる**曹錕憲法**《そうこんけんぽう》、一九二三年公布）は、「中華民国の人民は、法律上、種族・階級・宗教の別はなく、ひとしく平等」としている。これらの規定は、民族の別にかかわりなく、個人個人の市民的平等を定めたものと見られるが、民族間の対等性、自治権、独立権等に関する明確な規定は一切欠けている。

「五族共和」論の構造　「五族共和」論とは、一見、五族の平等をうたっているかに見えるが、章炳麟構想、孫文の「五族共和」論、「中国同盟会総章草案」、蔡鍔の「五族共和」論などから見るならば、漢族中心の「中華」に他の諸民族を同化・吸収するという構造になっており、「排満」から「五族共和」への移行は、満と漢の上下関係を逆転させるという点だけが変化・移行であるが、「中華」の維持という点では「転換」ではないのである。

「清朝中華」領土の継承　孫文は一九一二年一月一日、「臨時大総統就職宣言」において、「漢、満、蒙、回、蔵の諸地を合わせて一国とな」すと宣言している。すなわち、中華民国成立の日に「清朝中華」領土の継承を宣言したのである。同年三月公布された「中華民国臨時約法」は、「中華民国の領土は、二二行省、内外蒙古、チベット、青海である」としている。これは、新生国家としての憲法規定上の領土宣言であり、中華民国は「清朝中華」を継承することを国是としたのである。辛亥革命によって成立した中華民国は、満清政権＝異民族支配論から「五族共和」論に移行・転換することによって、「大中華主義」を国是として確立した。「大中華主義」とは、清朝の版図をみずからの領土として中華民国が全面的に継承することを柱の一つとしている。この転換は、排満革命運動期の「明朝中華」回復目標から「清朝中華」継承への転換である。

英・仏・日帝国主義の存在　しかしながら、章炳麟構想（一九〇七年）では必ず回復されるべきものであった朝鮮、ベトナム、ビルマは領土に含むことはできなかった。中華民国が章炳麟ら革命派の「中華」構想のこの部分を実現できなかったのは、ビルマがイギリスの植民地となっており、ベトナムがフランスの、朝鮮が日本の植民地になっていたという現実を変更できなかったからである。つまり、章炳麟構想の実現を防げたのは、英・仏・日帝国主義の存在であった。

1-7　国民党（一九一二・八・二五～一九一四）設立

辛亥革命を成功させ中華民国を樹立した中国同盟会は、政権を掌握し続けることができず、袁世凱に委譲した。中国同盟会は一九一二年八月二五日、北京で統一共和党・国民共進会・共和実進会・国民公党・全国連合進行会と合同し、「国民党」（理事長・孫文）を設立した。

袁世凱臨時大総統は一九一三年三月二〇日、国民党理事長代理宋教仁を殺害し、六月、江西都督李烈鈞・広東都督胡漢民・安徽都督柏文蔚《うつ》らを罷免《ひめん》した。

孫文の「中華民族」主義・「五族の同化」　孫文は『三民主義』（一九一九年）において、清朝時代の「中国はなおも異族専制の下にあった」と述べている。これは、排満運動時代の清朝＝「異民族」認識が一九一九年になっても変わったわけではないことを示している。ついで孫文は、「中華民族は、世界最古の民族、世界最大の民族であり、また世界で最も文明的で最大の同化力を持った民族である」と述べている。孫文は、清朝打倒、漢族主権の回復を民族主義の「消極目的」とし、五族の同化を「積極目的」として掲げたのである。

一九二一年三月六日、孫文は中国国民党本部特設辦《べん》（弁）事処での演説で、「つとめて満、蒙、回、蔵をわが漢族に同化させ、一民族主義の国家となすべきです。」「今日、われわれが民族主義を語るなら、漠然と五族を語るべきではなく、漢族の民族主義を語るべきなのです」とし、「漢族を中華民族に改める」という目標を明確に掲げるに至る。「将来、いかなる民族がわが中国に参加しようと、つとめてわが漢族に同化させるのです。本党が持する民族主義とは、積極的民族主義なのです。諸君、忘れないでほしい。」ここにおいて、孫文、国民党の「民族主義」は、他の四族を漢族に同化吸収し、「中華民族」を形成するという目標を直截に掲げたのである。「中華民族」概念は、一切の装飾をそぎ落とし、純化された姿を現わした。領土の面では、明確な「清朝中華」の継承であり、民族政策としては、他の各民族の漢族への同化吸収であり、大中華主義の確立と呼んでよいであろう。

1-8　政府呼称

一九一二年から一九四九年までの中華民国期の政府名称としては、歴史学的には「**中華民国政府**」がふさわしい。一九一二年から一九二八年までの北京政権については、国民党も中国共産党も「**北洋軍閥政府**」あるいは「北洋政府」と呼ぶが、否定的価値評価の入る「軍閥」ではなく、人については「軍事集団」あるいは「軍事政治集団」および「軍人」あるいは「軍人政治家」がよく、「北洋軍閥政府」については本書では「**北京政権**」と呼ぶ。蔣介石・国民党・国民政府は一九二七年以降、台湾統治時期に至るまで、自称として「**国民政府**」（略称、国府）という名称を用いており、一九二七年〜一九三七年の時期に限定した政府名称としては、「**南京国民政府**」が用いられ、一九三七年から一九四六年五月までについては「**重慶国民政府**」が用いられる。

2．中華民国前期北京政権（一九一二〜二八）

2-1　北京政権システム

袁世凱政権（一九一二・三・一〇〜一六・六・六）　孫文は一九一二年三月一〇日、臨時大総統を辞任し、清朝の総理大臣（在任、一九一一・一一・一六〜一二・二・一二）であった袁世凱（一八五九〜一九一六）が臨時大総統の地位を継承した（一九一二・三・一〇〜一三・一〇・一〇）。それに伴い、首都は北京となった。袁世凱はその後、清朝時代から育成してきた「新建陸軍」、「北洋常備軍」を拡張していった。袁世凱およびその後継者たちは、「**北洋軍閥**」と呼ばれてきた。袁世凱は、議会を軽視し、大総統権力型への政権システムの変更を進め、さらには袁世凱帝制への移行まで試みた。

伝統思想　辛亥革命が成功したとはいえ、中国地域社会における伝統思想――儒教の影響力は強力であった。**康有為**の弟子・**陳煥章**《ちんかんしょう》（一八八一〜一九三三）は民国初年（一九一二年）一〇月、上海で「**孔教会**」を結成し、翌年二月、『**孔教会雑誌**』を発刊、九月、山東省曲阜で第一回全国孔教大会を開催し、康有為を総会長、陳煥章を主任幹事に選出して尊孔と清朝復活をめざした。

憲法制定・憲政の追求、「新約法」対「旧約法」　民国前期北京政権は、憲法制定、憲政を追求した。一九一二年三月一一日に公布された『中華民国臨時約法』の規定によれば、臨時大総統は臨時約法施行後「一〇カ月以内に国会を召集しなければならない」ことになっていた。臨時大総統袁世凱はこれに基づき、大総統選挙法に基づいて、中華民国初代**大総統**に就任し（一九一三・一〇・一〇～一五・一二・一二）、同月、「中華民国憲法（草案）」（天壇憲草）を決定した。同案には、国民主権規定がなく、「孔子の道」を「修身の大本」とする（第一九条）などの問題はあったが、「立法権」は国会にあり、衆参二院制をとり、大総統は国会が選出することになっていた。強力な大総統権限を要求していた袁世凱はこの草案に不満を持ち、一一月四日、国民党を解散させ、一九一四年一月一四日、国会解散命令を下した。袁世凱は二月、約法会議を発足させ、お手もりで「**中華民国約法**」（一九一四年五月一日）を公布した。これを「新約法」と言い、一九一二年の「臨時約法」を「旧約法」と呼ぶ。新約法は、大総統が行政・軍事・立法のすべての権限を掌握する袁世凱型大総統制とも言うべきものであった。

第二革命（一九一三・七～九）　一九一三年、国民党理事長代理宋教仁が暗殺され、国民党は第二革命を発動した。李烈鈞らは七月一二日、討袁軍を起こしたが、北京政権の張勲《くん》軍は九月一日、南京を占領し、第二革命は失敗に終わった。

中華革命党（一九一四～一九）　孫文は一九一四年七月八日、日本の築地《つきじ》精養軒で孫文への絶対服従を条件とする中華革命党を結成した。一方、黄興・李烈鈞・陳炯明《ちんけいめい》らはこれに参加せず、「欧事研究会」を結成した。

第一次世界大戦と日本の山東出兵（一九一四年）　ヨーロッパで第一次世界大戦（欧州大戦、一九一四～一八）

が勃発し、日本はドイツに宣戦布告した。日本軍は、山東省の青島を攻撃したが、海上からの攻撃では日本軍に多数の犠牲者が出た。そこで、山東半島北側から上陸し、陸路、青島を包囲し、二〇〇〇名のドイツ軍は降伏した。日本は、ドイツの山東権益を掌握し、一九一五年、中華民国政府に対し対華二一カ条要求を提出し（のち、一部取り下げ）、中華民国政府は五月、これを受諾した。

対華二一カ条要求受諾をどう見るか　これまで中華人民共和国でも日本でも、袁世凱政権が日本の対華二一カ条要求に基づく「民四条約」（「民四」とは、民国四年＝一九一五年）を締結したので、袁世凱政権を「売国政権」と規定している。しかし、袁世凱政権も、日本の対華二一カ条要求に対しては抗議しており、民四条約の受諾・締結は当時の中国の国力、国際環境を考慮してのやむをえざる選択であったのであり、袁世凱の体質が「売国的」であったからというわけではないのである。

2-2　袁世凱帝制（一九一六・一・一〜三・二二）

袁世凱大総統は、臨時約法を否定し、新約法を制定するにあたり、宣戦、講和、条約締結、官制、官規、国務員と大使・公使の任命は大総統の権限とし、参議院の同意を必要としないことを求めた。袁世凱が追求したのは、議会よりも強い権限を持った大総統制であった。ところが、袁世凱は、議会に対する大総統権限を強化するだけではあきたりず、帝制を実現し、自分が帝位につくことによって強力な中央集権制国家を生み出すことができ、諸懸案を解決してゆくことができると考えたと見られる。袁世凱は、「孔教会」に協力を求めたが、「孔教会」は「清朝復活」にこだわり、袁世凱には協力しなかった。

楊度《ようたく》（一八七五〜一九三二）らは、立憲君主制を主張し、一九一五年八月、**籌安会**《ちゅうあんかい》を発足させた。袁世凱は一九一五年一二月一二日、帝制を復活させるとし、一九一六年一月一日、帝政を復活し、国号を「中華帝国」、年号を「洪憲」と定めた。袁世凱帝制は、共和制下大総統制からの重大な逸脱であった。袁世凱は、共和制勢力から「護国戦争」をいどまれた結果、一九一六年三月二二日、帝制は取り消さざるをえなくなり、大総統に復職（一九一六・三・二二〜一六・六・六）、六月六日、病死した。

「民国＝暗黒社会」論　以上の政治変動に対して、中国においても日本においても従来の歴史研究・思想史研究では、辛亥革命は「敗北」、中華民国初期は「暗黒」、北京政権を「反動政府」、「売国政府」、「帝国主義のカイライ政府」、安徽派・直隷派などの軍事集団は「日本帝国主義の手先」であったり、「イギリス帝国主義の手先」だなどとしてきたが、これらもあろうはずもない馬鹿げた話である。

護国戦争（一九一五・一二〜一六・六）　雲南都督蔡鍔《さいがく》・「雲南将軍」唐継尭《とうけいぎょう》らは同月二五日、反袁を通電し、雲南独立を宣言し、共和制の擁護を目的として護国軍を起こした。袁世凱は一九一六年三月二二日、帝制を取り消し、一九一六年六月六日、死亡し、護国戦争は終了した。翌七日、黎元洪副総統が大総統に就任し、二九日、臨時約法が回復され、国会が召集されることによって、臨時約法体制の回復という護国戦争の目的は達成されたことになり、「帝制復活・護国戦争」問題は解消した。

2-3　共和制の回復

蔡鍔は同年一一月八日、病死した。蔡鍔の死に対し、黎元洪は大総統令（一九一六年一一月一〇日）において、蔡鍔が「共和を擁護」した「功」をたたえ、同年一二月二二日付大総統令で、黄興と蔡鍔を国葬とするよう命じた。つまり、北京政権は、袁世凱が帝制への転換をはかろうとした一時期を除けば、共和制のたてまえは守ろうとしていたのである。袁世凱以後、張勲復辟を除けば、共和制を正面から否定した北京政権は存在しない。つまり、袁世凱帝制の三カ月と一〇日間および張勲復辟の一〇日間を除けば、民国前期一七年間の他の全期間は曲りなりにも共和制が守られていたのだということになる。

大総統制　すでに見たように、臨時約法も、大総統制を規定しているものの、実質的に議会権限が強く、形式的大総統制にすぎなかった。北京政権期は、政権構想、政権システムの点で不安定な時期であったが、他の時期と異なる基本的な特徴として、大総統制（議会に対する大総統の優位、あるいは議会の否定）を挙げることができ、それなりに一貫した憲政・法治志向の追求があったと言える。これを大総統制と名づけ、第三の「近代化」コースと位置づける。

北京政権の大総統（臨時執政等を含む）は、一三代交代した（①袁世凱、一九一二年三月一〇日～一九一三年一〇月一〇日〈臨時大総統〉。一九一三年一〇月一〇日～一九一六年六月六日〈大総統〉。②黎元洪《れいげんこう》、一九一六年六月七日～一九一七年七月三〇日。③馮国璋《ふうこくしょう》、同年八月一日～一九一八年一〇月一〇日。④徐世昌《じょせいしょう》、一九一八年同月同日～一九二二年六月二日。⑤黎元洪、一九二二年六月一一日～一九二三年六月一三日。⑥高凌霨《こうりょうい》、一九二三年六月一四日～一〇月一〇日〈摂行大総統〉。⑦曹錕《そうこん》、一九二三年一〇月一〇日～一九二四年一一月三日。⑧黄郛《こうふ》、一九二四年一一月二日～二三日〈国務院摂行大総統職〉。⑨段祺瑞《だんきずい》、一九二四年一一月二四日～一九二六年四月二〇日〈臨時執政〉。⑩顔恵慶《がんけいけい》、一九二六年五月一三日～六月二二日。⑪杜錫珪《とせきけい》、一九二六年六月同日～一〇月一日。⑫顧維鈞《こいきん》、一九二六年一〇月一日～一九二七年六月一七日〈以上三名、国務院摂行臨時執政職〉。⑬張作霖《ちょうさくりん》、一九二七年六月一八日～一九二八年六月三日〈中華民国軍政府大元帥〉）。

このうち、高凌霨、黄郛、顔恵慶、杜錫珪、顧維鈞の各政権はほとんどつなぎにすぎない。徐世昌は軍人ではなく、文人であり、やや特殊な性格が認められる。その他の六名（袁世凱、黎元洪、馮国璋、曹錕、段祺瑞、張作霖）は軍人である。また、袁世凱政権初期では、臨時約法による議会権力が強力に機能し、第一期黎元洪政権その他でも一定程度機能した。

2-4　新文化運動（一九一五～二二）

中華民国成立後、根強い伝統思想であった儒教の呪縛からの解放と文化の近代化をめざして、のちに「新文化運動」と呼ばれる儒教批判・西洋文化導入の運動が起こった。

陳独秀（一八七九〜一九四二）らは一九一五年九月、月刊誌『青年雑誌』（翌年、『**新青年**』と改題）を発刊し、伝統思想（儒教、孔教）批判、口語文学の主張、西洋の思想・文化の紹介を行ない、「民主と科学」の重視を呼びかけた。この雑誌を中心とする文化運動を**新文化運動**という。これを、「五・四新文化運動」と呼ぶのは不正確である。陳独秀は、北京大学文科学長（一九一七〜一九・三）、中国共産党総書記（一九二一・七〜二八）を歴任し、一九二九年一一月、中共を除名された。『新青年』は一九二〇年九月から上海共産主義小組の機関誌となり、一九二六年に廃刊された。

アメリカ留学中の**胡適**《こてき》（一八九一〜一九六二）は、『新青年』に「**文学改良芻議**《すうぎ》」を投稿し、**白話**（**口語**）**文学**を提唱した（胡適の「適」は「適者生存」からとったものなので、「適《せき》」と読ませるのは間違い）。陳独秀は、これをうけ、「**文学革命論**」を書いた。**魯迅**（本名、周樹人。一八八一・九・二五〜一九三六・一〇・一九）は、浙江省紹興で生まれ、南京で江南水師学堂、江南陸師学堂付設鉱務鉄路学堂に学び、一九〇二年から七年間、日本留学し、帰国後、紹興で教員となり、師範学堂校長を経て、南京で教育部科長に就任した。代表作は、中国近代文学第一作と位置づけられる『**狂人日記**』（一九一八年）、『**阿Q正伝**』（一九二二年）、『中国小説史略』（一九三〇年）などだが、長編はなく、論争的な「雑感文」を多数発表した。北京大学・北京女子師範大学講師を兼任し、学生だった許広平と同棲した。一九三〇年二月、中国自由大同盟に、三月、左翼作家連盟に参加した。一九三六年の「国防文学」論戦では、「民族革命戦争の大衆文学」という論陣をはった。

李大釗《りたいしょう》（一八八九〜一九二七）は一九一三年、中里介山の著述によってトルストイ主義の影響をうけた。日本の早稲田大学に留学し、帰国後の一九一八年、『新青年』編集部に入り、北京大学教授となった。中国におけるマルクス主義の導入は、主として日本経由であった。李大釗は、一九一七年のロシア革命をうけてマルクス主義に関心を持ち、トロツキーの英文の文章を参考にしてロシア革命を研究し、一九一九年、河上肇《かわかみはじめ》の著述に依拠してマルクス主義を研究した。一九一九年三月には、コミンテルン（共産主義インタナショナル、第三インター）が結成された。中華人民共和国では、李大釗は「日本のマルクス主義者河上肇の影響によってマルクス主義者になった」とされるが、河上肇も李大釗もこの頃はまだマルクス主義者にはなっていない。その後、李大釗は中国最初のマルクス主義者となり、一九二一年七月、コミンテルンの援助のもとで陳独秀とともに中国共産党（略称、中共）を結成した。二人は、「南陳北李」と言われ、李大釗は一九二〇年代北方中国における中共の代表者であった。李大釗は一九二七年四月、北京のソ連大使館に踏みこんだ張作霖政権に逮捕され、処刑された。

この頃、「**社団**」と呼ばれる団体が多数結成されていった。惲代英《うんたいえい》らの「互助社」（一九一七年一〇月結成）、毛沢東らの「新民学会」（一九一八年四月結成）、李大釗・王光祈《おうこうき》らの「少年中国学会」（同年六月結成）、北京大学学生傅斯年《ふしねん》・羅家倫《らかりん》らの「新潮社」（同年一〇月結成）、「国民雑誌社」（同年一〇月結成）などである。

他国との文化交流も盛んに行なわれ、アメリカのプラグマティスト、ジョン・**デューイ**（一八五九〜一九五二）は一九一九年に訪中し、二年間にわたって全国一一省で講演を行なった。イギリスの哲学者バートランド・**ラッセル**（一八七二〜一九七〇）も、一九二〇年に訪中した。ロシアの盲目の詩人でエスペランティストのヴァシーリー・**エロシェンコ**（一八九〇〜一九五二）は一九二一年、日本を追放されたあと、ハルビン・上海・北京などで作家活動を続けた。インドの詩人**タゴール**（一八六一〜一九四一）は一九二四年に訪中した。

2-5　北京政権軍の分裂

中華民国北京政権の軍事集団・北洋軍は、袁世凱の死後、直（直隷）・皖《かん》（安徽《き》）二大派閥に分裂し、さらに分裂・抗争していった。①直隷（現・河北）軍（直系軍）は、馮国璋・曹錕・呉佩孚《ごはいふ》らを代表者とし、②皖系軍は、段祺瑞《だんきずい》を代表者とし、③奉天（現・瀋陽）軍（奉系軍）は、東北軍とも称し、張作霖を代表者とする。第一次直奉戦争（奉直戦争とも言う。一九二二年）では奉天軍は敗北し、関外（長城以北）に駆逐された。張作霖は一九二八年、日本の関東軍に爆殺され、その子・張学良は同年一二月二九日、国民政府への服従を表明して易幟《えきし》し（旗印を変え）、国民革命軍の重要な派閥の一つとなった。④直魯連軍は、張宗昌と李景林（のち、褚玉璞《ちょぎょくはく》）を代表者とした。

「府院の争い」（一九一七年五月）　北京政権の黎元洪大総統（総統府）と段祺瑞国務総理（国務院）の間には、**対独参戦問題**をめぐって「府院の争い」と呼ばれる対立が生じ、段祺瑞が勝利して安徽派が北京政権を掌握し、中華民国政府は一九一七年、対独宣戦した。これによって、中華民国は第一次世界大戦終了後、戦後処理のヴェルサイユ講和会議に参加する権利を得たのだった。

張勲復辟《ちょうくんふくへき》（一九一七・七・一～七・一二）「孔教会」会員であった張勲は一九一七年七月一日、復辟（清朝皇帝復位）を行なったが、同月一二日、段祺瑞に降伏し、共和制は守られた。

3．五・四運動（山東主権回収運動、一九一九年）

3-1　五・四運動とはなにか

山東省民の主権回収運動　一九一八年一一月、第一次世界大戦がドイツ側の敗北に終わり、戦後処理の講和会議がパリのヴェルサイユで開かれることになると、中国ではただちに山東におけるドイツ権益の回収を求める声が起こり、その運動は全国各地に広がった。山東省民は、省議会を先頭に、商会・報界（新聞界）・教育会・農会等の各階層ぐるみでパリ講和会議に照準をあて、山東主権回収の請願活動、世論形成活動を開始していた。山東主権回収運動は五月四日の学生運動以前に、すでに諸階級、諸階層の参加した民族運動・国民運動として全国的に形成されていた。

第一次大戦期中国における反日運動で特徴的な現象は、大戦の終結に伴い、敗戦国ドイツから山東に関わる一切の権益を回収しようとする世論が形成されたこと、それと共に不平等条約全般の撤廃が提唱されたこと、国民各層がさまざまな社団（サークル、団体）を組織し、集会、デモ、日貨（日本商品）排斥、国貨（国産品）提唱など多様な形態で反日民族運動が展開されたこと、武装闘争ではなく、請願などの平和的大衆運動形態がとられ、かつてなく多数の大衆がそれに参加したこと、「親日」派三官僚の辞任とパリ講和会議における講和条約への調印拒否を実現したことなどにみられる近代的政治闘争の飛躍的前進であるが、それと共に、運動を終始一貫した方針によって指導する政党の不在、大衆運動の一部における中世的・農民暴動的性格、山東主権回収という主目標の未達成などの問題があった。また、上海では、日本人が水道・井戸に毒をまいたとのデマも流布された。

パリ講和会議（一九一九・一・一八～六・二八）　一九一九年一月一八日、戦後処理をめぐってパリ（ヴェルサイユ）講和会議が開催された。一九一七年ドイツに宣戦布告していた中国政府は、戦勝国側の一員としてパリ講和会議に代表を派遣した。アメリカ第二八代大統領ウッドロー・ウィルソン（一八五六～一九二四、在任一九一三～二一）による秘密外交の廃止、民族自決主義の提唱をはじめとする国際輿《よ》論の中で、山東主権回収要求は、当然実現できるものと人々は期待していた。

パリ講和会議への七項目要求（一九一九年四月）　第一次大戦終結後、中華民国代表団は一九一九年四月、パリ講和会議に対し、①列強による中国での勢力範囲の解消、②外国軍隊、巡警の中国からの撤退、③外国郵便局および有線無線電報機関の削減、④領事裁判権の撤廃、⑤租借地返還、⑥租界の返還、⑦関税自主権という七項目を主張した。

これに対し、日本の原敬《たかし》内閣（一九一八・九～二一・一一）はドイツの中国山東権益について日本による継承を要求し、パリ講和会議では紆余曲折の末、四月三〇日、日本側の主張が米・英・仏各国に受け入れられ、山東権益はドイツから日本に継承されることになったとの情報が中国に伝わった。

五・四運動（一九一九・五・四〜六・二八）　中華民国はこれに反発し、これを「晴天の霹靂《へきれき》」と受けとめた北京の学生たちは一九一九年五月四日、天安門前で集会を行ない、「外に国権を争う」べく、米・英・仏・伊各国の公使館に行って中国支持を要請し、「内に国賊を除く」べく、中国政府内の「親日派」＝「売国賊」と見なされた交通部総長曹汝霖《そうじょりん》宅にデモをかけ、曹宅を打ちこわし、放火し、同宅内にいた駐日公使章宗祥《しょうそうしょう》を殴打して重傷を負わせた。このため、学生三二名が逮捕された。これが五月四日運動のあらましである。運動は、全国に波及した。

運動は続いて被逮捕学生の釈放要求を掲げ、翌五日から罷課《はいか》（学生ストライキ）が始まり、五月七日、三二名全員が釈放されて罷課は解除された。しかし、同月一九日には、再び罷課が起こり、天津その他の各都市では、商人の罷市（商店閉店スト）が広がり、さらに六月三日、四日両日には、北京の学生約九〇〇〇名が逮捕され、上海では、労働者の罷工（ストライキ）が発生するに至る。学生、商人、労働者がストに入ったことにより、三罷闘争と称せられる。六月一〇日、北京政権は、運動の標的とされた曹汝霖、章宗祥、陸宗輿《りくそうよ》（幣制局総裁）の辞職願を受理した。また、六月二八日のパリ講和会議では、中国代表は講和条約への調印を拒否した。

山東主権回収運動（一九一四〜二二）　五・四運動とは何か。羅家倫が書いた「五・四運動宣言」は、パリ講和会議において、日本が「青島の併呑、山東の一切の権利の管理を要求し、成功しようとしている」という状況に対し、「外に主権を争い、内に国賊を除かれんことを」と訴えたものであった。「北京学生界の宣言」は、「青島の返還、中日密約・軍事協定およびその他一切の不平等条約の取消」を訴えている。「五・四運動」（一九一九年五月四日の学生運動）のスローガンから見て、これは、山東問題を中心とする主権回収運動であった。

五・四運動とは、山東主権回収運動の中で一九一九年五月四日に北京で起こった学生運動であり、それを起点として中国全国各地に広がった一定期間にわたる運動のことである。

パリ講和条約（一九一九年六月二八日）・**ヴェルサイユ体制**　六月二八日、連合国とドイツとの間でパリ（ヴェルサイユ）講和条約が結ばれた。条約は、一五編四四〇条からなるが、そのうち第一編は国際連盟規約、第二編はドイツ国境、第三編はヨーロッパ政治条項、第四編はドイツの国外権益の放棄だった。これによってドイツはすべての海外領土（植民地）を失い、二〇〇億マルクの賠償金が課され、のちの第二次世界大戦の遠因となった。この条約による戦後体制を「ヴェルサイユ体制」と呼ぶ。日本は、山東権益をドイツから引き継いだ。

パリ講和調印拒否　パリ講和における調印拒否のスローガンは**梁啓超**のパリからの打電によって提起されたものだった。国民各層の一致した要求にもなった調印拒否は実現に至るが、第一次大戦直後の歓喜と来るべきパリ講和会議における主権回収への期待に満ちた興奮にくらべて、勝利を叫ぶ声は起らず、むしろ口々に外交の失敗を語り、悲憤の余り、自殺者さえ出るという状況が生れた。ここにも、五・四運動（一九一九年五〜六月）の主目標はあくまでも山東主権回収にあり、「親日派三官僚懲罰」と「調印拒否」はそれに対して副次的な位置関係にあることが表われている。三官僚が辞任し、調印を拒否しても、それによって山東主権が回収されるわけではなかった。調印拒否は、外交上の主権擁護の抵抗姿勢を明示したものであり、主権回収運動の新段階における出発点を意味するものであった。

3-2　毛沢東五・四運動論の見直し

従来の毛沢東五・四運動史像では、①徹底的反帝国主義の運動であった。②徹底的反封建主義の運動だった。③北京政府は売国政府だった。④この運動は売国政府に反対する革命運動であり、新民主主義革命運動の出発点となった。⑤この運動は、初歩的共産主義知識分子、急進的小ブルジョア知識分子、ブルジョア知識分子の三部分の知識人からなる統一戦線運動であり、初歩的共産主義者が指導した。⑥五・四運動は新文化運動でもあったとする。⑦このほか、五・四運動は民主運動の原点であったとする俗説も流布されている。

①五・四運動は「反帝国主義」か　中国近現代史の叙述において、「反帝国主義」という規定が運動主体の実態分析抜きで、かなりあいまいな用いられ方をしている例は少なくない。五・四運動が「反帝国主義」であったかどうかについて、運動主体の意識・思想の側面、主観的側面を実態に則して解明するという課題が、著しくなおざりにされてきた。運動主体の意識構造という点に着目すると、五・四運動当時の中国に「帝国主義」に関する社会科学的認識が存在していたのかどうかということが、まず問題になる。従来の中国側の記述では、毛沢東が述べたように「初歩的共産主義者」が五・四運動を指導したとするか、あるいは「マルクス主義者」が指導したとするものが、ほとんどである。言いかえれば、「帝国主義」認識を有する個人、あるいは集団が存在したということである。しかし、五・四運動（一九一九・五〜六）において、レーニン的「帝国主義」認識に立脚した運動の指導理論が提示され、それに基づいて「反帝国主義」運動が展開されたという事実は存在しない。

五月四日運動の主要な柱の一つは、各国公使館への請願であった。これは、欧米各国が中国の主権回収の主張を支持してくれるよう求める請願運動であり、デモ隊が「大アメリカ万歳！ウィルソン大統領万歳！」と唱和したように、強力な親米感情に色どられており、帝国主義世界構造に対決しようなどという意識は存在していなかった。また、五月四日運動は日本の対中国政策に反対しているという点で、客観的本質的には反日運動であったにもかかわらず、日本公使館はデモの対象とはしておらず、日本人に危害を加えて新たな外交的紛糾がもち上がる危険を意識的に避けている。この点では、義和団の排外主義的運動にくらべて、思想的にはるかに高い水準にあると言える。五月四日の学生デモの指導者と参加学生大衆の間に、紛れもなく、反日感情の対極としての親米感情が存在した。アメリカは、門戸開放宣言や五・四運動、日中戦争で、「親中反日」と見られる政策を選択した。それは、中国支持という心情で「親中」だったからではなく、アジア進出に出遅れた立場でのナショナルインタレスト、パワーポリティクスの追求と見るべきであろう。

②五・四運動は「徹底的反封建」の運動か　五・四運動は「徹底的反封建」の運動であったとする従来の議論も、主権回収運動である五・四運動と「旧文化・思想批判、新文化・思想提唱」、「民主と科学」を標榜する新文化運動とを混同することによって生じたものであるか、あるいは五・四運動を「北京軍閥政府」反対運動と誤認することによって生じたものであった。五月四日運動について言えば、いかなる点でも「反封建」を掲げた運動ではなかったし、客観的側面から見ても、そのように評価できる要素はない。

③五・四運動は「反政府」運動か　山東問題を中心とする主権回収の要求は、北京政府も国民各層も全体として一致しうる課題であったし、現実に北京政権も、基本的には、主権回収の立場に立っていた。五月四日運動は、反「権力」の闘争ではなく、北京政府が主権回収の要求を堅持することを鼓舞激励し、「外交の後楯」となろうとしたものであった。五月四日運動が「反権力」、「反政府」の運動であったとすれば、この日の最大の攻撃対象から北京政権がはずされてはならない。しかし、事実はそうではなかった。この日の運動は、北京政府にも、大総統徐世昌にも、国務院総理銭能訓にも、批判の矢を向けなかった。デモ隊は総統府にも行かず、運動の攻撃対象は、もっぱら「親日派」＝「売国賊」三官僚に特定されていた。五月四日運動はアメリカなどへの支援要請運動であったと共に、反「親日派」の学生運動だったのである。

④五・四運動は「革命運動」か　所謂「五・四運動」を「革命運動」とする規定は、毛沢東の「新民主主義論」（一九四〇年）に基づいて、新民主主義革命史の出発点に「五・四」を位置づけるという把握の仕方から出てきたもので、「五・四運動」それ自体の分析から導き出された規定ではない。「五・四運動」とは、以上に見たように、「徹底的反帝」運動でもなければ、反政府運動でもなく、全民族的な山東主権の回収運動であった。

⑤五・四運動は「初期共産主義者」が指導したか　毛沢東史観による五・四運動論の「初期共産主義者」ないしマルクス主義者指導説があり、また、これに対して、五・四運動＝「アナーキスト」指導説が提出されたが、いずれも史実には合わない。李大釗、陳独秀、毛沢東らの一九一九年五〜六月当時の思想を検討すると、彼らはいずれも彼ら自身の主観において、みずからを「マルクス主義者」とは考えていないし、客観的にも「マルクス主義者」とは言えない。彼ら以外に、当時の中国に「マルクス主義者」が存在したという事実も、今までのところ認められない。つまり、レーニン的「帝国主義」認識は基本的に存在しないと見られるのである。

さらに、誰かが「マルクス主義者」であったとしても、その人物と五・四運動の関係こそが問題なのである。たとえば、李大釗が「秘密外交と強盗世界」（一九一九年五月一八日）でアメリカ大統領ウィルソンの「秘密外交」、日本人の「侵略主義」を批判し、「強盗世界の改造」を呼びかけたが、その事実は、彼が五・四運動を「指導」したということを証明するものではない。問題は運動全体の意識構造を大局的に——当然、正確に——把握することであり、五・四運動が全体として「帝国主義」認識（を持つ個人ないし集団）によって「指導」されたと見ることは、不可能である。

李大釗は確かにすでにマルクス主義への関心と部分的な共鳴を強めてはいたが、マルクス主義との間には距離があり、まだ自分自身をマルクス主義者とは考えていなかったし、また、五・四運動全体を「指導」したと言えるような強い影響関係も、存在していなかった。マルクス主義への接近過程にあった李大釗の思想が他の人々にくらべて「先駆的」であったのは事実だが、「先駆的」であったから「指導」したのだというしばしば見受ける論法は、詭弁にほかならない。

研究系と五・四運動の関係は、五月四日運動だけを見た場合には、直接的には見えにくいが、第一次世界大戦終結後、ただちに開始された全国的山東主権回収運動の中に位置づけて五月四日運動をとらえると、研究系の大きな影響関係が認められる。

⑥五・四運動は「新文化運動」か　従来の五・四運動論においては、新文化運動がその重要な柱の一つとして立てられている。従来の五・四運動史像においては、反孔教論を含む新文化運動をその重要な構成部分としていたが、五・四運動は直接的には新文化運動とは何の関係もなかったし、史実における山東主権回収運動においては山東＝「孔孟の聖蹟」という伝統思想（旧文化）意識も機能していた。

五月四日運動の近代性と前近代性　五月四日運動は、集会、デモ、請願という近代的な平和的組織的大衆運動形態をとった点やすでに指摘したように盲目的排外主義を克服している点に運動としてのすぐれた面があった。また、首都における運動であったという点で全国各地に与えた影響力も大きかった。しかし、曹汝霖宅乱入、同宅打ちこわし、放火、章宗祥殴打という一連の事態においては、運動の組織性は崩壊し、一揆主義的行動形態に陥った。これらは、旧い型の意識と運動形態を継承したものと見るべきである。それにもかかわらず、中国革命史の記述がこれらを「革命的」行動として賞讃したのは、旧い伝統的農民運動の諸要素をひきずった一九四九年革命（中華人民共和国の成立）の質と呼応しあう関係にあった。一九六〇年代後半の「文化大革命」においては、皮肉にも一九四九年革命の担い手たちに物理的打撃の矛先が向けられるに到ったが、ここには同質の思想が存在していた。

結論として、①五・四運動は「反帝」でも「反封建」でもなく、山東問題をめぐる全民族的主権回収運動であった。②北京政府は主権回収の点では国民と一致しており、「売国政府」とは言えないし、五・四運動も全体としては反政府運動ではなかった。③山東主権回収運動と、民主と科学を唱えた新文化運動は論理が異なり、人的重複があったとしても別のものである。④五・四運動は「共産主義者」が指導したものでもなければ「アナーキスト」が指導したものでもなく（「過激派」に至っては歴史学的用語ではなく、論外）、研究系が極めて重要な役割を果した。上海では国民党系勢力も重要な役割を果した。⑤五・四運動は主権回収を柱とする民族運動であり、「民主運動」ではない。

3-3　「五・四運動」画期論

中国の歴史研究が従来、近現代史の時期区分について、アヘン戦争を近代の開始とし、一九一九年の五・四運動までを近代史、五・四運動から中華人民共和国の成立までを現代史としてきた。そもそも、五・四運動を中国現代史の出発点とするのは、中国共産党史にほかならないのであるが、中国においても「五・四運動」画期論、新旧民主主義革命史論はすでに消滅化の道を辿っている。

「旧民主主義革命時期」・「新民主主義革命時期」論争　中国では、アヘン戦争から五・四運動以前までを旧民主主義革命時期、五・四運動から中華人民共和国の成立までを新民主主義革命時期とし、五・四運動が完全に新民主主義革命時期に属するか、旧民主主義革命時期から新民主主義革命時期への過度渡期と位置づけるべきかといった論争があった。しかし、もともと、「新民主主義論」とは、抗日戦争（一九三七～四五）中に提起された中国共産党の新政権構想とのかかわりにおいて論じられたものであり、この規定には歴史的特殊性がある。これを前提としての新民主主義革命時期、旧民主主義革命時期の時期区分をどこに引くかといった論議は不毛である。これに対して、本書では、一九一一～一二年の辛亥革命から一九四九年の中華人民共和国成立までを一時代としてとらえ、これを「民国史」という研究対象領域として独立させ、北京政権期すなわち「民国前期」（一九一二～二八）と国民政府期（国民党政権期）という「民国後期」（一九二八～四九）に二分する。

「五・四運動期」とは　所謂「五・四運動」とは、一般に一九一九年五月四日の学生運動とそれを起点として全国に広がった大衆運動と解されており、これに新文化運動をも加えて、一九一五年前後から一九二一年前後までを「五・四運動期」と呼んでいる。そして、これと一九一九年五～六月の運動昂揚期と区別するために、一方を「広義の五・四運動期」、他方を「狭義の五・四運動期」と呼んだりしてきている。

「第一次大戦期」（一九一四〜二二）中国社会　しかし、「五・四運動」とは、本来、一九一九年五月四日の北京における学生のデモンストレーションを指す言葉であった。狭義の「運動」概念から言うなら、「五・四運動」は五月四日の北京における学生運動と限定されうる。所謂「広義の五・四運動期」という呼称が歴史学的時期名称として妥当であるかどうかについては、極めて疑問であり、この時期名称をやめて、「第一次大戦期」（一九一四〜二二）の中国社会とする。第三に、所謂「狭義の五・四運動期」については、五・四運動という名称を残し、一九一九年五〜六月の大衆運動昂揚期とする。ここでは「五・四運動」という用語は、①一九一九年五月四日学生運動と②一九一九年五〜六月の大衆運動を指す用語と限定する。つまり、第一次大戦期中国社会（一九一四〜二二）において、対華二一カ条要求反対運動、日中軍事協定反対運動、山東主権回収運動、福州事件抗議運動等々を含む反日民族運動が存在し、山東主権回収運動はその一部を構成するものであり、第一次世界大戦の終結に伴い、来るべき戦後処理のパリ講和会議に向けて、「戦勝国」としての諸要求、とりわけ、敗戦国ドイツが有していた中国における権益の問題をめぐり、その事実上の相続者の地位をすでに占めていた日本に対して、山東主権の回収を要求する運動が直ちに開始されていた。この一九一八年一一月から、パリ講和会議における中国代表の調印拒否に至った一九一九年六月ないし、そのニュースが中国にもたらされた七月はじめまでが、「山東主権回収運動」（一九一四〜二二）の中の一時期であり、一九一九年五〜六月の五・四運動はこの運動の中のピークであった。パリ講和に照準をあてた運動についても、一九一八年一一月から一九一九年四月までと五〜六月とに区分することができる。

中共史観敷き写しの教科書・事典　世界史教科書・参考書・事典類の中には、いまだに①中国人は「帝国主義」「封建勢力」に怒りを覚えた、②「段祺瑞政府はデモ隊を弾圧し、負傷者、逮捕者が多数出た」などと書いているものがあるが、自分で調べもせずに間違った中国共産党の教科書を敷き写したものである。デモ隊には「帝国主義」なる認識は存在しなかったし、「封建勢力」に反発したわけでもなく、「段祺瑞政府」など存在せず（当時は徐世昌総統・銭能訓内閣である）、「デモ隊を弾圧し、負傷者、逮捕者が多数出た」なども事実に相違する。五・四運動に限らず、二〇世紀史学の批判的総括が必要とされている。

4. 第一次世界大戦後から北京政権の崩壊まで

4-1　勤工倹学運動（一九一九～二一）

李石曽《りせきそう》（一八八二～一九七三）・呉稚暉《ごちき》（一八六五～一九五三）・張静江《ちょうせいこう》（一八七七～一九五〇）らは一九〇七年頃、フランスで「**勤工倹学会**」を結成した。彼らは一九一二年、新たに「**留法倹学会**」（「法」は「フランス」の意）をつくり、中華民国から留学生を受け入れ始めた。第一次世界大戦が起こると、フランスでは労働力不足となり、中華民国から十数万人の「苦力《クーリー》」（労働者）を導入した。李石曽・呉稚暉・蔡元培・呉玉章らは一九一五年六月、働きながら留学することを目的として「**留法勤工倹学会**」を結成した。一九一六年六月には、蔡元培・李石曽らは「**華法教育会**」を結成した。第一次世界大戦終了後の一九一九年八月、「勤工倹学」による第一陣が上海からフランスのマルセーユに到着し、一九二一年までに約一六〇〇～二〇〇〇人に達した。周恩来（一八九八～一九七六）・鄧頴超《とうえいちょう》らは、勤工倹学運動に取り組み、周恩来・鄧小平（一九〇四～九七）らはフランスに渡った。

4-2　ロシアの対中宣言（一九一九・七～二三・九）

ロシア革命後、ロシア（一九二二年、**ソヴェート社会主義共和国連邦**、略称、ソ連。ソビエト、ソヴィエトとも表記される）は、対中宣言を二回発表し、一切の旧ロシアの特権を放棄し、両国は一九二四年五月三一日、

「中ソ懸案解決大綱協定および声明書」を締結した。

4−3　連省自治・連邦制構想

中華民国の政治制度については、孫文に見られる地方自治論や連省自治・連邦制構想、各省独立論などが検討された。連省自治ないし連邦制構想は、民国前期の一九一〇年代から二〇年代中頃にかけて、熱心な議論が行われていた。省自治構想は湖南省が先頭をきり、一九二二年一月、「省憲法」を制定し、一九二六年七月まで省自治を実施した。連省自治論は、湖南省において長く論じられていたが、袁世凱帝制に反対して決起した「護国軍政府布告」（一九一六年一月）も、「連邦制」を提唱した。モンゴル独立運動の指導者、チョイバルサンは、一九二一年三月、中国の南北諸省・四川・チベット・ウイグル・満州などが「それぞれ独立を保ちつつ連邦に加盟するならば、モンゴルもまたその一員に加わることを拒まないであろう」と述べていた。

毛沢東（一八九一〜一九七六）は、湖南出身で、一九一八年、「新民学会」を結成し、一九二〇年、湖南で「共産主義小組」と「社会主義青年団」を組織し、一九二一年、中国共産党第一回大会に出席、国民革命の中では農民運動を担当、一九三一年、中華ソヴェート共和国主席となり、一九三五年、遵義会議で中共の指導権を確立し始め、一九四九年一〇月、中華人民共和国の成立を宣言した。毛沢東は一九二〇年九月、中国を二七の共和国に分け、「**湖南共和国**」を樹立するという構想を提案したことがあった。当時、毛沢東は「五族共和」論批判者であり、大中華主義批判者であったが、その毛沢東もあっという間にこの主張を取り下げてしまう。

4−4　国際機構の結成

4−4−1　国際連盟

国際連盟（略称、連盟。*the League of Nations*　一九二〇〜四六・四）　アメリカ大統領ウィルソンは第一次世界大戦中、ウィルソン一四カ条（秘密外交の廃止、海洋の自由、軍備縮小、民族自決、国際平和機関の創設など）を掲げ、ヴェルサイユ条約第一編に基づき、一九二〇年、世界史上最初の国際平和機構である国際連盟が創設された。常任理事国四国（英・仏・伊・日）、加盟国四二カ国で発足したが、アメリカは共和党のモンロー主義によって上院でヴェルサイユ条約が承認されなかったため参加せず、事務局はスイスのジュネーヴに置かれ、国際司法裁判所・国際労働機構を設置した。一九三一年一〇月には、アメリカも国際連盟事務局会議に参加し、満州事変（一九三一～三三）についてのリットン調査団（一九三二・六～一〇）に参加した。日本・ドイツは一九三三年、イタリアは一九三七年、脱退した。一九三四年にはソ連が参加し、加盟国は六〇カ国になった。連盟は一九三九年、ソ連のフィンランド侵略を理由にソ連を除名したのち、休止した。一九四六年四月、解散を決定し、国際連合（国連）への移行を決定した。

4-4-2　ワシントン会議（太平洋会議、一九二一・一一・一二～二二・二・六）**と山東権益返還**　第一次世界大戦後、アメリカ第二九代大統領ハーディング（一八六五～一九二三、在任一九二一～二三）の提案により太平洋問題に関心のある九カ国（米・英・日・仏・伊・ポルトガル・ベルギー・オランダ・中華民国）がワシントンに集まり、協議した。その結果、①中華民国の治外法権撤廃および関税率改定要求に条件付きで前向きに取り組むことを約定する（一九二一年一二月一〇日）、②「四カ国条約（米・英・仏・日）」（一九二一年一二月一三日）により、太平洋海域の領土と権益を相互に尊重し、諸島嶼《とうしょ》を非軍事化し、一九一一年の日英同盟を廃棄する、③「**日中山東会議**」（一九二二年二月四日）において日本は山東権益を中華民国に返還する、④「五カ国条約（米・英・仏・日・伊）」（一九二二年二月六日）により**海軍軍縮**について、主力艦隊保有比率を米・英五二万五〇〇〇トン、日本三一万五〇〇〇トン、伊・仏一七万五〇〇〇トンとする、⑤「**九カ国条約**」（一九二二年二月六日）で中華民国についての領土保全・機会均等、関税条約などが合意された。米・英・日の戦後協調体制が形成され、極東における米・日の地位の上昇が示された。これによって、「**ワシントン体制**」が形成され、中華民国にとってはパリ講和会議で実現できなかった山東主権の回収が達成され、さらに関税自主権要求などが実現される条件をつくり出したこととなったなど、中華民国の主権回収にとっては画期的な前進となったのであった。

4−4−3　国際平和体制の模索　英・仏・独・伊・ベルギー・ポーランド・チェコの七カ国は一九二五年一〇月、スイスのロカルノで現状維持・相互不可侵・紛争の仲裁裁判などの西ヨーロッパの安全保障条約に仮調印し、一二月、ロンドンで正式調印した（**ロカルノ条約**、一九二五年一二月）。また、米国務長官ケロッグと仏外相ブリアンが中心となって、パリで一五カ国が「国際紛争の解決は武力によらない」との条約（**パリ不戦条約**、**ケロッグ・ブリアン条約**、一九二八年）を締結し、その後、日本を含む六三カ国が参加した。

5. 民国前期北京政権の近代化追求

5−1　北京政権の「近代化」政策

民国前期北京政権は、共和制という国体に規定されて、憲法制定・憲政、法治、産業の発展、軍事・教育などの「近代化」、不平等条約体制の撤廃を追求し、無視しえない成果をあげた。

憲法制定の模索　袁世凱のあとをうけて大総統となった**黎元洪**《れいげんこう》は、臨時約法を回復し、八月一日、国会も再開させ、国会は憲法制定に向けて九月五日、憲法会議を発足させた。しかしその後、**段祺瑞**《だんきずい》の政治グループ、「**安福クラブ**《あんぷく》」（一九一八〜二〇）が多数を占める「**安福国会**」が生まれ、憲法制定は前進しなかった。

曹錕《そうこん》は一九二二年六月、安福国会によって選出された大総統徐世昌を駆逐し、旧国会を回復して、「中華民国憲法」（いわゆる**曹錕憲法**、一九二三年一〇月一〇日）を公布した。これは、中国最初の憲法である。同憲法は、国民主権をうたい、立法権は国会にあるとし、二院制をとり、「大総統は国会議員によって組織される総統選挙会がこれを選挙する」と定めており、近代的憲法の名にふさわしい内容を備えていた。

5－2　北京政変（一九二四・一〇・二三）

馮玉祥《ふうぎょくしょう》の国民軍は、北京政変を起こして曹錕を捕え、一一月二四日、**段祺瑞**《だんきずい》が中華民国「**臨時総執政**」となり、同日、「中華民国臨時政府制」が公布された。その内容は、臨時総執政が権力の全権を掌握するもので、国会は存在せず、内閣総理も置かれぬ総執政制とも呼ぶべきものだった。臨時執政府は一九二五年八月三日、国憲起草委員会を設置し、一二月一一日、「中華民国憲法草案」が決定された。その内容は、曹錕憲法に類似していたが、大総統権限は国会権限よりもはるかに強い大総統制であった。

5－3　法治の追求、産業・軍事・教育の「近代化」

民国前期の政権集団はいずれも軍事集団そのものであるか、あるいはそれと強力に結びついた集団であるという特徴があった。他面、それにもかかわらず、軍事独裁政権によるむき出しの暴力的統治が行なわれたわけではなく、辛亥革命の文脈にそって、各種の法整備、法制化が進められていった。一九二一年には刑事訴訟条例が制定された。これは、中国における**刑事訴訟法と民事訴訟法の分離**と評価されている。これらは、中国社会の法規定面および法思想面での「近代化」の歩みのひとこまであり、法律条項面での整備の開始・進行と位置づけられうる。つまり、民国前期北京政権期は、法制・法治の追求の時代であったと言いうるのである。

産業振興　民国前期北京政権はまた、産業振興にも力を入れた。袁世凱政権は一九一三年、英・仏・独・ロ・日など五国銀行団から二五〇〇万ポンドの「**善後借款**」を得、積極的な経済政策を推進した。北京政権は、政権運営の資金不足に悩んでいた。日本の寺内正毅《まさたけ》内閣（一九一六・一〇～一八・九）は、私設特使・西原亀三を中華民国に派遣し、段祺瑞政権に一億四五〇〇万円の「**西原借款**」（一九一七～一八）など計三億余円を提供した。中華人民共和国の評価では、これらの借款について「売国的」と否定している。中華民国では、第一次世界大戦期に急速な生産力の向上が実現し、「中国民族産業の**黄金期**」と呼ばれた。

軍事　軍事面では、大総統が全軍を総括し、陸軍部、海軍部のほかに参謀本部が設けられ、一九一九年には航空事務籌《ちゅう》備処（のち、航空署）が設置され、中央・地方の軍政制度、階級制度、軍隊編成、軍事教練なども近代的改編が進められていった。

教育　教育面では、漢字の表音法を作りだすことは国民への教育の普及、識字教育のためには不可欠であった。中華民国教育部は一九一三年、漢字の「読音統一会」を設置して標準字音を制定し、表音法としては現在中華人民共和国で採用されているローマ字による拼音《ピンイン》方式よりも合理的な「**注音字母**」がつくられた。「注音字母」の原案は、章炳麟《しょうへいりん》（一八六九〜一九三六）が考案したものであった。学校制度の整備、教育の普及策が進められ、全国の**学校数**は一九一二年の八万七二七二校から一九一五年には一二万九七三九校へ、学生数は同じく二九三万三三八七名から四二九万四二五一名へ、一九二二年統計では五一八万三四〇一名に増加している。

民間でも、各種の教育の普及活動があった。**陶行知**《とうこうち》（一八九一〜一九四六）は一九歳のとき、王陽明の「知行合一」思想の影響を受けて、「知行」と改名、のち、「行知」と改めた。一九一四年、アメリカ・イリノイ大学に留学し、コロンビア大学に転校してデューイらの教えを受け、一九一七年帰国後、各地で平民教育運動に取り組んだ。陶行知はその後、一九三五年の一二・九運動後、「救国会」に参加した。

5-4　不平等条約の撤廃へ

中国地域の不平等条約撤廃の要求は、清末に始められているが、具体的成果に結びつくのは中華民国前期のことである。それは、主権国家確立の過程であった。

5-4-1　租界・領事裁判権の解消　北京政権の不平等条約撤廃への具体的措置は、一九一七年の**黎元洪**大総統時期に始まる。同年三月一四日、黎元洪大総統はドイツに対し、外交関係の断絶を宣言し、その後、ドイツの在中国駐兵権、租界および賠償金支払義務を解消し、在中国ドイツ軍を武装解除し、天津、漢口のドイツ租界を回収した。八月一四日、北京政権はドイツ・オーストリアに宣戦布告し、さらに両国の中国における領事裁判権を解消した。北京政権のこのような動きは、第一次世界大戦という国際環境の激変によって可能になったのであった。

5-4-2　関税会議と関税自主権（一九二五年）　北京政府は六月二四日、各国駐中国公使団に不平等条約の改定を要求する照会を手渡した。北京政権は一九二五年一〇月、オーストリアと、一九二六年一〇月、フィンランドと条約を締結し、いずれの条約も領事裁判権と関税協定権を解消した。ワシントン会議によって設置された関税会議においては、一九二五年一一月一九日、中華民国が関税自主権を有することを各国は承認した。

このように、民国前期北京政権は、不平等条約の撤廃に向けて一貫して努力し、少なからぬ成果をあげている。このような政府・政権を「売国政府」と呼ぶのは、的はずれと言わなければならない。

梁漱溟《りょうそうめい》（一八九三〜一九八八）は、中国同盟会に加盟し、辛亥革命に参加し、仏学を研究し、一九一七年、北京大学でインド哲学を講義し、一九二四年、山東省で「**郷村建設**」に従事した。その後、「統一建国同志会」を結成し、一九四一年には「中国民主政団同盟」（のち、「中国民主同盟」）に改組した。

北京政権は、一方において、憲法制定の努力を積み重ね、法制化を進め、産業振興策をとり、教育の普及に努め、対外的には不平等条約体制の解消に向けて一定の成果をあげたにもかかわらず、一九二八年消滅した。その崩壊要因としては、第一に軍事派閥間の対立・抗争、第二に財政・税収基盤の未確立、第三に南方革命勢力との対立と軍事抗争における敗北、第四に政権担当者の側も国民の側も含めて、民主主義的基盤が著しく未成熟であったこと、などが指摘されよう。

6. 国民党・国民政府・国民革命軍

民国前期南北対立　民国前期の中国には、北京政権のほかに、「広東政府」と呼ばれる南方政権が存在した。北京政権は中華民国を代表する中央政権の立場に立っていながら、地方分立政権を消滅させて全国統一を達成することはできなかった。

6-1　民国前期の中国国民党（一九一九～現在）

孫文の中華革命党は一九一九年一〇月一〇日、「中国国民党」（略称、国民党）と改称した。のちに南京政権を生み出す孫文派革命勢力から言えば、辛亥革命による清朝打倒課題の達成と袁世凱政権の成立、および権力の北京政権への合法的継承という事態、また国際関係も含めた「革命環境」の変化に対応し、民国前期における「革命」の課題は、北京政権の打倒と全国統一、そして根本目標としての三民主義・五権憲法の実現が課題であった。三民主義のうちの「民族主義」の課題は、排満から単一「中華民族」の形成に変更される。

6-2　孫文の三民主義建国論の概観

孫文は、一九一〇年代末から一九二四年にかけて次のように三民主義建国論を述べている。

孫文は、『三民主義』中の「民族主義　第六講」（一九二四年三月二日講演）で、現状を「半植民地」と考える人がいるが、中国は「完全な植民地」である「高麗」（朝鮮）、「安南」（ベトナム）にくらべて、それより「一級低い」「**次植民地**」なのであると述べている。ついで孫文は、伝統道徳を評価し、「忠孝」「仁愛」「信義」「和平」、『大学』の「格物、致知、誠意、正心、修身、治国、平天下」が大切と述べ、「**中国固有の道徳**」について全面的に肯定的な態度を示す。

三民主義　『**三民主義**』（一九一九年）では、「民族主義」については、複数の民族を融合したアメリカのように「満・蒙・回・蔵」を融合して「中華民族」とするとし、「民権主義」については、「選挙の権」、「複決の権」、「創制の権」、「罷官の権」を「四大民権」とし、「軍政」・「訓政」に触れている。「民生主義」については、「民生主義とは、社会主義である」としている。一冊にまとめられた『**三民主義**』（一九二四年）は、孫文が一九二四年一月二七日から八月二四日までの毎日曜日に広州の中山大学で行なった講演である。「民族主義」の中では、中国＝「次植民地」、「帝国主義」と「民族自決」、中国人＝「ばらばらの砂」、「中国固有の道徳」（忠孝・仁愛・信義・和平）などについて語っている。「民権主義」の中では、「天下為公（天下を公とす）」、「自由・平等・博愛」、「先知先覚者」＝「発明者」、「後知後覚者」＝「宣伝家」、「不知不覚者」＝「実行家」、「三権分立」、「普通選挙」、「四種の民権」＝「選挙権・罷官権・創制権・複決権」、「政権」＝「四種の民権」、「治権」＝「五権憲法」などについて語っている。「民生主義」の中では、「民生主義は社会主義であり、またの名は共産主義、すなわち大同主義である」、「平均地権」、すなわち「地価は地主が自分で決定する」、「政府は彼が届け出た地価に応じて徴税する」、届出以後の値上がり分は公有とするとし、「節制資本（資本を節制する）」では、「中国で民生問題を解決するには」資本の節制だけでは足りず、「実業の振興」が必要であると語っている。

「**五権憲法**」　孫文は『孫文学説（心理建設）』（一九一九年六月）で、「五権憲法」について、「五院制をもって中央政府とする。一は行政院であり、二は立法院であり、三は司法院であり、四は考試院であり、五は監察院である」と言っている。

「**直接民権**」（「**四大民権**」）・「**民有・民治・民享**」**論**　『五権憲法』（一九二一年七月）では、五権憲法に触れた上で、「直接民権は全部で四つある。一つは選挙権で、二つは罷官権で、三つは創制権で、四つは複決権である」としている。このうち、「複決権」については、「立法院がもしも、よい法律を提案したが、立法院中の大多数の議員がこれを通さなかった場合、人民は公意の賛成によって通過させる。この通過権を創制権と言わず、複決権と言うのである」と述べている。『三民主義』（一九二四年）の中の「民権主義」でも、「四種の民権」＝「選挙権・罷官権・創制権・複決権」、「政権」＝「四種の民権」について語っている。

「実業計画」論　『実業計画（物質建設）』（一九二一年一〇月一〇日自序）では、港湾・鉄道建設、モンゴル・新疆への植民、石炭・鉄鉱源の開発、製鉄所設立、揚子江整備、「内河商埠〔開港場〕の建設」、水路・運河の改良、大セメント工場の創設、漁港建設、造船所創設」、全国鉄道網の敷設、機関車等製造工場の設置、食糧・衣服・住宅・「行動工業」（自動車）、「印刷工業」、鉄鉱・石炭・石油・銅鉱・特殊鉱、鉱業機械の製造、冶鉱工場の設立など多岐にわたっている。

「以党治国」論　中国近現代史研究の世界では、通常、「以党治国」とは、国民に代わって国民党が全権を掌握し、政治の主権者になることと解されているが、孫文は『五権憲法』（一九二一年七月）では、「以党治国」（党によって国を治める）という表現は欧米で行なわれている「政党政治」の意味としている。「広州国民党党務会議での講話」（一九二三年一〇月一〇日）では、革命ロシアを手本としている。広州中国国民党懇親大会での訓示「党員は官になろうという気持を持ってはならない」（一九二三年一〇月一五日）では、「以党治国とは、本党の党員を用いて国を治めるということではなく、本党の主義を用いて国を治めるということである」とし、「広東の人心の一半が本党に帰したら、本党は以党治粤《えつ》〔党によって広東を治める〕を実行してよい」と述べている。孫文は、「以党治国」とは国民に代わって党が政治を行なうこととは言っていないのである。

6-3　広州軍政府から国民政府へ

6-3-1　第一次広州軍政府（一九一七年）

孫文らは一九一七年八月二五日、広州で「国会非常会議」（「非常国会」とも呼ばれる）を開催した。北京政権に反対して集まった国会議員「一二〇余名」がこれに参加して「中華民国軍政府組織大綱」を決定した。同大綱は、軍政府が「大元帥」制をとり、「臨時約法」が復活するまでは大元帥が中華民国を代表することと規定した。国会非常会議は九月一日、孫文を海陸軍大元帥に選出し、九月一〇日、正式に広州に「軍政府」（「護法軍政府」あるいは「広東軍政府」とも呼ばれる）を設立し、北京政権に南方革命政権が対峙する局面が形成された。

ところが、陸栄廷ら桂（広西）系軍・政学会（清末立憲派団体）系国会議員は軍政府改組を要求し、国会非常会議は一九一八年「四月一〇日」、「修正軍政府組織法」を決定した。国会非常会議は「五月二〇日」、軍政府を「七総裁制」に改組して大元帥首領制から総裁合議制に変え、軍事委員会（委員長、李烈鈞）が設置された。孫文はこれを不満として大元帥を辞任し、五月二一日、広州を離れ上海に去り、軍政府総裁を辞任した。「七総裁制」軍政府（総裁主席、岑春煊《しんしゅんけん》）は「七月五日」、成立を宣言した。護法戦争は、失敗に終わり、軍政府は一〇月二三日、停戦を命令して「南北戦争」は終息に向かい、一九一九年二月から「南北和議」会議が行なわれていったが、北方では一九二〇年七月一四日、直皖《ちょくかん》戦争（安直戦争とも言う。一九二〇年七月）が起こり、二三日、安徽派（段祺瑞）は破れ、直隷派の曹錕が北京政権を掌握した。南方では第一次粤桂《えつけい》戦争（一九二〇年八月）が起こり、南北和議は雲散霧消した。

6-3-2　第二次広州軍政府（一九二〇年）　広州軍政府は、内紛から総裁は三名しか残らず、孫文ら四総裁（孫は辞任しているのだが）は一九二〇年六月三日、「軍政府はすでに不法」と宣言し、孫文の陳炯明《ちんけいめい》粤《えつ》軍が一〇月二二日、恵州を攻め落とし、陸栄廷桂軍を打ち破ったため、岑春煊は同月二四日、軍政府総裁の辞任と軍政府の廃止を宣言して広州を退出、粤軍は一一月二九日、広州を攻め落とした。孫文は同日、広州にもどり軍政府を回復し、大元帥に復帰した。

国会非常会議は一九二一年四月七日、軍政府を廃止して「中華民国政府」（広州政府）を設置し、孫文を「中華民国大総統」（「非常大総統」と呼ばれる）に選出し、孫文は五月五日、就任した。同年七月には、中国共産党が結成された。孫文は一一月一五日、桂林に「大本営」を設置するとともに「軍事委員会」を設置した。

第一次北伐（一九二二年五月四日〜）　孫文は一九二二年五月四日、「北伐令」を発表し、六月一三日、北伐軍は贛《かん》州（江西省）を攻め落とした。しかし、六月一六日、中華民国政府（南方政府）陸軍部部長陳炯明の反乱が発生し、孫文は八月九日、広州を離れ、上海に避難した。許崇智《きょすうち》の北伐軍は北伐を継続し、一〇月一二日、福州を攻略した。

討賊軍　孫文は一九二二年一〇月一七日、許崇智の北伐軍を「東路討賊軍」（総司令、許崇智。参謀長、蒋介石）と改名し、三個軍を統括させた。一九二三年年初、孫文は福州の東路討賊軍と広西に駐屯していた滇《てん》（雲南）軍・桂（広西）軍によって構成された「西路討賊軍」に広州の陳炯明を挟撃させ、陳炯明は恵州に撤退した。陳炯明が駆逐されると、同年二月、孫文は上海からもどった。

ソ連の接近　ソ連の外交使節**ヨッフェ**（一八八三〜一九二七）は一九二三年一月、孫文と会談して共同宣言を発表した。一九二三年八月一六日、ソ連の実情を視察するため、蒋介石を団長とする「**孫逸仙《そんいっせん》博士代表団**」がソ連に派遣され、一二月一五日、上海にもどった。孫文は一九二三年一〇月、ミハイル・M・**ボロディン**（一八八四〜一九五一）を顧問として党の改造を検討した。

6-3-3　第三次広州政府（一九二三年〜）　一九二三年三月一日、「中華民国陸海軍大元帥大本営」が広州に設置され、孫文は「大元帥」に就任した。同年同月二日、孫文は「大元帥大本営」を広州に設置した。同年、「国民党本部軍事委員会」が設立された。

以上のように、孫文は一九一七年から一九二三年までに三回、広州に革命政権を樹立したのだった。

6-4　国民党第一回全国代表大会（略称、一全大会。一九二四年一月）

中国国民党は一九二四年一月、第一回全国代表大会を開催し、国民革命の方針を決定している。同月二三日決定された「中国国民党第一回全国代表大会宣言」では、「国民党の主義」は「孫先生が提唱している三民主義」

であるとしている。同宣言は、「民族主義」とは「中国民族がみずから解放を求めること」であり、「中国国内各民族」は「一律平等」であると説明している。ここでは、「中国国民党」は「中国内の各民族の自決権を承認し」、「自由で統一された（各民族自由連合の）中華民国を組織しなければならないことを厳粛に宣言する」と述べている。孫文は、以下に見る「建国大綱　国民政府建国大綱」（一九二四年四月一二日、以下、『建国大綱』と略称）でも「国内弱小民族」の「自決自治」と言うが、これは孫文自身の思想というよりも、当時のコミンテルン・中国共産党の政策と言うべきものと見られるが、一九二四年に孫文側がこれを拒否せず、採り入れているという事実は中国近現代史が忘れるべきでない重要なひとこまである。

「民権主義」については、四大民権と五権分立であるとしている。「民生主義」については、「地権の平均」と「資本の節制」であるとし、「地権の平均」とは「私人が所有する土地は地主が価格を見積もり、それを政府に報告し、国家はその価格に応じて課税し、必要なときにはその価格でそれを買い取る」こととし、「資本の節制」とは「銀行・鉄道・航路などの類は国家がこれを経営管理」し、「私有資本制度に国民の生計を操縦できなくさせる」こととしている。また、「対外政策」七項目の①として「一切の不平等条約」の「解消」、「対内政策」一五項目の②として「各省」単位の「憲法」制定、③として「県を自治の単位とする」、⑥として「集会・結社・言論・出版・居住・信仰の自由」などの自由権に属する項目を挙げている。

『建国大綱』（一九二四年四月一二日）は、孫文の三民主義建国論の集大成である。**【軍政・訓政期国民政府】**「国民政府」は、「三民主義・五憲憲法に基づいて中華民国を建国する」。**【民生主義】**「建設の最初は、民生にならなければならない」。**【四大民権】**「次は民権」で、「政府」は「人民」を「訓導」して、「選挙権」、「罷官権」、「創制権」、「複決権」を行使させる。**【民族主義】**「三番目は民族」で、「国内の弱小民族に対しては」「自治自決できるようにさせ」、「国外からの侵略・強権に対しては」抵抗し、「国際的平等と国家の独立を回復する」。**【三段階**

論・軍政期】「建設の順序」は、「軍政時期」、「訓政時期」、「憲政時期」の「三期に分ける」。軍政時期には、「兵力で国内の障害を除去」し、「主義の宣伝によって全国の人心を開化し国家の統一を促進する」。「およそ一省が完全に安定した日が、軍政を停止し、訓政を開始するときである」。【訓政期地方自治】八。訓政時期には、県単位で「自治を準備」し、「人口調査」、「土地測量」、「警察・衛生の事務」、「道路建設」、「四権の訓練」を行ない、「議員を選挙し」、「一県の法律を決定」する。こうして「完全自治の一県が成立する。九。「完全自治の一県」では、「その国民」は官員を直接選挙する権」、「直接罷免する権」、「法律を直接創制（制定）する権」、「法律を直接複決する権」がある（四大民権）。「全県が自治を実施したとき」、「私有地の価格を決定」し、「地主が自主申告」し、「その価格に基づいて徴税」し、「随時、その価格に基づいて売買」する（平均地権）。各県の中央政府への納付金は、県の歳入の「一〇％」以上「五〇％」以下とする。各「県地方自治政府の成立後、国民代表一名を選出」する。中央および地方のすべての官員は、「中央の考試（試験）を経なければならない」（考試権）。「およそ一省の全県がすべて完全自治に達したときが、憲政開始時期」である。「県は自治の単位」である。【五権分立・五院設立】「憲政開始時期に、中央政府」は「行政院」・「立法院」・「司法院」・「考試院」・「監察院」の「五院」を設け、「五権の治」を試行する（五権憲法）。行政院には、まず「内政部」・「外交部」・「軍政部」・「財政部」・「農鉱部」・「工商部」・「教育部」・「交通部」を設置する。「憲法公布以前は、各院長はすべて総統が任免し、これを督率する」。なお、孫文は『孫文学説（心理建設）』（一九一九年六月）で、「五権憲法」について、「五院制をもって中央政府とする。一は行政院であり、二は立法院であり、三は司法院であり、四は考試院であり、五は監察院である」と言っている。

【憲政実施・国民大会】「憲法草案」は、「立法院が議訂する」。「全国の過半数の省が憲政開始時期に達したとき、すなわち全省の地方自治が完全に成立した時期に、国民大会を開催し、憲法を決定し、これを公布する。」

「憲法公布ののち、中央統治権は国民大会がこれを行使し、国民大会は中央政府の官員の選挙権・罷免権を有し、中央の法律について創制〔制定〕権を有し、複決権を有する」（四大民権）。「憲法公布の日は憲政実現のときであり、全国国民は憲法に基づき全国大選挙を行なう。国民政府は選挙終了三ヵ月後に解職し、政権を民選の政府に引き渡す。これが建国の大功完成である。」

近代国家の政治原理　現代政治学では、近代国家の基本的な政治原理は「①立憲主義、②権力分立制、③代議制」の三つとされる。孫文の三民主義・五権憲法構想は、基本的にこの近代国家の基本的政治原理に合致している。

「**中国国民党第一次全国代表大会宣言**」（一九二四年一月三一日）は、「民族の方面については、一民族の専横支配から諸民族の平等な結合に移行することである」と述べており、辛亥革命以来、「諸民族の平等な結合」を掲げてきたのだとした上で、「国民党の民族主義には、二つの方面の意味がある。一つは、中国民族がみずから解放を求めることである。二つは、中国国内の各民族の一律平等である」とし、さらに「国民党は、中国国内の各民族の自決権を承認し、帝国主義および軍閥に反対する革命において勝利を獲得したのちは、自由で統一した（各民族自由連合の）中華民国を建設することを、断乎厳粛に宣言する」とさえ述べている。

孫文の「連ソ容共」方針への転換は、一九二〇年代における国際的・国内的「革命環境」の変化に対応して、革命の根本目標である三民主義・五権憲法を実現するためには、ソ連の援助を受け入れることが必要であり、有利であると判断し、ソ連と連合したのであった。ソ連と連合する以上、孫文・国民党の革命構想の支障とならない限りにおいて、ソ連が持ちこんでくるマルクス主義の思想・政策・組織論を受け入れることをためらう理由はなかった。孫文の「連ソ容共」方針への転換は、孫文が思想的にマルクス主義者、共産主義者に転換したことを意味するものではない。

中国国民党の組織　一全大会（一九二四年一月）が決定した「中国国民党総章」によれば、国民党の党部組織は全国（中央）・全省・全県・全区・区分部の五段階に分かれ、全国代表大会、全省代表大会、全県代表大会、全区代表大会、区分部代表大会が各党部組織の最高級機関であり、それぞれの休会中はそれぞれ中央執行委員会・全省執行委員会・全県執行委員会・全区執行委員会・区分部執行委員会が責任を負い、区分部が党の基本組織とされている。熱河《ねっか》・チャハル・綏遠《すいえん》の三特別行政区域およびモンゴル・チベット・青海等の党部は特別地方党部とされ、省の場合と同じ構成を採った。総理は孫文とされ、全国代表大会が党の最高機関とされた。また、政府機関・会社・労働組合・議会などの非党組織には党団（党グループ）を組織するものとされた。また、中央監察委員会は中央執行委員会の財政・党務等を監督するものとした。

中央党部　一全大会後、中央党部には、組織部（部長、譚平山）、宣伝部（部長、戴伝賢＝季陶）、工人部（部長、廖仲愷）、農民部（部長、林祖涵、その後、彭素民）、青年部（部長、鄒魯）、婦女部（部長、廖冰《りょうひょう》）、その後、何香凝）、海外部（部長、林森）が設置されて行った。

国旗・国歌・党旗・党歌　国民党は一全大会後の一九二四年六月、国旗・国歌・党旗・党歌の制定方針を決定し、青天白日旗を党旗・軍旗とし、青天白日旗満地紅旗を国旗と定めた。同月一六日、陸軍軍官学校の開校式が挙行され、孫文総理は「三民主義はわが党のわが宗《むね》、もって民国を打ち建て、もって大同に進まん」との言葉を読みあげ、これが党歌となったのであるという。

孫文病死（一九二五年三月一二日）　孫文は、馮玉祥の招きに応じ、日本経由で一九二四年一二月四日、天津に到着したが、一九二五年三月一二日、志半ばにして北京で病逝した。

6-4-4　国民政府（略称、国府。一九二五・七・一～四七・一二）　一九二五年春、第一次東征は成功し、滇《てん》（雲南）・桂（広西）の反乱軍は平定された。中国国民党中央執行委員会は一九二五年五月三〇日、「軍隊整頓案」を決定した、国民党中央政治委員会第一四回会議は六月一四日、ボロディンの提案に基づき、「大元帥府」を改組して「国民政府」を設置することを決議した。国民党中央執行委員会は六月二四日、「政府改組決議案」を決定し、国民政府の設立と軍事委員会の設置を決定した。一九二五年七月一日、国民政府（一九二五年七月一日〜）が広州に樹立された（**広州国民政府**）。国民党第一回全国代表大会での「国民政府設立案の説明」（一九二四年一月二〇日）では、「われわれの模範」として、「ロシアが完全に以党治国であることは、英・米・仏の政党の政権掌握より一歩進んでいる。われわれには現在、治めるべき国はないので、以党建国と言えるだけである」、ロシア革命が「成功できたのは、すなわちロシアが党を国の上に置いたからだ」と述べ、国民政府をロシアの政治体制にならって設立することを明らかにしている。孫文は『三民主義』（一九二四年）の「民権主義」で、『人民独裁』の政体は、当然、『代議政体』よりずっと改良されている」と述べている。「人民独裁」については国名は挙げていないが、当然、ソ連を指している。

6-4-5　国民革命軍　中国国民党は一九二四年一月二〇〜二九日、広州で第一回全国代表大会を開催し、約六年前に革命に成功したソ連の援助を受けて軍隊を整頓することとなり、中央党部の下に「軍事部」を設置し、陸軍軍官学校を創設することとした。ソ連からの軍事顧問は、多いときで二〇〇〜三〇〇名に達した。

「**中国国民党陸軍軍官学校**」　孫文は一九二四年五月、「中国国民党陸軍軍官学校」を設立し、同月二日、蔣介石を校長（兼粤《えつ》〈広東〉軍総司令部参謀長）とし、廖仲愷《りょうちゅうがい》を党代表に任命し、政治部を設けた。同校は六月一六日、開学した。同校は、広州市郊外の黄埔《こうほ》長洲島の旧水師学堂と陸軍小学の跡地に設置されたので、「黄埔陸軍軍官学校」（略称、**黄埔軍校**）とも呼ばれた。孫文は七月一一日、ソ連の軍制を参考として、「国民党中央軍事委員会」を設置した。黄埔軍校第一期生五〇〇名のうち、中国共産党員は八〇数名だった。その後、国民政府は黄埔軍校分校を潮州・南寧・長沙・武漢に設置していった。一九二四年秋、軍事委員会は改組された。広州国民政府軍事委員会は一九二六年、黄埔軍校および各軍軍校を合併し、「国民革命軍中央軍事政治学校」に改組し、黄埔軍校を校舎とした。

広州商団事件（一九二四・一〇・一〇～一五）　一九二四年八月九日、蔣介石は孫文の命を受け、広州政府に反対していた広州商団による武器密輸入事件に取り組み、一〇月一〇日に武装蜂起した広州商団を一〇月一五日に鎮圧した。

国民革命軍編成（中国語略称「国軍」。本書では国革軍。一九二五年～）　一九二四年一〇月一三日、孫文は大元帥府所属の「討賊軍」を「**建国軍**」に改め、ついで一九二五年、「国民革命軍」を設置した。その出自を分類すると、黄埔軍校で養成された「党軍」（中央軍系）、馮玉祥の「国民軍」、閻錫山《えんしゃくざん》の「晋閻《しんえん》軍」、蔡鍔の護国軍系の「滇《てん》（雲南）系軍」、同じく護国軍系の「川系軍」、北京政権軍系の「黔《けん》（貴州）系軍」、譚延闓《たんえんがい》・程潜の「湘系軍」、許崇智《きょすうち》の「粤《えつ》系軍」、李宗仁《りそうじん》・黄紹竑《こうしょうこう》・白崇禧《はくすうき》らの「桂系軍」、楊虎城《ようこじょう》らの陝西軍、樊鍾秀《はんしょうしゅう》の「豫《よ》（河南）軍」、馬姓回族軍の「西北馬回軍」などから構成された。

一九二五年、中国でラジオ放送が開始された。

6-4-6　国民革命／北伐（一九二六・七～二八・六）　国民党は一九二四年九月一八日、「北伐宣言」を発し、孫文は一一月一〇日、「北上宣言」を発表、一九二五年二～九月、第一次東征を行なった。以上が国民革命戦争前史である。一九二六年七月、国民政府は「北伐宣言」を発表し、国民革命戦争の幕が切って落とされた。中共は、これを「第一次国内革命戦争」と呼ぶ。国民革命軍は一九二七年三月二四日、南京を占領し、一部部隊は各国領事館に乱入し、略奪・暴行を行なった。これに対し、英・米は市内を砲撃して報復した。国民革命軍による「南京事件」である。ドイツは一九二七～三八年、国民政府に軍事顧問団を派遣し、支援した。国民革命軍は一九二八年六月、北京に入城し、北伐戦争は一段落するが、引き続き一九二九年まで軍事行動は続いている。

6-4-7　武漢国民政府（一九二七・一～九）**成立**　国民革命軍の北伐の進展により、広州国民政府（一九二五年七月一日～二六年一二月）は一九二六年一一月、国民政府・国民党中央党部の武漢移転を決定し、一九二七年一月一日、武漢国民政府が成立した。

6-4-8　「四・一二反共軍事行動」（一九二七・四・一二）と**南京国民政府**（一九二七・四～一九三七・一一）　蔣介石は一九二七年四月一二日、上海で中共勢力を排除する軍事行動を起こした。中国国民党は、これを「全面清党」と呼び、中国共産党は「四一二反革命政変」、「四一二反共政変」、「四一二政変」あるいは「四一二事変」などと呼んでいる。日本では「四・一二クーデタ」と呼ばれているが、「クーデタ」とは危機意識を持った軍人による「国家に対する軍事行動」（フランス語のcoupは「軍事行動」、Etatは「国家」）という意味であり、蔣介石の行動は、革命軍内部の対立・襲撃であり、「クーデタ」ではないので、不正確な表現である。本書では四・一二反共軍事行動と呼ぶ。これによって、第一次国共合作は崩壊した。

一九二七年四月二一日、蔣介石らは南京に国民政府を樹立し、武漢国民政府と対立した（「**寧**（南京）**漢**（武漢）**対立**」）が、武漢国民政府も六月、ソ連顧問を解任し、七月、反共宣言をし、同年九月、両者は合作し、南京国民政府に統一された。同政府は一九二七年一〇月一日、全国最高の学術教育機関として「中華民国（中国）大学院」（院長、蔡元培）を設置した。中国国民党は一九二八年二月、『**中央日報**』を発刊した。

6-4-9　蔣介石（名、中正。字《あざな》、介石。一八八七・一〇・三一～一九七五・四・五）

国民政府の中心人物となる蔣介石は、浙江省奉化県渓口鎮《ちん》に生まれた。日本に留学し、一九〇九年、新潟県高田の日本陸軍に士官候補生として入隊し、その間に東京で中国同盟会に参加し、一九一一年、辛亥革命が起こると帰国した。孫文によって黄埔《こうほ》軍官学校校長に任命され、軍事指導者の地位を築いていった。蔣介石は、孫文の三民主義、五権憲法、「軍政・訓政・憲政」三段階論、訓政期以党治国論、大中華主義（中華民族意識、清朝領土の継承）、反帝国主義およびキリスト教信仰、儒教を中心とする中国伝統思想の重視などを継承したと見られる。蔣介石は、『管子』の「礼・義・廉・恥」という徳目を強調した。それは、国民の中の悪習の一掃、国民の思想的道徳的統合、現代国際社会に通用する国民づくりをめざして掲げられた徳目であった。つまり、近代国家建設の基盤づくりとして国民に求めた道徳であったのであり、反動的復古主義であるとは言えないのである。

蔣介石について、「個人独裁」という評価が定着しているが、最近の中国の研究では、蔣介石自身は個人独裁志向を持っていたが、孫文の三民主義・民主憲政という政治理念、民主集中制という政治体制、胡漢民・汪精衛らとの国民党内派閥闘争、馮系・桂系・奉系などの地方軍事実力派との抗争、国民参政会（一九三八年～一九四八年）・政治協商会議（一九四六年）における国民党外勢力との関係などの諸要素によって、事実上、その願望は制約されていたとの見方が現われており、比較的客観的な評価だと見られる。

7. 中国共産党（一九二一～二八）

7-1 「階級」と「民族」

前近代社会においては、イスラーム教に典型的に見られるように、アイデンティティの形成において宗教的連帯がきわめて大きな役割を果たしてきた。それに対し、近代社会は「民族」「国家」の統合を追求する点に特徴がある。しかし、その中から「民族」「国家」を越えた「労働者階級」の階級的国際連帯をめざす**マルクス主義**の動きが生まれる。カール・マルクス（一八一八～八三）は『共産党宣言』（一八四八年）で、「万国の労働者、団結せよ」と呼びかけた。そして、ロシアのレーニンはこの思想に基づき、第一次世界大戦の中で、「祖国の敗北を」と呼びかけ、「パンと平和」を求める民衆の要求にこたえ、ロシア革命に成功した。

この思想は、二〇世紀に入るとアジア各地でも強い影響力を持ち始めたが、アジアの多くの地域ではいかにヨーロッパ帝国主義の支配から解放されるかという課題があり、「階級」的解放よりも「民族」的解放が優先され、マルクス主義はヨーロッパ地域とは異なる展開をとげてゆく。マルクス主義は、西南アジア地域・インド地域ではあまり強い影響力を確立できなかったが、東アジア、特に中国地域では影響力を強め、中国共産党（略称、中共）による権力掌握に成功する。そこには、先にロシア革命によって成立していた地続きのソ連の存在と援助が重要な条件を形成していた。中華人民共和国の成立には、革命ロシア／ソ連の存在が決定的な条件となった。

一九一九年、**コミンテルン**（共産主義〈コミュニスト〉インタナショナル、第三インタナショナル、第三インター。一九一九～四三）が結成され、そのもとに各国共産党が組織されていった。コミンテルン第二回大会は、レーニンの起草になる「民族・植民地問題に関するテーゼ」を採択した。アジアにおける階級的課題と民族的課題の関係の模索であった。

7-2　中国共産党結成から「第一次国共合作」決裂まで（一九二一・七～二七・四）

コミンテルンは、中華民国への働きかけを中華民国国内での接触とフランスにおける中国人への接触という二つの方向から行なった。中華民国国内では、コミンテルン極東部長（代理）グリゴリー・**ヴォイチンスキー**（一八九三～一九五三。中国名、呉廷康）が李大釗・陳独秀らに接触していった。革命ロシア政府は、まずロシア帝国時代の中国特権を放棄する「**カラハン宣言**」（一九一九・七・二五）を発表した。ヴォイチンスキーは一九二〇年春、陳独秀・李大釗らと会い、共産党結成を働きかけた。一九二〇年夏頃から、上海・北京・湖南・広東などで共産主義グループが結成された。一方、コミンテルンは孫文・国民党に接近し、支援を申し出た。

フランスでは、一九二〇年には「勤工倹学《きんこうけんがく》」学生への働きかけによって三つの共産主義組織がつくられていった。①陳独秀の息子の陳延年《ちんえんねん》・陳喬年《きょうねん》兄弟と趙世炎らの「社会主義青年団」、②蔡和森《さいわしん》らの「新民学会フランス分会」、③周恩来らの「フランス共産党中国人細胞」で、周恩来はパリで作家アンリ・バルビュス（一八七三〜一九三五）の「光明社」グループに参加し、ついで同細胞を結成した。一九二二年、パリで以上三団体を合同させ、「中国旅法社会主義青年団」が結成され、一九二三年七月、中国共産党の指示により、「中共旅欧総支部」に改組された。ソ連は一九二一年、「モスクワ東方大学」を設立し、陳延年・陳喬年・趙世炎らはこれに入学した。

一九二一年七月、コミンテルンの援助のもとで、中国共産党が結成された。上海フランス租界の**李漢俊**の兄の家で第一回大会（一九二一・七・二三〜七・三一／八・一）が開催され、陳独秀が初代総書記となった。参加代表は一三名で、党員数五三名であった。インドネシアで活動していたコミンテルン代表オランダ人**マーリング**（スネーフリート。一八八三〜一九四二）、プロフィンテルン（赤色労働組合インタナショナル。一九二一〜三八）代表ニコルスキーも参加したと言われる。李漢俊（一八九〇〜一九二七）は、第一回大会に参加し、一九二二年脱党、その後、武漢大学教授となり、国民党湖北省党部委員などになったが、一九二七年殺害された。第二回大会（一九二二年七月）は、コミンテルンへの加盟を決定した。党員数は、第二回大会時、一九五人、第三回大会（一九二三年七月）時、四三二人という小グループだった。

一九二四年には、中共党員が個人として中国国民党に入党するという形で「**第一次国共合作**」を行ない、国民革命・北伐戦争に参加した。中共が急速に成長したのは、この国共合作・北伐（国民革命戦争）の中でであった。第四回大会（一九二五・一）での党員数は九九四名であったが、第五回大会（一九二七・四〜五）では五万七九〇〇人にふくれあがっていた。コミンテルンによる中共に対する経費援助は、一九二一年から二七年までで四〇万元にのぼったという。一九二七年の自己調達額は、三〇〇〇元にすぎなかった。

中共は、創立から革命成功（中華人民共和国成立）までを戦争によって四期に区分し、①「第一次国内革命戦争」時期（一九二一・七〜二七・四）、②「第二次国内革命戦争」時期（一九二七〜三七）、③「抗日戦争」時期（一九三七・七〜四五・八）、④「第三次国内革命戦争」時期（一九四五・八〜四九）とするが、一九二一〜二六年と一九二七年四〜八月までは戦争はしていないので、時期区分名称としては不適切である。

7-3　労働運動・市民運動

一九二〇年代に入ると、中国共産党が組織した鉄道・鉱山などの労働運動・市民運動が発展していった。

「**香港海員ストライキ**」（一九二二年一月）　香港で海員組合が結成され、賃上げを要求、労働者側の勝利に終わった。

「**二・七惨案**《さんあん》（虐殺事件）」（一九二三年二月）　一九二三年、京漢鉄路全線ストライキが組織され、七日、呉佩孚《ごはいふ》軍がこれを弾圧し、死者三二名、負傷者二〇〇名が出たとされる。

「**五・三〇事件**」（一九二五年五月）　一九二五年、上海の日本人経営の紡績工場でのストライキが二月、青島《チンタオ》に飛び火し、五月一五日、上海の紡績工場の労働者が射殺されたため、抗議運動が盛り上がった。五月三〇日、イギリス警察は一万人のデモ隊に発砲し、多数の死傷者が出る事件が発生した。五・三〇事件である。上海全市は六月一日、ゼネストに入り、労働者の反日ストは九月まで、反英ストは一〇月まで続いた。

「**三・一八事件**」（一九二六年三月）　馮玉祥《ふうぎょくしょう》の国民軍と奉天軍が戦闘中の一九二六年三月一二日、日本の軍艦が大沽口《ダークーコウ》防衛中の国民軍を砲撃し、戦闘が発生した。日本と米・英・仏等の八カ国は一六日、北京政権に最後通牒《つうちょう》を発し、大沽口《ダークーコウ》守備軍の撤退と防衛工作物の撤去を要求した。中国共産党北方区委員会の李大釗・趙世炎らは一八日、労働者・学生・市民五〇〇〇名を組織し、天安門前で「最後通牒」に対する抗議集会を開き、執政府にデモを行なったところ、段祺瑞政権は発砲し、死者四七名、重傷者二〇〇余名を出したという。魯迅は、これに抗議し、「忘却のための記念」を書いた。

「**中山艦事件**」（一九二六年三月）　南方の広東政府海軍の中山艦が許可なく黄埔に移動したとの理由で艦長李之竜（中共党員）が逮捕される事件が発生し、国民党と中共の関係が緊張した。国民党は、これを中共による反乱の陰謀とし、中共は国民党の反共陰謀と非難を応酬し、真相は不明である。

「**四・一二反共軍事行動**」**以後**　一九二七年四月、国民革命軍が上海に到達すると、蔣介石は「四・一二反共軍事行動」を起こし、中共党員を殺戮《りく》・逮捕した。国民党左派と中共の協力関係があった武漢政府は、蔣介石の南京政府と対立したが、国民党左派も反共宣言をするに至り、国共合作は崩壊した。中共はその後、武装蜂起による革命をめざした。

8．一九二〇年代の文化

8-1 「文学研究会」

文学グループ「**文学研究会**」が一九二〇年一一月、結成され、**周作人**（一八八五～一九六七）・**茅盾**《ぼうじゅん》（沈雁《しんがん》氷《ひょう》。一八九六～一九八一）・**鄭振鐸**《ていしんたく》（一八九八～一九五八）・**葉紹鈞**《ようしょうきん》（一八九四～）・**許地山**（一八九三～一九四一）・**王統照**（一八九七～一九五七）らが参加し、『**小説月報**』を機関誌とした。作風はリアリズム的で、「人生派」と呼ばれた。周作人（一八八五・一・一六～一九六七・五・六）は一九〇六年、兄・魯迅を追って日本留学、帰国後の一九一七年、北京大学に迎えられ、新文化運動運動では「人の文学」などを発表し、民謡を採集する「歌謡研究会」を組織した。日中戦争中は、日本軍占領下の北平（北京）に留まり、戦後、「漢奸《かんかん》」（民族の裏切者）とされ、一九四九年まで入獄した。茅盾は、『子夜《しや》』『腐食』などの小説を発表した。葉紹鈞は、『倪煥之《げいかんし》』（小学教師。一九二八年）を発表した。女流作家に、**黄廬隠**《こうろいん》（一八九八～一九三四）、**謝冰心**《しゃひょうしん》（一九〇〇～九九）らがいる。

8-2 「創造社」

「創造社」は一九二一年七月、東京で結成され、**郭沫若**《かくまつじゃく》（一八九二～一九七九）・**郁達夫**《いくたつぷ》（一八九六～一九四五）・**成仿吾**《せいほうご》（一八九七～一九八四）・**田漢**（一八九八～一九六八）・**張資平**（一八九五～一九五九）・**鄭伯奇**《ていはくき》（一八九五～一九七九）らが参加し、『**創造季刊**』を機関誌とした。郭沫若は、詩集『女神』、郁達夫は小説『沈淪《ちんりん》』などを発表した。「創造社」の作風はロマン主義的で、「芸術派」と呼ばれた。田漢は、「義勇軍行進曲」を書き、中華人民共和国の国歌となった。郭沫若は、「革命と文学」（一九二六年）を書き、左翼的傾向を強めていった。

8-3 「太陽社」

「太陽社」は、『**太陽月刊**』（一九二八・一～七）を創刊したことによって発足した。メンバーは、ほとんど中国共産党員で、ソ連留学帰りの**蔣光慈**《しょうこうじ》（一九〇一～三一）、**銭杏邨**《せんきょうそん》（阿英、一九〇〇～七七）・**成仿吾**《せいほうご》・**楊邨人**《ようそんじん》（一九〇一～五五）らが参加し、「革命文学」（一九二五年）を唱えた。プロレタリア文学を主張する創造社と太陽社は、魯迅・茅盾らを批判し、魯迅・茅盾らがこれに反論して「**革命文学論争**」（一九二八年）が闘わされた。「太陽社」メンバーは、日本のプロレタリア文学グループと交流があった。

顧頡剛《こけつごう》（一八九三～一九八〇）は、一九一三年、北京大学予科に入学し、北京大学哲学科在学中、胡適に師事した。「国故整理」の主力として、『古史辨《こしべん》』全七冊（第一冊、一九二六年刊～）を発表した。一九三〇年代、民俗学会・禹貢《うこう》学会を組織し、歴史地理学・民俗学などの基礎を築き、抗日戦争中は通俗文学を通じて民族意識の高揚をはかった。

9．民国前期・域内民族問題／新疆・モンゴル・チベット

「中国」民族主義は、「中国」域内のすべての人びとを「中華民族」と呼ぶことによって民族矛盾・民族問題を抱えこむことになった。「中国域内」とは、「中国」（中華民国、中華人民共和国）という国家が成立したあとの「中国」領域内ということであり、前近代で使用してきた「中国地域」とは区別する。中華民国は「清朝中華」を継承し、新疆・チベット・モンゴルという「三荒服」に対して領土宣言を行なった。「排満」論の第一類型（鄒容《すうよう》ら）の場合は、漢族にとって清朝が「異民族支配」であること、「漢」と「満」とは両立できないことが漢族に対してだけ呼びかけられた。「排満」論第二類型（孫文ら）の場合は、「中華」における満と漢の交替と共和制の実現が課題であったが、孫文派は満州族等に対して清朝打倒・共和革命を呼びかけたりはしなかった。

9-1　新疆

一九一二年に実際に成立した中華民国政府は、清朝の植民地であった新疆統治を放棄しようとはしなかった。中華民国は**楊増新**（一八六七～一九二八）を新疆都督とし、新疆統治を継続した。楊増新による統治は一九一二年から部下に殺害される一九二八年まで、すなわち民国前期の全期間に及んだ。

9-2　チベット

モンゴル・チベットは、民族の独立、独立国家の建設をめざした。辛亥革命が起こると、一九一〇年にインドに亡命していたダライ・ラマ一三世は急遽ラサに帰り、チベットの独立を宣言し、イギリスはこれを支持した。イギリスとロシアはこれより四年前の一九〇七年、両国間の「チベットに関する協定」で、「チベットにおける清国の宗主権を認め」ていた。

雲南都督蔡鍔《さいがく》は、一九一一年九月にチベットで反乱が起こり、中華民国成立後の一九一二年一月、ダライ・ラマが漢人官僚を駆逐するよう檄をとばして兵民数万が集合したこと、二月六日にはラサが包囲され、内応する僧

侶もいて漢軍七〇〇〜八〇〇名が死亡し、漢軍はラサから二站《たん》の地に退却したが、その数は一〇〇〇余名にすぎないこと、「蛮兵は日に日に数を増している」ことなどを伝えている。

蔡鍔はさらに、一九一二年四月、「ダライ・ラマは、駐チベット漢兵の武装を解除してチベットから追い出し、自立を謀った。ラサは包囲され、漢人多数が殺された」と述べ、「結託した蔵番（チベット人を指す）は万を下らない」、中国兵は囲みを破って全隊は巴《は》（四川省東部）に帰ったが、定郷を失った、また「後《こう》チベットの江亜はすでに失った」とチベットの危機を伝えている。蔡鍔はさらに、五月二九日、支援の雲南軍がチベットに入ったこと、五月に稲城《とうじょう》が陥落し、里塘《りとう》、河口が急を告げている」ことを伝え、「もし坐視して何もしなければ、チベットは必ずやわがものではなくなる」と述べている。八月二六日、雲南軍は塩井県を襲い、これを攻略した。蔡鍔は「蛮兵の乱」は郷城が中心であると述べている。蔡鍔はすでに「五族共和」論を受け入れているにもかかわらず、チベット兵を「蔵番」「蛮兵」と呼ぶことには、何のためらいも感じていない。蔡鍔の『雲南光復紀要』第四章の標題は、「西征軍の凱旋」となっている。チャールズ・ベル（一八七〇〜一九四五）は、「四川省人は、今日でもチベットを四川の特別属領と考えている」と述べている。梁啓超は一九一三年、「新聞界の歓迎会に臨んでの演説」の中で、「現在、チベット・モンゴル分離の凶報」があると述べ、チベット、モンゴルの独立の動きを中国の瓜分、亡国という文脈でとらえている。

中央部チベットから中国人は一掃され、ダライ・ラマは癸丑年《みずのとうし》（一九一三年）チベット暦一月八日付で正式独立宣言と見なされている布告を公布した。

一九一三年一月、外モンゴルとチベットは「蒙蔵（外モンゴル・チベット）条約」を締結し、「モンゴルおよびチベットは満州朝廷の羈絆《きはん》を脱し支那と分離し各自独立の国家を組織し」たことを互いに認めあい、「チベットの君主ダライ・ラマはモンゴル独立国の組織及亥歳一一月九日を以て黄教の主ジェプツェンダンバ・ラマを同国君主として宣布したることを賛成承認す」、「モンゴル国民の君主ジェプツェンダンバ・ラマはチベット独立国の組織およびダライ・ラマを同国君主として宣布したることを賛成承認す」と取り決めた。

同年一〇月、インドのシムラで会議が開かれた。チベット代表は独立を要求したが、中華民国代表はこれを承認せず、イギリス代表は中国のチベットに対する宗主権を認めつつ、チベットの完全自治を主張した。交渉は六カ月に及び、一九一四年四月二七日、条約草案が決定され、三カ国全権委員はこれに署名した。その内容は、①チベットを「外チベット」（インドに近い部分。ラサ・シガツェ・チャムドを含む）と「内チベット」（「中国」に近接する部分。バタン・リタン・ターチェンルおよび東部チベットの大部分を含む地域）に分ける、②チベット全域に対する中華民国の宗主権を承認するが、チベットを中国の一省とはしない、③外チベットの自治を承認する。中華民国はチベットの政治に干渉せず、軍隊・文官・武官を派遣せず、中国植民地の建設もさしひかえる、④中華民国は駐チベット辦《べん》（弁）事長官をラサに駐屯させ、護衛兵を三〇〇名とする、などであった。これは、形式上宗主権を認めているが、チベットから見れば、チベット自治を実質的に確保したものだった。しかし、中華民国政府はこの草案を拒否し、条約は締結されなかった。

一九一七年、大臣《カルン》チャムバ・テンダルの率いるチベット軍は、カム地方（東チベット）を占領していた中華民国北京政権軍を一掃し、降服した中華民国兵はインド経由で帰国させた。

チャールズ・ベルは、「この一二年間に（一九一一、一九一二年頃からの意と思われる）、とにかくダライ・ラマの領土は事実上明白に中華民国の羈絆《きはん》を脱していた。一九一二年にチベット側は開戦に次いでチベット中央部より、又一九一八年には東部地方の大部分から中華民国軍を駆逐して、その独立を宣揚した」と述べている。ダライ・ラマ一四世は、チベットは一九一二年から一九五〇年までは一貫して独立国家であったと述べている。

9-3　「外モンゴル」

モンゴル問題を論ずるなら、①モンゴル社会とモンゴル人の独立要求、②中国の対モンゴル政策、③ロシアの対モンゴル政策、④日本の対モンゴル政策等をそれらの歴史的変遷を含めて全体的に視野に収めて論ずる必要があるが、従来の研究史では視座が中国の対モンゴル政策やロシアの対モンゴル政策、日本の対モンゴル政策という側面に限定されているものが多く、モンゴルの独立志向を正当に位置づけたものは少ない。それは、従来、日本の中国／東アジア研究における中華主義への従属性の根深さ、自主性の欠如を示すものである。

「外モンゴル」の王公・ラマ僧らは、清朝のモンゴル積極経営策への転換に危機意識を抱いた。一九一一年六月、ジェプツェンダンバ・フトゥクトゥ（ホトクト）は外モンゴル四部の王公をクーロン（庫倫）に召集し、独立を協議し、ロシアの支援を求めた。

9-3-1　「外モンゴル」第一次独立期（一九一一・一二〜一五・六）　一九一一年一〇月、中国地域で辛亥革命が起こると、モンゴルでは一一月、王侯・ラマ僧らが清朝のクーロン辦《べん》事大臣（マンジュ〈満州〉語で「アンバン」〈総督〉）・官吏・軍隊を駆逐し清朝支配機構を一掃して外モンゴルのハルハ地方を中心に権力を掌握し、一二月一日、独立を宣言、ボグド・ハン（ホトクト）が「大モンゴル国」皇帝に即位し、政府を組織した。年号は、共載《さい》と改元された。こうして、外モンゴルは独立を達成し、清朝との藩属関係は終結した。

蔡鍔《さいがく》は、「チベット問題が大体片づいたのに、クーロンの活仏、ジェプツェンダンバがまた独立を称した。これを唆《そそのか》したのは、実にロシアである」と述べている。

外モンゴルのジェプツェンダンバより中華民国大総統あての電文（一九一三年一月一七日着）は、「わが両国はいずれも前清の臣民でありましたが、その政治の不良により、各々、時に乗じて国を建てました」と述べ、外モンゴルが中華民国に服属する理由がないことを説明している。

ボグド・ハンは、全モンゴル系各種族に統一を呼びかけ、デルベト・バルガ・内モンゴル各族に帰順を要求、一九一三年一月より内モンゴルに軍事行動を開始したが、ロシアはこれに反対した。

一九一二年一月成立した中華民国政府は、外モンゴルに対し独立取消しを要求し、内モンゴルに対しては懐柔策をとって分断をはかりつつ、旧清朝の理藩部を「蒙蔵院」と組織変更した。

中華民国駐ロシア使館は、一九一二年四月一三日、ロシア外務大臣サゾーノフがロシア議院において、「ロシアは、すでに三大問題について袁（世凱）氏に通告した。（一）中国は外モンゴルにおいて人民を治理する権利はない。（二）外モンゴルに駐兵してはならない。（三）華民を移して外モンゴルに入れて開墾させてはならない」との演説を行なったことを本国に連絡・報告している。

ロシアとモンゴルは一九一二年一一月三日（ロシア暦で一〇月二一日、モンゴル暦で共載第二年秋末月二四日）、「露蒙修好協定」を調印した。

「モンゴル人が一致表明せるモンゴル国土の民族的および歴史的政体を維持せしむとするの希望に従い、中華民国軍隊及官憲はモンゴル領土より撤退するの余儀なきに至り、ジェプツェンダンバ・フトゥクトゥはモンゴル人民の君主として宣言せられたり。モンゴルおよび中華民国間の旧関係はかくして終結せり。」

その第一条は、次のとおりである。

「ロシア帝国政府は、モンゴルをしてその確立したる自治制度並自国軍隊を有するの権利を維持せしめ、かつ、その版図内における中国人の植民を認許せざらしめむがため、モンゴルを援助すべし。」

ここでは、「自治」という言葉が使われているが、前文の趣旨は独立であり、独立の意と解してよい。

同日調印された「露蒙協定付属議定書」は、ロシア人に対して、モンゴル国内での居住、移転の自由、商工業等への従事・各種契約の権利、輸出入税の免除などを保証するものであった。

中華民国外交部は一一月七日、この協定について北京のロシア使館に抗議し、中露交渉が行なわれることとなった。しかし、新たに成立した中華民国としては、世界各国の承認を獲得する必要があった。ロシアはこの点を含みとして、中蒙間の調停に入り、①中華民国はモンゴルへの駐兵を行なわないこと、②中国はモンゴルに植民しないこと、③中華民国の行政機構をモンゴルに設置しないことを三条件として交渉を進めた。中華民国側は、「モンゴルは中国の構成要素」であり、モンゴルに対して「主権」をもっていると主張した。モンゴルは、この中露交渉について、宗主権条項の削除、交渉への参加をロシアに要求した。中華民国は、外モンゴルを藩属国というよりも自国の領土であると主張したのである。

ロシアと中華民国は交渉の結果、一九一三年一一月一八日、当事者である外モンゴルを抜きにして「露中協定」に調印した。「協定」は、「ロシア国は外モンゴルが中華民国の主権の下に在ることを承認す」とし、「付属交換公文要領」が「ロシア国は外モンゴルの地域が中華民国領土の一部たることを承認す」としたので、中華民国側の「外モンゴルは中華民国の領土」論を形式上は認めたことになったが、「中華民国は外モンゴルの自治権を承認す」とし、「モンゴル人が自ら自治モンゴルの内政規定を設け、かつ、外モンゴルに関する商工業上の一切の問題を解決するの専属的権利を認むるを以て中華民国は右の事項につき干渉せざることを約す」とし、中華民国は外モンゴルに対し、①中華民国は軍隊を派遣しない、②一切、文官武官を駐在させない、③植民を行なわない、ことを約し、同様にロシアも①軍隊を駐在させない、②外モンゴルの行政に干渉しない、③植民を行なわない、ことを約したので、外モンゴルの自治権が確保され、さらにロシアの経済権益も確保されることとなった。

この交渉の成立をうけて、ロシアは列強と共に中華民国を承認した。この過程における帝政ロシアの態度は、モンゴルの主権に属するべき事柄を、自国の国益のみを考慮し、モンゴル政府の意思に反して中華民国と取りきめ、中華民国の要求する宗主権をモンゴルに強いたという点で、帝国主義的であったと共に、中国の大中華主義の幇助者《ほうじょ》の役割をも果たしたのであった。モンゴルは中国の主権下にあるというこの「宣言」の結論は、モンゴルの同意を経たものではなかった。

9-3-2　自治モンゴル期（一九一五・六〜一九・一〇）　ロシア・中華民国および外モンゴルの三カ国代表は一九一五年六月七日、キャフタ（現アルタンブラク付近）において、「外モンゴルに関する露蒙中三国協定」に調印した。

同協定は、①外モンゴルは一九一三年の露中協定を承認する、②外モンゴルは中国の宗主権を承認し、中華民国・ロシアは中華民国版図の一部である外モンゴルの自治権を承認する。③自治モンゴルは政治上および領土上の問題に関する外国との国際条約を締結する権利がない、④外モンゴルのボグド・ジェプツェンダンバ・フトゥクトゥ（ホトクト）・ハンの称号は中華民国大総統が付与し、中国暦がモンゴル干支紀年と共に公文書に用いられる、⑤中国・ロシアは一九一三年露中協定に準拠し、外モンゴルの一切の内政、商工業上の一切の問題について外国と国際条約を締結する権利は外モンゴル自治政府に専属することを承認する、⑥中国・ロシアは外モンゴルの自治内政に干渉しないことを約す、⑦クーロン駐在中国大官の護衛軍隊は二〇〇名以内、ウリヤスタイ、コブト、キャフタに駐在する該大官輔佐員の護衛軍隊は各五〇名以内とする、などをとりきめた。

これによって、外モンゴルは意ならずも独立を取り消し、ハルハとデルベト地方が完全自治区域となり、中華民国との関係は形式上は宗主国対保護国の関係となったが、実質的には帝政ロシアの勢力下に入った。

冊封《さくほう》　一九一六年七月八日、中華民国の要求に基づき、冊封の儀式がとり行なわれた。中華民国の冊文は、「中華民国」年号を用い、「大総統束《そく》して曰《いわ》く」として、「民国の肇建《ちょうけん》」と「五族の共和」が実行されたことを述べ、「すでに盟書を定め、ここに爵《しゃく》賞を行ない、ここに冊印をもって爾《なんじ》を外モンゴル・ボグド・ジェプツェンダンバ・フトゥクトゥ・ハンに封ず」というものであった。ボグドは、印冊に向かって三鞠躬《きくきゅう》し（立って上半身を前方に曲げる敬礼を三回すること)、さらに陳籙《ちんろく》冊封使に一鞠躬した。その後、中華民国大総統の下賜《かし》品一二種が与えられ、冊封の儀式は終了した。「**冊封**」とは、中国地域王朝の皇帝が諸侯を立てる勅書のことであり、「**冊**」とは、皇帝が与えた土地に諸侯を封ずることであるにもかかわらず、清朝という専制王朝を打倒して共和政体を樹立した中華民国は、旧清朝が藩属国に対して有していたのと同じ主従関係を要求し、これを実現・実行したのであった。中華「民国」は、これを矛盾とは全くとらえなかった。一九一六年の中華民国による外モンゴルの冊封が「五族共和」の名において行なわれたということは、「五族共和」が五族の平等を意味するものではなく、他民族の漢族への服従を意味するものであったということにほかならない。

9-3-3　中華民国軍占領期（一九一九・一〇～二一・二）　一九一七年、ロシア一〇月革命が起こると、中華民国は機に乗じてキャフタ条約を無視し、外モンゴル制圧に動いた。一九一八年、ロシア赤軍はキャフタよりクーロンに入り、恐慌状態に陥った外モンゴル政府は北京政権に出兵要請を行ない、北京政権は赤軍を駆逐した。一九一九年、北京政権は徐樹錚《じょじゅそう》を西北籌辺《ちゅうへん》使兼総司令に任じ、同年一〇月、徐樹錚は四〇〇〇名の兵を率いてクーロンに入り、外モンゴルを中華民国に併合しようとした。これに対し、モンゴル議会と活仏が反対したが、徐樹錚は三六時間以内に自治廃棄を認めなければ、総理と活仏を捕えて中国に送ると威嚇し、一一月一五日、外モンゴル官府会議で自治取消を決議させ、徐樹錚は外モンゴルの財権、兵権を掌握した。一一月二二日、中華民国は、露中協定を完全廃棄し、大総統令をもって外モンゴルの自治撤廃を宣言した。一二月二日、徐樹錚は外モンゴル活仏冊封専使に任命された。一九二〇年一月一日、自治廃棄・活仏冊封の儀式が行なわれ、中華民国の五色旗がひるがえった。

一九二〇年二月、ラマたちや牧民たちは、宮殿の上に十字に組みあわされて立っていた中国の五色旗をとって引き裂き、旗竿をへし折ったという。一九二〇年七月、段祺瑞《だんきずい》派は直皖《かん》戦争に敗れ、徐樹錚は職を追われ、籌《ちゅう》辺使は鎮撫使《ちんぶし》と改められ、八月、陳籙《ろく》がこれに任ぜられた。

9-3-4　ロシア白軍ウンゲルン支配期（一九二一・二～七）　一九二〇年九月、ロシア白軍アタマン・セミョーノフ（一八九〇～一九四六）配下のウンゲルン・フォン・シュテルンベルグは「モンゴル独立」を旗印とし、ロシア人・モンゴル人・中国人からなる総勢約二〇〇〇名の兵で中華民国軍を撃破し、一九二一年二月、クーロンを奪取した。ウンゲルンは活仏に君主の名義を回復させて、モンゴル政府を組織させ、その実権を握った。

9-3-5　モンゴル人民党結成（一九二〇年六月）・**「外モンゴル」独立**（一九二一年七月）　中華民国軍の軍事占領に抵抗する人々は、一九一九年夏、東クーロンで**スフ（スヘ）・バートル**（一八九四～一九二三）らがグループを結成し、同年冬から翌年にかけて**チョイバルサン**（一八九五～一九五二）らが領事館の丘で別グループを結成した。両グループは一九二〇年六月二五日、統一し、「モンゴル人民党」を結成した。モンゴル人民党は一九二一年三月、第一回党大会を開き、さらに人民義勇軍総司令部を発足させた。モンゴル人民軍は同月一八日、中華民国軍を撃破し、キャフタを占領した。キャフタは、残留中華民国軍に放火され、大火となった。ロシア白軍ウンゲルン軍はトロイツコサフスクに進み、モンゴル人民軍と「極東共和国」軍を攻撃した。ロシアは赤軍第一〇三旅団を救援に送り、ウンゲルン軍を破った。モンゴル人民軍は六月一日、クーロンに入り、七月一〇日、モンゴル人民党中央委員会は活仏を君主に指名し、翌一一日、革命政府の下での立憲君主制が成立した。これによって、外モンゴルは再び独立を達成したのであった。九月一四日、モンゴル人民革命政府は「もはや中国の宗主権を承認しない」と声明した。一一月五日、相互最恵国待遇を定めた露蒙修好取極が締結された。中華民国から言えば、直皖《ちょくかん》戦争という内紛によって外モンゴルを失ったことになり、ビルマ・ベトナム・朝鮮に続く属領、服属国の喪失は、「中華」存亡の危機意識をさらに深めることになったことと思われる。外モンゴルにしてみれば、清朝滅亡後、服属する理由を失った中華民国からの独立をついに曲りなりにも達成したということになるであろう。しかし、モンゴル問題を扱った中国・台湾の研究のほとんどすべては、「ロシアによる中国侵略」という視点で論じている。

9-3-6　モンゴル人民共和国（一九二四年）　活仏ボグド・ゲゲーンが一九二四年、死去すると、モンゴル人民共和国の成立が宣言された。外モンゴルの独立運動を担ったのは、親ソ・グループであったので、独立後の新国家はソ連（一九二二年成立）と密接な関係を結んだ。

9-4　「内モンゴル」

以上に見た外モンゴルの独立への歩みとは異なり、内モンゴルの独立運動は成果に結びつかず、その後は「高度な自治」をめざし、さらには日本・「満洲国」（一九三二年成立）と連携する道を歩んだ。

一八九九年（光緒二八年）、張之洞《ちょうしどう》は「内モンゴル」開墾を奨励し、その後、開墾が推進された。中華民国成立後の一九一四年には、内モンゴルは**熱河《ねっか》・チャハル・綏遠《すいえん》の**三**省**に改められ、漢人の移住が奨励された。一九一三年、内モンゴルでは清朝復活を掲げるパプチャプ将軍が挙兵し、一九一六年、終息した。一九一一～一二年には、フルンベイルで第一次独立運動が起こり、一九一五～二〇年にはほぼ完全な自治時代が出現した。一九二一年以後、青年党が結成され、一九二五年には内モンゴル各地の革命分子と連絡し、内モンゴル独立を掲げて内モンゴル国民党を結成したが、内部対立が激化し、加えて張作霖の弾圧を受けた。共産主義系の一派は「内モンゴル青年党」を結成し、一九二八年にはフルンベイルを中心に独立運動を行なった。しかし、これは張学良に懐柔されて終った。

第16章　大正・昭和期（満州事変以前）日本

1．大正期（一九一二～二六）

第一次世界大戦（一九一四～一八）　一九一四年、オーストリアの皇位継承者がボスニアのサライェヴォでオーストリアによるボスニア・ヘルツェゴビナ併合（一九〇八年）に反発したパン・スラヴ主義のセルビア人学生に暗殺され、オーストリアはセルビアに宣戦布告し、ヨーロッパで三一カ国が参加する第一次世界大戦が勃発した。第一次世界大戦に使用された新兵器は、機関銃・航空機・戦車・潜水艦・毒ガスなどで、戦争も近代戦争の時代に入った。

第一次世界大戦が起こると、タイのラーマ六世は中立を宣言した。

「第二インタナショナル」（一八八九～一九一四。一九二〇年復活、一九二三年、「社会主義労働者インタナショナル」結成～第二次世界大戦）　欧米一九カ国の社会主義政党・労働組合が労働者の国際的連帯を目標としてパリで結成した「第二インタナショナル」は、直前まで「戦争反対」を唱えていたが、第一次世界大戦が勃発すると各国の社会主義政党は「祖国擁護」の立場に立って自国政府を支持し、「階級的連帯」の論理は「国家」の論理の前に屈服し、第二インターは崩壊した。

日本の山東半島進出（一九一四年）　一九世紀におけるヨーロッパ諸国のアジア進出の展開過程の中で、ドイツは一八九八年、清朝から山東半島の一部を租借しただけでなく、鉄道敷設権、石炭採掘権など山東省全体にわたる一定の権益を得た。一九一四年、ヨーロッパでは第一次世界大戦が発生すると、すでに東アジアで最も早く近代化の過程に入り、日清・日露の両戦役を経て、大陸進出の意思と計画をふくらませていた日本は、ドイツに宣戦布告（八月二三日）し、苦戦の末、山東省のドイツ東洋艦隊の根拠地・**青島**《チンタオ》に攻撃を加えてドイツ軍を降服させ、ドイツの山東権益を奪取した。

対華二一カ条要求（一九一五年一月一八日）ついで日本の大隈重信《おおくましげのぶ》内閣（一九一四・四〜一六・一〇）は、対華二一カ条要求を日置《ひおき》公使から中国側に手渡した。同要求全五号二一カ条の内容は、①山東省ドイツ権益の継承、②南満州・東部内モンゴルに関する権利、③漢冶萍煤鉄公司《かんやへいばいてつこんす》の合弁に関する権利、④中国沿岸の港湾・島嶼《とうしょ》の利用に関する権利、⑤政治・財政・軍事面での日本人顧問の採用、日本人の土地所有権、警察機構の改編、日本からの兵器の供給、江南の鉄道敷設権、福建の鉄道・鉱山・港湾の設備および布教権などに関する要求、の五項目であり、広範囲にわたっていた（最終的には、第五号七条要求は取り下げられた）。大総統袁世凱《えんせいがい》は一月一九日、坂西《ばんざい》大佐に面接し、「頗《すこぶ》る憤慨したる語気を以《もっ》て、日本国は平等の友邦として支那を遇すべき筈《はず》なるに、何故に常に豚狗《とんく》（「狗」は「犬」の意）の如《ごと》く奴隷の如く取扱はんとするか」と抗議した。同年五月、日本側の最後通牒《つうちょう》に直面した中華民国政府は、段祺瑞《だんきずい》ら閣内の一部にあった要求拒否＝対日開戦論をおさえ、日本の要求を受諾した。しかし、中国国民の大多数は、これを「国恥」、「屈辱」と受けとめたのであった。

「無併合・無賠償・民族自決」原則　一九一七年三月の「二月革命」のさい、ロシアのペトログラード・ソヴェート（ソヴィエト。「協議会」の意）は、第一次世界大戦の戦後処理について「無併合・無賠償・民族自決」原則を主張した。

ロシア二月革命（一九一七・三・一二）第一次世界大戦のさなか、ロシアでは一九一七年三月、「二月革命」（ロシア暦による）が起こり、ロマノフ王朝の帝制を打倒して**ケレンスキー政権**が誕生した。

ロシア一〇月革命（一九一七・一一・七）**とシベリア出兵**（シベリア干渉戦争、一九一八・八〜二二・一〇）続いて同年一一月七日、第一次世界大戦における「祖国の敗北を」と主張するマルクス主義者**レーニン**（一八七〇～一九二四）の率いる「一〇月革命」（ロシア暦）が起こり、レーニンは「無賠償・無併合・民族自決」を掲げた。ロシアはドイツと**ブレスト・リトフスク条約**（一九一八・三・三）を結び第一次世界大戦から離脱して世界史上初の社会主義建設の道を歩み始めた。これに対し、日本は米・英・仏とともにロシア革命に干渉して**シベリア出兵**を行ない、七万二〇〇〇名を出兵して戦死者三〇〇〇人を出し、一九二二年一〇月末、撤退した。

ウィルソン「一四カ条原則」（一九一八年一月）　アメリカ第二八代大統領ウッドロー・ウィルソン（民主党）は、第一次世界大戦の戦後処理方針として「一四カ条原則」（①公開外交による条約締結、②公海の自由、③開放的通商関係の樹立、④軍備縮小、⑤植民地問題の公正な処理、⑥ロシアからの撤兵とロシア人による政治体制選択の自由、⑦ベルギーの主権回復、⑧アルザス・ロレーヌのフランスへの帰属、⑨イタリア国境の調整、⑩オーストリア・ハンガリー帝国内の諸民族の自治、⑪バルカン諸国の独立の保障、⑫オスマン帝国内のトルコ人部分の主権とその他諸民族の自治の保障、⑬ポーランドの独立、⑭各国の独立と領土を守る国際連盟の設立）を発表した。

米騒動（一九一八年）　第一次世界大戦による物価騰貴によって日本では一九一七年頃から米価が暴騰し、第一次世界大戦開始時にくらべて約三倍にはねあがっていた。このため、一九一八年八月、富山県で女房一揆が起こり、全国に波及した。これを「米騒動」と呼ぶ。このため、寺内正毅《まさたけ》内閣（一九一六・一〇～一八・九）は退陣し、日本初の「**政党内閣**」、原敬《はらたかし》内閣（立憲政友会、一九一八・九～二一・一一）が誕生した。

ドイツは一九一八年一一月、敗北し、第一次世界大戦は終結した。

スペイン風邪　西ヨーロッパでは、一四世紀にペスト（黒死病）が流行し、人口の三分の一が死亡し、農業人口が激減し、ヨーロッパ封建制解体の原因のひとつになったと言われるが、一九一八年には世界各地でスペイン風邪が流行し、四〇〇〇万人以上が死亡し、日本でも四五万人が死亡した。

三・一**独立運動**（サミル、万歳事件、一九一九・三〜五）ウィルソンがパリ講和会議で民族自決原則を提唱すると、植民地朝鮮では一九一九年三月一日、チェ・ナムソン（崔南善）の執筆した「独立宣言」が発せられ、朝鮮各地で「朝鮮独立万歳」を叫ぶ民衆のデモが行なわれた。日本の軍隊・警察は、これを弾圧し、死者は八〇〇〇人と言われる。しかし、日本・朝鮮総督府はこれを機にこれまでの「**武断統治**」政策を転換し、産業・農業の近代化を推進し、言論・集会の自由を認める「**文化政治**」に転換していった。

ヴェルサイユ条約（一九一九年六月二八日）**と山東ドイツ権益**　第一次世界大戦の戦後処理のためパリのヴェルサイユ宮殿で講和会議〈**パリ講和**〈**平和**〉**会議**、一九一九・一〜六〉が開催され、ドイツに対して①賠償金、②軍備制限、③植民地の委任統治領移行、④ポーランドなどの独立を課すとともに、日本は⑤中華民国山東省のドイツ権益の継承、⑥赤道以北の南洋諸島の委任統治を獲得した。ドイツに対する過重な賠償金要求は、その後、ドイツ国内でのナチス台頭の遠因となり、日本によるドイツ山東権益の継承は、中華民国における五・四運動（一九一九年五月四日）を引き起こした。ヴェルサイユ条約は一九二〇年一月一〇日、発効した。

関東軍（一九一九〜四五）　中華民国河北省東北部の山海関は、万里の長城の東の起点である。これより東北の地域を関東と言う。一九一九年、旅順に日本軍司令部が置かれ、関東州と南満州鉄道の警備を担当した。これを関東軍と言う。満州国（一九三二〜四五）成立後は、新京（現・長春）に移転され、司令官は満州国大使・関東庁長官を兼任した。

大正デモクラシー　日本政府は、大正期には明治期に引き続いて対外膨張政策を追求していったが、民間では明治期の自由民権運動を継承して普通選挙運動・労働運動・教育運動などの自由主義的民主主義的風潮が発展していった。これを「大正デモクラシー」と呼ぶ。**護憲三派内閣**（加藤高明の憲政会・犬養毅の革新倶楽部・高橋是清の政友会）は、一九二五年に衆議院議員選挙法を改正し、選挙権の納税資格制限を撤廃して二五歳以上の男性の選挙権（女性は除外）、三〇歳以上の男性の被選挙権が認められた。これを「**普通選挙法**」と呼ぶ。

大正期社会主義思想　一九二〇年には**日本社会主義同盟**が結成され、一九二二年には**コミンテルン**日本支部として**日本共産党**が設立された。中華民国時期の中国における社会主義思想の受容は、日本経由のものが多い。加藤高明内閣は、社会主義運動に対し、**治安維持法**（一九二五年）を成立させ、日本政府はさらに思想犯保護観察法（一九三六年）、予防拘禁制（一九四一年）によって社会主義運動を弾圧していった。治安維持法は、敗戦後の一九四五年一〇月、占領軍**GHQ**（連合軍最高司令官総司令部）によって廃止された。

極東共和国（一九二〇・一一〜二二・一一）　極東ロシアでは、クラスノシチェコフらボリシェヴィキが中心になってソヴェート政府の支持のもとに、バイカル湖から沿海州・サハリン（樺太）に至る地域に「極東共和国」が建てられた。首都は、最初はヴェルフネ・ウディンスク（ウラン・ウデ）、その後、チタに移動し、日本のシベリア干渉戦争に対する緩衝地帯の役割を果たし、シベリア干渉戦争終了後、ソヴェート政府に吸収された。

関東大震災と朝鮮人・労働運動家等殺害　関東大震災（一九二三・九・一）では、死者一〇万人、行方不明四万人の被害があり、東京府・神奈川県に戒厳令が敷かれた。そのなかで朝鮮人・社会主義者が暴動を起こしたというデマが飛びかい、住民組織「自警団」の手で「朝鮮人狩り」が行なわれ、関東地方で朝鮮人数千人が殺害された。また、東京亀戸署では労働運動家一〇名が殺害され、無政府主義者**大杉栄**《おおすぎさかえ》（一八八五〜一九二三）・**伊藤野枝**《のえ》（一八九五〜一九二三）夫妻（内縁）と甥の少年が陸軍憲兵太尉**甘粕**《あまかす》**正彦**（一八九一〜一九四五）によって扼殺《やくさつ》されるという事件も発生した。甘粕は、軍法会議で懲役一〇年の判決を受けたが、のち、満州事変に関わり、満州国で大きな力をふるった。

一九二五年、日本はソ連を承認した。

2. 昭和初期・満州事変以前（一九二六〜三一）

昭和期には、明治期・大正期の対外膨張政策が引き続き追求されただけではなく、軍部が暴走し始めていった。

山東出兵（一九二七〜二八）・**済南**《さいなん》（「せいなん」とも読む）**事件**（一九二八・五）中華民国では、国民党による国民革命が進展していたが、田中義一内閣は山東権益の侵害をおそれ、「在留日本人の生命・財産の保護」を理由に一九二七年五月、山東省に陸軍二〇〇〇名を出兵させ、一九二八年四月には約五〇〇〇名を、さらに国民革命軍と日本軍が衝突した済南事件ののちにはさらに増兵し、計三度出兵した。済南事件では、日本軍は数千名の市民を殺害したと言われる。

「田中上奏文」問題（一九二七年）田中義一首相が一九二七年七月、昭和天皇に「世界を征服せんと欲せば、必ずまず支那を征服せざるべからず」と上奏したという「田中上奏文」なる文書が現れた。中国では本物と見られているが、中国語文・英文などの訳は存在するものの、日本語原文が見つからず、日本では何者かによる捏造《ねつぞう》と見られている。

張作霖爆殺（一九二八年）国民革命をめざす北伐軍が北上してきたため、満州地域を支配していた張作霖（一八七三〜一九二八）は北京から列車で奉天（現・瀋陽）にもどろうとしたが、奉天郊外で鉄道もろともに爆殺された。首謀者は、関東軍参謀河本大作《こうもとだいさく》大佐だったが、軍法会議の処分は甘かった。

世界恐慌（一九二九年）一九二九年一〇月二四日、ニューヨークのウォール街で株価が暴落し、世界恐慌に発展した。日本でも一九三〇年、恐慌が起こり、欠食児童・娘の身売りなど発生した。昭和恐慌と呼ばれる。

日中関税協定（一九三〇年）日本と中華民国は一九三〇年、協定を結び、日本は中華民国の関税自主権を承認し、日中関係の改善がはかられた。

ロンドン海軍軍縮条約（一九三〇年）　一九三〇年、ロンドン海軍軍縮会議が開かれ、英・米・日の補助艦（巡洋艦・駆逐艦・潜水艦）の総保有量を一〇：一〇：六・九七五と決定し、主力艦の建造停止を一九三六年まで延長した。

第17章　西南・北アジア

1．トルコ革命

第一次世界大戦での敗北　オスマン・トルコは、第一次世界大戦（一九一四〜一八）でドイツ・オーストリア側に与《くみ》して敗れ、メソポタミア・シリア・パレスチナを失い、領土はほとんどアナトリアに限定された。オスマン政府は、**セーヴル条約**（一九二〇年）を受諾し、領土の縮小・軍備縮小・治外法権を認めさせられ、シリアはフランスの、イラク・ヨルダン・パレスチナはイギリスの委任統治領となった。「**青年トルコ**」グループは、解体した。

トルコ革命（一九一九〜二三）　ギリシア軍は、連合軍に支援されて一九一九年から一九二二年にかけてアナトリアのイズミル（スミルナ）に侵入した（ギリシア軍のトルコ侵入）。**ムスタファ・ケマル**（一八八一〜一九三八）らは、**アナドル権利擁護団**を結成し（一九一九年）、アンカラで**トルコ大国民議会**を開催し（一九二〇年）、アンカラ政府を樹立した。ギリシア軍は一九二一年、アンカラに迫ったが、ムスタファ・ケマルは一九二一〜二二年、ギリシア軍を撃退して独立を守り、一一月、オスマン朝の**スルタン制を廃止**し（オスマン朝の終焉）、最後のスルタン・メフメト六世はマルタに亡命した。

ムスタファ・ケマル政権は、連合国と「**ローザンヌ条約**」（一九二三年七月）を締結し、不平等条約を撤廃し、イズミル・イスタンブル周辺・東トラキアなどの領土を回復した。

トルコ共和国（一九二三〜現在）一九二三年一〇月、トルコ共和国が成立し、アナドル権利擁護団は**人民党**（のち**共和人民党**）と改組され、ムスタファ・ケマルは初代大統領に就任し（一九二三〜三八）、首都はイスタンブルから抗戦発祥の地アンカラに移転した。一九二四年三月、**カリフ制を廃止**し、政教分離を実現し、四月、「**トルコ共和国基本組織法**」（憲法）を制定し、主権在民、大国民議会を立法機関とすることを規定した。これは、**第三次憲政期**と呼ばれる。一九二五年には、一夫多妻制を廃止して一夫一婦制とし、男のフェズ（トルコ帽）・婦人のチャドル（ベール）の着用を禁止し、ムスタファ・ケマルはパナマ帽をかぶった。同年一一月には、神秘主義僧団の解散、僧侶による教育の独占が禁止された。一九二八年四月には、さらに憲法から「イスラーム教は国教」という規定が削除され、一一月には、アラビア文字の廃止、**トルコ語のローマ字表記化**（文字改革）が実施され、識字率が向上した。また、女性参政権の実施、太陽暦の採用も行なわれた。日本で女性参政権が実現するのは、現日本国憲法（一九四七年）においてだから、日本より四半世紀も早い。

トルコは、関税自主権を取得し（一九二九年）、国際連盟に加入（一九三二年七月一八日）するなど、西欧化による近代国家建設を進めた。ムスタファ・ケマルは一九三四年、大国民議会から**アタ・テュルク**（トルコ人の父）の称号を贈られた。トルコの近代化とは、脱イスラームであった。

2. アラビア半島・ペルシア・エジプト

第一次世界大戦におけるトルコの敗北は、アラビア半島の状況を一変させ、アラブ人たちは勝利者英・仏のもとに分割支配されていった。「シリア」とは、現在のシリア・レバノン・パレスチナを含む地域名だったが、オスマン・トルコの支配下から切り離されることによって、分割された。トルコのムスタファ・ケマル政権は、「ローザンヌ条約」（一九二三年）によって、アラビアに対するすべての所有権を正式に放棄した。

2-1　アラビア半島

イギリスのカイロ駐在高等弁務官ヘンリー・**マクマホン**（一八六二〜一九四九）は一九一五年、メッカ太守（アミール）**フセイン**（フサイン。一八五六〜一九三一）に書簡を送り、イギリス統治下のアラブ人に第一次世界大戦終了後、独立国家の建設を認めた（「**フセイン・マクマホン協定**」または「**マクマホン宣言**」）。

英・仏連合軍は、「**サイクス・ピコ協定**」（一九一六年五月）を結び、①フランスはシリア西部・レバノン・キリキア・アナトリア南東部を領有し、シリア東部・モスル一帯を勢力地とする、②イギリスはイラク中部および南部・パレスチナのハイファとアカバを領有し、トランスヨルダン・バグダード州北部を勢力地とする、③パレスチナの残りの地域を国際管理下に置くこととした。

「**ヒジャーズ王国**」　メッカ太守フセインは一九一六年六月、メッカでオスマン・トルコに対する「**アラブ反乱**」を起こし、アラビア半島西海岸に「ヒジャーズ王国」を建設し、一九一八年、独立を宣言した。イギリスは第一次世界大戦中、オスマン・トルコとの戦争の必要上、オスマン・トルコからの独立を願望していたフセインに働きかけ、ハーシム家の第二子アブド・アブドッラーをトランスヨルダンの、第三子ファイサルをイラクの、長子アリーをアラビアの王位につける約束をした。アリーは一九一八年、ダマスカスに突入し、アラブ仮政府を組織した。

大戦終了後、英・仏はパレスチナを支配下に置き、ファイサルらにはわずかな土地を与えただけだったが、ファイサルは一九二一年八月、イラク国王に即位し、アブド・アブドッラーはトランスヨルダンの支配権を握ろうとしていた。メッカのフセインは一九二四年九月、全イスラーム教のカリフとなるとの宣言を行なった。

「**ヒジャーズ・ネジド王国**」（一九二四～三二）・**サウジアラビア王国**（一九三二～現在）　これに対し、フセイン家と対立していたサウード家の「ネジド王」イブン・サウードの「**ネジド王国**」は一九二四年、一気にアリーとフセインを駆逐してメッカに入り、フセインの「ヒジャーズ王国」を併合し、ワッハーブ派の「ヒジャーズ・ネジド王国」を建てた。イブン・サウードは一九三二年、アラビア半島西南部のイエメンを除くアラビア半島の大部分を支配し、リヤドを首都として「**サウジアラビア王国**」を建て、ワッハーブ派イスラーム教を国教とし、宗教上の首都をメッカとした。

2-2　イエメン

イエメンは一九一八年、トルコが撤兵するとシーア派の一派**ザイド派**が独立を達成した。

2-3　パレスチナ問題

一方、ユダヤ人は一九世紀末頃から建国運動（**シオニズム**）を起こしていた。「**シオン**」とは、イェルサレム近くの、ユダヤ人にとって聖なる丘の名である。古代にパレスチナに住んでいたユダヤ人は、一世紀にローマ帝国によって追い出され、その後、この地にはアラブ人が居住していた。イギリス外相アーサー・ジェイムズ・**バルフォア**（一八四八～一九三〇）は一九一七年、ユダヤ人金融資本家の戦争への協力を求め、マクマホン宣言とは正反対にパレスチナにおけるユダヤ人国家の建設の支持を表明し、パレスチナをヨルダンから分離し、ユダヤ人の入植を認めた（**バルフォア宣言**）。

ユダヤ人たちは、パレスチナに入植し始め、約束を破られたアラブ人との対立が起こった。今日なお続いているパレスチナ問題は、イギリスの高等弁務官マクマホンと外相バルフォアによる二枚舌外交の結果なのである。ユダヤ人対アラブ人の対立は、ユダヤ教対イスラーム教の宗教対立という形態をとったが、本質は居住権をめぐる抗争なのである。

2－4　ヨルダン

ヨルダンは一九二八年、イギリスの委任統治下での「独立」が認められ、「**トランスヨルダン王国**」と称したが、完全独立は一九四六年に持ち越された。

2－5　イラク

イラクは、一九二〇年にイギリスの委任統治領とされ、一九二一年、イラク王国が成立、一九三二年に独立が認められ、フセインの息子の**ファイサル**が国王（一九三一～三三）に即位した。イラクは一九三〇年頃、人口は約三〇〇万人であったが、シーア派が大部分で、スンナ派は三分の一にすぎなかったという。一九三九年には、ユダヤ教徒が約二五万人いたが、一九五〇年代にほとんどイスラエルに移住した。

2－6　レバノン

レバノンは、一九二〇年にシリア王国から切り離されてフランス委任統治領とされ、一九四一年に独立を宣言、一九四三年に**共和国**となった。

2－7　ペルシア・パフレヴィー朝（一九二五～七九）**／イラン**

ペルシアは第一次世界大戦勃発後、中立を宣言したが、イギリスは一九一四年一一月、ペルシアにインド軍を投入し、アバーダーンおよびオスマン朝トルコ領バスラを占領し、ペルシア湾岸一帯を支配下に置こうとした。ロシア軍も、カフカースとカスピ海の二方面からペルシアへの進入を開始し、一九一六年、エンゼリー・レシト・ケルマンシャーを占領した。一方、オスマン朝トルコも、アゼルバイジャン方面からペルシアに侵入し、一九一五年一月、タブリーズを占領した。第一次大戦中、イギリス・ロシア両軍に占領されていたペルシアでは、**レザー・ハン**（レザー・シャー、在位一九二五～四一）が一九二一年にクーデタで政権を握り、イギリスから独立を回復し、一九二五年にはカージャール朝を廃してパフレヴィー朝（一九二五～七九）を創始した。彼は、立憲君主制による近代国家をめざした。

ペルシア暦一三一四年一月一日（一九三五年三月二一日）、ペルシアは「イラン」と国号を改称した。

2-8　エジプト独立（一九二二〜五三）

エジプトでは一九一八年、**ワフド党**が結成された。ワフドとは「代表」の意で、地主・開明的民族資本家などの民族主義者たちからなり、反英闘争の中心となって一九二二年にイギリス保護領から脱し、ほぼ独立を達成した。前四世紀にマケドニアのアレクサンドロス大王に征服されて以来、実に二千数百年ぶりの独立であった。しかし、イギリスはエジプトの防衛権、**スエズ運河地帯駐留権**（一八八二〜一九五四）、スーダン領有権などを保持し続けた。イギリスは一九三六年、「エジプト・イギリス同盟条約」により、エジプトの完全な主権を認め、イギリスの軍と官吏の退去を定めたが、スエズ運河地帯には駐留を続けた。第二次世界大戦では、エジプトはこの条約によってイギリスの軍事基地とされた。

3．北アジア

ロシアでは、二月革命（一九一七年）によってロマノフ王朝が倒されてケレンスキー政権が生まれたが、続いてウラジミール・イリイチ・**レーニン**（一八七〇〜一九二四）らの一〇月革命によってソヴェート政権が成立し、一九二二年、「**ソヴェート社会主義共和国連邦**」（ソ連）が誕生した。一九二四年、レーニンが死亡すると、ヨシフ・ヴィサリオノヴィチ・**スターリン**（一八七九〜一九五三）があとを継ぎ、企業の国営化、五カ年計画による重工業の発展、農業の集団化が進められた。

ソ連は、第二次世界大戦のナチス・ドイツによる侵攻と戦ってこれを撃退し、米英連合軍と協力してドイツを降伏させ、戦後世界を切り開いた。しかし、その過程では同時に「反対派」の粛清が行なわれ、文学・芸術に対する思想統制が行なわれた。

第18章　中国地域近代第三期／民国後期（一九二八～四九）

1. 民国後期

中華民国後期とは、一九二八年から一九四九年を指す。民国後期には、中国国民党による「訓政」が行なわれ、国民党内反蔣戦争、国民党対中国共産党の囲剿《いそう》戦／ソヴェート革命戦争があった。国民党はこの時期、近代化政策を推進し、憲政への移行を準備した。日本は、中国地域への軍事的進出を拡大し、満州国を建国し、さらに日中戦争をしかけた。蔣介石国民党は、これに徹底抗戦をもってこたえ、日中全面戦争となった。日本が対米・英・蘭戦争に踏み切ると、中華民国は連合国の一員となり、ソ連はもとより米英の軍事的支援を受けられるようになった。国民党は日本降伏後、「中華民国憲法」を制定し、憲政への移行をはかったが、中共の軍事的挑戦に敗北し、中華民国政府は大陸から駆逐された。

1-1　民国後期の開始

民国後期の開始をいつと見るかについては、これまでに必ずしも明確にされていないが、三つの考え方が成立しうる。①一つは、北伐を遂行した国民革命軍（閻錫山《えんしゃくざん》軍）が民国前期北京政権の首都であった北京に入城した六月六日である。張作霖奉天軍は五日に北京から撤退していた。中国国民党は六月、直隷《ちょくれい》省を河北省と改名し、七月、同省政府が成立した。②二つ目は、国民政府が首都・南京で五権憲法構想に基づく五院を組織する一〇月である（南京国民政府、一九二七・四～三七・一〇）。中華民国の首都であった北京は、北平と改称される。日付まで厳密に言うなら、辛亥革命一七周年記念日であり、一九二八年一〇月に「復興民国国慶日」とされた双十節の一〇月一〇日である。③三つ目は、張学良の東北易幟《えきし》実行により、国民政府が基本的に東北を含む全国統一を達成した一二月二九日である。このうち、一二月については、その後も青島易幟《チンタオえきし》（一九二九年二月一日表明、同年四月一五日接収）などが続くので、どちらかというとあまり適当とは思われない。六月は北京政権の崩壊という点では有力であるが、民国後期の開始には南京国民政府が革命勢力の政権から全国政権に転化することが不可欠という点で本書では一〇月をとる。六月から一〇月までは、民国前期と後期の過渡期とする。

民国後期中国とは、中国国民党が権力を掌握していた時代であったが、全国を完全掌握することはできず、基本的には中国共産党（中共）の支配地域の成長・拡大と対決しつつ、日中戦争／抗日戦争という共通の敵との闘いにおいてはこれと連合せざるを得ない側面を持っていた。言いかえれば、国民党の最大の敵は日本であり、日本が消滅したあとでは中共であった。八年にわたる日本との全面戦争は、三民主義の中の民族主義の課題であり、国民党にとって抗日戦争の勝利はその一つの決着であった。

民国後期国民党政権は孫文の三民主義建国論を継承し、実行しようとした。この理念の集大成が「中華民国憲法」であった。民国後期／国民党政権期中国の基本性格の第一に挙げなければならないのは、国民党が中国における「近代国家」実現をめざした時期であり、「中華民国憲法」の成立まで至ったものの、中共の軍事的挑戦の前にあえなく消滅し、近代国家建設が挫折した時期であったという点である。

中華民国は、一九二八年に三民主義を国是とした。孫文の死後をうけた蔣介石の率いる中国国民党は、蔣介石対反蔣介石の権力闘争を経て三民主義の実現をめざし、「訓政」に移行し、近代化建設、対外的には不平等条約の解消を推進し、さらに「憲政」の実現をめざした。しかし、日本による満州事変、満州国樹立という挑戦を受け、また、中国共産党による革命戦争という軍事的挑戦を受け、まず国内を安定させ、ついで日本の進出・侵略に対処するという「安内攘外《あんないじょうがい》」（まず国内の反乱を平定して安定をはかり、しかるのち外国からの侵略に対処する）政策を遂行したが、中国共産党の殲滅《せんめつ》以前に日本による侵略が深刻化し、一九三七年の盧溝橋事件をきっかけとして対日全面抗戦に踏み切った。一九二八年には、全国一〇％の人口センサスが行なわれ、四億七四八〇万人という数字が発表された。清末からこの時期までは、人口爆発はなかったものと見られる。

1-2　訓政＝「以党治国」

国民党の革命プログラムは、「軍政・訓政・憲政」三段階論であったが、国民党は一九二八年、軍政の終結、訓政への移行を提起する。民国後期（一九二八〜四九）の国民党政権においては、ソ連にならい、孫文・国民党の政治理念の実現の方法論、段階論としての「軍政・訓政・憲政」三段階論を根拠として「以党治国」（国民が未熟なので国民党が国民に代わって国家を治める）体制という形態が定着した。

北伐の過程で、中国国民党中央常務委員会と国民政府委員会は一九二七年四月一八日、南京に政府を移転することを決定した。蔣介石はこの南京国民政府成立後、「われわれ国民党は以党治国であり、三民主義を前提」としていると述べた。国民革命軍は北京を占領し（一九二八年六月）、北伐は基本的に一段落した。国民党・国民政府は、軍政は終了し訓政段階に入ったとの立場をとり、中国国民党第二期中央執行委員会第一七二回常務会議は「**中国国民党訓政綱領**」（一九二八年一〇月三日）を決定し、第三回全国代表大会は一九二九年三月一九日、これを追認した。同綱領は、「訓政期間は、中国国民党全国代表大会が国民を指導して政権を行使する」とした。

国民政府が一九三〇年四月二四日公布した「国民会議組織法」に基づいて開催された「**国民会議**」は一九三一年五月一二日、「中華民国訓政時期暫定約法」を採択し、国民党はこれを公布・施行した。同約法は、第三〇条で「訓政時期は、中国国民党全国代表大会が国民大会を代表し、中央の統治権を行使する」とし、国民党が国民の主権を代行するという意味の「以党治国」原則を定めると共に、第七条で「建国大綱第八条」に基づく「完全自治の県」が「建国大綱第九条」の定める「四大民権」を持つこと、人民が「結社・集会の自由」、「言論および著作刊行の自由」を持つこと、「地方自治開始実行法」に基づく「地方自治」、「四大民権」、「五権憲法」などを規定した。国民政府は、「**中華民国訓政時期約法**」（一九三一年六月一日）を公布した。

1-3　二つの革命コース

民国後期の国民党・国民党政権に対する評価も、これまで中共党史史観の強い影響を受け、「反動・反革命」・「売国」・「新軍閥」・「封建ファシズム」などと片づけられてきた。一方、国民党史観においても、中国共産党は「反動・反革命」とされており、奇妙な相似が存在する。それは、双方がみずからを革命集団と認識し、相手をその妨害者・敵対者と見なし、互いに血で血を洗う抗争を行なっていたからであった。双方の歴史像・歴史認識は、この抗争の歴史に規定されていた。しかし、中国国民党と中国共産党の違いは革命か反革命かではなく、国民党は「憲政、大統領内閣制の実現による近代化」をめざしたのに対し、中共は「ソ連型社会主義システム」の実現をめざしたのであり、目標の違いによる革命コースの違いであった。

1-4　国民党組織

中国国民党の組織　中国国民党の組織は、「全国（中央）・省・県・区・区分部」の五層からなり、「中央党部・地方党部・海外党部・特別党部（軍隊党部・海員党部・鉄道党部）」が設置された。中国国民党の最高決定機関は全国代表大会であり、大会と大会の間の指導機関は中央執行委員会、中央執行委員会全体会議の間の指導機関は中央常務会議／常務委員会である。一九四九年以前までに開かれた**全国代表大会**は、第一回全国代表大会（略称、一全大会、一九二四年一月）～五全大会（一九三五年一一月）、臨時全国代表大会（一九三八年三月）、六全大会（一九四五年五月）の七回である。一全大会（一九二四年一月）では、党の最高責任者として「総理」が置かれたが、孫文死後（一九二五年三月）、後継者に引き継がれることはなく、「総理」の地位は孫文のみのものとなった。二全大会（一九二六年一月）は、常務委員九名からなる「中央常務委員会」を設置した。中央常務委員会は一九二六年七月、蔣介石を中央常務委員会主席とした。

2. 国民党政権樹立から抗日戦争開始まで（一九二八〜三七）

中国国民党中央常務委員会は一九二八年五月、国歌・党歌を募集し、一九二九年一月、党歌を決定し、一九三〇年三月、国歌が制定されるまで党歌をもって国歌に代えるものとし、中央常務委員会は一九三七年六月、党歌を国歌とすることを決定した。

2-1 国民党指導機関

「中央政治委員会／中央政治会議」（一九二四〜三七） 国民党中央執行委員会は一九二四年七月、政治委員会・軍事委員会等の特種委員会を設置した。国民党二期一中全会（一九二六年一月二三日）は、中央執行委員会特設の政治指導機関として中央執行委員会政治委員会を設置することを決定した。「政治委員会」は「政治会議」と改称したり、「政治委員会」にもどったりしたが、「訓政」実施の最高指導機構とされ、政治委員会は党に対して責任を負い、国民政府は政治委員会に対して責任を負うものとされた。中央政治会議は一九三一年六月、蔣介石を中央政治会議主席とした。

2-2 国民政府

国民政府主席　国民政府は一九二五年七月一日、広州に設立され、一九二七年四月、南京に移転した。国民政府の主席は、**汪兆銘**《おうちょうめい》（**精衛**《せいえい》。一九二五・七〜二七・三。以後、一時、主席制廃止）、譚延闓《たんえんがい》（一九二八・二、主席制復活〜二期二中全会）、蔣介石（二期二中全会〜）、林森（一九三一〜四三・八、死亡）、蔣介石（一九四三・八～四七・一二）である。四期一中全会（一九三一年一二月）は、国民政府主席を「中華民国元首」とし、「実際の政治責任を負わない」ものとした。

五院制・行政院長　中央常務委員会は一九二八年一〇月三日、「訓政綱領」、「中華民国国民政府組織法」を決定し、一〇月一〇日、国民政府は五院設置（行政院長＝譚延闓、立法院長＝胡漢民、司法院長＝王寵恵、考試院長＝戴季陶、監察院長＝蔡元培）を決定した。五院中、最も重要な地位を占める行政院（内閣）長は、一九二八年から一九四九年まで譚延闓→蔣介石→孫科→汪兆銘→蔣介石→孔祥熙→蔣介石→宋子文→張群→翁文灝《おうぶんこう》→孫科らが順に担当した。行政院には、一九三七年抗日戦争発生時に、内政・外交・軍政・財政・経済・教育・交通・海軍・実業・鉄道の一〇部および衛生署と蒙蔵・僑務の二委員会が設置されていた。

地方行政制度　訓政期間の地方行政制度は、「省（市）・行政督察専員区・県（市）」の三級に分けられた。**［省］**省主席は国民政府が指名することとなっていた。省と同等の行政単位である市は、「院（行政院）轄市」である。抗戦前夜に行政院に直属していた特別市は、南京・上海・北平・天津・青島・西安・重慶・威海衛行政区だった。市以下の行政単位は、「区・坊《ぼう》・閭《りょ》・鄰《りん》」であった。**［行政督察専員区］**行政督察専員区は、省と県の間の特殊組織だった。一九三二年八月、行政院は「各省行政督察専員暫行条例」を公布し、行政督察専員区には行政督察専員区公署が設けられ、省政府の補助機関とされた。**［県］**国民政府は一九三九年九月一九日、新県制を公布し、一九二九年修正の県組織法に取って代えた。「新県制」では、「県」の基層組織は六～一五戸からなる「甲」で、甲の上は六～一五甲からなる「保」で、保長は甲長の互選である。保の上は「郷」あるいは「鎮」で、郷鎮の上は「区」、区の上が県となっている。郷鎮と区には、人民代表会議が設置された。

地方自治　孫文の建国構想によれば、訓政期の最重要課題は地方自治であり、県レベルにおいて四大民権を実施することであった。孫文においては、これは全国規模で憲政を実施するための、国民の訓練の機会と位置づけられていたのであるが、「県組織法」（一九二八年九月公布・一九二九年修正）によれば、県長は民政庁が候補を指定し、省政府の決定を経て任用された。この点では、県レベルの自治は実施されなかったことになる。

ところが、「市組織法」（一九二八年公布・一九三〇年修正）では、市参議会規定があり、一九三三年三月には市議会組織法・市参議員選挙法が公布された。これに基づいて、**北平**（現・北京）では、選挙により「市参議会」が設立（同年八月一日）され、**広東省**では、選挙により「省参議会」が設立（一九三四年八月一五日）され、孫文構想でも訓政期間中は自治単位とされていなかった省・市で地方自治が一部ながら前倒し実施されたのであった。また、県組織法にも、県参議会の規定はあるにはあったが実施はされなかった。一方、唐紹儀・汪兆銘・鄒魯・孫科ら反蔣介石の「広州中央党部と国民政府」が廃止されたのち、国民党は西南執行部を、政府は西南政務委員会を設立し、一九三三年には西南政務委員会が公布した県市自治法規に基づき、広東全省九四県で選挙により「**県参議会**」が設立され、さらに一九三五年には、全省九四県に区民代表大会・郷（鎮）民会議・里民会議・鄰民会議が設立された。広東は、地方自治の先進省であった。

外交関係　中華民国前期（一九一二〜二八）の北京政権期に、中華民国が大使館を設立したのはソ連のみで、公使館・兼公使館は二二カ国（米・日・英・仏・独・伊など）だった。南京国民政府樹立後は、一九三〇年二月に在外公館を大使館・公使館・代理公使館の三級に分けた。その後、一九四九年までに大使館を設置したのは、三一カ国・地区（ソ・米・日・英・仏・独・伊など）、公使館・代理公使館を設置したのは、一八カ国（ポルトガル・オーストリア・スペインなど）だった。このほか、国民党は民国前期の北京政権が設立した駐国際連盟中国全権代表事務所を引き継いだ。

不平等条約の解消　武漢国民政府は、国民革命の途上においても北京政権の主権回収努力を継承していった。

［**租界回収**］　武漢国民政府は、**漢口・九江イギリス租界**を事実上回収し（一九二七年三月）、国民革命軍が江蘇省

鎮江イギリス租界、江西省牯嶺《これい》外国人避暑地、**厦門《アモイ》イギリス租界**を事実上回収した（一九二七年六月）。南京政権はさらに、**天津ベルギー租界**を回収（一九二九年八月）、**鎮江《ちんこう》**（一九二九年一〇月）・**厦門《アモイ》**（一九二九年九月）の**イギリス租界**を正式回収し、**イギリス威海衛《いかいえい》租借地**を回収（一九三〇年四月）した。

［**関税自主権**］国民政府は、「関税自主権」を宣言（一九二七年七月）した。国民政府は一九二八年六～七月の間に、ベルギー・イタリア・デンマーク・ポルトガル・チェコなどと通商条約を結び、アメリカ・ドイツ・ノルウェー・オランダ・イギリス・スウェーデン・フランスと関税自主条約を結んだ。一九二八年末には、日本を除く主要国が中国と関税条約を締結し、中国の関税自主権を承認した。日本も、一九三〇年五月には中国と関税協定を締結したので、中国の関税自主権要求は全面的に実現したのであった。

［**領事裁判権**］中国において領事裁判権を持っていた一九カ国中、三カ国（独・オーストリー・ロシア）はすでに北京政権時期に廃止していた。国民政府は一九二九年四月、英・米・仏などに領事裁判権撤廃を要求したが、英・米等は応じなかった。その後、新たに八カ国（ベルギー・伊・デンマーク・ポルトガル・スペイン・オランダ・ノルウェー・スウェーデン）が新条約によって領事裁判権を廃止し、メキシコが一九二九年一一月の声明で自動放棄した。国民政府は一二月二八日、「領事裁判権撤廃特令」を公布した。南京政権は一九三二年、英・米の上海における領事裁判権を一〇年間保留し、イギリスの天津における領事裁判権を五年間保留することを認め、英・米はその他の各地の領事裁判権を即時解消した。こうして領事裁判権問題も解決されていった。第二次世界大戦以前に解決していなかったのは、六カ国（ペルー・スイス・英・米・仏・ブラジル）のみだった。

法制整備　民国前期における法制化の積み重ねの上に、民国後期南京政権は「**中華民国刑法**」（一九二八年）を公布・施行し、一九三五年四月には刑法施行法が公布され、同年七月、正式実施された。また、**民法**も、民国後期に至って成立する。一九二九年には、民法総則・債権・物権・親属・継承等の各法が公布され、一九三一年施行された。

経済建設　「行政院組織法」（一九二八年六月公布）では、農鉱部・工商部・交通部・鉄道部・建設委員会が国民政府の実業を管掌する部会だったが、一九三〇年、農鉱部・工商部は合併されて「実業部」となった。同年には、国民政府には実業部・交通部・鉄道部のほかに建設委員会・全国経済委員会・軍事委員会付設の資源委員会（一九三五年四月設置）が設置されていた。「資源委員会」は、資源の調査・統計・研究を担当し、各種国防資源建設計画・戦時動員計画を作成すると共に冶金・燃料・化学・機械・電気など五種の国防工鉱業を担当した。実業部は、四ヵ年計画（一九三三～三六）を策定した。鉄道部は、日中全面戦争開始以前に長江以南の各鉄道路線を完成させた。農業生産も増大した。世界経済は一九二九年一〇月二四日、ニューヨーク発の**世界恐慌**という局面に入ったにもかかわらず、一九二六～三六年の中国経済の成長率（東三省を除く）は六・四％という成果をあげた。

一九三五年の「**幣制《へいせい》改革**」では、一一月四日以降、全国の銀元を回収して銀本位制を改め、すべて紙幣に切り替え、中央銀行・中国銀行・交通銀行発行の紙幣を「法幣」とすることとし、通貨の統一を行なった。

教育政策　国民政府が一九二七年七月、設置した「中華民国大学院」（教育行政機関兼学術機関）のもとで、初等教育は小学校六年（六～一二歳）で初級四年・高級二年に分かれ、中等教育は中学校六年（一二～一八歳）、普通中学三年・師範学校三年、高級三年に分かれ、高等教育は大学四～五年、専科二～三年、その上は研究院（日本の大学院に相当）となっていたが、就学率はきわめて低かった。留学生の行き先の国別比率は、一九二九年の場合、日本六一・七％、アメリカ一六・四％、フランス一〇％、その他一一・九％だった。

中東路事件（一九二九年）　ロシアは一八九六年、清朝から「中東鉄路」（東清鉄路／東省鉄路／中国長春鉄路）支線の鉄道敷設権を取得し、一九〇三年、満州里《マンチュウリ》からハルビンを経て東は綏芬河《すいふんが》、南は大連湾に至る鉄道を完成させ、その管理権を得た。日露戦争後、長春から大連湾までは日本が占拠し、「**南満鉄路**」と称した。ロシア革命後は、長春以北部分は中華民国とロシアの合弁となり、「**中東鉄路**」と呼ばれ、満州事変（九・一八。一九三一年）以後、日本がこれを占領した。日中戦争終了後は、南満鉄路と中東鉄路が合併され、「**中国長春鉄路**」と改称された。「鉄道」は、中国語で「鉄路」「路」などとも言う。張学良東北政権は一九二九年、中東鉄路の経営権を回収しようとし、ハルビンのソ連領事館を捜索し、ソ連人を逮捕し、ソ連の鉄道要員を追放して中東路を接収した。このため八月、中ソ間に武力衝突が発生したが、一〇月、ソ連が勝利し、一二月、原状回復の協定が結ばれた。無謀な実力行使が失敗に終わったのである。

国民政府の各種運動　国民政府は、**国貨運動**（国産品奨励）・**経済建設運動**・**衛生運動**なども推進していった。また、「国語」を定め、発音・声調の統一を図り、**国語運動**・**識字運動**を行なった。国民政府は北京政権が定めた注音字母を一九三〇年春、「**注音符号**」と改称し、継承した。また、今日の中華人民共和国期の簡体字とは異なる簡体字形をつくった。識字運動の結果、一九三三年九月、北平（現・北京）市の文盲は約五〇万名、全市人口の三分の一であった。蔣介石は、一九二八年に国民党中央が①識字、②衛生、③保甲、④造林、⑤道路建設、⑥合作、⑦国貨（国産品）提唱を党・政工作の七項目運動と規定したが、成果をあげることはできなかった、とのちに述べている。国民政府は一九二八年、「**纏足**《てんそく》**禁止令**」を出した。**新生活運動**は、蔣介石が一九三四年二月、江西省南昌で発起し、「新生活運動促進会」をつくって全国的に推進した運動で、国民に社会的マナーや衛生習慣などを身につけさせ、世界に通用する「国民」づくりを目的とした運動だった。

2-3　国民革命軍と編遣《へんけん》会議

軍事委員会（一九三二〜四七）　国民政府が成立する前年の一九二三年、国民党本部軍事委員会が設立され、一九二四年秋、軍事委員会は改組された。一九二五年七月、「大元帥府」は、「国民政府」に改組され、国民政府軍事委員会が設立された。一九二六年四月、中央党政（党・政府）連席会議は、蔣介石を軍事委員会主席とした。一九二七年七月、国民政府軍事委員会は改組され、蔣介石・胡漢民・閻錫山《えんしゃくざん》・李烈鈞《りれつきん》らが委員となった。国民党二期四中全会（一九二八年二月）は、蔣介石を軍事委員会主席とした。

編遣会議（一九二九年一月、八月）北伐を遂行した国民革命軍は、もともと国民党の軍隊であり、国家権力の掌握に伴い国軍化をめざした。国民革命軍は、国民党の中央軍のほかに、馮玉祥《ふうぎょくしょう》・閻錫山《えんしゃくざん》など各地の軍事勢力の集合体だった。国民政府は、北伐が基本的に終了し、全国政権を樹立した段階で国家財政との関係で兵員の縮小を行なう必要があった。一九二九年一月、「編遣会議」が開かれ、全国を九編遣区に分けたが、軍事勢力各派の縮小幅についてはまとまらなかった。「編遣」とは、「軍隊・官庁・会社などが編制を縮小し人員を削減する」意である。八月には編遣実施会議が開かれたが、激しい対立が生じ、その結果、反蔣戦争が発生した。

行営《こうえい》・綏靖《すいせい》公署　抗日戦争開始以前に、軍事委員会の下に五行営（南昌、広州、武漢、重慶、西安）が設置された。綏靖公署は、抗日戦争開始以前に太原、川康、甘粛、江蘇、広東、広西など一〇～一五署が設置された。抗日戦争中には閩《びん》（福建）、鄂湘川黔《がくしょうせんけん》辺区、昆明に設置されるなど、戦局に応じて調整されていった。

戦争　国民党・国民政府が直面し、取り組んだ戦争としては、反蔣戦争（蔣桂戦争、蔣馮《ふう》対立、中原大戦。一九二九～三〇）、対中共軍囲剿《いそう》戦（一九三〇～三四）、上海事変（一九三二年）、福建事変（一九三三年）、両広事変（一九三六・六～九）、抗日戦争（一九三七～四五）、戦後国共軍事対決（一九四五～四九）などがある。また、一九三六年の西安事変では、軍事衝突にまでは至らなかったが、蔣介石が張学良・楊虎城に拘禁され、緊張が高まったひとこまであった。

2-4　軍事抗争

国民党・蔣介石は、全国政権掌握後、国民党党内派閥抗争、中共による革命戦争、日本による軍事侵略の進行という三方面からの挑戦に直面した。

2-4-1　反蔣戦争（一九二九～三〇）①［蔣桂戦争］一九二九年三月、蔣介石と桂（広西）軍の李宗仁・白崇禧《はくすうき》の間で戦争が起こり、六月、李宗仁・白崇禧らは下野し、ベトナムに脱出した。②［第一次蔣馮《ふう》衝突］一九二九年には、蔣介石・馮玉祥間に対立が発生し、国民党は五月、馮を除名し、馮は下野した。③［第二次蔣馮衝突］一九二九年一〇～一二月、蔣介石・馮玉祥間に軍事衝突が発生し、馮玉祥軍は敗れた。④［中原大戦］一九三〇年四月、蔣介石・国民革命軍と閻錫山・馮玉祥・李宗仁らの連合軍との間で双方一〇〇余万の兵力を投入した戦争が起こり、一一月、蔣介石国民革命軍側の勝利に終わった。中原大戦では、三〇余万人が戦死した。以上により、蔣介石は反蔣戦争を粉砕したのであった。

2-4-2　対中共軍囲剿《いそう》戦（一九三〇・一二～三四・一〇）国民革命軍による中共軍に対する囲剿戦（包囲殲滅《せんめつ》戦）は、計五回行なわれた。①［第一次囲剿戦（一九三〇・一二～三一・一）］国民革命軍は、兵力一〇万を投入して兵力四万の中共江西中央革命根拠地を包囲・攻撃したが、失敗した。②［第二次囲剿戦（一九三一・四～五）］国民革命軍は、兵力二〇万を投入して江西・福建の中共軍を包囲・攻撃したが、失敗した。③［第三次囲剿戦（一九三一・七～八）］国民革命軍は、兵力三〇万を投入して江西の中共軍を包囲・攻撃したが、失敗した。この直後に東北部では満州事変（九・一八。一九三一年）が発生し、「満州国」（一九三二・三～四五・八）の樹立があった。④［第四次囲剿戦（一九三二・六～三三）］国民革命軍は、兵力六三万を投入して江西の中共軍を包囲・攻撃したが、失敗した。⑤［第五次囲剿戦（一九三三・一〇～三四・一〇）］国民革命軍は、兵力一〇〇万を投入し、トーチカを設置して追いつめる作戦で中共江西中央革命根拠地とその周辺の中共軍を包囲・攻撃し、成功した。この結果、中共軍は「大西遷」（長征）を行ない、陝北・呉起鎮、陝西省保安を経て陝西省延安を新たな根拠地とした。対中共軍囲剿戦（江西剿共戦）は、中共軍を江西から駆逐したという点では成功であったが、中共軍を殲滅することはできず、その「大西遷」を許したという点では失敗であった。

「安内攘外《じょうがい》」論（一九三一〜三七）　蔣介石は、「安内攘外」政策を発表し、一九三一年から一九三七年の盧溝橋事件の発生までは、対日正面戦争を基本的に避け、安内を優先する立場をとった。蔣介石は一九三一年七月、「まず赤匪《せきひ》を消滅し、民族の元気を回復しなければ、侮りをふせぐことはできない。まず粤逆《えつ》〔陳済棠《ちんさいとう》・汪精《おうせい》衛《えい》・李宗仁・唐紹儀《とうしょうぎ》などの広東独立の動きを指す〕を平らげ、国家の統一を完成しなければ、外を攘《はら》うことはできない」と述べている。蔣介石にとっては、安内が先で攘外があとという選択は、追い詰められて切羽詰っての選択だっただろう。

2-4-3　第一次上海事変（中国語呼称「一二八」、「淞滬《しょうこ》抗戦」。一九三二・一・二八〜五・五）　一九三二年一月、上海で日本人僧侶が殺害される事件が起こり、日本海軍が上海に上陸して日中間に戦闘が発生し、国民革命軍中央軍および第一九路軍の蔡廷鍇《さいていかい》・蔣光鼐《しょうこうだい》は徹底抗戦したものの失敗し、三月に停戦、五月に英・米・仏・伊の調停で停戦協定が成立した。上海事変が発生すると、蔣介石は全国を五つの「防衛区」に区分した。

2-4-4　福建人民政府（一九三三・一一〜三四・一）　第一次上海事変（「一・二八」事変、一九三二年）後、第五次中共軍囲剿戦の最中に、国民政府第一九路軍の蔡廷鍇《さいていかい》・蔣光鼐《しょうこうだい》らは抗日を主張し、一九三三年一一月二〇日、李済深《りさいしん》・陳銘枢《ちんめいすう》らと福州で「中華共和国人民革命政府」を樹立し、中共軍とも連携し、国民政府に反旗をひるがえした（「福建事変」あるいは「閩変《びんへん》」と呼ばれた。「閩《びん》」は「福建」の意）。国民革命軍は一九三四年一月、これを鎮圧した。

2-4-5　両広事変（一九三六・六〜九）　胡漢民が一九三六年五月に死亡すると、広東軍の陳済棠《ちんさいとう》は広西軍の李宗仁・白崇禧らとともに「抗日救国」の旗をかかげて蔣介石に反対し、六月、西南政務委員会・国民党西南執行部は抗日救国軍を設立した。七月、国民党五期二中全会は西南政務委員会・国民党西南執行部を廃止し、一触即発の状態となったが、九月、蔣介石と李宗仁は話し合い、対立は平和的に解決した。

2-4-6　西安事変（一九三六・一二・一二〜二五）　一九三六年一二月、蔣介石が西安に行ったところ、東北軍の張学良と西北軍の楊虎城（一八九三〜一九四九）は一二日、蔣介石を捕らえ、「対中共軍内戦停止、中共軍との一致抗日」を要求した。蔣介石は同月二五日、「対中共軍内戦停止、中共軍との一致抗日」を条件に釈放され、張学良は有期徒刑一〇年とされたが、事実上、一生軟禁生活を送った。楊虎城は、戦後国共内戦末期に重慶白公館監獄で殺害された。

2-5　憲政準備

孫文の「軍政・訓政・憲政」三段階論によれば、訓政期間は六年と定められていた。訓政の実施を一九三一年からと数えるとすれば、一九三七年が期限となる。国民党・国民政府・蔣介石は当然、訓政から憲政への移行準備を急がなければならなかった。一九三四年三月一日、憲法起草委員会は「中華民国憲法草案初稿」を発表した。国民政府は一九三六年五月五日、「中華民国憲法草案」（五・五憲法草案）を宣布した。これが、一九四七年「中華民国憲法」のたたき台となる。

一九二七〜三七年の約一〇年間とは、南京国民政府が成立し、軍政から訓政に移行し、憲政への移行を準備していた時期であった。蔣介石としては、北伐・全国統一を基本的に達成し、反蔣勢力との政治的・軍事的抗争を成功させ、江西剿共戦に取り組む一方、国内的には建設・制度整備に取り組み、対外的には各種不平等条約の撤廃交渉を進め、成果を挙げつつある時期でもあった。この間、蔣介石の軍権は揺るぎないものであったが、党権・政権は磐石《ばんじゃく》とは言えず、国民党内政権抗争期と見なければならない。

3.「抗戦建国」期（「抗日戦争」期。一九三七〜四五）

3-1　国民党

「国防最高会議／国防最高委員会」（一九三七・八〜四七・四）国民党は一九三六年七月,「国防会議」を設置し、軍事委員会委員長蔣介石を議長とした。日中戦争勃発後の一九三七年八月、政治委員会は廃止され、抗戦期間中の国家の最高政策決定機構として「国防最高会議」が設立された。国防最高会議は国民党中央執行委員会に直属し、軍事委員会委員長蔣介石を主席とし、中央政治委員会主席を副主席とした。国民党五期五中全会は一九三九年一月、国防最高会議を国防最高委員会に改組し、主席は「委員長」と改め、中国国民党総裁・蔣介石を委員長とし、党・政・軍の部長以上の首長を委員とすることとした（二月七日発足）。国防最高委員会の政策決定機構として、常務会議が設置された。「国防最高会議／国防最高委員会」が党・政府・軍を統括する最高権力機関となったので、党がすべてを仕切るという「訓政」体制が変形した新たな「訓政・軍政融合」体制となった。国民党中央は日中戦争終了後の一九四七年四月、国防最高委員会を廃止し、一九四七年四月、中央政治委員会を復活させた。

調査統計局　国民党は、臨時全国大会（一九三八年三月）で軍事委員会の調査統計局を国民党中央直属の調査統計局（中統）・軍事委員会直属の調査統計局（軍統）・軍事委員会辦《べん》（弁）公庁直属の特検処（郵政検査）の三つに改組した。「中統」は一九四二年、調査員約三〇〇〇名、通信員約一〇万名を擁した。「軍統」は、一九四三年五月、アメリカ中央情報局と中米特種技術合作所（中米所）を設立し、戴笠《たいりゅう》が主任となった。中米所には、二〇〇〇名のアメリカ人が在職した。

三民主義青年団（一九三八・七・九〜）国民党臨時全国大会は、三民主義青年団の設立を決定し、一九三八年七月九日、成立した。団長は、国民党総裁蔣介石が兼任した。

3-2　重慶国民政府（一九三七・一一～四六・五）

日本軍が首都南京に迫る中で、国民政府は重慶に移転した。抗日戦争開始後、国防最高会議のもとに「**国防参議会**」が設置された。一九三八年三月、国民党臨時全国大会は抗戦の必要に応じ、国防参議会を廃止し、「**国民参政会**」を設立することを決定した。国民参政会は、国会の機能を持ち、一九四七年五月、廃止された。

「**抗戦建国綱領**」（一九三八年四月）中国国民党は、漢口で「臨時全国大会」（一九三八・三・二九～四・一）を開き、①三民主義と孫文の遺教を抗戦・建国の最高の基準とし、②全国抗戦力量は国民党と蔣委員長の指導に従う、③最高民意機構として国民参政会を設立する、との「抗戦建国綱領」を制定した。三月二九日には党「**総裁**」設置を決定し、四月一日、蔣介石を総裁に選出した。これ以降、蔣の党権・政権は、一九四九年を除いて死ぬまで揺るぎないものとなったと見られる。

一九三八年七月、国民党中央は茶話会を開き、中国青年党・国家社会党・中国共産党および文化界の領袖がこれに参加し、「国防参議会」を設立して政府の諮詢機関とすることとし、同月六日には「国民参政会」が設立され、各党派・各民族・各職業・各地域の代表が参加し、第一回大会を開き、「抗戦建国綱領」を決定した。蔣介石によれば、①「この綱領は、三民主義が救国建国の最高指導原則であることを確定した」、②「この綱領は、最高統帥《とうすい》の統一的領導権を確定した」、③「この綱領は、国民道徳を養成し、中国文化を擁護する方針を確定した」。同年九月、国民参政会第一期第四回大会が開催され、蔣は同会で同月一七日、「本会」で「われわれは時期を定めて国民大会を招集し、憲法を制定する議案を決定した」と述べている。「国民参政会第四回大会の憲政に関する提案および決議案」は、「憲法起草委員会を設置する」とし、「速やかに地方自治を完成する」、「ただちに党治を終結する」ことを求めている。蔣は一九四〇年三月四日、「総理（孫文）がわれわれに残した二つの最も重要な建国の典則は、三民主義と五権憲法である」、「われわれは、今後、五権憲法の政府を建設しなければならない」と述べている。

一九四三年八月一日、国民政府主席・林森が病死し、中央常務委員会は同日、蔣介石（党総裁兼行政院院長）を国民政府主席代理とした。国民党五期一一中全会は同年九月一三日、蔣介石（総裁）を国民政府主席兼行政院院長に選出し、蔣は一〇月一〇日、国民政府主席に就任した。これに先立ち、国民党五期一一中全会は九月一二日、戦後一年以内に国民大会を招集し、憲法を制定することを決定した。第三期国民参政会第二回大会は同月二六日、「憲法実施協進会」を設立することを決議し、一〇月一九日、国防最高委員会は同会の設置と蔣介石国民政府主席が同会会長を兼任することを決議し、一一月一二日、憲法実施協進会が設立された。蔣介石・国民党は、一九三七年七月、日中全面戦争に突入したのち抗戦終了まで、抗戦を第一課題としつつ建国の課題に取り組み、憲政実施の準備も進めていった。

3-3　「抗日戦争」期の国民革命軍

一九三七年七月、盧溝橋事件発生当時、国民革命軍は、陸軍二〇〇万人、歩兵一八三個師、六〇個独立派旅、四三個独立団を有していた。軍事委員会は、国民政府の最高機関であった。軍事委員会には、軍令・軍政・軍訓・政治の四部を常設していた。

統帥《とうすい》部　軍事委員会は一九三七年八月二〇日、「統帥部」を設置し、軍事委員会委員長蔣介石が大元帥に、参謀総長には程潜《ていせん》（一九三八年一月、何応欽《かおうきん》に交代）が、副参謀総長には白崇禧《はくすうき》が就任した。国民党は一九三七年九月、軍事委員会委員長が陸海空軍最高統帥権を行使するものとし、党・政・軍の統一指揮権を持たせ、軍事最優先の態勢を敷いた。一九四一年には、部隊総数は五〇〇万人、傷亡者は二四〇万人に達していた。

徴兵制・募兵制　抗日戦争中の兵源は徴兵制と募兵制が併用され、当初は各省に兵役管区司令部が設置され、一九四一年には全国は一〇九師管区に分けられ、抗戦八年の期間中に計一四〇〇余万人を徴募兵した。

中共軍の編入（一九三七・九〜四六・九）　国民党と中共は、日中戦争開始以前は中共によるソヴェート革命戦争と国民党による囲剿戦という血で血を洗う軍事抗争を行なっていたが、一九三六年一二月の西安事変、一九三七年七月の日中戦争開始をうけ、同年九月、中共軍が国民党・国民政府の下に国革軍に編入され、一九四五年の日中戦争終了まで基本的に協力関係にあった。

皖南《かんなん》事件（一九四一年一月四日）　国民革命軍とその傘下にあった共産党の新四軍が安徽省（皖）南部で衝突する事件が起こった。国民党は、この戦闘の前に共産党による襲撃があり、その結果この事件が起きたと言い、共産党は国民党による襲撃と主張している。

盟軍中国戦区最高統帥《とうすい》（一九四二年一月）　東アジア太平洋戦争（一九四一・一二〜四五・八）開始以前には、国家レベルではソ連のみが国民政府に対して軍事支援を行なっていたが、東アジア太平洋戦争開始以後はアメリカも軍事支援を行なうようになった。中華民国は、東アジア太平洋戦争の開始によって対日戦争を連合国と協同で行なうことが可能となった。日本軍の真珠湾攻撃（一九四一年一二月）をうけて連合軍が編成され、一九四二年一月、連合国は蔣介石を連合軍中国戦区総司令官とした。「盟軍中国戦区最高統帥」とは、中国語表記である。

一九四二年三月、中華民国では「**国家総動員法**」が公布され、五月、国家総動員会議が設立された。

対米ソ関係　国民政府は一九四三年、新疆を統治下に置き、ソ連と緊張関係に入った。一九四四年、国民政府主席・連合軍中国戦区総司令官蔣介石は、中国・ビルマ・インド戦場の統帥権をめぐり連合軍中国戦区参謀長ジョセフ・W・スティルウェルと衝突し、アメリカは国民革命軍の戦闘力に不信を表明した。ソ連は、中共の力がまだ不十分であることから、国民政府を通じて中国における権益を追求するとともに、国民政府がアメリカ一辺倒とならないようにすることをねらい、国民政府は中共の急速な発展、ソ連の中国への介入を警戒し、中ソの交渉が行なわれた。

憲法制定の延期　一九三七年七月七日、盧溝橋事件が発生し、憲政への移行はかなり先送りせざるをえない事態となった。蔣介石は、江西剿共戦、一九三七年の上海戦などではドイツの軍事支援を受けていたが、『中国の命運』（一九四三年）では、日本と戦う中でアメリカの支援を受けている以上、当然のことであろうが、ナチス・ドイツについても反対する姿勢を明確にしている。

4. 中国共産党（一九二七～四五）

蔣介石の「四・一二反共軍事行動」（一九二七年）後、中国共産党（中共）は、武装蜂起による革命をめざした。

4-1 「第二次国内革命戦争」（一九二八・八～三七）

南昌蜂起（一九二七・八・一）　中共は、紅軍を建設し、江西省南昌で武装蜂起した。この日は、今日の「中国人民解放軍」の建軍記念日とされる。毛沢東・朱徳らは、江西省井岡山《せいこうざん》に根拠地をつくり、翌一九二八年、彭徳懐らが合流した。

「八・七会議」（一九二七・八・七）　中共中央は緊急会議を開き、瞿《く》秋白（一八九九～一九三五）らは陳独秀を「右翼日和見主義者」と断罪した。中共は第六回大会（一九二八年七月）を開き、地主の土地の没収、民族自決権の承認などの方針を決定した。瞿秋白は、臨時中央政治局書記に就任した。一九二九年末からは、フランス勤工倹学帰りの李立三（一八九九～一九六七）が指導権を握り、「李立三コース」と呼ばれる都市重視路線がとられた。中共六期三中全会（一九三〇年九月）、四中全会（一九三一年一月）では、「国際派」（留ソ派）の王明（一九〇四～七四）・博古（秦邦憲。一九〇七～四六）・洛甫（張聞天。一九〇〇～七六）らが指導権を握った。

中共は、「**土地革命**」戦争あるいは「**ソヴェート革命**」戦争（「ソヴェート」はロシア語。英語表記「ソビエト」、「ソヴィエト」）を行ない、一九三一年一一月七日、「**中華ソヴェート共和国臨時政府**」を江西省**瑞金**《ずいきん》に樹立した。中共は、蔣介石の「囲剿《いそう》（包囲殲滅《せんめつ》）戦」に対抗したが、一九三四年、追いつめられて「大西遷」（長征）を余儀なくされた。

「**民族自決**」**原理**　清末革命運動と中華民国前期北京政権は、チベット・ウイグル・モンゴル等の民族自決という理念、展望を提示することはなかったが、マルクス主義は原理的には民族自決理念を提示し、国民党一全大会（一九二四年）も民族自決原理を承認した。一九三一年一一月七日、江西省瑞金で開催された「**第一次全国工農兵代表大会**」は、「中華ソヴェート共和国」の成立を宣言し、国号に「中華」と冠したが、「中華ソヴェート共和国憲法大綱」（一九三四年一月、第二回全国工農兵代表大会決定）は、次のように述べ、マルクス主義の「民族自決」原則を掲げた。

「（一四）中華ソヴェート政権は、中国国内の少数民族の民族自決権を承認し、各弱小民族が中国から離脱し、みずから独立した国家を成立させる権利を有することまでを承認する。蒙・回・蔵・苗・黎・高麗人等、およそ中国地域内に居住する者は、彼らは完全な自決権、すなわち中国ソヴェート連邦に加入あるいは離脱する、あるいは自己の自治区域を建設する権利を有する。」

毛沢東は一九三五年一月、反囲剿戦争中の**遵義会議**《じゅんぎ》（貴州省）で中共内主導権を確立し始め、呉起鎮・保安を経て陝西省延安に移動して新根拠地とした。呉起鎮到達までを大西遷（「長征」）と称する。瞿《く》秋白は一九三五年二月、瑞金から移動中、国民革命軍に捕らえられ、六月、処刑された。

ソ連のモスクワで開かれた**コミンテルン第七回大会**（一九三五・七・二五〜八・二〇）は、ブルガリアの共産主義者でコミンテルン執行委員会書記長ゲオルギ・**ディミトロフ**（一八八二〜一九四九）の報告によって「**反**

ファシズム統一戦線」（人民戦線）方針を決定し、ドイツ・イタリア・日本に対処することとした。中共は、コミンテルンの方針に基づき、「**八・一宣言**」（「抗日救国のため全国同胞に告げる書」。一九三五年八月一日）を発表し、「抗日統一戦線」を呼びかけた。中共北方局は一九三五年一二月九日、学生運動を組織し、北平で「内戦停止・民主化・抗日統一戦線結成・日本帝国主義打倒」のデモを行なったところ、弾圧を受け、三〇余名が逮捕され、一〇〇余名が負傷した（**一二・九運動**）。一九三六年五月、「全国各界救国連合会」が上海で結成され、「内戦停止、中共と連携して抗日せよ」と要求し、国民政府は救国会の沈鈞儒《しんきんじゅ》（一八七五〜一九六三）・鄒韜奮《すうとうふん》（一八九五〜一九四四）ら七名を逮捕した（七君子事件）。宋慶齢（孫文夫人。一八九三〜一九八一）らは「愛国無罪」と主張し、国民政府は一九三七年七月、彼らを釈放した。

4-2　抗日戦争（一九三七〜四五）と第二次国共合作

一九三七年、日中戦争が勃発するにおよび、中共は国民党と第二次国共合作を行ない、中共軍を国民党の国民革命軍に参加させた（第一八集団軍、八路軍、新四軍）。中華民国時代に作詞され、抗日戦争の中で歌われ、中華人民共和国の国歌となった田漢の「**義勇軍行進曲**」は、「中華民族、今危機にあり」と歌っている。毛沢東は「**新民主主義論**」（一九四〇年一月）によって抗日戦争終了後の進むべき方向を提示した。

一九四〇年八〜一二月、八路軍（中共軍）は華北五省で「**百団大戦**」（「団」は日本軍の「連隊」相当）を起こし、交通通信網を破壊し、破壊された鉄道路線は四七四キロメートルに及び、日本軍二万人、「偽軍」（日本協力軍）五〇〇〇人を殲滅した。

中共「解放区」　中共は、抗日戦争中に中共軍と支配領域（「解放区」）を拡大した。一九四四年、中共軍は七七万九〇〇〇人（八路軍五〇万七六〇〇人、新四軍二五万一三〇〇人、華南抗日縦隊二万〇七〇〇人）に成長しており、解放区は日本の降伏までに一〇〇万の正規軍と二二〇万の民兵を擁していたという。中共は、第六回大会（一九二八年）後、一七年ぶりに第七回大会（一九四五年四月）を開いた。党員数は、一二一万人に達していた。

第19章　柳条湖事件から太平洋戦争以前まで（一九三一〜四一）

1．軍部暴走

一九三〇年代に入ると、日本は統一された国家意思のもとに軍事行動を行なうのではなく、中国現地軍および軍部の暴走に政府・国家がついてゆくという現象が顕著になってゆく。無秩序無責任体制により、現地軍の行動が追認されてゆくようになっていった。「統帥権」を有する天皇も、これを制止したわけではなかった。

1-1　満州事変（柳条湖事件、中国語呼称「九一八」）

一九一九年に設置された日本の関東軍は一九三一年九月一八日、奉天《ほうてん》（現・遼寧省瀋陽《しんよう》）郊外の柳条湖で南満州鉄道を爆破し、これを中国軍の仕業と称して軍事行動を拡大させ、東三省《とうさんしょう》（遼寧・吉林・黒竜江）を占領した。「柳条湖」は、当時は「柳条溝」と呼ばれていた。日本では、柳条湖事件を日中戦争の開始点とし東アジア太平洋戦争終結までを「一五年戦争」とする人びともいる。「八年戦争論」に対して、これを「一五年戦争論」と呼ぶ。

1-2　第一次上海事変（一九三二・一〜五）

すでに述べたように、上海では一九三二年一月、日本軍と中国軍の間に戦闘が起き、五月、停戦協定が締結された。日本では、この戦闘で鉄条網に突入して爆死した三兵士が「**爆弾三勇士**」とたたえられた。

1-3 **「満州国」**（一九三二・三〜四五・八、約一三年間）

一九三二年三月、関東軍の占領地域に満州国が建国され、首都は新京（現・吉林省長春）に置かれた。最初、清朝最後の皇帝であった愛新覚羅溥儀《あいしんかくらふぎ》（一九〇六〜六七）を「執政」とし、鄭孝胥《ていこうしょ》を初代国務総理とし、ついで一九三三年三月、溥儀を皇帝とし、「王道楽土・五族協和」をうたったが、国務会議の実権は日本人が握っており、事実上、台湾・朝鮮に続く日本の三番目の植民地となった。イギリスの「インド帝国」、フランスの「インドシナ連邦」、「オランダ領東インド」、アメリカのフィリピン支配に並ぶものであるが、それらが直接的植民地支配だったのに対し、「満州国」は独立国の形式をとっていた。「五族」とは、満州族・漢族・モンゴル族・朝鮮族および日本を指す。しかし、満州国には国籍法がなく、満州国「国民」は法的には存在していなかった。中国はこれを「満州偽国」「偽満州国」と呼ぶ。日本は、一九三二年から満州に**「満蒙開拓団」**三〇万人を送りこんだ。一九四五年の敗戦時、入植者は約二七万人であった。

日本は、一九三二年九月一五日に満州国を承認し、ドイツは一九三八年二月に満州国を承認した。

1-4 **リットン調査団（国際連盟日華紛争踏査委員会。**一九三二・三〜一〇）**と国際連盟脱退**（一九三三年三月）

国際連盟は、満州事変について一九三二年二〜七月にリットン調査団（英・米・仏・独・伊、計五名）を派遣した。アメリカは、国際連盟に加入していなかったが、前年には事務局会議に参加し、この調査団に調査要員を派遣した。同年一〇月、「リットン報告書」を提出、満州事変は日本の防衛行動ではなく、満州国も満州人の自発的独立運動ではないとしつつ、日本の特殊権益も認め、満州に関する日中間条約の締結を提案した。国際連盟は一九三三年二月、これに基づき日本の満州国からの撤兵を要求し、日本は三月二七日、これを不服として国際連盟脱退を通告した（一九三五年発効）。これに続いてドイツも一九三三年、イタリアは一九三七年に国際連盟を脱退し、国際連盟は国際平和維持機構として機能せず、第二次世界大戦につながっていった。

1-5　五・一五事件（一九三二年五月一五日）

一九三〇年代に入ると、日本では軍部・右翼が暴走し始める。海軍青年将校らは一九三二年五月一五日、首相官邸・警視庁・日本銀行を襲い、犬養毅《いぬかいつよし》首相（一八五五〜一九三二。在任一九三一・一二〜三二・五）を射殺した。これによって日本における原敬《はらたかし》内閣（一九一八年成立）以来の「**政党内閣**」は終止符を打った。

1-6　塘沽《タンクー》停戦協定（日中軍事停戦協定。一九三三年五月三一日）

関東軍は一九三三年、さらに河北省・熱河《ねっか》省に侵入して「熱河作戦」を行ない、熱河省は一九三三年二〜三月に満州国に編入された。五月三一日、塘沽停戦協定が締結され、国民政府は、日本による満州・熱河省に対する支配を黙認した。

この年、プロレタリア文学『**蟹工船**《かにこうせん》』の作者・**小林多喜二**《たきじ》（一九〇三〜三三）は、特別高等警察によって築地警察署内で拷問の末、虐殺された。これは、当時の思想弾圧の激しさを象徴する事件であった。中国の**魯迅**は、「日本と支那との大衆はもとより兄弟である。」「われわれは知っている、われわれは忘れない。われわれは堅く同志小林の血路に沿って前進し握手するのだ」と書いた（「同志小林の死を聞いて」）。

1-7　二・二六事件（一九三六年二月二六日）

陸軍「**皇道派**」は、荒木貞夫・教育総監真崎甚三郎らを首領として「統制派」と対立し、「天皇親政による国家の革新」を唱える青年将校グループで、北一輝《きたいっき》（一八八三〜一九三七）・西田税《みつぐ》ら国家主義者と交流があった。日本では、五・一五事件に続いて、一九三六年二月二六日、陸軍「皇道派」青年将校らがクーデタを起こし、首相官邸・警視庁・朝日新聞社などを襲撃し、斎藤実《まこと》内大臣（一八五八〜一九三六）・高橋是清《これきよ》蔵相・渡辺錠太郎陸軍教育総監らを殺害した。これに対しては戒厳令が公布され、戒厳令司令部が設置され、クーデタ・グループは「反乱軍」とされ鎮圧された。その結果、「皇道派」は一掃され、陸軍「統制派」の発言力が強まった。**「統制派」**の陸軍軍務局長永田鉄山・東条英機《ひでき》らは、総力戦体制のための「高度国防国家」建設をめざし、「軍部の統制強化」を主張し、「反政党・統制経済」の方針をとり、親軍部の新官僚・財界・政界と接近し、二・二六事件以後、軍の主流となった。

2. 日中戦争（中国側呼称「抗日戦争」、「八年抗戦」。一九三七〜四五）

日中全面戦争は、日本では一九三七年七月の盧溝橋事件に始まるとされているが、中国では同年八月一三日上海戦からとされる。

2-1　盧溝橋事件（蘆溝橋事変、日支事変、北支事変。中国側呼称「七七」。一九三七年七月七日）

一九三七年七月七日、北京郊外の盧溝橋で銃声が起こり、義和団事件（北清事変）後の「北京議定書」に基づく「日清交換公文」によって中国地域に駐在していた支那駐屯軍（日本軍）と中華民国軍の間に小競り合いが起こった。日本軍は「中国軍が発砲した」と主張し、中国側は「日本軍の計画的行為」と主張しているが、どちらが発砲したか、あるいは第三者が発砲したかは、現在なお不明である。いずれにせよ、これは小競り合いで終わる可能性があったが、現地日本軍はこれを利用して軍事行動を拡大しようとし、日本政府も結果的にそれを追認した。盧溝橋は、当時、「蘆溝橋」と表記されていたが、現在では「盧溝橋」で統一されている。

2-2　第二次上海事変（中国語呼称「八一三」。一九三七・八・一三）

しかし、本格的戦闘は上海で起こった。日本軍は八月一三日、上海で攻撃を開始し、蔣介石国民政府はこれに徹底抗戦を行ない、ここに日中全面戦争が開始された。

2-3　日中戦争の攻防（一九三七〜四一）

〔**一九三七年**〕七・七、盧溝橋事件。七・二九、**北平**（北京）**陥落**。八・一三、上海戦開始。八・二七、中華民国軍、張家口・居庸関《きょようかん》から撤退。九・一三、大同陥落。九・二四、保定陥落。九・二五、中華民国軍、平型関で勝利。一〇・五、徳州陥落。一〇・一〇、石家荘陥落。一〇・三一、上海・「四行《しこう》倉庫八百壮士」（謝晋元部）撤退。一一・九、太原陥落。一一・一二、**上海陥落**。一一・二五、無錫陥落。一二・一、江陰要塞陥落。一二・一三、**南京陥落**。一二・二三、杭州陥落。一二・二七、済南陥落。一二・三一、中華民国軍、青島・泰安から撤退。〔**一九三八年**〕四・六、中華民国軍、台児荘で勝利。五・一九、中華民国軍、徐州撤退。六・五、中華民国軍、開封放棄。六・一五、安慶陥落。六・二三　日本軍、**海南島**に上陸。六・二六　日本軍、馬当要塞突破。七・二五、九江陥落。八・二四、中華民国軍、瑞昌放棄。九・一、中華民国軍、瑞昌で勝利。一〇・一〇、中華民国軍、徳安で勝利。一〇・一五　恵州陥落。一〇月、日本軍、広東バイアス湾上陸。一〇・二一　**広州陥落**。一〇・二五、中華民国軍、**武漢撤退**。一一・一二、岳陽陥落。一一・二三、日本軍機、西安爆撃。一二・二、日本軍機、桂林爆撃。〔**一九三九年**〕三・二八、南昌陥落。五・四、日本軍機、重慶爆撃。五・一一、福建省・鼓浪嶼《グランユ》陥落。一〇・六、中華民国軍・第一次長沙会戦で勝利。一一・二四、広西・南寧陥落。一二・一四、中華民国軍、南寧奪回。〔**一九四〇年**〕二・三、五原陥落。二・二〇、中華民国軍、五原奪回。三・二八　五原再び陥落。四・二、中華民国軍、五原再び奪回。五・二六、日本軍機、重慶爆撃。六・三、中華民国軍、棗《そう》陽奪回。六・一四、宜昌《ぎしょう》陥落。一〇・二九、南寧陥落。〔**一九四一年**〕五・一三、日本軍機、重慶爆撃。市民、市内トンネルで窒息死。中華民国軍、中条山で勝利。九・三、中華民国軍、福州奪回。九・七〜、第二次長沙会戦開始。一〇・八、中華民国軍、第二次長沙会戦で勝利。一〇・三一、中華民国軍、鄭州奪回。

一九四一年四月一三日、「**日ソ中立条約**」が締結された。

日独伊三国防共協定　日本とドイツは一九三六年一一月、コミンテルンに対抗して「**日独防共協定**」を締結し、翌一九三七年一一月、イタリアが加わって「**日独伊三国防共協定**」を締結し、英仏に対して**枢軸国**《すうじく》を形成した。一九四〇年、「**日独伊三国同盟**」（一九四〇・九）が締結された。

2-4　南京事件（南京大虐殺。一九三七・一二・一三～約二週間）

一九三七年一二月一三日、日本軍は中華民国の首都であった南京を攻略した。日本軍は、南京を落とせば中華民国は降伏すると踏んでいたが、中華民国政府は首都を四川省重慶に移転し、徹底抗戦を続け、日本のもくろみは誤算に終わった。南京占領後、日本軍は中国軍捕虜・軍服を脱いで民間人を装った軍人・市民を大量に虐殺したとされる。虐殺はなかったとする説もあり、論争が続いている。その犠牲者数について、日本側研究者には「四万人」、「一五万人」、「二〇万人」などの見方があり、中国側は「三〇万人以上」と主張しているが、人数については、今のところ、いずれにも決定的な資料はない。

2-5　日中戦争遂行体制（一九三七～四一）

日中戦争開始直前に第一次**近衛文麿**《このえふみまろ》内閣（在任一九三七・六～三九・一。一八九一～一九四五・一二・一六服毒自殺）が成立し、日中戦争が勃発すると、「挙国一致・尽忠報国・堅忍持久」をスローガンとする「**国民精神総動員運動**」が起こされた。また、戦争指導の一元化を目的として「**大本営政府連絡会議**」（一九三七・一一・二〇～四五・九・一三）が設置された。大本営は、特に太平洋戦争中、戦果を誇大に、損害を過小に発表したので、戦後、皮肉をこめて「大本営発表」という言葉が用いられた。日本は日中戦争開始の翌年、「**国家総動員法**」（一九三八・四）を制定した。日本陸軍は一九三九年九月二三日、北支那方面軍・中支那派遣軍・第二一軍（華南）を統括する「**支那派遣軍総司令部**」（総司令官、西尾寿造大将。一九三九・九・二三～）を設置した。

一九四〇年一一月一〇日、「神武天皇即位」から二六〇〇年にあたるとして皇居前で「**皇紀紀元二千六百年記念式典**」が行なわれた。これは、天皇神話を史実とするものであった。

米内光政《よないみつまさ》内閣（在任一九四〇・一〜七）のあとをうけて第二次近衛内閣（在任一九四〇・七〜四一・七）が発足すると、政友会・民政党はじめすべての議会政党は解散し、「翼賛議員同盟」が結成され、「**大政翼賛会**」（一九四〇〜四五。総裁、近衛首相）が設立された。第二次近衛内閣のあとは、第三次近衛内閣（在任一九四一・七〜四一・一〇）が継承した。こうして、日中戦争遂行体制が整備されていった。

「**中華民国臨時政府**」（一九三七・一二〜四五・八）・「**中華民国維新政府**」（一九三八・三〜）　中国大陸では、北支那派遣軍は一九三七年一二月、北平に親日の「中華民国臨時政府」（委員長、王克敏）を設置し、中支那派遣軍は南京に親日の「中華民国維新政府」（行政院長、梁鴻志）を設置した。

トラウトマン工作と近衛声明（一九三八・一）　ドイツ駐中華民国大使オスカー・トラウトマン（一八七七〜一九五〇）は日中和平工作に乗り出したが難航し、近衛文麿内閣は一九三八年一月、「爾後《じご》（今後）国民政府を対手《あいて》とせず」との近衛声明を発した。ドイツ軍事顧問団は一九三八年七月、中華民国から去った。

「**大東亜共栄圏**」　日本は、「東亜新秩序建設声明」（一九三八・一一・三）では、日本・満州国・中華民国の間の「善隣友好・共同防共・経済提携」を呼びかけた。その後、「日・満・華」に「南洋」を加えて「皇国の自給自足経済を確立」を戦争目的としたスローガンである「大東亜共栄圏」が唱えられた。「大東亜」すなわち東アジアを欧米植民地主義から解放することをうたってはいるが、実態は東アジアに対する帝国主義的支配をめざしたものであった。

ノモンハン事件（ロシア・モンゴル呼称「ハルハ川戦争」。一九三九年五月）　この間に、一九三九年五月、満州国とモンゴル人民共和国の未確定国境をめぐって軍事衝突が起こり、日本は「日満議定書」（一九三二年）に基づき出兵、ソ連はモンゴルとの「相互援助協定」に基づいて出兵、両軍は満州国・モンゴル国境付近のノモンハンで衝突し、日本の関東軍は惨敗し一万九〇〇〇名の死傷者を出した。一方、ソ連側の死傷者も、二万六〇〇〇人に達したとされる。

汪兆銘《おうちょうめい》国民政府（一九四〇～四五）　中国国民党の重鎮であった汪兆銘（精衛《せいえい》、一八八五～一九四四）は一九四〇年三月三〇日、蔣介石と袂を分かち、南京に新国民政府を樹立し、一一月、主席となった。汪兆銘の意図は、平和的解決の模索であったと思われるが、中国では「傀儡《かいらい》政権」・「売国政府」と呼ばれる。

3．台湾・朝鮮

3－1　台湾（一八九五～一九四五）

日本は、台湾に台北帝国大学を設置した（一九二八年）。「霧社《むしゃ》」地方では、所有地取り上げに端を発する原住民タイヤル族による日本人襲撃事件（一三六人殺害）が起こり、日本軍警はこれを鎮圧し、タイヤル族部落の死者三〇〇余人が出る「**霧社事件**」（一九三〇・一〇～一一）が発生した。タイヤル族マヘボ社の首領モーナ・ルーダオが指導者とされる。日本軍は、鎮圧にあたって毒ガスを使用したとされるが、催涙ガスを誤認したものとの説もある。

一九三七年には、「皇民化」政策が強化され、「国語運動」を展開し、日本語の使用を強制していった。一九四〇年、台湾軍司令部（司令官、安藤利吉大将）が設置され、一九四三年には台湾で六年制の義務教育を始めた。太平洋戦争の激化に伴い、一九四四年九月、台湾で徴兵制が実施された。一九四五年八月、敗戦時、在島の台湾陸軍は一七万五〇〇〇人、海軍四万六〇〇〇人、内地民間人三八万人、台湾人六四〇万人であった。同年一〇月一五日、中華民国政府台湾行政長官公署一行が米軍飛行機で台湾に到着した。一〇月一七日、陳儀ら国民革命軍が上陸し、一〇月二五日、受降式が行なわれた。安藤利吉は一九四六年、上海監獄で自決した。

日本統治時代の台湾では、日本語による文学創作が行なわれた。頼和《らいわ》（一八九四～一九四三）『豊作』（楊逵《ようき》訳、一九三二年)、楊逵《き》(一九〇五〜八五)『新聞配達夫』(一九三二、三四年)、竜瑛宗《りゅうえいそう》(一九一一〜九九)『パパイアのある町』(一九三七年)、葉石濤《ようせきとう》(一九二五〜二〇〇八)の『林からの手紙』(一九四三年)、呉濁流(一九〇〇〜七六)『どぶの緋鯉』(一九三六年)などがよく知られている。

3-2　朝鮮(一九一〇〜四五)

植民地朝鮮においては、戦時中の一九三七年一〇月から「皇民化」政策が推進され、天皇への忠誠が要求され、朝鮮語教育を全面的に廃止し、日本語の使用が強制された。日本は、戦時中の労働力不足を解消するため、朝鮮人約七二万人を日本内地・樺太《からふと》・南洋方面に強制的に連行し、働かせた(**朝鮮人強制連行**)。一九三九年一一月には、「**創氏改名**」方針が公布され、朝鮮人の固有の姓名を日本式に変えることが強制された。一九四二年八月には、朝鮮人に対する徴兵制実施が決定された。朝鮮人軍人・軍属は二四万人以上であったという。

第20章　東アジア太平洋戦争(一九四一〜四五)

「**独ソ不可侵条約**」(一九三九・八)と**第二次世界大戦**(一九三九・九・三〜四五・八・一四)　ドイツとソ連は一九三九年八月、「独ソ不可侵条約」を締結し、ドイツ軍とソ連軍は同年九月一日、ポーランドを分割占領した。英・仏は九月三日、ドイツに宣戦布告し、第二次世界大戦が開始された。その後、六〇カ国が戦争に参加し、現生人類史上最大の戦争となった。この戦争では、爆撃機・戦闘機が多用され、最後には原子爆弾が使用された。

「**日ソ中立条約**」(一九四一・四〜四五・八)　日本とソ連は一九四一年四月、日ソ中立条約を締結、中立・友好と領土保全・不可侵を期限五年で約束した。ソ連は一九四五年四月、不延長を通告し、八月八日、同条約を破って日本に宣戦布告した。いずれの側も息継ぎに利用したのであった。

独ソ戦争（一九四一・六・二二～四五・五・七）　ドイツは一九四一年六月、「独ソ不可侵条約」を破ってソ連を奇襲した。ソ連は英仏と連携して「祖国防衛戦争」を遂行し、反撃して一九四五年五月二日、ベルリンを陥落させ、ドイツは五月七日、無条件降伏した。これによって、ソ連は対日戦に取り組むことが可能となる。

ＡＢＣＤライン（包囲陣）　東アジアに植民地を持つ米・英・オランダおよび日中戦争の渦中にある中華民国は、日本の南進政策に対し、ＡＢＣＤライン（*America Britain China Dutch*）を敷き、一九四一年二月、ワシントンで太平洋防衛を協議し、ラインを強化した。日本は、ＡＢＣＤラインの解消をめざしアメリカと協議した。

開戦決定へ　一九四一年七月二九日、永野修身《おさみ》軍令部総長は天皇に対米英開戦を上奏した。天皇は九月五日、杉山元《はじめ》参謀総長らに「絶対勝てるか」と詰問し、御前会議（天皇出席）は九月六日、戦争準備を決定した。

「東アジア太平洋戦争」という呼称　日本では、戦時中に使われていた「大東亜戦争」という呼称は戦後は一切使われなくなり、一九八〇年代ごろから「アジア太平洋戦争」という用語が使われるようになった。しかし、戦争はアジア全域で行なわれたわけではなく、アジアの東部、およびアジア南方でもせいぜい「インド」東部までが限界だったので、本書では「東アジア太平洋戦争」と呼ぶ。「東アジア太平洋戦争」という用語が避けられたのは、かつての「大東亜戦争」という呼称と似ているということを嫌ったものだろうが、関係はない。

「戦陣訓」（一九四一年）　一九四一年、東条英機《とうじょうひでき》陸軍大臣は「生きて虜囚《りょしゅう》の辱《はずかし》めを受けず」とする「戦陣訓」を全陸軍に伝達した。このため、日本軍人の多数は敗北が明らかな局面では捕虜とならないため、自決に道を選ぶこととなった。東条英機自身は敗戦後、自殺をはかったものの失敗し、捕虜となった。

1. 日米太平洋戦争（一九四一・一二～四五・八）

東アジア太平洋戦争中、日本政府を担ったのは、東条英機内閣（一九四一・一〇・八～四四・七・一八）、小磯国昭内閣（一九四四・七・二二～四五・四・五）、鈴木貫太郎内閣（一九四五・四・七～四五・八・一五）であった。

「**ハル・ノート**」（一九四一・一一・二六）　米国務長官コーデル・ハル（一八七一～一九五五）は一一月二六日、「ハル・ノート」を示し、①中華民国・フランス領インドシナ（仏印）からの日本の撤退、②汪兆銘政権の否認、③日独伊三国同盟の破棄、④満州事変以前への復帰、を要求した。日本政府・軍部は、これによって退路を断たれたと受けとった。

1-1　真珠湾攻撃（一九四一・一二・八）

日本は一九四一年一一月五日、「御前会議《ごぜんかいぎ》」（天皇出席）で「対米英蘭戦争決意」を決定し、一二月一日、「御前会議」で対米英開戦の最終決定を行なった。一二月八日（日本時間。月曜日）午前三時一九分、日本軍は、連合艦隊司令長官**山本五十六《いそろく》**の作戦により、ハワイのオアフ島真珠湾（パール・ハーバー）に空爆を行ない、太平洋戦争が開始された。日本軍は、停泊していたアメリカ太平洋艦隊を壊滅させた。日本による対米交渉打ち切り通告は、順調に送達されず、真珠湾攻撃約一時間後の四時二〇分に伝えられたというが、宣戦布告なしの奇襲となった。ローズベルト（ルーズベルト）米大統領は、事前に攻撃を知っていたとの説もある。アメリカは一二月八日（ワシントン現地時間）、ただちに対日宣戦布告を決定し、それをうけて中華民国政府は一二月九日、はじめて日本に対する宣戦布告を決定した。

1-2　「**大東亜戦争**」

大本営政府連絡会議は一二月一〇日、戦争名称を「大東亜戦争」とすることを決定し、戦争目的を「自存自衛」とし、同日、米領**グアム島**を占領した。一二日には、「大東亜新秩序建設」が目的に掲げられた。日本軍は二五日、イギリス植民地・**香港**を占領した。在米日系人約一〇万人は、一九四一年から四五年までの日米戦争の間、収容所に収容された。

1-3　東部ニューギニア戦（一九四二・三〜四五・八）

日本軍は一九四二年三月、ニューギニア東部の連合軍（ダグラス・マッカーサー指揮）に攻撃を加え、一九四五年八月まで死闘が繰り広げられた。日本軍は、台湾人、チャンドラ・ボースのインド軍を含む二〇万人を投入したが、生還できたのは二万人であった。

1-4　ミッドウェイ海戦（一九四二・六）**・アッツ島玉砕**（一九四三・五）

日本連合艦隊は一九四二年六月、ミッドウェイ海戦でキスカ島・アッツ島を占領したが、アッツ島では一九四三年五月、日本守備隊二五〇〇名が玉砕した。「玉砕」とは、全滅の意である。これ以後、日本軍は太平洋戦線で敗退の一途を辿った。

1-5　ガダルカナル島戦（一九四二・八〜四三・二）

日本軍は、ガダルカナル島に三万一〇〇〇名を配備した。米軍は、ニューギニア島東部・ソロモン諸島南部のガダルカナル島に上陸し、ガダルカナルを占領、日本軍は二万名の死者を出し、残りは撤退した。アッツ島の隣のキスカ島の日本軍は、一九四三年五〜七月、撤退に成功した。

山本五十六《いそろく》搭乗機撃墜（一九四三・四・一八）　連合艦隊司令長官・山本五十六（一八八八〜一九四三）は、飛行経路情報を米軍に把握され、飛行機に搭乗中、ニューギニア島東部のソロモン上空で撃墜されて死亡した。

日本は、将校の不足を補うため、それまでの法文系学生徴兵猶予を停止し、徴兵年齢を一九歳に引き下げ「**学徒出陣**」（一九四三・九〜四五・八）を実施した。戦後出版された日本戦没学生手記編集委員会による『きけわだつみのこえ』（一九四九年）は、「なげけるか　いかれるか　はたもだせるか　きけ　わだつみのこえ」と鎮魂の歌を歌った。「わだつみ」とは、「わたつみ」とも言い、「わた」は「海」、「つ」は「の」、「み」は「神」、つまり「海の神」を意味する。

カイロ宣言（一九四三・一一）　ローズベルト・チャーチル・蔣介石は、カイロで会談し、第一次世界大戦後に日本が取得した太平洋上の諸島の奪取、満州・台湾の返還、朝鮮の独立などを宣言した。

1‐6　ブーゲンビル島戦（一九四三・一一〜四五・八）

米軍は一九四三年一一月、ニューギニア島とソロモン諸島の中間のブーゲンビル島に上陸し、日本の敗戦までの消耗戦で日本軍守備隊は陸軍約三万人、海軍一万二〇〇〇人が戦死した。

1‐7　マリアナ海域沖会戦（一九四四・六）

フィリピン諸島東部・ニューギニア島北部のサイパン島を含むマリアナ海域沖会戦でも日本軍は壊滅的打撃を受け、**サイパン島**（一九四四・六〜七）には、米軍が上陸し、激戦の末、陥落し、日本軍は「玉砕」した。サイパンは、米軍機による日本本土への爆撃の基地となり、一九四四年一一月からサイパン発の米軍大型爆撃機B29による日本の各都市に対する空襲が開始されていった。

1‐8　レイテ島沖海戦（一九四四・一〇）

米軍はフィリピンのレイテ島海戦を経て同島に上陸した。当時、日本はフィリピン諸島を「比島」と称した。日本は、この海戦で日本最大級戦艦**武蔵**《むさし》（基準排水量六万四〇〇〇トン）を失った。米軍は、フィリピン共産党（一九三〇年結成）が一九四二年三月二九日に結成したゲリラ（**フクバラハップ**）を育成し、日本軍攻撃に利用した。レイテ戦では、日本軍は全兵力の九七％にあたる八万人が戦死し、レイテ島民一万人も死亡した。レイテ戦では、米戦艦に体当たりする「**神風**《しんぷう》**特別攻撃隊**（**神風**《かみかぜ》**特攻隊**）」が初出撃した。太平洋戦争中、特攻隊の戦闘機は米艦に突撃し、四〇隻を沈めたが、四〇〇〇人が死亡したと推定されている。太平洋戦争中は、「**人間魚雷**」も使用された。日本の連合艦隊は、ほぼ壊滅していた。

ヤルタ協定（一九四五・二・一二）　米英ソ三国は、クリミア半島のヤルタで会談を行ない、対独処理方策、国際連合設立、ソ連の対日参戦とソ連による千島・南樺太領有を承認することを決定した。

1-9　硫黄島《いおう》戦（一九四五・三）

米軍は、サイパンからさらに、東京空襲を行なうための中継基地とするため、より東京に近い硫黄島を奪取し、日本軍二万人が「玉砕」した。

1-10　東京大空襲（一九四五・三・一〇）

続いて米軍は、ただちに大型爆撃機B29約三〇〇機により東京大空襲（一九四五・三・一〇）を行なった。B29は、対空砲火の届かない高度七〇〇〇メートルを飛行することができたが、投下精度を確保するために地上一五〇〇メートルで雨あられと焼夷弾を降らした。東京下町地区は火の海となって、約一〇万人が死亡した。米軍による空襲のため、多数の都市が焼け野原となったのであった。

1-11　沖縄戦（一九四五・三・二六〜六・二三）

一九四五年三月二六日、米軍は慶良間《けらま》列島上陸を開始し、四月一日、沖縄本島に上陸、六月二三日、日本守備軍一〇万人が「玉砕」した。さらに、「戦陣訓」による女子学生・生徒ひめゆり隊などの集団自決も含めて約一〇万人の県民が死亡した。日本軍による強制集団死もあったという。沖縄戦については、映画『あゝひめゆりの塔』がある。沖縄戦に出撃した日本の最大級戦艦**大和《やまと》**（基準排水量六万四〇〇〇トン）は一九四五年四月七日、沖縄に向かう途中で撃沈された。

2．東南アジア戦線

2-1　北部仏印進駐（一九四〇・九〜四五・八）

日本軍は一九四〇年九月、中華民国蔣介石軍（国民革命軍）への補給ルートを封鎖するため、フランス領インドシナ連邦（当時、日本では「仏印」と呼称）北部（ベトナム北部地域）に進駐した。

2-2　南部仏印進駐（一九四一・七〜四五・八）

日本軍はさらに一九四一年七月、戦略物資（石油・ゴム・燐酸・アルミ資源など）の開発・調達のため、南部仏印に進駐した。アメリカは一九四一年七月二四日、これに対し**在米日本人資産を凍結、石油の対日輸出を禁止**し、イギリスは日英通商航海条約の廃棄を通告した。これにより、日本と米英の関係は決定的に悪化した。

2-3　マレー半島上陸（一九四一・一二・八〜四五・八）

日本軍は、真珠湾攻撃より早く、一九四一年一二月八日午前二時一五分（日本時間）、イギリス植民地マレー半島シンゴラ・コタバルに奇襲上陸して戦線を拡大し、東南アジアでイギリス軍・オランダ軍とも交戦するに至った。日本軍は一二月一三日、英領九竜半島を制圧し、一八日、英領香港に上陸、イギリス軍は二五日、降伏した。

2-4　シンガポール占領（一九四二・二・一五〜四五・八）

日本軍は一九四二年二月八〜一五日、シンガポールを攻略し、シンガポールには「昭南島」と日本名がつけられた。日本軍はシンガポールを占領してから三月末にかけて、在住華僑六五〇〇人を逮捕し、うち五〇〇〇人を処刑したとされる。その規模は、一〇万人との説もある。「シンガポール在住華僑虐殺事件」と呼ばれる。マレー半島各地では、現地住民に対する同様の虐殺が行なわれたとされる。

2-5　フィリピン占領（一九四二・一〜四五・八）

日米開戦直後に、アメリカの植民地フィリピン在住の日本人は逮捕・投獄された。日本軍は、一九四一年一二月二二日、フィリピン・ルソン島上陸を開始し、一九四二年一月二日、マニラ・ラバウルを占領し、七月、全土を攻略した。米軍の**マッカーサー**（一八八〇～一九六四）は「*I shall return*（わたしは帰ってくる）」と言ってフィリピンを去った。日本軍は一九四二年四月一一日、バターン半島を占領し、降伏した米軍とフィリピン軍に捕虜収容所まで炎天下約一〇〇キロの道のりを徒歩行進させ、その過程で多くの米兵・フィリピン兵が死亡した。「**バターン死の行進**」（一九四二・四）と呼ばれる。フィリピン共産党は、抗日人民軍フクバラハップ（一九四二・九～）を組織してゲリラ戦を行ない、フィリピンに取り残された米極東軍（ユサッフェ）と連携した。

2-6　英領ビルマ占領

対英戦争の当初、日本軍は破竹の勢いで進撃し、イギリス植民地「インド帝国」に侵入し、一九四二年一月、**ビルマ**（当時の中国語呼称「緬《めん》印」）地域を占領した。日本軍は一九四二年一一月、インド侵攻作戦のためタイ西部の山岳地帯に軍用の**泰緬《たいめん》鉄道**を敷設する命令を出し、連合軍捕虜・アジア人労務者を動員し、酷使によって多数の死者が出た。この鉄道建設に題材をとった映画『戦場に架ける橋』、戦争の悲惨さを描いた映画『ビルマの竪琴』などがある。東南アジアには、「ロウムシャ」という日本語が残った。

2-7　インドネシア（一九四二・三・一～四五・八）

インドネシアは、第二次世界大戦まで「**オランダ領東インド**」（英語呼称「*Dutch East Indies*」あるいは「*Netherlands East Indies*」。日本呼称「蘭印」。中国語呼称「荷印」）と呼ばれた。インドネシアとは、「インド」＋「ネソス（島）」＋「イア（国名）」から構成されており、一九二〇年代からインドネシアの人びとによって使用されている。現インドネシアは、一万七〇〇〇の島々からなる。

スカルノ（一九〇一～七〇）らは一九二七年、**インドネシア国民党**（一九二七～三一）を結成したが、スカルノらは一九三一年、オランダ当局に逮捕され、党は解散を命じられた。その後、一九三九年に設立されたインドネシア政治連盟は、独立ではなく自治を要求した。

日本軍は一九四二年三月一日、オランダ統治下のジャワ島に上陸し、「**軍政**」を開始した。これによって、オランダによる植民地支配は実質的に終了した。ジャワ以外は日本領とすることとし、ジャワは日本軍陸軍軍政下に置き、ボルネオ・セレベスは海軍軍政下に置いた。日本軍は、独立運動を禁じ、「大東亜共栄圏」による三**A運動**（「アジアの指導者日本、アジアの守り日本、アジアの光日本」）を唱えた。獄中にあったスカルノがスマトラからもどると、一九四三年、インドネシアが主体で日本人を助言者と位置づける「**プートラ運動**」が組織されたが、日本軍はこれを解散させた。こうした中で、オランダ系の反日運動と学生らの日本軍政批判グループが活動を行なっていた。日本軍は、インドネシアの一九四五年九月「独立」を予定したが、日本はそれ以前の八月、降伏した。

2-8　インパール作戦（一九四四・三〜七）

インドの国民会議派の指導者の一人で独立運動家の**チャンドラ・ボース**（一八九七〜一九四五）は一九四三年、シンガポールに「**自由インド仮政府**」を樹立した。日本軍九万人は一九四四年三月、同政府の「**インド国民軍**（**義勇軍**）」とともに、「インド帝国」の現インド地域東端三〇〇〇メートル級のアラカン山脈を越え、アッサム州の州都インパール占領を目的とするインパール作戦を企てたが、圧倒的なイギリス軍・「インド」軍の反撃にあい、敗退した。日本軍の戦死者は、三万余人、傷病者四万余名、英印軍の戦死者約一万七六〇〇名であった。イギリス軍は反撃に移り、一九四五年五月、ビルマを軍政下に置いた。

3. 中国戦線（一九四一・一二〜四五・八）

日中戦争の攻防　［**一九四一年**］一二・二四、第三次長沙会戦開始。［**一九四二年**］一・五、中華民国軍、第三次長沙会戦で勝利。七・一五、温州陥落。八・二八、中華民国軍、衢《く》州奪回。［**一九四三年**］中華民国軍、公安奪回。五・一四、湖北省西・公安陥落。五・二九、中華民国軍、湖北省西・漁洋関奪回。六・一四、中華民国軍、公安奪回。一一・二九、中華民国軍、桃源奪回。一二・三、常徳陥落。［**一九四四年**］四・一七、豫《よ》中会戦開始。五・二、鄭州陥落。五・二五、洛陽陥落。六・一八、長沙陥落。六・二九、衡《こう》陽会戦。一〇・五、福州陥落。一一・一〇、桂林陥落。一一・一一、柳州陥落。一一・二二、南寧陥落。

大陸打通作戦（**一号作戦**。一九四四・四〜四五・二）一九四三年の中国戦線は、膠着状態にあった。大本営はこの状況を打開すべく、一九四四年一月、京漢線（北京・漢口間）・粤《えつ》漢線（武昌・衡陽・広東間）・湘桂線（衡陽・柳州間）の各鉄道の打通確保と敵側飛行場の破壊を目的とする作戦を命じた。作戦距離は、二〇〇〇キロメートルに及び、投入兵力五一万人という日中戦争中、最大の作戦であった。同年四月、この作戦は開始され、五月、京漢線の打通に成功し、六月、長沙、八月、衡陽を占領、一一月、桂林・柳州・南寧を占領し、一九四五年二月初旬までに基本的にその目的は達成されたが、四川省成都から飛び立ったB29が北九州八幡を爆撃し、その後、中華民国軍からの反撃があるなど、意図どおりとはいかなかった。しかし、中華民国軍はこの作戦によって約三分の一の兵力を失ったとされる。

［**一九四五年**］一・二〇、中華民国軍、畹《えん》町奪回。一・二六、韶関《しょうかん》陥落。二・七、贛《かん》州陥落。四・八、老河口陥落。四・一三、中華民国軍、老河口奪回。五・一二、中華民国軍、湘西会戦で勝利。五・二七、中華民国軍、南寧奪回。五・三〇、豫鄂《よがく》会戦終息。六・六、中華民国軍、宜《ぎ》山奪回。六・一八、中華民国軍、永嘉《えいか》奪回。六・一九、中華民国軍、柳州奪回。七・二八、中華民国軍、桂林奪回。八・一一、中華民国軍、包頭《パオトウ》・帰綏《きすい》・桂林奪

回。八・一五、中華民国軍、蒼梧《そうご》奪回。

日本軍は、他の地域では使わなかったが、中国大陸では毒ガスをしばしば使用した。

中国人強制連行（一九四三〜四五）　日本は、労働力不足から中国人約四万人を強制的に連行し、日本の鉱山・港湾などで働かせた。秋田県花岡鉱山では一九四五年六月、中国人労務者九〇〇人が暴動を起こしたが鎮圧され、約一〇〇名が死亡した（**花岡事件**）。

ソ米空軍の中華民国支援　ソ連は、「中ソ相互不可侵条約」（一九三七年八月）締結後、ソ連空軍志願隊二〇〇〇名を送って中華民国を支援し、日本軍機一〇〇余機を撃墜し、日本の軍艦等七〇隻を撃沈した。米空軍の**シェノールト**（またはシェノー、*Claire Lee Chennault*　中国名「陳納徳」。「シェンノート」は間違い）らは、「**フライング・タイガーズ**」（中国語名「飛虎隊」）を結成して中華民国を支援し、かなり早い時期から日本の西部への空襲を行なった。

国民党中央宣伝部（部長、邵力子《しょうりきし》）は、「日本軍が中国・広東《カントン》の児童三〇〇〇人を日本に拉致した」という流言も大衆動員のために利用した。

4. 日本の敗戦

米・英・ソ三国は一九四五年二月一二日、ヤルタ会談でソ連の対日参戦を決定したが、ソ連は四月五日、日ソ中立条約不延長を日本に通告した。イタリアは一九四三年九月八日、ドイツは一九四五年五月七日、連合国に降伏した。

「**ポツダム宣言**」（一九四五・七・二六）　連合国のトルーマン・チャーチル・スターリンは七月、ベルリン郊外のポツダムでヨーロッパ大戦の戦後処理と対日戦争の終結方針について協議し、七月二六日、米・英・中三国の名によって宣言を発し、日本に無条件降伏を迫った。

原子爆弾広島投下（一九四五・八・六）アメリカは七月一六日、原爆実験に成功し、米軍は八月六日八時一五分、広島に原子爆弾投下を投下した。広島は壊滅し、二〇万人以上が死亡した。これは、史上初の核兵器の使用であった。峠三吉は、『原爆詩集』で、「ちちをかえせ　ははをかえせ　としよりをかえせ　こどもを返せ　……にんげんの　にんげんのよのあるかぎり　くずれぬへいわを　へいわをかえせ」「あの閃光が忘れえようか　瞬時に街頭の三万は消え　圧しつぶされた暗闇の底で　五万の悲鳴は絶え……」と歌った。

ソ連対日参戦（一九四五・八・九〜）ソ連は一九四五年八月八日、日本に宣戦布告、ソ連軍は八月九日、満州に侵攻し、日本の関東軍はなすすべもなく敗退した。ソ連軍は一二日朝（「一〇日」説あり）、朝鮮に侵攻し、樺太も占領した。

原子爆弾長崎投下（一九四五・八・九）米軍はさらに八月九日一一時〇二分、長崎にも原爆を投下し、七万四〇〇〇人が死亡し、長崎も壊滅した。

「ポツダム宣言」受諾（一九四五・八・一四）日本は一九四五年八月一〇日（「八日」説は間違い）、米・英・ソ・中四カ国に対しポツダム宣言を受諾する照会を発し、八月一四日午前一〇時五〇分開催の御前《ごぜん》会議（天皇出席）は、「国体（天皇制）護持」を条件としてポツダム宣言を受諾することを天皇が決定し、米・英・中華民国・ソ連の四国に対しポツダム宣言を受諾、同日午後一一時、ポツダム宣言無条件受諾の詔書が発布された。日本が最後までこだわった条件は「国体護持」、すなわち天皇制の維持であり、無条件降伏ではなかった。八月一

長崎浦上天主堂
被爆マリア像

五日、昭和天皇がラジオで戦争終結を国民に告げる「玉音放送《ぎょくおん》」と新聞報道があり、国民は敗戦の事実を知った。日本ではこの日を「終戦記念日」としているが、連合国との関係では一四日が降伏の日である。連合軍に対する日本の降伏調印式は一九四五年九月二日九時、東京湾に停泊した米艦ミズーリにおいて行なわれた。

日本人戦死者　太平洋戦争による日本人死者は、推定でガダルカナル島二万一九〇〇人、アッツ島二六〇〇人、ニューギニア一七万六〇〇〇人、グアム島二万人、サイパン島五万五〇〇〇人、ビルマ・インド一六万七〇〇〇人、フィリピン五一万八〇〇〇人、硫黄島二万一九〇〇人、沖縄一八万六五〇〇人、本土空襲五〇万人、計一六六万八九〇〇人であった。太平洋戦争では、兵士たちに食料が補給されず、日本軍戦死者の六割、一四〇万人は餓死（主として栄養失調）であったと推定されている。太平洋戦争で追い詰められた日本軍では、南方の島々で日本軍人が日本軍人の人肉を食う事件さえ起こった。艦船の沈没による海没死者は、三七万人以上と推定されている。後世の私たちが戦死者たちの無念を忘れないことは大切であるが、彼らの犠牲があったので「戦後の繁栄」が築かれたというわけではない。論理が違うのである。東アジア太平洋戦争全体での日本人死者総数は、軍人・軍属二三〇万人、外地一般邦人三〇万人、空襲などによる国内戦災死者五〇万人、合計三一〇万人以上と推定されている。太平洋海域諸島で戦死者の遺骨収集が行なわれてきたが、いまなお一一〇万柱をこえる日本軍兵士の遺骨が未収集のままに残されているという。

連合軍とアジアの死者　米軍戦死者は、九万～一〇万人、ソ連軍二万二六九四人、イギリス軍二万九九六八人、オランダ軍二万七六〇〇人（民間人含む）である。また、この日本による戦争によって多くのアジアの人びとが犠牲になったことは、忘れてはならないだろう。中華民国は一九四七年、中国人一〇〇〇万人が死亡したと発表した。一九九五年には中華人民共和国の江沢民発表では三五〇〇万人とされたが、根拠は示されなかった。朝鮮人死者二〇万人、フィリピン人死者一一一万人、台湾人三万人、マレーシア・シンガポール一〇万名など、総計一九〇〇万人とされる。

杜甫《とほ》が「兵車行《へいしゃこう》」で「君見ずや青海《せいかい》の頭《ほとり》古来白骨人の収《おさ》むるなきを　新鬼《しんき》は煩冤《はんえん》し旧鬼は哭《こく》し　天陰《くも》り雨湿《うるお》えば　声啾啾《しゅうしゅう》たり」と歌った惨状がより大規模に繰りかえされたのであった。

在外民間人・軍人総数　一九四五年八月の敗戦当時、在外の日本陸海軍は計五一七万一〇〇〇人であり、その内訳は①中国軍管区三一一万六〇〇〇人、②東南アジア軍管区七四万五〇〇〇人、③オーストラリア軍管区三一万九〇〇〇人、④アメリカ軍管区九九万一〇〇〇人であった。日本の民間人・軍人・軍属は、合わせて六六〇万人余りが海外にいた。

日本の戦争の無謀性と戦争責任　日本の戦争政策決定に関わっていた人びとは、米軍の兵器生産能力、兵器・食料の補給能力、通信傍受・暗号解読・情報収集能力などとくらべたとき、圧倒的な差があったにもかかわらず、彼我の力関係を客観的に認識せず、誇大妄想に陥っていた。開戦の決定、戦争の遂行過程の各種決定に参加した人びとの責任は、果てしなく重い。戦勝国の連合国は戦後、東京裁判を実施し戦犯処罰を行なったが、日本国民は、軍国主義体制の下での民主主義抑圧にあって自由に発言できなかった状況があり、日本共産党など戦争に反対した一部の人びとを除き、それを阻止すべきという認識を持てず、無謀な戦争を阻止する政治的な力を形成できなかったことも東アジア太平洋戦争という悲劇を避けられなかった重要な要因であった。

第二次世界大戦・東アジア太平洋戦争の性格　第二次世界大戦は、「反ファシズム」論からは「民主主義陣営対ファシズム陣営の戦争」と描かれている。政治システムを争うという側面がなかったわけではないし、この戦争が戦後政治体制の選択に大きな役割を果たしたことは事実であるが、本質的には日本も米・英・仏・オランダも同じく植民地を保有する帝国主義国家であり、ドイツもイタリアも帝国主義的願望を追求して米・英・仏と争ったのであり、世界の帝国主義的再分割をめざす帝国主義国家間の戦争であった。中華民国の戦いは、日本帝国主義への抵抗であった。ナチス・ドイツと戦ったソ連の場合も、基本的には「祖国防衛戦争」であった。

第21章　民国後期憲政移行・国共軍事対決（一九四五～四九）

一九四五年八月、日本が降伏すると、中華民国国民政府は日本軍の降伏受理、武装解除、日本軍占領地の収復を進めるとともに、孫文の「軍政・訓政・憲政」三段階論に基づき、憲政への移行を進め、「中華民国憲法」を制定し、一九四八年、憲政を実施した。一方、中国共産党（中共）は国民革命軍（国革軍）の北上を阻止し、ソ連軍が占領した満州に主力を移し、そこを拠点として国革軍と軍事対決し、国民党を大陸から駆逐した。憲政移行・国共軍事対決時期（一九四五～四九年）は、国民党による時期名称は「戡乱《かんらん》時期」（「戡乱」とは「反乱平定」の意）であり、中共による時期名称は「第三次国内革命戦争時期」である。中国地域については、中華人民共和国（一九四九年～現在）の成立以後を現代史とする。

1．和平の模索と憲政への移行

1-1　中華民国憲政へ

ソ連と国民政府は、日本がポツダム宣言を受諾した同年八月一四日、「**中ソ友好同盟条約**」を締結・署名し、①対日作戦での協力、②ソ連は中国の東三省における主権尊重、③中国政府は外モンゴルの独立承認、④中国長春鉄路（中東路および南満鉄路）は三〇年間、中ソ共有共営などを取り決めた。

蔣介石、民族自決原則確認　国民政府主席蔣介石は同年八月二四日、国防最高委員会・中央常務委員会連席会議で、「民族主権を完成させ、国際平和を擁護しよう」と題する演説を行ない、国民党第一回全国代表大会（一九二四年）の「民族自決」原則を確認し、外モンゴルは「一九二二年」（正確には一九二一年）にすでに独立しており、「兄弟の邦」であること、外モンゴル・チベットについて、「もしもわれわれが民族の平等・自由の意思をないがしろにし、その独立・自治の発展を抑えつけるならば、わが国民革命の精神に反する」ことを確認した。

日本が連合軍に降伏したのち、国民党・国民政府・国革軍は、日本軍の武装解除、日本軍による被占領地の収復にとりかかるが、中共・中共軍はこれを妨害し、日本軍の武装解除、日本軍による被占領地の収復を国民党と争っていった。

日本軍代表が一九四五年八月二一日、中国陸軍に引き渡した日本軍の在中国兵力配置地図では、「華北方面約三〇万人、第六方面軍約三五万人、第六・第一三両軍約三四万人、第二三軍約一〇万人、計約一〇九万人」で、このほか台湾に約五個師団、ベトナム北緯一六度以北に約二個師団、香港に防御隊がいた。

中国戦区では、南京・上海などで日本軍の降伏式が執り行われた。中国で降伏した日本軍軍人はおおむね「一二八万余名」ともされ、捕虜収容所に収容され、軍人の一部は処刑・処罰された。満州で捕虜になりソ連に抑留された日本軍兵士は「五七万五〇〇〇人」に及んだが、その後、約九割の人々はシベリア抑留ののち日本に返還され、残った約三〇〇〇名はソ連から一九四九年に成立した中華人民共和国に送還された。ここで、彼らは「捕虜」から「戦犯」になり、撫順戦犯管理所に収容されて「犯罪認識教育」を受け、朝鮮戦争終了後の一九五四年三月から彼らの戦争犯罪の取り調べが開始された。東アジア各地では、中国各地・シンガポール・マニラ・シベリアなどで日本軍人に対する裁判が行なわれ、九三四名が死刑に処された。

日本軍武装解除・被占領地収復　国革軍は、日本の降伏をうけて被占領地域の収復を進めていった。国革軍統帥部によれば、国革軍は「日本軍一二七万二〇二三人、朝鮮人捕虜一万二四二七人、台湾人捕虜一万七一二四人、計一三〇万一五七五人の投降」を受理し、このほか「中国在住日本人七七万九八七一人」を送還し、「偽軍(日本軍に協力した中国人部隊)一四六万余人」を吸収改編した。また、「各種銃六九万四〇九〇丁、各種火砲一万〇三六九門、戦車四六二輌、飛行機一〇六八機(使用可能機二九一機)、砲艦一五八八艘」を押収した。国革軍の一〇月一七日の記者会見によれば、「日本軍約八五万人の武装解除」が行なわれ、さらに台湾・澎湖およびベトナム北緯一六度線以北・海南島などで武装解除していった。

このほか戦時中、中国に在留していた日本人民間人は戦争終了時に「一八〇万名」おり、中国各地の港から続々日本に引き揚げていった。しかし、一部の技術者等は「留用」され、国共内戦、中国経済建設などに活用された。

「重慶談判(双十協定)」　国共両軍は各地で衝突をくりかえしていったが、米・英・ソは国共の内戦に反対していた。こうした国際的プレッシャーと国内の世論が平和を希望するという条件の下で国民政府と中共は「重慶談判」(重慶交渉)を行ない、双十節の一〇月一〇日、「政府と中共代表の会談紀要」が発表され、双方は「蔣主席の指導の下で」「三民主義を実行」する、「政治協商会議」を開催するなどに合意し、和平建国が模索された。しかし、内戦は拡大する一方だった。

兵員削減　日中戦争終了後、国革軍は六〇〇余万人であったが、国民政府は軍事費節減のため、ただちに兵員の削減を進めてゆき、一九四五年末には四八〇万余人になっていたが、中共軍は増員し、「一二〇万人」に達していたという。

中国戦区米軍総司令ウェディマイアー将軍は一二月一一日の記者会見で、アジア大陸・太平洋区の日本軍五〇〇万~六〇〇万人の送還計画の見通しが決定されたと発表した。それによれば、中国本部・ベトナム・台湾の日本軍はすでに九四万三〇〇〇人が武装解除されており、それは同区日本軍「一三四万三〇〇〇人」の七〇%、中国戦区日本軍「一〇〇万前後」のうち八〇％であった。

一九四六年一月、政治協商会議が開催され、「**和平建国綱領**」を決定した。一九四六年五月、国民政府は首都を南京にもどした（**南京国民政府**。一九四六・五～四八・四）。軍事委員会は一九四六年六月一日、国防部に改編された。

2.「中華民国憲法」（一九四七年）の制定・公布

国民党中央常務委員会は一九四六年一一月二〇日、「中華民国憲法草案」を決定し、二二日、立法院が同案を決定するという手続を経て、国民大会は同月、この草案を審議し、修正の上、一二月二五日、「中華民国憲法を制定」し、一年後の一九四七年一二月二五日、憲政を実施することを決定した。「中華民国憲法」は一九四七年一月一日、公布された。

「憲法」は、国家の性格の基本規定として、「中華民国は、三民主義に基づく民有・民治・民享の民主共和国である」とした。「国民大会」は「全国国民を代表して政権を行使する」。立法院は「国家最高の立法機関」と位置づけられ、地方自治については、省は「省自治法を制定」し、「県は県自治を行なう」とした。「国民経済は民生主義を基本原則とし、地権の平均、資本の節制を実施」するとしている。

同憲法は、総統（大統領）内閣制であり、孫文遺教、「三民主義」共和国、五権分立＝五院制政府、自由権、四大民権、国民大会代議制、地方自治、民生主義経済政策などの規定が盛りこまれている点で、基本的に孫文の三民主義建国論、民主憲政思想を体現しようとした憲法であり、孫文が提唱し、蔣介石・国民党が長期間追求してきた三民主義建国運動の頂点となった。孫文の三民主義建国論の諸思想は、立憲主義・権力分立・代議制による近代国家建設構想の一種である。今日の中国共産党・中華人民共和国側からは、これを「総統独裁制」、「蔣介石の個人独裁統治」、「総統に絶大な権力を付与していて国民党の一党専制と蔣介石の独裁統治に『合法』の衣を着せることを企図」したものと批判しているが、的外れである。

一九四八年一月二一日には第一期立法委員選挙が実施された。中華民国憲法に基づく第一回国民大会は同年四月二九日、蔣介石を中華民国初代総統に、李宗仁を副総統に選出した。憲政期政府が南京に成立し、国民政府は廃止された。

3．中共「第三次国内革命戦争」（戦後国共内戦、一九四五〜四九）

3-1　ソ連軍の満州占領

ソ連は一九四五年八月、日本に宣戦布告し、「満州国」に攻めこみ、満州全域および朝鮮北部・南樺太・千島列島を占領した。日本が降伏したのち、ソ連軍は中共軍を満州地域に引き入れ、日本の関東軍の武器・装備のほとんどを中共軍に引き渡した。中共は階級論的革命論を追求し、国民革命軍を襲撃し、国民革命軍の北上を妨害し、満州／東北を新しい基盤とし、関東軍の武器・装備によって国民革命軍と正規戦を遂行する能力を身につけた。中共は、ただちに国民党・国民政府・国民革命軍と争い、満州を占領したソ連軍の庇護のもとに満州に侵入した。

ソ連軍の満州／東北地区進入　ソ連軍の対日参戦・満州進入は、中共軍が日中戦争終了後に満州／東北地区への進入を順調に実現できた条件として決定的に重要であった。ソ連は一九四五年八月八日、ヤルタ協定に基づき日本に宣戦布告し、翌九日、満州に進入を開始した。八月一〇日には、モンゴル政府が日本に宣戦布告した。日本は、中国・朝鮮・満州／東北地区に約二〇〇万の兵を配置していたが、そのうち約七五万が満州／東北地区に配置されていた。これに対し、ソ連は一〇〇万の兵を投入し、ソ連軍は「東西二方から」満州になだれこみ、一二日朝（「一〇日」説あり）には朝鮮にも進入した。ソ連・モンゴル連合軍は、内モンゴルから熱河・チャハルに進入した。関東軍は、なすすべもなく崩壊していった。

ソ連軍全満州・樺太・千島占領　ソ連軍は八月一一日、南樺太に侵攻し、八月一八日から千島列島への上陸作戦が行なわれ、九月二日、国後《くなしり》島を、三日には歯舞《はぼまい》諸島を占領した。スターリンは一九四五年八月二三日、ソ連軍は全満州・南樺太（ロシア名、サハリン）・千島（同、クリル）列島の幌筵（同、パラムシル）島をすべて占領したと発表した。一九四一年樺太の人口は、四〇万六五五七人で、一九四六〜四九年の日本引き揚げ者は三一万一四五二人だった。

ソ連軍は八月二三日、張家口・承徳地区で北上してきた中共軍と合流、ソ連軍は八月二九日、満州南端の大連に進入した。八月三〇日、中共軍は山海関でソ連軍と合流し、九月五日、瀋陽に到着し、ソ連軍と協議の上、「東北人民自治軍」の名義で瀋陽を接収した。

ソ連の対中共武器援助　ソ連軍は一九四五年、日本の関東軍から押収した武器・装備を中共軍に引き渡した。ソ連軍は、一九四六年四月はじめより東北から撤退していった。

日中戦争終了後、ソ連軍が初期段階に中共に無償で提供したのは、「ソヴェート軍の三つの東方戦線の二つ（外バイカル方面軍と極東第一方面軍）だけで、三七〇〇門以上の大砲・迫撃砲・擲《てき》弾筒、六〇〇台の戦車、八六一機の飛行機、歩兵銃約七〇万丁、約一万二〇〇〇挺の機関銃、約六八〇の倉庫、および松花江河川艦隊の軍艦数隻」であった。戦後国共内戦は、国革軍が武装解除した日本軍の武器・装備によって戦力を向上させ、中共軍もソ連軍から提供された関東軍の武器・装備によって戦力を向上させて互いに戦火を交えたのであった。

ソ連軍はまず満州／東北地区を占領し、そこに中共軍が進入し、中共軍はソ連軍に引き渡された関東軍・満州国軍の武器で装備し、ソ連軍の協力の下に満州／東北支配の基盤をつくりあげていった。中共軍は、ソ連の協力を利用できたので、満州／東北地区への進出において国民政府に先手をとることができたのだった。

3−2　中共の革命構想と「第三次国内革命戦争」

国共両党の戦後政府構想　国民党は訓政から憲政への移行を進め、中共を含む「中華民国憲法」下の政権づくりをめざした。それに対して中共は、毛沢東の「**連合政府論**」（一九四五年四月二四日）で、国民政府の憲政構想を拒否し、階級論的革命の論理に立ち、「中国の国家制度は大地主・大ブルジョアジー独裁の封建的、ファッショ的、反人民的な国家制度であってはならない」、国民政府の一八年にわたる支配は「完全に破産」しているとし、戦後政府構想として国民政府を打倒し、「労働者階級の指導する統一戦線の民主的同盟の国家制度」の樹立をめざし、これを「新民主主義の国家制度」と名づけた。

毛沢東は「抗日戦争勝利後の時局とわれわれの方針」（一九四五年八月）で、中共軍は降伏した日本軍と日本軍占領地の接収を国革軍と争い、「寸土を争う」、とりわけ国革軍の北上を阻止して東北地域を確保することを戦略的に追求した。また、一九四五年一〇月までの上党戦役・津浦《しんぽ》路戦役・邯鄲《かんたん》戦役などでは、中共軍は国民革命軍の北上阻止を目的とし、中共側資料から見ても、中共軍が先に国革軍に攻撃を開始している。その目的は、毛沢東の言の通り、日本軍占領地を国革軍と争うことと「鉄道を利用した国革軍の北方への兵員輸送の阻止」であった。

中共軍は、遼瀋戦役（一九四八・九・一二〜一一二）・淮《わい》海戦役（一九四八・一一・六〜四九・一・一〇）・平津戦役（一九四八・一一・二九〜四九・一・三一）などで国革軍を追いつめ、蔣介石は一九四九年一月二一日、「一般社会」および「政府内部」からの批判の高まりの中で、「引退宣言」を余儀なくされ、李宗仁が総統代理となった。中国国民党は一九四九年七月一六日、「中央非常委員会」を広州に設立し、蔣介石が主席となり、李宗仁は副主席となった。毛沢東は一〇月一日、北平で中華人民共和国の成立を宣言した。

中華民国政府台北移転（一九四九・一二・七）　国民党政権の敗勢は決定的となり、中華民国政府は一二月七日、台湾の台北に移転した。全面内戦は三年余にわたって続き、国民党軍は人民解放軍によって八〇七万余人が殲滅された。そのうち捕虜四五八万余人、死傷者一七一万余人、投降六三万人、起義（寝返り）および人民解放軍への改編を受け入れた者一一三万余人だったという。

4．民国後期文学

「左翼作家連盟」（略称、左連《されん》。一九三〇～三五）　一九三〇年代前半の中国では、「無産階級（プロレタリアートの）革命文学」をスローガンとして、創造社・太陽社および魯迅・茅盾ら左派系文学者たちは一九三〇年三月二日、上海で「左翼作家連盟」を結成した。中国共産党の王明・康生らは、中共「八・一宣言」、コミンテルンの「反ファシズム統一戦線」提案に基づき「左連」の解散を提案し、一九三五年、左連は解散された。左連解散後の一九三六年、左翼文芸界は抗日統一戦線をめぐって「国防文学」（周揚ら）と「民族革命戦争の大衆文学」（魯迅ら）というスローガンが対立し、「**国防文学論戦**」が起こった。

老舎《ろうしゃ》（一八九九～一九六六）は、満州旗人（正紅旗）で、一九二四年、渡英した。人力車夫を主人公にした『駱駝祥子《らくだしょうし》』（一九三六年）、日本軍占領下の北平（北京）を描いた『四世同堂』（一九四六、一九五一年）などを発表した。老舎は文化大革命（文革。一九六六～七六）中、紅衛兵に迫害され、死亡した。**巴金**《ぱきん》（一九〇四～二〇〇五）は、フランスに留学してアナーキズムの影響を受けたとされる。巴金は『滅亡』（一九二七年）、『家』（一九三二年）、『寒夜』（一九四七年）などを発表した。エスペラント語運動を行ない、彼も文革中、紅衛兵に迫害されたが、生き延びた。**曹禺**《そうぐう》（一九一〇～九六）は演劇方面で活躍し、シナリオ『雷雨』四幕（一九三四年）、『日の出』四幕（一九三五年）などを発表した。『**孽海花**《げっかいか》』三五回（一九四〇年初版）の前二回は金天羽の作で、ペンネーム「東亜病父」の曽樸《そうぼく》（一八七二〜一九三五）が完成させた。ドイツ人軍人と関係した娼婦を描いた譴責《けんせき》小説である。

毛沢東は一九四二年五月、「**延安文芸座談会における講話**」（「文芸講話」）で「労農兵・人民大衆のための文芸」を提唱し、「**人民文学**」と呼ばれる文芸運動が起こされ、その後、中華人民共和国の文化大革命終了まで（一九四九〜七六）の指導理論とされた。「解放区」時代には、**趙樹理**《ちょうじゅり》（一九〇六〜七〇）が『小二黒《シャオアルヘイ》の結婚』（一九四三年）などの作品を発表した。趙樹理も、文革で迫害され死亡した。

5. 民国後期民族関係

国内民族関係をめぐる問題としては、東トルキスタン共和国問題、対チベット関係問題、徳王の内モンゴル自治運動などがあり、日本・ロシアなどとの関係がこれらに絡んでいる。

5-1　新疆

「**東トルキスタン・イスラーム共和国**」（一九三三・一一〜三四・四）　新疆では一九三一年三月、ハミ暴動が勃発し、一九三三年一一月一二日から一九三四年四月まで新疆南部のカシュガルに「東トルキスタン・イスラーム共和国」が樹立されたが、中華民国軍によって鎮圧された。これは、「第一次東トルキスタン民族独立運動」と呼ばれる。

「**東トルキスタン共和国**」（一九四四・一一〜四六・六）　一九四四年一一月七日、新疆北部のクルジャで蜂起が発生し、同月一二日から一九四六年六月二七日まで同地に東トルキスタン共和国が樹立されたが、中華民国政府は同日、東トルキスタン共和国政府を解散させた。これは、「第二次東トルキスタン民族独立運動」と呼ばれる。

5-2　チベット

チベットは中華民国成立後、独立を達成していた。一九三三年、ダライ・ラマ一三世が死亡すると、翌年八月、中華民国は弔問団を送り、チベットが中国の一部になることへの同意を求めたが、チベットはこれを拒否した。第二次世界大戦中の一九四二年、英領「インド帝国」と中華民国は、チベット南東ザユル地区経由の軍事物資輸送ルート開設を希望したが、チベットはこれを拒否した。

5-3　内モンゴル

シリンゴル盟副盟長スニット右旗ジャサクのデムチュクドンロプ（中国語表記「徳穆楚克棟魯布」、通称「徳王」）は、一九三二年、南京政府に内モンゴル統治機関の改革を求めたが、難航し、一九三三年七月、百霊廟で自治準備会議を開催、九月、「自治断行宣言」を決定した。続いて一〇月、自治会議が開催され、内モンゴル自治政府の組織大綱がまとめられた。南京政府はこれに対し、一九三四年一月、「モンゴル自治辨《べん》（弁）法」を決定したが、内モンゴル側は反発し、南京政府は内容を修正し、自治辨法八原則を決定した。四月、「蒙古地方自治政務委員会（略称、蒙政会）組織大綱」等が発布され、百霊廟で蒙政会成立大会が開かれた。しかし、南京政府は蒙政会切り崩し策をとり、蒙政会側も、東蒙派と西蒙派に分裂した。南京政府は、西蒙派には切り崩し工作を行ない、東蒙派に対しては、九月、徳王の片腕といわれた韓鳳林《かんほうりん》を暗殺するなどの手段を用いた。

「**綏遠**《すいえん》**事変**」　一九三六年一月、南京政府は綏遠省内各盟を蒙政会から切り離すべく、「綏遠省内蒙古各盟旗地方自治政務委員会」（略称、「綏遠蒙政会」）を設立すると共に、百霊廟蒙政会に対するしめつけを強化した。八月、イシ・ラマがメルゲンスムの活仏と共に石王府を包囲すると、綏遠省政府主席・傅作義《ふさくぎ》の軍はメルゲンスムを夜襲し、一般民衆を含むモンゴル人三〇〇余名を虐殺した。これに激昂した徳王らは軍政府を組織し、「打倒傅作義」を掲げた。これは、「綏遠事変」と呼ばれる。南京政府は、綏遠軍、山西軍、三〇万の中央軍を動員した。一九三六年一二月、蔣介石が張学良に監禁される西安事変が発生すると、徳王らの内モンゴル軍は蔣介石に同情し、軍事行動を中止した。

「**蒙疆《もうきょう》三政権**」　一九三七年七月、盧溝橋事件が発生すると、徳王ら内モンゴル軍は満州国の関東軍と提携し、「治安維持会」に参加した。一一月、「蒙古連盟自治政府」が設立され、綏遠城をフフ・ホトと改称し、ジンギスカン紀元を用いることとした。これは、察南、晋北に成立した自治政府と共に「蒙疆三政権」と呼ばれた。一九三九年九月、張家口で「親日防共」を掲げる「蒙古連合自治政府」の成立式が行なわれ、同政府はこれに合流した。

「**内モンゴル自治政府**」日本軍の敗北後は、内モンゴルでは、各地で「高度自治」をめざす運動や独立運動が進められたが、一九四七年五月、「漢化」したモンゴル人、中共党員ウランフ（中国語表記「烏蘭夫」。一九〇六～八八）らの「内モンゴル自治政府」が組織され、中華人民共和国成立後、「内モンゴル自治区」に吸収されていった。

内モンゴル独立運動は、日本軍と連携したので、否定的に評価されているが、内モンゴル独立運動は日本軍の登場という新しいファクター・条件を活用して中華民国からの独立を達成しようとしたのだった。

第四部　アジア現代

近代史と現代史の時期区分　アジアにおける現代史の開始は、本書ではアジア全体については一九四五年八月の第二次世界大戦の終結後（中国地域は一九四九年中華人民共和国成立以降）とする。現代においては、日本・イギリス・フランス・オランダ・アメリカなどの近代帝国主義が崩壊してゆき、植民地諸国が次々に独立していった。インドネシアのバンドゥンで開催された「**アジア・アフリカ会議**」（一九五五年四月）にアジア・アフリカ二九カ国が参加し、インドネシアのスカルノ、インドのネルー、エジプトのナセル、中華人民共和国の周恩来らが一堂に会したのは、それを象徴するものであった。戦後の五〇年弱は、「米ソ対立」（冷戦）、「資本主義体制と社会主義体制の対立」として推移していったが、ソ連が崩壊（一九九一年一二月）したのちの約二〇年間は、体制間対立はあまり大きな問題ではなくなり、改革開放（一九七八～現在）後の中華人民共和国が経済的・政治的・軍事的に台頭し、アジア・アフリカ各地では新たな民族主義が高揚し、宗教対立が激化してきている。

第22章　戦後日本・朝鮮半島（一九四五～現在）

1．「民主主義・平和主義」日本の誕生

東アジア太平洋戦争の敗北によって、日本は滅亡した。終戦時の日本の人口は、約七五〇〇万人であった。滅んだのは明治以降の帝国主義日本であり、そのあとに「民主主義・平和主義」日本が誕生した。今日まで日清戦争から東アジア太平洋戦争終結までの約五〇年間よりも長い戦争のない六〇年余を支えたのは、戦後「日本国憲法」であった。「民主主義・平和主義」と言っても、その過程は単純ではないが、「帝国主義」から「民主主義・平和主義」日本への転換にも歴史の弁証法を見ることができる。言わば、「人生万事塞翁《さいおう》が馬」である。前漢の

劉安の著『淮南子《えなんじ》』によれば、塞翁《さいおう》（辺境に住む老人）の馬が逃げたが、北方の駿馬《しゅんめ》を連れてもどってきた。その馬に乗った息子は、落馬して足を折ってしまった。しかし、そのために徴兵されず、命を長らえたという。

占領体制（一九四五・九～五二・四）日本は一九四五年九月二日、連合軍（英語名 *the Allied Forces* 事実上、米軍）の軍事占領下に置かれた。連合軍は一〇月二日、「**GHQ**（連合軍最高司令官総司令部）」を設置し、太平洋戦争初期にフィリピンから撤退した**ダグラス・マッカーサー**米陸軍元帥（一八八〇～一九六四）が総司令官となり、一九五一年四月離日まで日本統治を行なった。一九四六年、ワシントンに連合国（英語名 *the Allied Powers Nations*）による日本占領政策の最高決定機関として「**極東委員会**」（米・英・仏・ソ・中華民国・オランダ・カナダ・オーストラリア・ニュージーランド・「インド」・フィリピンの一一カ国）が設置された。一九四九年には、パキスタン・ビルマ（現ミャンマー）が参加した。これら諸国の中で、アメリカは特別な地位にあった。一九四六年には、連合軍最高司令官の諮問機関として「**対日理事会**」（米・英・ソ・中華民国）が設置された。アメリカは、対日戦争に勝利したことによって戦後東アジア地域の重要な構成要素となった。

国際連合（略称、国連。英語名 *the United Nations* 略称 *UN* 中国語名「聯（連）合国」。一九四五・一〇～現在）戦後、国際連盟（一九二〇・一・二〇～四六）に代わって国際連合が設立され、本部はニューヨークに置かれた。当初加盟国は、連合国五一カ国で、二〇〇九年現在、一九二カ国が加盟している。

天皇の人間宣言（一九四六・一・一）明治憲法によって「神」と規定された天皇は、敗戦の翌年、平和主義を唱え、天皇は「現御神《あきつみかみ》」でないと言い、「人間宣言」をした。

捕虜・戦犯　池袋の巣鴨プリズンには一七〇〇名の戦犯が収監された。逮捕を前に一部の戦争幹部は、自決した（杉山元《はじめ》元帥夫妻・小泉親彦中将・橋田邦彦元文相・吉本貞一大将・篠塚義男中将・寺本熊市中将・近衛文麿元首相ら）。中国で降伏した日本軍軍人は一二八万余名に達し、捕虜収容所に収容され、軍人の一部は処刑・

処罰された。このほか戦時中、中国に在留していた日本人民間人は戦争終了時に一八〇万名おり、計約四〇〇万人が中国各地の港から続々日本に引き揚げていった。

山西残留日本軍・「留用」　中国国民革命軍の閻錫山《えんしゃくざん》部隊は戦後、日本軍部隊の一部を山西省に残留させ、中共軍との内戦に利用した。一部の技術者は国民政府統治地区および中国共産党（中共）支配地区の双方で「留用」され、中国の経済建設・内戦・医療その他に活用された。

ソ連に抑留された日本軍兵士・民間人は五七万五〇〇〇人から七〇万人（うち一万人は朝鮮人）に及んだと推定されているが、抑留ののち、ほとんどの人々は日本に返還された（抑留中の死亡者は約五万三〇〇〇人）が、残った約三〇〇〇名はソ連から一九四九年に成立した中華人民共和国に移送された。ここで彼らは「捕虜」から「戦犯」に変更され、中国東北の撫順《ぶじゅん》戦犯管理所に収容されて「犯罪認識」教育を受け、朝鮮戦争（一九五〇～五三）終了後の一九五四年三月から戦争犯罪の取り調べが開始された。東アジア各地では、中国・シンガポール・シベリアなどで日本軍人に対する裁判が行なわれ、九三四名が死刑になった。清朝最後の皇帝にして満州国の皇帝となった愛新覚羅溥儀《あいしんかくらふぎ》も、日本の敗戦後、ソ連抑留を経て撫順戦犯管理所に収容され、文化大革命（一九六六～七六）中、死亡したが、中国地域の皇帝としてはじめて火葬に付されたので、「火竜」と呼ばれた。

引き揚げ者　戦争中、外地にいた日本人は計六六〇万人と言われ、日本人軍属・民間人は、中国東北の葫蘆《ころ》島《とう》・上海・釜山《ふ》（プサン）・ナホトカ・樺太《からふと》（現サハリン）の真岡《まおか》（ホルムスク）などから船で引き揚げ、帰国した。一九四六年五月七日から四八年八月までに満州開拓団を含む一〇五万人が葫蘆島から引き揚げ、船に乗って日本に引き揚げた。満州開拓団のうち二四万人は、死亡した。一方、日本在住の朝鮮／韓国人・中国人もそれぞれ帰還していった。

残留孤児　敗戦後、さまざまな理由で日本に引き揚げることができなかった幼児のうち中国人に引き取られて中国で育った人びとを「残留孤児」と呼ぶ。彼らの大部分は、日本語が話せず、中国人として育ったが、日本人であるという理由で差別された者も少なくなかった。山崎豊子の小説・テレビドラマ『大地の子』は、残留孤児に題材を採った作品である。

極東国際軍事裁判（東京裁判、一九四六・五〜四八・一一）　戦争終了後、元首相・近衛文麿は自殺し、首相東条英機は自殺未遂で捕らえられた。東京では、極東国際裁判が開催され、二八名が裁判にかけられた。主席検察官はアメリカのキーナン、裁判長はオーストラリアのウェッブで、東条英機らA級戦犯七名は絞首刑、終身禁固一六名、有期禁固二名、（裁判中病死二名、精神障害一名）であった。「インド」のパル判事は、全員無罪を主張した。刑の決定後、岸信介《のぶすけ》（一八九六〜一九八七）ほかA級戦犯容疑者全員は釈放された。岸信介はその後、首相（在任一九五七・二〜五八・六、五八・六〜六〇・七）になった。

「日本国憲法」（一九四七〜現在）　天皇の絶対的統治権を規定した「大日本帝国憲法」、（明治憲法）は廃棄され、一九四七年、「日本国憲法」が公布され、主権在民・象徴天皇制・戦争放棄・三権分立などが確立され、戦後日本の民主主義・平和主義体制の基軸となり、今日に至っている。

再軍備へ　日本軍組織は、米軍によって解体されたが、海軍掃海部隊は維持され、旧陸海軍病院の多くは国立病院になり、参謀本部陸地測量隊は国土地理院になった。また、ロイヤル米陸軍長官は一九四八年、日本を「極東における反共の防壁」とするとの位置づけを表明し、朝鮮戦争が勃発すると、マッカーサーは一九五〇年七月、警察予備隊を発足させた。同隊は一九五二年七月、保安隊に改編され、八月、保安庁が発足した。一九五四年六月には防衛庁が設置され、七月には陸・海・空三自衛隊に発展し、日本国憲法第九条との関係が問題とされるに至っているが、六〇年後の今日なお対米従属下の軍事力であることに変わりはない。

首都は東京、人口は一億二七九三万七〇〇〇人（二〇〇六〜〇八年前後。第四部の数字は以下同じ）、民族は日本人および少数のアイヌ人、言語は日本語、識字率は九九・八％、宗教は仏教・神道・キリスト教および無信仰、通貨単位は円である。

2. 朝鮮半島

朝鮮半島の南北分割（一九四五・九～現在）　朝鮮半島は、ソ連軍が一九四五年八月二四日、朝鮮のピョンヤン（平壌）に進駐し、米軍が九月九日、京城《けいじょう》（現ソウル）に進駐し、南北に分割され、一九四八年八月、南には「大韓民国」（韓国）、一九四八年九月、北には「朝鮮民主主義人民共和国」（北朝鮮）が成立した。

2-1　朝鮮戦争（一九五〇・六・二五～五三・七）

中国の戦後国共内戦（一九四五～五〇）が終わると、引き続くように一九五〇年六月二五日、朝鮮戦争が始まった。その起因について、北朝鮮は「韓国の侵略」と言い、韓国は「北朝鮮からの侵略」と言ったが、現在では北朝鮮が朝鮮統一をめざして発動した戦争であったことが明らかになっている。北朝鮮軍は当初、一挙に韓国南部まで攻めこんだが、国連緊急安全保障理事会は同月、ソ連欠席の中で北朝鮮を「侵略者」と認定し、国連軍出動を決定した。国連軍（事実上、米軍。国連軍最高司令官ダグラス・マッカーサー）は同年九月、仁川（インチョン）に上陸し、北朝鮮北部まで押しかえした。成立したばかりの中華人民共和国は同年一〇月二五日、敗勢になった北朝鮮軍を支援するため「義勇軍」（人民解放軍）を朝鮮に送りこんで押しかえし、北緯三八度線付近で戦局は膠着状況に陥った。一九五三年七月二七日、板門店（パンムンジョム）で「**朝鮮休戦協定**」が取り交わされ、北緯三八度線で北朝鮮と韓国の境界線が敷かれ、今日に至っている。この戦争による中華人民共和国軍・朝鮮半島住民・米軍の死者は、計約四〇〇万人と推定されている。朝鮮半島は、この戦争によって荒廃した。日本は、この戦争による米軍の軍需物資を生産・提供し（「**朝鮮特需**」と呼ばれた）、戦後日本経済は発展していった。アメリカと韓国は一九五四年一一月（発効）、北朝鮮の軍事攻撃に備えて「**米韓相互防衛条約**」（一九五四～現在）を締結した。

2―2　「大韓民国」（一九四八～現在）

「大韓民国」（韓国。大統領、李承晩《りしょうばん》〈イ・スンマン〉）は一九四八年八月、成立し、首都はソウル、人口は約四八四〇万人、言語は韓国語、識字率九八・一％、宗教はキリスト教四一％、伝統信仰一六％、仏教一五％、新宗教一五％、儒教一一％、通貨単位はウォンである。軍政下の一九八〇年五月には、学生・労働者が民主化を要求し、軍事政権戒厳軍がこれを弾圧して死者二〇〇名以上を出す**光州（クァンジュ）事件**が発生した。一九八七年、韓国は民主化を宣言した。韓国では、植民地時代の「対日協力者」に対する処罰が進行中であり、その中には「独立宣言」（一九一九・三・一）の起草者チェ・ナムソン（崔南善、一八九〇～一九五七）や独立運動家だったイ・グァンス（李光洙、一八九四～一九七九）も含まれていた。

2―3　「朝鮮民主主義人民共和国」（一九四八～現在）

「朝鮮民主主義人民共和国」（北朝鮮）は一九四八年九月、成立し、首都はピョンヤン（平壌）、人口は約二三九〇万人、民族は朝鮮民族、言語は朝鮮語、信教の自由はないと言われる。通貨単位は、ウォンである。一九四六年八月、「北朝鮮労働党」が、同年一一月、「南朝鮮労働党」が結成され、一九四九年六月、南北労働党は合同して「**朝鮮労働党**」（一九四九・六～現在）が誕生し、キム・イルソン（金日成。一九一二～九四）が委員長となった。一九五六年、「チョンリマ（千里馬）運動」という重工業重点政策が実施された。党第五回大会（一九七〇・一一）は、キム・イルソンの「**チュチェ（主体）思想**」を党の思想と宣言し、キム・イルソンに対する個人崇拝体制が確立された。党・国家・軍の指導者の地位は、息子のキム・ジョンイル（金正日。一九四二～現在）に世襲された。

3.**「サンフランシスコ平和**（講和）**条約」体制**（一九五二・四・二八～現在）

日本と連合国は一九五一年九月八日、サンフランシスコで平和条約を締結し、戦争の終結、朝鮮・台湾・南樺太・千島の領土権の放棄、賠償の支払いを規定した。一九五二年四月二八日発効し、これによって日本は連合国の占領体制から脱し、主権を回復したが、実質的にはアメリカに従属する体制が続いた。この条約には、アメリカなど四八カ国が参加したが、中華人民共和国・韓国・北朝鮮は招かれず、インド・ビルマ・ユーゴは参加せず、ソ連・ポーランド・チェコは調印を拒否した。

「日米安全保障条約」（略称、安保。一九五一年九月）　サンフランシスコ平和条約と同時に日米安全保障条約が締結され、米軍の日本駐留、侵略・内乱のさいの出動などが規定された。これに基づき、日本には米軍基地・施設が計六〇三カ所設置された（二〇〇九年現在八五施設、米軍五万人）。一九六〇年には、安保改訂が行なわれ、大規模な安保改訂反対運動が起こり、一九七〇年には安保は自動延長された。

戦後賠償　日本は、**中華民国**と**「日華平和条約」**（一九五二年四月）を結び、中華民国は対日賠償請求権を放棄した。**インド**とは、「日印平和条約」（一九五二年六月）を結び、インドも対日賠償請求権を放棄した。**ビルマ**とは、「日本・ビルマ平和条約」を結び、賠償二億ドル（のち追加一・四億ドル）および経済協力協定が調印された。**フィリピン**には、五・五億ドル、**インドネシア**には二・二億ドル、**南ベトナム**には三九〇〇万ドルが支払われた。ソ連とは一九五六年、戦争状態の終結、将来の歯舞《はぼまい》群島・色丹《しこたん》島の日本への返還、日本の国連加盟支持が合意された。これによって、日本は**国際連合**に**加盟**を果たした（一九五六年一二月）。**韓国**とは、竹島（韓国名、独島《トクト》）領有権問題を棚上げとし、**「日韓基本条約」**（一九六五年六月）を結んで国交を樹立した。中華人民共和国は一九七二年、対日賠償請求権を放棄した。このほか、日本は、アジア諸国に対する「政府開発援助（**ODA**）」、民間借款を実施した。朝鮮民主主義人民共和国（**北朝鮮**）は国交がないため、現在なお戦後賠償問題は未解決である。なお、個人補償問題は、国家賠償とは別として、強制連行・毒ガス・従軍慰安婦などの問題について中華人民共和国・韓国・台湾などの人びとから日本で裁判が起こされた。

「公害」　戦後日本における経済発展は、生活水準の向上を実現すると共に、激しい環境破壊を伴った。それは、人体に深刻な被害をもたらし、「公害」と呼ばれるようになった。①「新日本窒素《ちっそ》肥料」が排出した熊本県水俣《みなまた》湾の工場廃液メチル水銀による水俣病、②「三井金属」による富山県神通《じんつう》川のイタイイタイ病、③「昭和電工」による新潟県阿賀野川の新潟水俣病、④四日市石油コンビナートによる三重県四日市の喘息で訴訟が起こされ、「四大公害訴訟」と呼ばれた。また、モータリゼーション政策の結果、自動車が普及し、排気ガス公害も広がった。

「非核三原則」（一九六七年）　日本政府は、核兵器による唯一の被爆国として「非核三原則」（核兵器を①作らず、②持たず、③持ちこませず）を決定し、佐藤栄作首相（第一次一九六四・一一〜、第二次六七・二〜七〇・一、第三次七〇・一〜七二・七）はノーベル平和賞を受賞した。しかし、「非核三原則」にもかかわらず、米軍による核兵器の日本持ちこみは実行されるという密約が存在することが明らかになった。

沖縄返還（一九七二年五月）　沖縄は戦後、米軍軍政下に置かれ、サンフランシスコ平和条約（一九五一年九月）締結後も日本本土から切り離されていた。沖縄では、一九六〇年代に**祖国復帰運動**が高まり、一九六七年、日米間で沖縄返還が合意され、一九七二年五月、沖縄の施政権は日本に返還されたが、米軍基地・施設は多数存続し（二〇〇九年現在三〇数カ所）、現在なお基地問題は解決されていない。

4. 戦後日中関係

戦後日中関係は、つぎの四期に分けられる。①中華民国時期、②中華人民共和国成立から国交樹立までの時期、③日中国交樹立から一九九〇年代、④一九九〇年代から現在まで。

4-1　中華民国時期（一九四五～七二）

一九四五年から四九年までは中華民国の時代である。その後、中国共産党が中国国民党との軍事抗争に勝利し、一九四九年一〇月、中華人民共和国が成立を宣言し、同年一二月には中華民国政府は台湾に移転した。日本と中華民国は一九五二年四月、「**日華平和条約**」を結び、以後、日本政府はアメリカの反共東アジア戦略の下で一九七二年まで中華民国政府との国交関係を継続し、中華人民共和国を承認しなかったが、日本が同年、中華人民共和国と国交を樹立したため、中華民国は日本と国交を断絶した。

日中戦争の戦後補償問題については、蔣介石は中華民国政府を代表し、「徳を以て怨《うら》みに報《むく》ゆ」との言葉で賠償請求権を放棄したとされている。それは当時、その「思想的な高さ」のゆえに感激をもって受けとめられ、その認識は今日まで引き継がれているが、実は、①中華人民共和国の成立と中華民国の台湾への撤退、②朝鮮戦争の勃発とそれに対応したアメリカの反共東アジア戦略の優先による日本の位置づけの変更、③台湾に追われた蔣介石が対米関係を重視せざるをえず、日本との国交関係確保を優先する必要があった、などの理由による選択であったと見られる。中華民国政府は、戦争終了以前から賠償請求を準備しており、戦後も日華平和条約締結直前まで賠償を請求し続けていたのであった。

4-2　中華人民共和国成立から国交樹立までの時期（一九四九～七二）

一九四九年から一九七二年までの間は、日本と中華人民共和国との間には外交関係はなかったが、終戦後から一九五〇年代には中国在留邦人の引き揚げが実施されていった。一九五二年には、日本の民間経済団体は中華人民共和国との間に**民間貿易協定**を取り結んだ。ところが、右翼が中華人民共和国国旗を引き下ろす**長崎国旗事件**（一九五八年五月）が発生し、中華人民共和国政府はこれに抗議して日本との貿易を一時期断絶した。

一九七二年の日中国交樹立以前に日中間に摩擦が発生したのは、**尖閣諸島**《せんかく》の領有問題であった。尖閣諸島の領有問題については、日本は一八九五年一月に領有宣言をし、清朝も中華民国も中華人民共和国も異議を唱えなかったのにもかかわらず、一九六八年にエカフェ（国連アジア極東経済委員会）の調査によって尖閣諸島付近に石油資源の存在が推定されたのち、中華民国（台湾）が一九七一年にはじめて領有権を主張し、中華人民共和国も同年一二月、領有権を主張し始めた。中華人民共和国政府は、尖閣諸島は「中国の固有の領土」と主張し、対立している。一九七二年国交樹立時、周恩来は尖閣諸島領有権問題は当面棚上げするとの方針をとったが、中華人民共和国は一九九二年、「**領海法**」を制定して尖閣諸島を中国領土と規定した。

4-3　日中国交樹立から一九九〇年代へ

4-3-1　日中友好蜜月時期（一九七二〜八二）　一九七一年、ニクソン大統領が訪中した。一九七二年七月成立した田中角栄内閣（第一次、一九七二・七〜一二、第二次、一九七二・一二〜七四・一二）は、アメリカの動きをうけて同年九月、日中共同声明をまとめ、日本と中華人民共和国の間で国交関係が樹立された。台湾の中華民国は、これに抗議し、日本と断交した。以後、一九八二年頃までの約一〇年間は「日中友好」の蜜月時代が続いた。中華人民共和国は、国交樹立にあたって戦後賠償請求権を放棄した。一九七八年、日中国交樹立後六年にして「日中平和友好条約」が締結された。総理府による調査では、対中好感度は一九八〇年に七八・八％と史上最高を記録した。大平正芳首相（第一次一九七八・一二〜七九・一一、第二次一九七九・一一〜八〇・七）が一九七九年に供与を開始した日本による**対中ＯＤＡ**（政府開発援助）は、日中蜜月時代を象徴するものであった。

4-3-2　日中間摩擦発生期（一九八二〜九八）　日中関係は一九八〇年代に入ると、依然として「友好」が主流だったが、きしみが生じ始める。中華人民共和国政府が日本政府に抗議するという行為をはじめて行なったのは、一九八二年七月の**歴史教科書問題**であった。これまでに問題となったのは、①日本の中国「侵略」を「進出」と書き換えさせた一九八二年の文部省による高校教科書検定問題、②一九八六年の「日本を守る国民会議」による高校教科書『新編日本史』、③二〇〇一年の「新しい教科書を作る会」による『新しい歴史教科書』の三件である。ついで中華人民共和国は、一九八五年の中曽根康弘首相の靖国神社参拝に抗議し、日中間に摩擦が発生してゆく。欧米各国が**六・四軍事弾圧**（**天安門事件**。一九八九年）に抗議し、中華人民共和国に対して経済制裁を行なっている中で、日本政府は率先して制裁を解除し、対中ＯＤＡを再開して中華人民共和国の一九九〇年代の経済発展に多大な貢献をしていった。中華人民共和国は一九九〇年代に「**世界の工場**」と呼ばれるまでに経済的急成長をとげた。多くの日本企業は中国に工場を建設し、その反面、日本国内は「産業の空洞化」という事態に立ち至り、「一〇年／二〇年の空白」と呼ばれる不況にあえぎ、リストラが進められていった。

４-４　一九九〇年代以降

一九九四年、中華人民共和国政府は「愛国主義教育要綱」を定め、全国各地に「愛国主義教育基地」を設置していった。一九九五年は、日中戦争・東アジア太平洋戦争終結五〇周年にあたっていた。同年八月、村山富市首相（一九九四・六〜九六・一）は、いわゆる**村山談話**を発表した。

一九九〇年代に、世界構造は大きく変化した。一九一七年のロシア一〇月革命ののち誕生した**ソ連**は、一九九一年一二月に崩壊した。これによって、第二次世界大戦後ながく続いた「**米ソ対立**」時代は幕を下ろし、軍事面での世界構造はアメリカ一強時代に移行した。一九九〇年代以降の中国経済の急成長によって経済面でも世界構造の変動が起こった。

４-４-１　日中対立激化時期（一九九八〜二〇〇六）　一九九八年一一月、江沢民中国共産党総書記・国家中央軍事委員会主席・国家主席が訪日し、「**歴史問題での日本の反省と謝罪**」を**要求**した。二〇〇〇年九月、黒竜江省で日本軍に遺棄されたとされる**化学**（**毒ガス**）**兵器**の日中共同の発掘回収・処理作業が始められた。二〇〇一年八月、小泉純一郎首相（第一次二〇〇一・九～〇三・九、第二次〇三・九～〇五・九、）が選挙公約に基づいて靖国神社を計六回参拝し、中華人民共和国政府はその都度日本に抗議した。二〇〇四年八月、サッカー・アジアカップの試合が重慶・北京で開催され、反日行動が引き起こされた。二〇〇五年四月、「日本の国連常任理事国入り反対」などを掲げた反日運動が中国数都市で発生した。二〇〇四～〇五年の反日運動は、日中経済関係の発展を阻害した点で、日本の一部政治家の「中国侵略」否認発言同様、反動性を帯びていた。二〇〇一年、中華人民共和国は**WTO**（世界貿易機関）加盟を果たした。一九九七年東アジア通貨危機の後を受け、日本でも中国でもEUの成立をモデルとした「**東アジア共同体**」**構想**が語られるようになった。

4-4-2　日中対立回避模索時期（二〇〇六～一〇）　安倍晋三内閣（二〇〇六・九～〇七・九）成立後、日中両国は対立を回避する道を模索した。両国の経済関係はかつてなく深まり、双方共に正常な関係を必要とした。

中国の歴史認識と高句麗《こうくり》等問題　中国社会科学院辺疆史地研究中心（センター）による「東北工程」が高句麗＝中国地方政権と位置づけたことにより、中華人民共和国と韓国・北朝鮮との間の対立が発生した。中華人民共和国は、高句麗に止まらず、百済・新羅・渤海も中国の地方政権と位置づけ、韓国・北朝鮮と対立した。領土の歴史的変動と「民族」の居住地域の変化を近現代国家の領土概念で割り切らないこと、たとえば清朝は中国地域史の一部を構成するが、同時に中国地域史に止まらず、東～中央アジア史というより広い視点でとらえる必要があること、高句麗・渤海を論ずるにあたっても東アジア史という視点が欠かせないこと、「中国」を国家概念と地域概念（地理概念）に区別して使用すること、近代国家概念の成立以前と以後を混同しないことなどが不可欠である。

第23章　中華人民共和国（一九四九〜現在）

中国地域で一九四九年一〇月成立した国家は、その国号を「中華人民共和国」とし、中華民国に続いて「中華」を冠した。人口は一三億三〇〇五万人（台湾・香港・マカオを含まない）、民族は漢族九一・六％はじめ計五六種、公用語は中国語（標準語、「普通話《プートンホワ》」）、識字率は最近急速に上昇し、九三・三％とされる。宗教は中国仏教・チベット仏教・南伝仏教・道教・キリスト教・イスラーム教など、通貨単位は元《げん》である。

「中華人民共和国憲法」（一九五四年九月二〇日採択）は、「中華人民共和国は、統一された多民族国家である」とし、「各少数民族が集居する地域は、区域自治を実施する。各民族自治地域は、すべて中華人民共和国の切り離しえない部分である」と規定し、「中華ソヴェート共和国憲法大綱」（一九三四年）が明確に承認していた各民族の分離・独立の権利を否定した。中華民国後期政権は首都を南京（戦時中は重慶）としたが、一九四九年一〇月一日、天安門城楼で毛沢東が成立を宣言した中華人民共和国は首都を北京とした。暦は西暦を採用、**国旗**は五星紅旗とし、国歌は田漢作詞の「**義勇軍行進曲**」（立て奴隷となるな人民、中華民族いま危機にあり……）とした。

一九四九年に成立した中華人民共和国は、「マルクス・レーニン主義、毛沢東思想」を国是とし、「社会主義」をめざしたが、一九五〇年代の大躍進・人民公社政策の挫折を経て、一九六〇年代には毛沢東絶対権力の確立をめざした「文化大革命」（一九六六〜七六）に突入し、大混乱に陥った。この間、中国の対外戦略は一九五〇年代から一九六〇年代はじめまでは「**反米第一主義・向ソ一辺倒**」であったが、一九六〇年代中頃から「**反米反**

ソ」に転換し、一九六九年珍宝島（ダマンスキー島）での中ソ軍事衝突を経てさらに「**反ソ第一主義**」に転換し、一九七二年、日本と国交を樹立し、一九七九年にはアメリカとも国交を樹立した。中華人民共和国とアメリカは、一九五〇年代の朝鮮戦争で直接戦火を交え、一九六〇年代にはベトナム戦争で中国軍が北ベトナムを支援したことにより、両国には二回にわたって軍事抗争をした経験があるが、米中双方とも全面戦争の意思はなかった。一九六九年には中華人民共和国とソ連の中ソ軍事衝突が起こったが、やはり中ソ双方ともに全面開戦の意志はなかった。アメリカは、一九七〇年代になると、中ソを分断すべく一九六〇年代までの「中国封じ込め」政策を転換し、中華人民共和国への接近を開始した。中華人民共和国はソ連に対抗するべく、米・日に接近し、双方の利害は一致した。一九七八年には、それまでの「**自力更生**《じりきこうせい》」という鎖国主義的経済政策を一八〇度転換し、「改革開放」政策の下で資本主義世界の外資を導入し、外国企業を誘致する政策に踏み切った。中華人民共和国は、一九九〇年代には「**社会主義市場経済**」を宣言し、中国経済は浮揚し、それに伴って大国意識が成長し、新たにマルクス主義とは無縁の狭隘な民族主義が広がるに至った。

1．「党国家主義」政治・行政システム

1-1　中国共産党（中共）

日中戦争終了後、国民党に「訓政」（一党独裁）の即時廃止と民主主義の実現を要求していた中国共産党は権力掌握後、複数政党制・民主主義体制を実現しようとはしなかった。国民党を打倒したのち、中共は国民党の「以党治国」（党をもって国を治める）体制を継承し、国家は党の決定の執行機関であるとする中共の「党国家主義」体制が確立されるが、「訓政」と党国家主義との違いは、「訓政」が憲政への移行プログラムを持っているのに、党国家主義は永続的体制であって憲政移行プログラムを持っていないことである。「中華人民共和国憲法」

（一九五四年）は、序言でつぎのように記している。

「中国各族人民は、引き続き中国共産党の指導の下に、マルクス・レーニン主義、毛沢東思想の導きの下に、人民民主専政を堅持し、社会主義の道を堅持し、…」

これは、すべての中国国民が中国共産党の指導に従わなければならないということを憲法に規定したということである。つまり、党員はもちろんのこととして、非党員一般大衆も党の「指導」に従う義務があるということなのである。憲法第二条は、「中華人民共和国の一切の権力は人民に属する」としており、議会制民主主義の国民主権論と同じように見えるが、その上に大枠として人民は党の「指導」に従わなければならないという規定がかぶさっているわけである。

中国共産党と国家の関係は、党が決定機関であり、国家はその決定の執行機関なのであり、政府には独立的な実質的権力は存在しない。中共は、欧米型の三権分立を正面から否定しており、行政機関も立法機関も、そして軍隊・警察・検察・裁判所も、すべて党に所属しており、党が国家なのである。そこで、本書はこれを「党国家主義」と呼ぶ。

中共は一九四六年五月、邯鄲《かんたん》市で中共晋冀《き》魯豫《よ》中央局機関紙として『**人民日報**』を発刊し、一九四九年三月、北平に移転し、同年八月、中共中央機関紙とされた。中共の党員数は二〇〇七年一二月末現在、七四一五万三〇〇〇名である。これは、全人口の約五・六％強が党員であるということを意味する。警察官は、一九〇万人である。

1－2　人民代表大会

人民代表大会の機構は、以下の五級に分かれている。①全国人民代表大会。②省・直轄市自治区人民代表大会。③区を設置している市・自治州人民代表大会。④県・区を設置していない市・市轄区人民代表大会。⑤郷鎮人民代表大会。

民主党派　中国には、中国共産党のほかに「民主党派」と呼ばれる八団体が存在する。①中国国民党革命委員会（略称、民革）、②中国民主同盟（略称、民盟）、③中国民主建国会（略称、民建）、④中国民主促進会（略称、民進）、⑤中国農工民主党（農工党）、⑥中国致公党（略称、致公党）、⑦九三学社、⑧台湾民主自治連盟。しかし、いずれも「中国共産党の指導を受け入れる」ことによって存在しており、政党・政派としての独立性はなく、党派の実態を備えていない。

このほか、中国共産党と各党派の統一戦線組織と位置づけられている「**政治協商会議**」（略称、政協）があり、主席は中共党員が担当し、副主席を非中共党員が担当している。第八期全国政協委員中、民主党派・無党派は六〇・三％であった。

1－3　行政機構・行政区画

一九四九年革命で成立した中華人民共和国は、強力な中央集権制国家であり、中共がすべてを「指導」するというシステムをとっており、地方自治という考え方、制度は存在しない。「地方自治」とは、「地方的行政事務を国の官庁の関与を斥け、地方公共団体に委ね、地方人民みずからの意思に基づいて処理すること」（我妻栄『新法律学辞典』）とされる。しかし、中華人民共和国には、そのような意味での地方自治というものは、まったく存在しない。

現行の中華人民共和国憲法（一九五四年採択、一九七九年一部修正、一九八二年一部修正、一九八八年一部修正、一九九三年一部修正）第二条には、「各少数民族が集中する地区は区域自治を実行し、自治機関を設立し、自治権を行使する」との規定が存在する。

しかしながら、この「地域自治」も「党による指導」原則の下に置かれており、さらに国家行政機構においても適用される「民主集中制」原則により、民族自治区等も上級行政機関の「指導」に従わなければならないという点で、「地方自治」とは言えない。

現行憲法第一一一条には、「居民委員会あるいは村民委員会は基層の大衆的自治組織である」という規定が盛りこまれており、「居民自治」、「村民自治」と呼ばれている。しかし、それらは、「中央政府の関与を排除して行なわれる地方住民による自治」という意味の地方自治とは、大きく異なる。「居民自治」、「村民自治」の機関である居民委員会、村民委員会は、同じく「党による指導」を受けるとともに、行政機関ではないと位置づけられており、「地方自治」の範疇には入らない。

中国の行政制度は、五級（①国務院、②直轄市・省・自治区、③〈区を設置している〉市・自治州、④県・〈区を設置していない〉市・自治県、⑤郷・民族郷・鎮《ちん》）に区分される。

1－3－1　国務院　「中華人民共和国国務院、すなわち中央人民政府は、最高国家権力機関の執行機関であり、最高国家行政機関である」とされる。国務院の代表は、国務院総理である。

1－3－2　直轄市・省・自治区　全国の省級行政区は、つぎの三三単位に分けられている。①直轄市（北京市　天津市　上海市　重慶市〈一九九七年三月設置〉）。②二二省（河北省　山西省　遼寧省　吉林省　黒竜江省　江蘇省　浙江省　安徽省　福建省　江西省　山東省　河南省　湖北省　湖南省　広東省　四川省　貴州省　雲南省　陝西省　甘粛省　青海省　海南省〈一九八八年設置〉）。③五自治区（内モンゴル自治区　広西チワン族自治区　チベット自治区　寧夏《ねいか》回族自治区　新疆ウイグル自治区）。④二特別行政区（香港　澳門《マカオ》）。このほか、中華人民共和国は台湾を省と呼んでいるが、実効支配は及んでいない。

1－4　選挙制度

公民は、すべて「平等な選挙権」を有するとされる。選挙には、「**等額選挙**」、「**差額選挙**」制度があり、予選と正式選挙が組みあわされている。選挙制度は、中共の「指導」の下に置かれている。

1－4－1　**「等額選挙」**、**「差額選挙」**　「等額選挙」とは、候補者と選挙定数が同じものである。候補者は、党によって指定される。中華人民共和国の選挙は、長い間、「等額選挙」であった。「差額選挙」とは、候補者の人数が選出される定数より多いものを指す。その限りでは、形態上、欧米型の普通選挙と似ているが、多く場合、候補者の数は定数の一〇％増と決められていたりして、選挙のあり方自体がやはり根本的に異なっている。「差額選挙」は、特定の候補者の当選を確保できないおそれがあるため、「民主集中制」原則に不利であると考えられているが、現在、各級人民代表大会の代表と中国共産党の代表大会の代表は、すべて「差額選挙」で選出されている。しかし、一部の重要な指導ポストは、「等額選挙」で選出される。

1－4－2　**予選・決選制度**　予選とは、正式選挙の前に行なわれる非決定性の選挙のことで、決選とは、最終決定を行なう選挙のことである。この制度を採ることにより、「意外な」結果を防止することが可能となる。言いかえれば、選挙結果を操作することができるということである。つまり、選挙結果も「指導」のもとにコントロールされているということである。これが、通常の普通選挙と根本的に異なる点である。

1－5　「居民委員会」と「村民委員会」

都市部の末端行政機構は「**街道弁事処**」、農村部の末端行政機構は「**郷人民政府**」であるが、住民基層組織として都市部には「居民委員会」、農村部には「村民委員会」がある。

1－5－1　**居民委員会**　居民委員会は、「自己管理、自己教育、自己奉仕の基層の大衆的自治組織」と規定されており、政権組織でもなければ、行政組織でもないと位置づけられている。居民委員会の任務は、①憲法・法律・国家の政策を宣伝し、居民（住民）の権益を守る、②民間の紛糾の調停、③防犯・治安維持、④公共の衛生、⑤産児制限、一人っ子政策の推進、⑥貧困者の救済、⑦青少年の教育、⑧外来人口の把握、⑨消防業務などである。北京市では一九五四年五月、「街道弁事処」が設立され、一九五五年末までに一四二街道弁事処が設立された。一九八七年までに北京市には、一六三万戸、五三五万人が居住し、街道弁事処が一〇五、居民委員会が三三三〇設置された。北京市の市街部には、九四の街道弁事処が設置されている。

1-5-2　村民委員会　村民委員会は、一般に自然村に置かれている。村民委員会は、請負生産の分配と管理、合法的権利・利益の保障、環境保護、法律・政策の宣伝・教育・税収への協力、家族・村民関係の調停、衛生、消防、治安などを扱い、村民委員会のもとに人民調停委員会、治安維持委員会、公共衛生委員会などが設けられている。北京市には、村民委員会は四〇七二ある。

居民委員会・村民委員会の選挙は、「差額選挙」、無記名投票と定められており、一九九八年までに、九億の農民中六億人が九三万近い選民点（投票所）で直接選挙に参加したとされる。

1-6　戸籍制度

一九五三年から食糧の配給制度が始まり、一九五八年、戸籍制度は都市戸籍と農村戸籍に分けられ、農村戸籍から都市戸籍への移籍を原則禁止し、農村戸籍者には移住の自由・進学・就職などにさまざまな制約が課された。これは、農業労働力の確保、都市食糧の確保を目的としたものであったが、「国民」を二つの身分制に差別化するものとなった。これは、改革開放後、農村労働力の流動化という現実をうけて部分的変更はあるものの、二〇一〇年現在、なお基本的に維持されている。

1-7　香港特別行政区（一九九七年設置）・**澳門《マカオ》特別行政区**（一九九九年設置）

第二次世界大戦（東アジア太平洋戦争）終了後、イギリスは香港に帰ってきた。一九八二年九月、中英双方は香港問題を話しあい、両国は一九八四年九月、北京で「中華人民共和国と大ブリテンおよび北アイルランド連合王国政府の香港問題に関する連合声明」に署名し、一九九七年七月一日から中国政府が香港に対して主権を行使すること、「香港特別行政区」（香港特区）を設置すること、香港特区は「高度な自治権」を持ち、現行政治・経済制度を五〇年間変更しないことを中国政府は保障することなどを発表した。イギリスによる香港再統治（一九四五～）の五二年後の一九九七年七月、イギリスは香港を中華人民共和国に返還し、中華人民共和国の「香港特別行政区」となった。香港の面積は、香港島・九竜・新界および周辺の二三五の島嶼《とうしょ》の合計（埋立地を含む）一〇九五平方キロメールであり、人口は約七〇二万人、民族は「中国」人九五％その他、言語は広東語九六％、中国語普通話一％、英語三％ほか、識字率九四％、通貨単位は香港ドルである。

1-7-1　香港基本法　一九九〇年四月、全人代は「中華人民共和国香港特別行政区基本法」（香港基本法）を決定し、「赤い五角星とハナズオウを形どった」区旗が定められた。一九九六年八月一〇日、全人代香港特区籌《ちゅう》備委員会は、香港特区第一期政府推選委員会を設置した。中国国務院は一九九六年一二月一六日、香港特区初代行政長官として、香港船王と呼ばれた董《とう》浩雲の長子・董建華に一九九七年七月一日着任を命じた。

1-7-2　香港返還　六月三〇日一八時一五分、「日没儀式」と呼ばれたイギリスの告別儀式が行なわれ、チャールズ皇太子、ブレア首相、および二八代目の最後の総督（在任一九九二～九七）**クリストファー・パッテン**（*Christopher Patten*）らが出席した。

六月三〇日二三時四二分、中英香港政権引きつぎ儀式が行なわれた。イギリス国旗が下ろされ、七月一日午前零時、中華人民共和国国歌が演奏される中を中華人民共和国国旗と香港特区区旗が掲揚された。ついで江沢民中華人民共和国主席は、「一国両制」、「港人治港」、高度自治方針を約束した。中国人民解放軍駐香港部隊先頭部隊は香港に進入した。「香港ドル」は、「一国両制」方針に基づき、維持されることになった。集会・デモは返還以前は届け出制であったが、返還後は事前許可制になった。

1-7-3　マカオ返還（一九九九年）　香港に続いて、マカオもポルトガルから中華人民共和国に返還され、一国両制（マカオ地域の資本主義制度の維持）がとられることになった。
沖縄では「祖国復帰運動」が起こったが、香港でもマカオでも「祖国復帰運動」は起こらず、中華人民共和国への返還に反対する運動も起こらなかった。

人口は四六万人、民族は「中国」人九四・三％ほか、言語は広東語八五・七％、中国語普通話三・二％ほか、識字率九三％、通貨単位はパタカである。

1-8　「法治」と「人治」

中華民国は憲政・法治国家をめざし、法整備を推進したのに対し、中華人民共和国では党治・人治主義で、各種法制度は未整備のまま放置され、改革開放（一九七八年〜）以後、法制度の整備が進められていった。

2. ソ連型／毛沢東型社会主義時期（一九五三〜六六）

人民共和国の時期区分　中華人民共和国は、息継ぎ期間を経て、第一期、ソ連型／毛沢東型社会主義建設期（一九五三〜六五）、第二期、文化大革命期（一九六六〜七六）、第三期、鄧小平路線期（一九七八〜現在）、すなわち改革開放、社会主義市場経済期の三時期に区分できる。正確には一九七七〜七八年はまだ、改革開放は始まっていないが、過渡期として、ここに含める。

2-1　「国民経済復興期」（一九四九〜五二）

一九四九年、中華人民共和国が成立したのち、一九五二年までは「国民経済復興期」とされ、極端なインフレーションを解決し、国営企業と私営企業が併存した。「**土地改革法**」（一九五〇年六月）によって、地主の土地を没収し、富農を保護し、中下層農民への土地の分配を行ない、一九五二年までに終了した。一九五〇年二月一四日には、「中ソ友好同盟相互援助条約」が締結された。朝鮮戦争が勃発（一九五〇年六月）すると、中華人民共和国は同年一〇月、参戦し、「抗米援朝運動」が起こされ、戦時統制経済が敷かれた。この中で、国家公務員の「三害」（汚職・浪費・官僚主義）に反対する「**三反**」**運動**が起こされ、続いて一九五二年には資本家の「五毒」（贈賄《ぞうわい》・脱税・国家資材の窃取《せっしゅ》・手抜きと材料のごまかし・国家情報の窃取）に反対する「**五反**」**運動**が追加された。「国民経済復興期」の各種運動は、「ソ連型／毛沢東型社会主義建設期」に入るための地ならしと位置づけられる。

2-2　「社会主義」への移行（一九五三〜五六）

中共は、まず第一に、「マルクス・レーニン主義、毛沢東思想」に基づく革命の達成と理想社会の実現という目標を掲げた。第二に、「生産手段の社会的所有」と「計画経済」を実施することによる社会主義経済体制の確立を実現しようとした。第三に、一方では「多く、早く、立派に、無駄なく」、「一五年でイギリスに追いつき、追いこす」というスローガンに象徴される急進的富強・強国化、経済・軍事建設をめざし、強烈な発展志向を持っていた。第四に、だが同時に他方では、「単位」社会（政府機関・工場・学校など）を単位とする平等・互助原理があり、発展よりも平等的分配を重視する傾向も持っていた。第五に、また、「反帝国主義、世界革命」をめざす国際連帯志向を持っていた。次に、その方法論としては、第一に、「中国共産党による指導」、すなわち、同党による政治権力の掌握を絶対化した。第二に、「階級」区分論に立脚し、「階級闘争」原理を通じて「反革命」の防止を強調した。

この中国社会主義建設において、中国共産党と毛沢東の果した役割の性格、特徴は何であっただろうか。「**毛沢東思想**」とは、従来、中国共産党の自己規定に基づき、「マルクス・レーニン主義の理論と中国の現実を結合し、中国的発展を達成したもの」とされてきた。その特徴は、武装闘争、根拠地建設、農村から都市を包囲する農村重点主義、大衆路線、統一戦線などであり、それらは、一九四九年革命を成功させた要因であった。文化大革命の中では、中国は「毛沢東思想」を「マルクス・レーニン主義の最高峰」と自己規定する。

朝鮮戦争が一九五三年七月に休戦になると、中国共産党（中共）は社会主義建設に着手した。中共は、ソ連の援助のもとでソ連を手本とし、ソ連型社会主義の建設を追求した。その中で毛沢東は、①一方では「大躍進」に見られる急進的発展を追求し、②反面、「富裕化」を「資本主義復活」と警戒して、貧困に甘んじ、③他方では、「人民公社」のような平等主義的共産主義社会をただちに実行しようとしたのであった。こうした毛沢東型と言える夢想が、ソ連型社会主義の青写真の上に描かれようとしていった。それは、まず計画経済の実施であり、重工業重視の「第一次五カ年計画」（一九五三～五七）に始まり、「**第二次五カ年計画**」（一九五八～六二）「**第三次五カ年計画**」（一九六六～七〇）、「**第四次五カ年計画**」（一九七一～七五）「**第五次五カ年計画**」（一九七六～八〇）と続いたが、「計画」が順調に遂行されたわけではなかった。一九五三年には、人口は五億七七八五万六一四一人で、食料配給制度が始まった。

農業の集団化　農業は一九五三年一二月から集団化が追求され、一九五四年末には「**初級合作社**」が四〇万単位、一九五五年一二月には六〇万単位に達した。社会主義化は進行し、一九五六年には「**高級農業生産合作社**」に組織された。農業・手工業・資本主義工商業は一九五六年には、基本的に社会主義的集団所有制ないし国有に転化していた。

「**中華人民共和国憲法**」（一九五四年）　中華人民共和国は、「中華人民共和国憲法」を制定した。これは中華人民共和国を「労働者階級が指導し、労農同盟を基礎とする人民民主主義国家」と自己規定し、「党国家主義」体制を規定したものであって、近代的立憲主義とはまったく異なる内容であった。「憲法」はその後、たびたび改訂されたが、「改革開放」期（一九七八～）に入るまで各種法制は未整備のままに放置され、「法治」ならぬ「党治」・「人治」社会と言われてきた。一九五四年には、人口は五億八二六〇万人であった。

ソ連共産党第二〇回大会（一九五六年二月）　ソ連の**スターリン**（一八七八～一九五三）が死亡すると、ニキータ・**フルシチョフ**（一八九四～一九七一）がソ連共産党第一書記に就任した。ソ連は一九四九年八月、原爆実験に成功し、一九五三年八月、水爆実験に成功し、一九五七年にはアメリカに先駆けて人工衛星の打ち上げに成功した。ソ連共産党は一九五六年二月、第二〇回大会を開き、フルシチョフの秘密報告でスターリンによる粛清・個人崇拝などについて批判を行なった。この「秘密報告」は、たちまち全世界の知るところとなった。

2-3　中共第八回全国代表大会（一九五六・九・一五～二七）

中共第八回全国代表大会（中共八全大会）は、中共七全大会（一九四五年四月）から一一年後に開催された。党員数は、一〇七三万人であった。八全大会は、「党規約」から「毛沢東思想」を削除し、毛沢東個人崇拝を解消しようとしたと見られる。ソ連共産党のスターリン批判をうけて、中共も一度は個人崇拝をしないことを決議したにもかかわらず、毛沢東個人崇拝はすでに根付いており、ますます根を張り、広げていった。

2-4　「百花斉放・百家争鳴」・「反右派闘争」（一九五七年）

東ヨーロッパでは、**ハンガリー事件**（ハンガリー動乱。一九五六・一〇～一一）が発生し、中共は「反革命」の可能性に危機意識を持ったと見られる。中共は一九五七年四～六月、「**整風運動**」を起こし、中共党外人士による中共批判を歓迎し、意見は自由で、発言によって処罰されることはないと約束した。これを、「百花斉放・百家争鳴」（「双百方針」または「鳴放」と略称。一九五七・四～六）と言う。

これに基づき、党外人士たちが中共批判を行なうと、中共は一転してこれを「右派による中共攻撃」と規定し、「反右派闘争」に転換し、多数の「右派分子」を逮捕した。これについては、毛沢東によるはじめからの陰謀説と当初は中共内の官僚主義・主観主義・セクト主義を克服することによって共産党の支配を安定させることが目標だったが、その後、民主党派・知識人その他の中共に対する不満の激しさに直面して弾圧に方針を転換したという二つの見方がある。前者は、結果的にはそうなったと言えるが、本書は後者が正しいと見る。どちらであったにせよ、これによって人びとはおびえ、その後、言論活動は萎縮した。「右派分子」と断罪・逮捕され、地位剥奪ほか迫害された者は、四〇万人と言われる。

2-5　「大躍進」政策（一九五七・一〇〜）**・人民公社**（一九五八〜八二）

中共八期三中全会（一九五七・一〇）は、「一五年でイギリスに追いつき、追い越す」という急進主義的目標を掲げ、「大躍進」政策が開始された。「大躍進」運動は、鉄鋼生産・食料生産などで実現不可能な空想的に高い目標を掲げた。鉄鋼生産では、九〇〇〇万人の農民が小さな溶鉱炉を用いた「**土法高炉**」という手法で鉄の生産を行なったが、精度が低くて使い物にならず、材料と労力の壮大な無駄遣いに終わった。食料生産では、「**深耕密植**」という方法で飛躍的収穫増をねらったが、生みだされたものは凶作にほかならなかった。こうして、「大躍進」運動は破綻していった。

合作社から人民公社へ　農業の集団化は、初級合作社・高級合作社という形態で進められていたが、中共中央政治局は一九五八年八月、「人民公社」の設立を決定した。この年の一二月には九八％の農家が組織され、集団労働と生産手段（農地・農機具など）の公有化が推進された。「公社」とは、パリ・コンミューン（一八七一・三・一八〜五・二八。「コンミューン」は中国語で「公社」）から命名したものである。人民公社は、全国に二万四〇〇〇単位設置され、平均戸数は五一〇〇戸だったとされる。人民公社は、農業のほか、工業・商業・学校・民兵を含み、「政社合一」（行政と経営の一体化）組織であった。人民公社は一九五八年一二月、①公社管理委員会、②生産大隊、③生産隊の三級機構とされた。人民公社では、「平等主義」理念から食事は無料としたが、生産力水準を無視したものだった。早くも翌一九五九年には、農業政策の誤り、農民の労働意欲の低下、自然災害などにより食糧不足が深刻となった。一九六〇年前後に統計上一五〇〇万人の人口減少が見られるが、餓死によるものと思われる。

中共は、**廬山会議**《ろざん》（一九五九年七月）を開き、政策を検討した。国防部長**彭徳懐**《ほうとくかい》（一八九八〜一九七四）は「大躍進」政策を批判したが、逆に「反党グループ」とされ、国防部長を解任された。

一九五九年、北京の故宮前（南側）は、従来の建築物が撤去され、天安門前広場がつくられた。

2-6　「調整政策」と「海瑞免官《かいずい》」「燕山夜話」

毛沢東型社会主義の最大の象徴である「大躍進・人民公社」政策は、失敗し、手直しを余儀なくされ、**劉少奇・鄧小平**らによって「調整政策」が採用された。毛沢東は、これを「資本主義の復活」と決めつけ、「反革命」を警戒する「階級闘争」を強調した。これも、「反革命」の防止という文脈の中で行なわれた闘争であった。

歴史学者で北京市副市長の**呉晗**《ごがん》は、「海瑞《かいずい》、皇帝を叱る」（一九五九・六・一）で、明朝の高級官僚・海瑞を賞賛し、暗に毛沢東を批判した。呉晗は一九六一年一月、「海瑞は彭徳懐」と受け取れる歴史劇「海瑞免官」を書いた。**鄧拓**《とうたく》も、「燕山夜話」を書き、暗に「大躍進」政策を批判した。毛沢東は、文化大革命で彼らに復讐した。

2-7　中ソ論争・「修正主義」批判

中共とソ連共産党の関係は、ソ連共産党第二〇回大会におけるフルシチョフのスターリン批判をきっかけとして革命の路線・「個人崇拝」問題・核戦争などをめぐって対立が拡大し、ソ連との亀裂が広がっていった。中共は、①フルシチョフのスターリン批判に反対し、スターリンの果たした積極的な役割を認めるべきと主張し、②ソ連の「資本主義陣営と社会主義陣営の平和共存」の呼びかけと「議会を通じての平和革命の道」を「修正主義」と批判し、「鉄砲から政権は生まれる」「暴力革命」あるのみと主張し、ソ連は中共を「教条主義」と批判した。③中共は、また、核兵器は「張り子の虎」であり、核戦争はおそれる必要はないと主張した。

一九五七年、モスクワで開かれた一二カ国共産党会議（「**モスクワ会議**」、一九五七・一一）で中ソ論争が始まったが、「**モスクワ宣言**」が発表された。毛沢東は、一九五七年八月のソ連によるＩＣＢＭ（大陸間弾道弾）実験の成功、一〇月の人工衛星打ち上げ成功から、「東風が西風を圧倒している」（「東風」＝社会主義陣営、「西風」＝資本主義陣営）との演説を行なった。この表現は、『紅楼夢』からとったものである。一九六〇年には、再度、世界共産党「モスクワ会議」が開催され、「**モスクワ声明**」が発表された。中ソ論争は、一九六〇年四月には公開論争となり、一九六三年の中ソ会談は決裂するに至った。

キューバ危機　一九六二年一〇月二二日、米第三五代大統領ケネディ（一九一七〜六三）はキューバにソ連の核ミサイル基地が存在することを発表し、海上封鎖を行なってソ連からキューバに向かっていたソ連船に対する臨検を行なうとした。核戦争が刻々と近づいているという緊張感に全世界が包まれた。ソ連はキューバに設置した核ミサイル基地の撤去を決め、キューバに接近していたソ連船を引き揚げさせ、危機は回避された。中共は、ソ連共産党が「アメリカ帝国主義の核威嚇に震え上がった」と批判した。毛沢東は一九五〇年代から、原子爆弾は「張り子の虎」で恐ろしくないと主張し、「中国人の三分の二が死んでも、その廃墟の上に新しい文明を築くだろう」とも語っていた。核兵器の破壊力を理解していなかったのであろう。

一九六四年一〇月一六日、中華人民共和国は核実験に成功し、核保有国となった。人口は、六億九一二二万〇一〇四人であった。一九六五年、中ソ和解・反米統一戦線を主張していた人民解放軍総参謀長**羅瑞卿**《らずいけい》（一九〇六〜七八）は失脚した。これは、文化大革命の布石であったという見方がある。

2-8　人民文学（一九五〇〜七六）と「思想闘争」

中華人民共和国成立後の文学を規定したのは、毛沢東の「文芸講話」（一九四二年）であり、文化大革命終了までの文学作品は「人民文学」とくくってよいだろう。共和国成立直前の一九四九年七月に開かれた「第一回全国文学芸術工作者代表大会」(文代)は、「文芸講話」を正しい方針と認めた。第二回文代(一九五三年九月)は、「社会主義リアリズム」を標榜した。

マルクス主義は「文化全般」をイデオロギー・思想ととらえることから、個々の文化現象のすべてが「イデオロギー闘争」の課題となり、中共は「文化」領域の個々の創作にまで中共の「指導」を貫徹させようとし、統制した。その代表例が、映画**『武訓伝』批判**(清末の教育者・武訓を描いた映画に対する毛沢東による批判。一九五一年)、**『紅楼夢研究』批判**(一九五四年)、**胡風**(一九〇二~八五)**批判、反右派闘争、「中間人物論」批判**等であった。マルクス主義の中には、文化・創作の自由を最大限尊重しようとする傾向と、「思想闘争」を強調し、「指導」を貫徹しようとする傾向があり、中国国内にも、胡風のように自由を唱える傾向もあったが、胡風批判は、中共における文化「指導」、統制傾向の絶対的な強さを示すものであった。この中で、官僚主義の実態を告発した**王蒙**《おうもう》(一九三四~)・**劉賓雁**《りゅうひんがん》(一九二五~二〇〇五)らも沈黙していった。

「人民文学」のテーマは、ほとんどが抗日戦争・対国民党革命戦争・新中国建設の奮闘・喜びなどであった。老舎は、新政府を讃える戯曲『竜鬚溝《ロンシューゴウ》』(一九五〇年)を書いた。人民文学の開拓者・趙樹理(一九〇六~一九七〇)は、『結婚登記』(一九五〇年)、『三里湾』(一九五五年)などを発表し、労働者出身の胡万春(一九二九~)は『骨肉』(一九五五年)を、高玉宝(一九二七~)は『高玉宝』(一九五五年)を書き、中共の革命史を描いた梁斌《りょうひん》(一九一四~九六)の『紅旗譜』(邦訳『燃え上がる大地』。一九五七年)、呉強の『真紅の太陽』(一九五七年)、曲波(一九二三~)の『林海雪原』(一九五七年)、柳青(一九一六~七八)の『創業史』(一九五九年、七七~七九年)、周而復《しゅうじふく》(一九一四~)の『上海の朝』(一九五八~八〇)、羅広斌《らこうひん》・楊益言の『紅岩』(一九六一年)などが発表された。文革直前の一九六五年には、金敬邁《まい》(一九三〇~)の『欧陽海の歌』が発表された。

一九六四年六月、現代京劇「**紅灯記**」、「**沙家浜**」が上演され、文化大革命期の革命現代京劇につながっていった。

一九六〇年代、中共とソ連との間では中ソ論争が行なわれており、中華人民共和国南方ではベトナム戦争が戦われ、インドネシアでは一九六五年九月三〇日、スハルト（一九二一～二〇〇八）ら軍部のクーデタにより、スカルノ大統領（一九〇一～七〇）が逮捕され、中共と関係の深かったインドネシア共産党は壊滅した。

3.「文化大革命」時期（一九六六～七六）

3-1　文革の過程

一九六五年一一月一〇日の**姚文元**（一九三一～二〇〇五）論文「新編歴史劇『海瑞《ずい》免官』を評す」は、「文化大革命」開始の狼煙《のろし》となった。

一九六六年二月、**彭真《ほうしん》**（北京市長。一九〇二～九七）ら「文化革命五人小組」は「**二月提綱**」（「文化革命五人組の当面の学術討論に関する報告提綱」）を作成したが、それは、毛沢東派から「**二月逆流**」と呼ばれ、「修正主義の綱領」と批判された。

一九六六年四月一八日『解放軍報』は、「社会主義文化大革命」を掲げ、六月六日『解放軍報』は、「プロレタリア文化大革命」を掲げた。姚文元は同年五月一〇日、「『三家村』を評す――『燕山夜話』『三家村札記』の反動的本質」を発表した。

毛沢東は、「**五・一六通知**」（五月一六日）で、文化大革命の目的は呉晗ら「反党反社会主義のブルジョア階級の代表人物」を批判し、これらの学術権威を保護している「党内の実権派」と闘争することとし、「文化大革命の綱領的文献」とされた。毛沢東は実はまだ本音をはっきりとは語っていなかったのだが、この「通知」によって「文化革命五人小組」と「二月提綱」は廃止され、中共政治局常務委員会のもとに「**中央文革小組**」（組長、**陳伯達**〈一九〇四〜八九〉。顧問、**康生**〈一八九八〜一九七五〉。第一副組長、**江青**〈一九一四〜九一〉。副組長、**張春橋**〈一九一七〜二〇〇五〉）が設置された。中共中央は五月二三日、彭真・**陸定一**（一九〇六〜九六）・羅瑞卿・**楊尚昆**（一九〇七〜九八）の党中央書記処候補書記を解任し、彭真の党北京市委員会第一書記、市長・陸定一の党中央宣伝部長を解任した。文革は、こうして毛沢東派による中共幹部批判・打倒の運動であることが鮮明になっていった。

北京大学哲学系党総支部書記で女性助手の**聶元梓**《じょうげんし》（一九二一〜）らは五月二五日、学長・党委員会書記らを批判する「**大字報**」（壁新聞）を貼り、北京大学当局を「三家村」の一味と批判した。毛沢東は、この大字報を「全国初のマルクス・レーニン主義の大字報」と激賞した。

北京の清華大学附属中学（中学・高校）に一九六六年五月二九日、はじめて毛沢東に忠誠を誓う「**紅衛兵**」組織ができると、全国各地の学校に結成されていった。

北京の学生たちは六月、「首都紅衛兵**五・一六兵団**」を結成し、周恩来攻撃を行なったが、江青が九月、「五・一六兵団」は「反革命組織」と批判した。

陳伯達は同年五月末、中共機関紙『人民日報』を奪権し、同年六月一日、「**四旧**」（旧思想・旧文化・旧風俗・旧習慣）の打破を掲げた。文革は、「四旧」とされた文化・文化財に対する破壊運動となり、知識人・作家などへの暴力的攻撃が広がっていった。

毛沢東は八月一日、清華附属中学紅衛兵に手紙を送り、「**造反有理**」（謀反には道理がある）とあおり、紅衛兵たちはこれをスローガンとして破壊活動に狂奔していった。中共八期一一中全会（八月一日〜一二日）会期中の八月五日、毛沢東は「**司令部を砲撃せよ――わたしの大字報**」を発表し、「一部の指導者」が「ブルジョア独裁を実行」していると、暗に劉少奇・鄧小平を批判した。八月八日、「**プロレタリア文化大革命についての決定**」（「一六カ条」）が採択された。この文書は、文革は「人びとの魂に触れる大革命」であり、「資本主義の道を歩む実権派を打倒」することが目的であるとした。この会議後の八月一八日、毛沢東は天安門前広場に「一〇〇万人」を集め、「閲兵」した（第一回**紅衛兵接見**）。

この集会に参加した全国から無賃乗車で集まってきた数万の「紅衛兵」たちは、八月二〇日、北京街頭に繰り出し、全国各地でつるしあげ・破壊活動を行なっていった。作家の**老舎**（一八九九～一九六六）と武漢大学学長・**李達**（一八九〇～一九六六）は、彼らにつるしあげられた末、八月二三日、死亡した。毛沢東は八月三一日、第二回紅衛兵接見を行ない、九月一五日、第三回紅衛兵接見を行なうなど、紅衛兵接見は第八回（一九六六・一一・二五～二六）まで行なわれた。紅衛兵たちは、軍服を着、軍帽をかぶり、「紅衛兵」と書かれた赤い腕章をつけ、『毛主席語録』を持ち、『毛主席語録』を暗唱し、毛沢東への忠誠を競い合って、対立・抗争していった。一二月四日には、彭真・羅瑞卿・陸定一・楊尚昆らが紅衛兵に逮捕された。

一九六七年一月、上海で張春橋・**王洪文**（一九三五～九二）ら「**造反**」派は大衆運動による「**奪権**」を行ない、中共上海市委員会を打倒し、「**上海公社**（コンミューン）」（一九六七・二・五成立）と呼ばれた。これに続き、造反派は各地で奪権を行ない、黒竜江省をはじめとして省・市などの委員会を打倒し、「三結合」（革命大衆・人民解放軍・革命幹部）による「**革命委員会**」（一九六七・一・三一「黒竜江省革命委員会」成立～）が設立されてゆき、一九六八年九月までに全国に設置された。四月一日、国家主席（一九五九～六八）**劉少奇**（一八九八～一九六九）はついに「中国のフルシチョフ」と名指され、文革の主要な打倒目標が明らかにされた。七月二〇日には、武漢軍区司令員・陳再道（一九〇九～九三）が造反派と対立し、「**武漢事件**」が発生した。

対外関係では、一九六六年八月二〇～二一日、北京の紅衛兵は**ソ連大使館**を三六時間包囲した。一九六七年八月三〜四日、文革に批判的で帰国しようとしていた日本共産党代表二名が北京空港で紅衛兵数千人によってつるしあげられ、暴行を受けるという**北京空港事件**が起こった。この紅衛兵の中には、日本人学生も含まれていた。同じ八月一六日には北京の紅衛兵が**イタリア通商代表**を**つるしあげ**る事件が発生し、同月二二日には「外交部の奪権」を掲げ、北京紅衛兵一万人による**イギリス代理大使館事務所乱入・放火事件**が起こった。

一九六八年二月、建国以前に存在していた内蒙古人民党が現在なお存続し、反革命活動を行なっているとされた「**内蒙古人民党**」事件により、三四万六〇〇〇人が迫害され、一万一六二二人が死亡した。

中共八期一二中全会（一九六八年一二月）は、中央委員九七名中、出席者は四〇名と過半数を割っているという異常事態だった。会議は、国家主席劉少奇を「叛徒・内奸・工賊」（裏切り者・スパイ・労働者階級の裏切り者）と断罪し、関係者として二万八〇〇〇人が連座した。中国革命をともに闘った戦友であったはずの劉少奇に対する毛沢東の憎しみの深さを示すものだった。劉少奇は、病中にもかかわらず移動させられた結果、一九六九年一一月一二日、河南省開封の獄中で死亡した。

一九六八年一二月二二日、毛沢東の「『知識青年の**上山下郷**』に関する指示」に基づき、知識青年が貧農・下層中農に再教育を受けるべきとの名目で計一六〇〇万人の学生が都市から農村に移動させられた。

一九六九年三月二日、ソ連国境のダマンスキー島（中国名「珍宝島」）で**中ソ軍事衝突**が発生した。中国軍三〇〇名が三月二日、ソ連側に奇襲攻撃を加えたもので、ソ連側に数十名の死者が出た。ソ連側はこれに対し三月一五日、報復攻撃を行なった。

四月、八全大会（一九五八年）以来一一年ぶりの「**中共九全大会**」（一九六九・四・一〜二四）が開催され、**林彪**《りんぴょう》（国防部長。一九〇六〜七一）が政治報告を行ない、「プロレタリア独裁のもとでの**継続革命**」論を唱えた。この報告は、毛沢東が起草したものだった。「毛沢東の親密な戦友」林彪が毛沢東の「後継者」と規定された。毛沢東は、従来の「アメリカ主敵」論ではなく「**ソ連が主敵**」との認識を示した。これは、その後の対米・対日接近政策につながっていった。一九六九年には、劉少奇に続き、**陶鑄**《とうちゅう》（政治局常務委員・副総理・中央宣伝部長、一九〇八～六九）・**賀竜**（政治局委員・軍事委員会副主席・副総理、一八九六～一九六九）らが獄死し、歴史学者・呉晗《ごがん》も「迫害の末、死亡」した。この大会時で、党員数は二二〇〇万人であった。一九六六年からここまでの三年間が文革中の文革であり、その後一九七六年までの七年間は文革と言ってもズルズルと引きずっただけの時期である。一九六九年には、人口は八億人になっていた。

軌道修正へ　一九七〇年三月、中共中央は武闘文革を解消するため、造反派「**五・一六兵団**」を「反革命陰謀集団」と切り捨て、摘発していった。林彪は、八月～九月に開かれた九期二中全会で「**毛沢東＝天才**」**論**を唱えたが、毛沢東はこれを警戒したとされる。

中共中央は同年六月、文革中機能していなかった大学の再開を決定し、「労農兵学員」（労・農・兵出身者）の無試験入学を認めた。同年一二月四日には湖南省党委員会が再建され、「革命委員会」から「省党委員会」にもどされていった。一九七一年には、黒竜江省党委員会が二九番目に再建された。しかし、迫害は続き、人民文学作家の趙樹理（一九〇六～七〇）は一九七〇年九月、「迫害の末、死亡」した。

「**林彪事件**」（一九七一・九・一三）　一九七一年九月、林彪が乗っている飛行機がモンゴルで墜落したとされる「林彪事件」が起こった。林彪らは同年二月、クーデタを計画、息子の林立果らは三月、「**五七一工程紀要**」（「五七一」《ウーチーイー》は「武起義」と同音、すなわち「武装蜂起」）を作成し、毛沢東を殺害する計画を立てたが、失敗し、九月一三日、飛行機で逃亡し、モンゴルで墜落し、死亡したとされているが、真相は不明である。

対米・対日接近　米第三七代大統領ニクソン（一九一三～九四、在任一九六九～七四）は、ベトナム戦争を打開するために社会主義陣営中ソの分断を追求し、中国への接近を策し、一九七一年七月、密かにキッシンジャー米大統領補佐官を中国に派遣した。この交渉の上に、ニクソンは一九七二年二月、訪中した。その動きを見た日本の田中角栄首相は一九七二年九月、訪中し、日中国交を樹立した。一九七八年には、米中国交も樹立された。

一九七三年八月、中共中央は林彪・陳伯達らの党籍を剥奪した。中共第一〇回大会（一九七三・八・二四～二八）が開かれ、張春橋・王洪文・姚文元ら文革派がリーダーシップを握ったが、「実権派」とされた**鄧小平**（中共総書記、一九〇四～九七）・**譚震林**《たんしんりん》（国務院副総理。一九〇二～八三）・**廖承志**（中共中央委員。一九〇七～八三）らも中央委員に選出された。中共一〇全大会は、党員数二八〇〇万人と発表した。一九七四年一月、江青らは「**批林批孔運動**」（林彪・孔子批判運動）を起こし、「孔子批判」の名目で周恩来を攻撃対象にした。江青・姚文元らは八月、毛沢東の指示に基づいて「**『水滸伝』批判運動**」を起こし、『水滸伝』の登場人物・宋江にあてこすって周恩来を批判した。元国防部長**彭徳懐**（一八九八～一九七四）は一一月、「迫害の末、死亡」した。

毛沢東の死と「四人組」逮捕（一九七六年）　一九七六年一月八日、周恩来が病死した。四月四日、清明節（墓参の日）前後に、天安門広場に数十万の人びとが集まり、周恩来の哀悼活動が行なわれた。五日、哀悼の花輪を撤去された大衆は憤慨し、民兵・警官と衝突し、「**四・五天安門事件**」（第一次天安門事件）が発生した。文革派に対する大衆的反発の表われであった。同年九月九日、毛沢東が死亡すると、一〇月八日、「**四人組**」（毛沢東夫人江青・張春橋・王洪文・姚文元）が逮捕され、文革の終結が宣言された。一〇年にわたる混乱の末、文革は破綻に終わったのである。

3-2　文革の特徴・本質

中国社会主義の第二期、「プロレタリア文化大革命」の時代は、中国社会の特質、中国共産党の農民党的体質、毛沢東個人の性格に深く規定されていた。

文革は第一に、中ソ論争の延長線上にあり、そこで問題となった「修正主義」者が中国国内にもいるとして攻撃対象とした「修正主義」批判の運動であった。文革とは、「修正主義」者、「党内の資本主義の道を歩む実権派」などと規定された劉少奇をはじめとする中国共産党指導部を毛沢東派が打倒する運動であった。

文革とは第二に、毛沢東の絶対的権威、毛沢東個人崇拝を確立・徹底する運動であった。当時、毛沢東自身、「スターリンには個人崇拝が足りなかったため、打倒されたのだ」という趣旨の発言をしていた。文革中の特に紅衛兵運動とは、毛沢東への忠誠を競いあう運動であり、紅衛兵集団間の抗争は、主としてそれに起因する抗争であった。「実権派」の打倒とは、日本の一部知識人が誤認・妄想したような「中国共産党の解体をめざした運動」ではなく、毛沢東に絶対的に忠実とは言えない中国共産党の解体をめざしたものであって、その後に毛沢東に絶対的に忠実な中国共産党の再建をめざしていた。

第三に、マオイズム（毛沢東思想）による各国共産党の建設とその指導、中国共産党の世界革命センター化をめざしていた。この中には、「ソ連共産党の革命性の喪失」と「中国共産党の革命性」という対比の強調と共に、強烈な中華思想が含まれていた。

第四に、「自由市場、自留地」などを「資本主義復活」ととらえ、個人の富裕化を即「資本主義復活」として否定する貧困肯定の思想があった。

第五に、中国経済の発展について、「農業は大寨《だいさい》」、「工業は大慶」をモデルとして、「革命が生産を促す」というスローガンに見られるように、「毛沢東思想」の浸透がそのまま自動的に生産の発展を保証するという精神主義的空想を抱いていた。

第六に、「四旧」（風俗・習慣・文化・思想）批判に見られるように、過去の文化の全面否定の上に新しい文化が建設できるという幻想があり、文化革命の名が冠せられたにもかかわらず、実体は文化の破壊にほかならなかった。

第七に、文芸創作の面では、「三突出」（①多くの登場人物の中では正面人物を突出させ、②正面人物の中では英雄人物を突出させ、③英雄人物の中では主要な英雄人物を突出させる）などの単純化が推進されたのであった。

いまだに「文革は民主主義運動だった」などと寝ぼけたことを書いているものもあるが、文革は毛沢東絶対権力の確立をめざし、毛沢東への忠誠を誓う前近代的・反民主的・暴力的運動にほかならなかった。

3－3　文革時期の文化

文革時期には、「四旧」批判の名において過去のすべての文化が否定された。作家で唯一肯定されたのは、魯迅だけであった。伝統劇については、「封建時代の帝王・将相（将軍・宰相）・才子・佳人」が主人公だったと批判し、革命的な英雄を主人公にすべきとの主張のもとに江青の肝いりで創作された**現代京劇「革命様板戯《ヤンバンシー》」**（模範劇）」（「智取威虎山」〈威虎山を智謀で攻略する〉、「奇襲白虎団」、「海港」）および バレー「白毛女」、「紅色娘子軍」、交響曲「黄河」などがつくられたが、ぎょうぎょうしく「革命精神」を讃えるだけの貧弱な結果に終わった。このほか、小説では浩然《こうぜん》（一九三二〜）が『金光大道』（一九七〇年）を発表できた程度であった。文芸理論としては、「三突出」が定式化された。

3－4　文革が生みだしたもの

文革が実行された結果、第一に、「修正主義」者・「実権派」＝党・政府の幹部、知識人、芸術家等が迫害され、「冤罪による死者数十万、被害者数千万、死傷者・身障者になった者数百万」（一九八〇年胡耀邦）とも、「死者四〇万人、被害者一億人」とも、「死者二〇〇〇万人、被害者六億人」とも言われる大規模な犠牲者を出した。第二に、一〇年間にわたる経済建設が停滞、混乱し、世界各国との経済的落差が開き、人民は窮乏にあえがざるをえなかった。第三に、寺院・文物など歴史的文化遺産が「四旧」批判の中で破壊された。その中には、誰が速く、多くレコード盤をたたきわれるかなどという競いあいもあった。第四に、中国共産党および国家機構の多くが機能麻痺に陥った。第五に、言論が暴力的に抑圧され、民主主義思想の発展が抑圧されたのだった。

こうした痛切な体験から、文革に深く思いをめぐらし、文革の誤りを繰りかえさず、中国社会の民主的発展をめざす思考も生まれたが、それは文革そのものがめざしたものではなく、歴史の弁証法なのである。文革中、日本ではマスコミ・知識人の大多数が文革を「史上空前の実験」と讃えたが、文革破産後、文革礼賛を真剣に反省した人は少数の例外を除いてほとんどいなかった。

4.「改革開放」時期（一九七八〜現在）

中国では、毛沢東の死亡、四人組の逮捕（一九七六年）後しばらくの間は、文革の論理を継承する立場から四人組批判が行なわれ、四人組の誤りは「修正主義」の誤りとされた。

中国は、改革開放方針の採択（一九七八年）により、外資の導入を認め、経済建設の合理化をめざし、人民公社を解体して毛沢東型社会主義と決別し、経済が発展した。しかし同時に、鄧小平・中共はまた「**四つの基本原則**」（①社会主義の道の堅持、②プロレタリアート独裁の堅持、③中国共産党の指導の堅持、④マルクス・レーニン主義、毛沢東思想の堅持）を強調し、思想の統制を行なって、民主化運動を弾圧し、今日に至っている。

4-1　改革開放の開始（一九七八〜一九九〇年代）

中共一一期三中全会（一九七八・一二）は、鄧小平を復活させ、「**改革開放**」方針を決定した。返り咲いた鄧小平は、壁新聞などで意見を発表する民主活動家たちを逮捕するとともに、**対ベトナム**「**自衛反撃戦争**」（一九七九・二〜三）をしかけた。そのねらいは、カンボジアの親中国ポル・ポト政権を追いつめていたベトナムに打撃を与え、東南アジアに対する中国の影響力を確保することにあり、中華思想に基づくベトナム侵略戦争にほかならなかった。

全国人民代表大会第五期第一回大会は一九七九年三月、憲法を改正し、人口抑制の「産児制限」(中国語では「計画出産」)を規定し、これ以後、「**一人子政策**」が推進された。

中共一一期五中全会(一九八〇・二・二三〜二九)は、文革最大の攻撃対象であった国家主席・劉少奇の名誉回復を決定し、文革そのものが誤りであることを明らかにした。

一九八一年一月、特別法廷は「**林彪・四人組裁判**」を行ない、主犯一〇名に死刑を含む有罪判決を下した。死刑判決を受けた(その後、終身刑に減刑)毛沢東夫人江青は一九九一年、自殺した。中共一一期六中全会(一九八一・六・二七〜二九)は、「**建国以来の党の若干の歴史問題に関する決議**」を採択し、文化大革命に対する否定的評価を確定し、毛沢東については「功績第一」、「誤り第二」、「功績七分、誤り三分」とし、四九年革命の成功を功績とし、文革の発動を誤りとした。

一九八二年、「**人民公社**」**廃止**(一九五八〜八二)が決定された。人口は、一〇億〇三九一万三九二七人であった。一九五〇年代以来、人口爆発は続いていた。人民公社の最終的な解体は一九九七年までかかった。農業は、個別農家による「**生産請負い責任制**」に切り替えられていった。

一九八九年六月四日、北京の天安門前広場で民主化を要求する学生・市民に恐怖した鄧小平ら中共指導部は人民解放軍を投入し、学生・市民たちに発砲し、軍事弾圧を行なった(「**六・四**」**軍事弾圧**)。一九九〇年には、人口は一一億四三六一万二二二六人であった。中華人民共和国で「改革開放」という名の経済政策が開始されたのは、建国後三〇年近くたってからで、経済面では顕著な成果をあげているが、政治面については今日なお中国共産党の絶対権力下にある。

4-2 「社会主義市場経済」から経済大国化へ

中共第一四回大会（一九九二年一〇月）は、「社会主義市場経済」を打ち出し、中共党国家主義体制下で市場経済を大胆に取り入れてゆくことを決定した。これにより、多数の外資企業を誘致し、株式市場の導入、会社の倒産の容認、労働力市場の形成、失業の容認などが行なわれた。農村労働力の都市への流入を阻止する機能を持っていた「糧票」（食料切符）などを廃止し、「外貨兌換券《だかん》」（外国人のみが中国内で使用できる紙幣）も廃止された。こうして、一九九〇年代には年率一〇％の経済成長が達成され、二〇〇〇年代には米・日につぐ経済大国となり、二〇一〇年にはGDPで日本を抜こうとしている。

一九九七年二月一九日、鄧小平は死亡した。一九九七年七月、イギリスから香港が返還され、一九九九年にはポルトガルから澳門《マカオ》が返還された。二〇〇一年一二月にはWTO（世界貿易機関）への加盟が実現し、高度経済成長が続いている。

4–3　文化

中国社会での文革の誤りの確認は、まず文革の被害者たちによる被害の訴えから始まった。文革中はその文化大革命という名にもかかわらず、大変お寒い状況にあった文学創作が息を吹きかえし、「**傷痕文学**」と呼ばれる文革中の心の痛手を表白した作品群が生み出され、これに続いて映画界でも、文革の悲惨さを描いた『**芙蓉鎮《ふようちん》**』や軽妙なタッチで文芸政策を批判した『**小巷名流**』（「横町の名士」、日本題＝「胡同《こどう》模様」）などが続々出てきた。

また、中共一一期三中全会で確定された改革・開放路線によって、従来の鎖国状態から対外開放に変化することによって、**外国のさまざまな文化**が流入したり、文化に対する中共の統制がゆるむにつれて、中共のイデオロギー的権威がゆらぎ、「『共産党がなかったら、新中国はなかった』〔歌曲題〕を歌うと、何と笑い声を出す人さえいる」（作家丁玲《ていれい》）と嘆かざるをえないような精神状況が大衆の間に生まれ、中共中央は一二期二中全会（一九八三・一〇）前後には、「**精神汚染**」**批判**キャンペーンに取りくんだが、大勢を変えることはできず、無駄な抵抗に終わった。

一九八〇年代末期に**王朔**《おうさく》**現象**と呼ばれるブームを作り出した作家王朔（一九五八〜）は、イデオロギーの徹底的な解体を追求し、ナンセンスなおしゃべりを楽しむシニシズムの作品群を作り出した。ここでは、中国共産党の権威性などというものは完全に無視された。ついで、**賈平凹**《かへいおう》（一九五二〜）の『**廃都**』が話題作となった。これは、精力絶倫な主人公の作家が次々に人妻やお手伝いさんなどと情事を重ねてゆくという一種の風俗小説であり、「現代の『金瓶梅』」と呼ばれるが、イデオロギーの解体を王朔よりもさらに一歩進めたものとなった。一九八〇年代後半には、蘇暁康らの『**河殤**《かしょう》』がテレビ放映され、中国人の中にある中華思想の問題にメスを入れた。中共は一九八九年の「六・四」以後、『河殤』批判キャンペーンを張った。

日本での文革認識の変化　山崎豊子の『**大地の子**』（一九九一年四月）は、主として文革を描いたものではないが、日本人の中国残留孤児問題の一コマとして文革があり、NHKによるテレビ・ドラマが成功したこともあって、広範な日本人に文革の実態の一端を報せる役割を担った。

5.「大国」意識と民族主義の高揚

二〇〇四〜〇五年に、反日運動が中国数都市で発生した。日中関係は一九七二年の日中国交回復以来、最悪の局面に立ち至った。二〇〇四〜〇五年は、一九九〇年前後以来の狭隘な中国民族主義高揚のピークを形成していた。

中国共産党・中国政府は、一九四九年の中華人民共和国成立から一九六〇年代末頃まではマルクス主義の立場から「日本軍国主義」と「日本人民」を区別し、「日本人民」も中国人民同様、「日本軍国主義」が起こした侵略戦争の被害者であったとする立場を一貫してとってきた。この期間に、中共・中国政府が日本の歴史教科書検定を批判したり、尖閣諸島の領有権を主張したり、日本政府閣僚の靖国神社参拝を批判したりしたことはなかった。ところが、鄧小平の改革開放政策以後、しだいに「国際連帯の思想」が薄れ、とくに一九九〇年代以降は、中共・中国政府はみずからの存在基盤として「愛国主義」を強調するようになり、さらには一九八九年天安門民主化運動と六・四軍事弾圧の前後の頃には中共・中国政府が盛んに強調していた「マルクス・レーニン主義、毛沢東思想の堅持」を含む「四つの基本原則」も、いつのまにかほとんど口にしなくなった。それにともなって、「日本人民」という表現が消え、中国人が日本を批判するさい、「支配者」と「被支配者」を区別しない「日本人」という表現を常用するようになり、「日本人」全体が侵略戦争の加害者であるという批判が強まり、テレビ・ドラマなどでは「滑稽な悪い日本人」像が増幅されていった。西安・西北大学での「日本人」であることを理由とした暴行事件、二〇〇五年四月反日運動における上海・北京での同じく「日本人」であることを理由とした暴行事件が、こうして引き起こされた。

中共十一期三中全会（一九七八・一二）は、中華人民共和国建国（一九四九・一〇）以来推進されてきたソ連型／毛沢東型社会主義の方向を根本的に転換し、改革開放路線を採用することにより、中国経済は飛躍的な発展をとげてきた。この経済力から生み出された「自信と誇り」が、その後の中国における現代民族主義の高揚の新しい基盤である。米軍による荷物検査を強要された中国船「**銀河号**」事件（一九九三年）、米軍機による**駐ユーゴスラビア中国大使館爆撃事件**（一九九九年五月八日）、海南島上空での中米飛行機接触墜落事件（二〇〇一年）、アメリカの台湾政策などが中国民衆の民族主義感情を刺激し、中米関係は九〇年代はずっとぎくしゃくし、それと同時に、香港復帰（一九九七年）、マカオ復帰（一九九九年）、ＷＴＯ（世界貿易機関）加盟（二〇〇一年）、北京オリンピック（二〇〇八年）などによって、中国の民衆の「民族的自尊心」は高揚した。

中国の経済的発展を動因として中国政府が今後も膨張主義を志向・追求することは、必然であろう。中国政府の資源追求衝動と連動した中国民衆の狭隘なナショナリズム（民族主義）が噴出しつづけることは避けられないものと見られる。東シナ海ガス田問題・尖閣諸島領有権問題などは、単なる領海・領土の主張をめぐる紛争ではなく、中国の強力なエネルギー資源獲得衝動を要因としている。

二一世紀初頭の中国は、二〇〇七年のサブプライム問題以降、世界経済に重要な影響力を持ち、歴史はかつての米ソ二大国時代（一九四五〜九一）に代わって、すでに米中時代に入りつつあると見られる。

「改革開放」は、中華人民共和国に空前の経済発展をもたらした一方、都市と農村、地域間に著しい経済格差を生みだし、また、ソ連型／毛沢東型社会主義時代には低水準ながら一定の社会保障があったが、改革開放時代には学費無償制度が崩壊して有償となり、医療制度も「基本医療」加入者三〇・四％、その他の医療保険制度二〇・八％、自費五四・八％（二〇〇三年）という有様であり、「社会主義」の名に値しない実態となっている。

中華人民共和国では、「革命」に権力の正当性の根拠を求める革命政権から国民に権力の正当性を求める国民政権への転換は、革命後六〇年たった今も行なわれていない。

6．中華人民共和国域内民族問題

6-1　チベット

中華人民共和国は一九五〇年一〇月、中国人民解放軍をチベットに派遣し、軍事占領した。中華人民共和国は、中華民国が達成できなかった「中華」領土目標の一部を実現したのであった。チベットの僧侶は、一九五八年以前にはチベット人口の一〇％だった。一九五八年、チベットには二六七六寺院があった。一九五九年には中国による支配に反対するチベット騒乱が発生し、ダライ・ラマ一四世はインドに亡命した。一九八七年九月にはラサで独立要求デモが発生し、一九八八年一〇月には、世界人権宣言記念デモが起こり、中国人民解放軍は発砲してこれを弾圧した。一九八九年三月にはラサで独立運動が起き、七月、中華人民共和国政府は戒厳令を敷いた。二〇〇八年にも騒乱が発生した。

6-2　新疆ウイグル自治区

中華人民共和国は、中華民国による新疆支配を継承した。一九六二年には、新疆イリ地区でウイグル族など六万余人がソ連に逃亡した（イリ事件）。一九九〇年四月には、東トルキスタン共和国の再興をめざすムスリム蜂起が起こり、一九九七年には新疆伊寧で独立運動が起こるなどしたが、いずれも鎮圧された。二〇〇〇年六月には、新疆ウイグル自治区で五名が「国家分裂罪」で処刑された。二〇〇九年七月五日には、ウルムチでデモが起こり、暴動化した。今日、「東トルキスタン・イスラーム運動」は、「テロ組織」とされている。現在、中華人民共和国にはイスラーム民族が一〇種あり、二〇〇〇年現在、中華人民共和国のイスラーム教徒は二〇三二万人で、全国のモスクは三万カ所以上であるという。

なお、マンジュ（満州）族の言語は、ほぼ失われ、新疆ウイグル自治区のシボ族などごく一部の人びとを除いてマンジュ語を話せるマンジュ人はいなくなった。

7. 「中国」の言語（「漢語」）

中華人民共和国は、「多民族国家」と規定され、五六の民族が存在するとされ、そのすべての言語が「中国語」と呼ばれることもあるが、常識的には「中国語」とは「漢族」の言語・「漢語」を指すと理解されている。中華人民共和国は、中華民国後期の「国語」に代わって北京語を母体とする「普通話《プートンホワ》」を定めて発音・声調を統一し、表音文字はローマ字を使用した「拼音字母《ピンイン》」を使用し、新たな簡体字を定めた。

「中国」域内で使用されるいわゆる「漢語」（通常、中国語と呼ばれる）については、次のような系統図があるとされている。

まず、「語系」（語族）としては、漢蔵語系（シナ・チベット語族）が漢台語群と蔵緬語群に分かれ、漢台語群には漢語、シャム・洞泰語族、ベトナム語・その他が属するとされ、蔵緬語群にはチベット語・彝《い》語族・緬甸《めんでん》（ビルマ）語・その他が属するとされている。

「漢語」は、八大「方言」（七大方言とも一〇大方言とも言われる）に分かれ、①北方方言（北京語）、②呉方言（上海語）、③粤《えつ》方言（広東語）、④客家《はっか》方言（広東・福建）、⑤贛《かん》方言（江西）、⑥閩《びん》北方言（福建北部）、⑦閩南方言（福建南部）、⑧湘方言（湖南）であるが、「方言」というのは、国家的統一性の要請という政治的なニュアンスが強く、たとえば北京語・広東語・上海語などの間ではまったく通じないほど違いが大きい。

漢字の字形は時代によって変化しており、①甲骨文字（亀甲獣骨文字、殷墟卜辞）、②金文（鍾鼎彝《い》器款識、鍾鼎文、古文、六国古文）、③大篆《てん》（籀《ちゅう》文。二二三字＋五三字。「籀文」は周の太史・籀《ちゅう》の作とされる）、④小篆（秦篆。秦代、『説文解字』に九三五三字）、⑤古隷（秦隷。秦代）、⑥隷書（八分。秦・漢代の竹簡）、⑦草隷、⑧行《ぎょう》書、⑨章草（漢代）、⑩草書（漢代）、⑪楷書（隋代・唐代）がある。

漢字には、「六書《りくしょ》」があり、①指事（上・下など）、②象形（日・月など）、③形声（江・河など）、④会意（武・信など）、⑤転注（考・老など。当て字）、⑥仮借《かしゃ》（令・長など。当て字）に分類される。『説文解字《せつもんかいじ》』の八〇%は、形声である。

「漢語」は、漢字一字を単位とする単音節性言語であり、文法的屈折がないので孤立語と呼ばれ、声調がある。声調のある言語は、中国語に限らず、アジア・アフリカ・アメリカ大陸など世界各地に存在する。「声調」は、陰平（一声、高平調）、陽平（二声、上昇調）、上声（三声、降昇調）、去声（四声、下降調）に分けられる。唐代に平《ひょう》上去入は頭音の清濁により陰陽二種に分かれた。なお、広東語《カントン》は九声、閩南語《びんなん》は七声など、かならずしもすべてが四声というわけではない。

中国語（漢語）の発音の歴史は、太古漢語（殷～西周）、②上古漢語（東周～三国）、③中古漢語（六朝～唐）、④中世漢語（宋～明）、⑤近代漢語（清～現代）に区分されている。

第24章　戦後台湾（一九四五～現在）

1．中華民国／国民党時期（一九四五～一九八八）

国民党到来（一九四五・一〇～）　一九四五年八月、日本が降伏すると、国民党は一〇月五日、台北に台湾省行政長官公署を設置し、一〇月一七日、国民革命軍は台湾上陸を始めた。一〇月二五日、日本軍の降伏受理式が行われた。中共との軍事抗争に敗れた国民党は一九四九年一二月九日、台湾の台北に中華民国政府を移転し、首都とした。人口は、二三〇〇万人、民族は大陸系台湾人（いわゆる「本省人」）八四％、いわゆる「外省人」（一九四九年に国民党とともに渡台した中国人）一四％、言語は国語（台湾中国語）・台湾語（閩南語《びんなん》）・客家語・各少数民族語で、識字率は九七・二％、宗教は道教が大部分で、仏教・儒教・一貫道・キリスト教・各少数民族宗教などがあり、通貨単位は新台幣《シンタイビー》（タイワン・ドル）である。

先住民　先住民人口は一九九八年現在、合計五〇万六五〇〇人、一四族（アミ一八万四八七五人・パイワン八万八八五五人・タイヤル八万〇五〇九人・タロコ二万六一〇四人・ブヌン五万一七八九人・ビナン一万一九八一人・ルカイ一万一九五三人・ツオウ六七五七人・サイセット五九二四人・ヤマ（タオ）三七八二人・サドク六七七四人・グマラン一二二九人・サチラヤ四八五人・サオ六九八人・未登録二万四八〇四人）とされる。

二・二八事件（一九四七年二月二八日）一九四七年二月、ヤミタバコを売っていた台湾人の老婆がヤミタバコ摘発隊に暴行を受け、怒った民衆が抗議したところ、憲兵隊が機銃掃射を行ない、数十名が死傷した。抗議は全島に広がり、「本省人」（台湾人）と「外省人」が衝突した。三月八日、国民党の国民革命軍増援部隊が台湾上陸を開始した。この事件で、「外省人」約四〇〇名が死亡し、「本省人」約二万八〇〇〇人が中国国民党軍に殺害されたという。これが、その後の台湾独立運動の出発点となった。

戒厳令（一九四九〜八七）中華民国政府は、「**動員戡《かん》乱《らん》時期臨時条款**」（一九四八〜九一）を制定し、総統権限を強化した。翌一九四九年には戒厳令が敷かれ、台湾は約三八年間、戒厳令のもとに置かれた。「大陸反攻」が国民党・国民政府の目標となり、中華民国憲法は棚上げされ、反共最優先で事実上の軍政が一九八〇年代後半まで維持された。

日華平和条約（一九五二年四月）中華民国は、日本と「日華平和条約」を締結し、戦後処理を行なうとともに日台関係を確保した。

米華相互防衛条約（一九五四・一二〜七九・一）アメリカは、米韓相互防衛条約（一九五四・一一〜現在）に続き、中華民国と「米華相互防衛条約」を結び、台湾を東アジア反共防衛ラインに組みこんだのであり、台湾は日台関係確保に続いて米台関係を確保したのである。同条約は、米中国交樹立（一九七九年）に伴い廃棄された。

金門島砲撃（一九五八・八〜一〇）中華人民共和国は一九五八年八月二三日〜一〇月二四日、台湾軍支配下の金門島への砲撃を行なったが、金門島を奪取することはできなかった。

国連脱退（一九七一年一〇月二五日）中華民国は、中華人民共和国の国連加盟が承認されたため、一九七一年一〇月二五日、国連を脱退した。日本は一九七二年九月、中華人民共和国と国交樹立に踏み切り、中華民国は日本と国交を断絶した。

蔣経国政権（一九七五～八八）　蔣介石は一九七五年四月五日、死去した。その子・蔣経国は同月、国民党主席となり、一九七八年三月、総統に就任した。米第四一代大統領レーガン（一九一一～二〇〇四、在任一九八一～八九）は一九八五年、台湾の民主化を勧告した。高雄《たかお》事件の指導者たちは一九八六年九月、台湾独立を掲げる**民主進歩党**（略称、民進党）を結成した。フィリピン革命、韓国の民主化という国際状況をうけ、一九八七年七月、三八年間も続いた**戒厳令**が解除された。一九八八年一月一日、「**報禁**」（報道の自由規制）が解除され、同月一三日、蔣経国は死去し、李登輝が同日、総統を継承し、同年七月、国民党主席を継承した。一九八九年一月二〇日、「**党禁**」（政党結成の自由規制）が解除され、台湾も民主化の時代に入った。

米中国交樹立（一九七九年一月）と「**台湾関係法**」（一九七九年四月）　アメリカは一九七九年一月、中華人民共和国との国交を樹立し、米台外交関係は断絶したが、同年四月、アメリカは国内法として「台湾関係法」を成立させ、台湾に対して軍事援助、経済・文化交流を継続した。

高雄《たかお》事件（一九七九年一二月）　一九七九年、台湾独立派は政府批判誌『美麗島《びれい》』（台湾を意味する）を発刊し、一二月一〇日、台湾南部の高雄市で国際人権デー記念集会を開催、三万人が集合し、デモを行なった。戒厳令下軍事法廷と一般法廷は指導者たちを「反乱罪」などで逮捕し懲役刑を科した。さらに、台湾では、独立派に対する国民党特務による白色テロが横行した。

2．李登輝《りとうき》政権による政治革命（一九九一～九六）

蔣経国のあとをついで総統となった李登輝（一九二三～。在任一九八八～二〇〇〇）は台湾人であり、日本統治時代には日本人という意識を持ち、京都帝国大学農学部の出身だった。彼は、着実に台湾化政策・民主化政策を推進し、国民党の「大陸反攻」目標を放棄し、「動員戡乱《かんらん》時期臨時条款」を廃止（一九九一年）した。

「中華民国」の民主化・台湾化（一九九一～九六）　国民大会代表選挙が一九九一年、台湾ではじめて実施された。続いて一九九二年には、立法委員の全面改選が行なわれた。一九九六年には、台湾ではじめての総統選挙が実施された。李登輝は、中国共産党からは台湾独立派と見なされ、中華人民共和国は選挙直前、台湾沖にミサイルを発射して威嚇したが（「台湾近海軍事演習」とされている）、李登輝は総統に当選した。李登輝は、台湾の民主化・台湾化を推進した。一九九一年から一九九六年の政治過程で国民大会代表・立法委員・総統が台湾のみから選出されたことによって、「中華民国」の政治的実体は大陸とは無関係となったという意味があった。李登輝政権がやったことは、台湾政治革命であったのである。

民進党政権（二〇〇〇～〇八）　続く二〇〇〇年総統選挙と二〇〇四年総統選挙では台湾独立を掲げる民主進歩党（民進党）の**陳水扁**《ちんすいへん》が当選し、八年間にわたって民進党政権時代が出現した。二〇〇八年総統選では、国民党の馬英九が政権を奪還した。

3. 戦後台湾文学

呉濁流《ごだくりゅう》は、戦後も『ポツダム科長』（一九四八年）、『アジアの孤児』（一九五六年）などを発表し、**鍾理和**《しょうりわ》（一九一五～六〇）は農民の生活などを描き、『**笠山農場**』などを書いた。国民革命軍将校・白崇禧《はくすうき》の息子、**白先勇**《はくせんゆう》（一九三七～）は回族であるが、モダニズムの手法を取り入れ、『**寂しい一七歳**』『**孽子**《げっし》』などを発表した。**陳若**《ちんじゃく》**曦**《ぎ》（一九三七～）は中華人民共和国に渡り、文化大革命の非人間的な実態を身をもって体験し、『**尹**《いん》**県長**』（一九七四年）を発表した。一九七七～七八年には、「**郷土文学**」論争が起こった。**黄春明**（一九三九～）には『**さよ**

なら再見』などがある。マルクス主義に関心を持った**陳映真**（一九三七～）は一九六八年、逮捕・投獄（七五年出獄）されたが、『**将軍族**』などを書いた。**王拓**（一九四四～）は、『**望君早帰**』など社会派の作品を発表した。雑誌『美麗島《びれいとう》』編集者・**楊青矗**《ようせいちく》（一九四〇～）は『**在室男**』などを発表した。高雄事件（一九七九年）が起こると、王拓・楊青矗らは逮捕・投獄された（八四年出獄）。また、恋愛小説作家・**瓊瑶**《チョンヤオ》（一九三八～）は、『**窓外**』などを書いた。

第25章　戦後南・東南アジア

欧米帝国主義諸国は、第二次世界大戦によって日本帝国主義を粉砕したあと、日本軍の侵攻によって失われたアジアの旧植民地を再所有しようとした。イギリスによるインド地域（ビルマを含む）支配は継続し、イギリスはさらにマレー半島・香港にもどってきた。アメリカはフィリピンに、フランスはインドシナへ、オランダはインドネシアに、ポルトガルは東ティモールにもどってきて植民地支配を再開しようとした。しかし、各地では民族主義が高揚し、独立運動が発展し、歴史を逆戻りさせることはできなかった。日本軍の東南アジア支配は、帝国主義的行動であったが、白人帝国主義支配を打破した点で現地住民に刺激と自信を与えたという側面もあったのだった。

１．南アジア

イギリス議会は第二次世界大戦終了後の一九四七年七月、インド独立法を可決し、一九四七年八月、イギリス連邦内の自治領として**インド**と**パキスタン**を分離・独立させた。ヒンドゥー教徒とイスラーム教徒の融和を訴えてきたガンディー（一八六九～一九四八）は一九四八年一月、急進的ヒンドゥー教徒によって暗殺された。

1-1　インド共和国（一九五〇～現在）

インド初代首相**ネルー**（ネール。一八八九～一九六四）は、土地改革・経済五カ年計画・非同盟政策などを推進した。インドは一九五〇年一月、王冠（イギリス王室）への忠誠を否定し、インド共和国を名乗った。同年同月に施行された「**インド憲法**」は、共和制・議会制・連邦制・カースト差別禁止・不可触賤民制廃止を定めた。インドとパキスタンとの間には一九四七～四九年、カシミールの帰属をめぐって戦争が起こり、国連の仲介で停戦した（**第一次印パ戦争**）。一九六二年一〇月、インドと中華人民共和国の間には国境紛争が起こり（**中印国境紛争**）、中国軍の優勢の中で停戦した。**第二次印パ戦争**（一九六五・四～九）は、国連安保理の停戦提案で終結した。**第三次印パ戦争**（一九七一・九～一二）は、インドの大勝に終わり、東パキスタンは事実上、分離独立を果たしたが、カシミール問題は解決しなかった。一九七一年の人口センサスでは、五億四八〇〇万人であった。

首都はデリー、人口は約一一億八六二〇万人（二〇〇八年）で、人口爆発が起こっている。民族はインド・アーリヤ系七二%、ドラヴィダ系二五%ほかで、憲法には二二言語が記され、その合計は九七%を占める。ヒンディー語（連邦公用語）四一%、ベンガル語八%、テルグ語七%、マラーティ語七%、タミル語六%、ウルドゥ語五%ほか、識字率六六・〇%、宗教はヒンドゥー教八一%、イスラーム教一三%、キリスト教二%ほか、通貨単位インド・ルピーである。

1-2　パキスタン（一九四七～現在）

パキスタン共和国（一九四七～五六、五八～現在）インドと同時に一九四七年八月、イギリス連邦内の自治領としてインドの東西に分立して成立した。「パキスタン共和国」は、ムスリム連盟の指導者であった**ジンナー**

（一八七六〜一九四八）がパキスタン初代総督（在任一九四七〜四八）となった。「パキスタン」という名称は、英印円卓会議（一九三二年）が開かれていたロンドンでムスリム国家の樹立を呼びかけていた留学生がイスラーム教徒の多いパンジャーブ、北西辺境州（アフガン州）、カシミール、シンドの各頭文字に「バルーチスタン地方」の「タン」を付けてつくられた「パクスタン」が起源で、ペルシア語（ウルドゥー語）の「パーキスタン」（清浄な国）に似ていたので採用されたとのことである。憲法は一九五六年三月、国名を「**パキスタン・イスラーム共和国**」（一九五六〜五八）と改称したが、一九五八年一〇月のクーデタによってパキスタン共和国にもどった。パキスタンは、インドとの間に宗教対立やカシミール帰属問題など領土紛争を抱えている。首都はイスラマバード、人口は約一億六六九七万人、民族はパンジャーブ人四四%、パシュトン人一五%、シンド人一四%、サライキ人一一%、ウルドゥ人八%など、言語はパンジャービ語四四%、パシュトゥー語一五%、シンド語一四%、サライキ語一一%、ウルドゥ語八%など、識字率は五四・九%、宗教はイスラーム教九六・一%、通貨単位はパキスタン・ルピーである。

1-3　**バングラデシュ人民共和国**（一九七一〜現在）

バングラデシュは、インド・パキスタンが分離独立したさいには東パキスタンであったが、独立を要求し、一九七一年、パキスタンから独立し、バングラデシュ共和国となった。「バングラ」は、「ベンガル」、「デシュ」は「国」を意味する。首都はダッカで、人口は約一億六一三二万人、民族はベンガル人（先住民・モンゴル系・ドラヴィダ系・アーリヤ系の混血）、公用語はベンガル語、識字率五三・五%、宗教はイスラーム教八六%、ヒンドゥー教一二%など、通貨単位はタカである。

1-4　**スリランカ**（セイロン。一九四八〜現在）

セイロンは一九四八年二月、イギリス連邦内「セイロン自治領」として独立したが、「シュリー・ランカ」と称するようになり、一九七二年、国号を「スリランカ共和国」と改称した。「スリランカ」とは、「光輝く島」の意である。一九七八年、「スリランカ民主社会主義共和国」に改称した。首都はスリジャヤワルダナプラコッテ、人口は一九四〇万人、民族はシンハラ人約八二%、タミル人約九%、ムーア人八%、公用語はシンハラ語・タミル語、識字率九一・五%、宗教は上座部仏教約七七%、イスラーム教八・五%、ヒンドゥー教約八%、キリスト教約七%、通貨単位はスリランカ・ルピーである。シンハラ人（仏教徒）とタミル人（ヒンドゥー教徒）の民族・宗教抗争が続いており、内戦で七万人以上が死亡したとされる。スリランカの輸出品は、紅茶・ゴム・ココナットである。

1-5　モルディブ共和国（一九六八〜現在）

インド南方のモルディブは一五五八年、ポルトガルに支配され、一七世紀にはオランダ東インド会社に支配され、一八八七年からはイギリスの保護国となった。一九六五年、スルタンを元首とする君主国として独立し、一九六八年、共和制に移行、イギリス連邦に加盟した。首都はマレ、人口は約三〇万人、民族はモルディブ人（シンハラ人・ドラヴィダ人・アラブ人などの混血）、識字率九七・〇%、宗教はイスラーム教徒（スンナ派）が中心で、通貨単位はルフィアである。約一二〇〇の島々からなり、海抜は最高でも二・四メートルしかないため、地球温暖化による水没が危惧されている。

1-6　ネパール連邦民主共和国（一九五一〜現在）

ネパールは、一八一四年にイギリスの保護国とされた。一九五一年、立憲君主制を宣言し、一九九〇年、国民主権の新憲法を制定し国王親政体制に移行したが、南米アンデス山脈の「輝ける道」グループの影響を受けたマオイスト（ネパール共産党毛沢東主義派）が活発に活動しており、二〇〇八年、王制が廃止され、毛派議長が首相となったが、二〇〇九年には統一共産党が連立政権を組織した。ネパール連邦民主共和国の首都は、カトマンズで、人口は約二八七六万人であり、民族はチェトリ族一五・五％、ブラーマン族一二・五％、マガール族その他約六〇あるとされ、言語は主としてネパール語、識字率は五六・五％、宗教はヒンドゥー教八一％、仏教一一％など、通貨単位はネパール・ルピーである。

1−7　ブータン王国（一九〇七〜現在）

ブータンは、一六一六年にチベットから到来した高僧が建国し、一七七二年に第一次対英戦争を行ない、一八六四年に第二次対英戦争を行ない、南部が英領インドに編入された。一九〇七年、世襲王制が確立され、独立国家として成立したが、一九一〇年、イギリスの保護領となった。ブータン王国は一九四九年、イギリスから独立した。立憲君主制、二院議会制で、二〇〇八年に初の国民議会選挙を実施した。首都はティンプーで、人口は六六万六〇〇〇人、民族はチベット系ブータン人五〇％、ネパール人三五％、先住民・移民一五・〇％、言語はヒンディー語・英語・ゾンカ語が公用語で、西部がゾンカ語、中央部がブムタン語、南部がネパール（ネパリ）語、東部はシャチョプ語であり、識字率は五五・六％、宗教はチベット仏教七四％、ヒンドゥー教二一％、通貨単位はニュルタムである。

2．東南アジア

2−1　ベトナム

ホー・チ・ミン（胡志明。一八九〇〜一九六九）は、フランス統治時代の一九三〇年、ベトナム共産党を結成し、日本軍統治下の一九四一年五月には「**ベトナム独立同盟**」（**ベトミン**）を結成して対日武装闘争を行なっていたが、日本の降伏後はふたたびベトナムにもどってきたフランスと戦った。

2−1−1　ベトナム民主共和国（北ベトナム。一九四五〜七六）　ホー・チ・ミン（一八九〇〜一九六九）は一九四五年九月、ハノイで独立宣言を発して「ベトナム民主共和国」を建て、初代大統領（在任一九四五〜六九）となってフランス軍と戦った（第一次ベトナム戦争、一九四六〜五四）。

2-1-2　ベトナム国（南ベトナム。一九四九〜五五）**と南北分割**（一九四九〜七五）　フランスは一九四九年、バオダイ（一九一四〜九七）を主席として「ベトナム国」（南ベトナム）を建てた。フランス軍と**ベトナム独立軍**との戦闘は、フランス軍の根拠地であったベトナム北西部の**ディエンビエンフー**（一九五四・五）が陥落し、一八カ国（米・英・ソ・仏・中華人民共和国・ベトナム民主共和国・ベトナム国など）が参加する**ジュネーブ国際会議**（一九五四・四〜七）で「**インドシナ**（**ジュネーブ**）**休戦協定**」（一九五四・七）が結ばれ、北緯一七度線を南北ベトナムの暫定境界線とした。フランス軍はベトナムから撤退した。

2-1-3　ベトナム共和国（南ベトナム、一九五五〜七五）　しかし、南ベトナムではゴ・ディン・ジエム（一九〇一〜六三）首相が一九五五年一〇月、インドシナ（ジュネーブ）休戦協定を無視し、バオダイを追放してベトナム共和国を樹立し、初代大統領（在任一九五五〜六三）に就任した。

ベトナム戦争（第二次ベトナム戦争、一九六一〜七五。約一五年間）**と南北統一**　アメリカは、「ベトナム共和国」（南ベトナム）を支援した。一九六一年、北ベトナム軍と「南ベトナム解放民族戦線」（一九六〇年一二月結成）が南北統一をめざして南ベトナム政府軍に対して内戦を起こすと、アメリカは東アジア反共戦略のもとで軍事介入し、一九六五年六月より北ベトナムへの「**北爆**」を開始し、第二次世界大戦でヨーロッパに投下された爆弾の三倍の量を北ベトナムに投下し、北ベトナムによる南ベトナム解放民族戦線への補給を断つため「オレンジ剤」（枯れ葉剤）を散布した。アメリカは、一九六五年からは地上部隊計五〇万人を投入したが、目的を達成することはできなかった。中ソは、対立を深めていたが、それぞれ北ベトナムを軍事支援した。一九六八年から和平会談が行なわれ、一九七三年一月、アメリカは和平協定に調印して、米軍は撤退した。この間に、ベトナム人三四〇万人が死亡し、米兵は二万五〇〇〇人が戦死した。ベトナム戦争は、米ソの「代理戦争」と言われたが、それは大国のみからの視点であり、ベトナムの独立・統一願望を無視した議論である。

2-1-4　ベトナム社会主義共和国　一九七五年、南ベトナムの首都サイゴンが陥落し、南北ベトナムは統一され、サイゴンは「ホーチミン市」と改称し、翌年、国号を「ベトナム社会主義共和国」（一九七六～現在）と改称した。首都はハノイ、人口は約八八五四万人、民族はキン族（ベトナム族）八六％ほか五三族、公用語はベトナム語、識字率は九〇・三％、宗教は仏教・儒教・道教・キリスト教など、通貨単位はドンである。

中越戦争（一九七九・二～三）　その後、ベトナムは隣国カンボジアのポル・ポト政権と軍事対立すると、一九七九年二～三月、中華人民共和国の鄧小平は、「自衛反撃戦争」と称してベトナム北西部に侵攻した。直接的な理由は、「ベトナムが中国の領土を侵犯した」というものだったが、中華人民共和国に忠実だったポル・ポト政権に対するベトナム軍の軍事攻撃に打撃を与えることが目的であり、そのさい用いられた「ベトナムに教訓を与える」という「大義名分」は、伝統的な大中華意識の発露であったと見られる。この戦争で、中越双方にそれぞれ数万の死者が出たと見られる。

ベトナムは一九八六年、「ドイモイ」（刷新）という方針を決め、新たな経済・社会建設を進めている。

2-2　カンボジア（一九五三～現在）

カンボジアは、一九五三年一一月、**ノロドム・シハヌーク**（シアヌーク、一九二二～）を首相・元首として独立した。王政社会主義を唱えたが、一九七〇年、ロン・ノル将軍（一九一三～八五）のクーデタによってシハヌークは追放され、内戦が始まった。「カンボジアの紅衛兵」とも言うべきフランス留学帰りの**ポル・ポト**（一九二五～九八）らの「**クメール・ルージュ**」（「赤いクメール」）は一九七六年、政権を掌握し、**民主カンプチア**を建てた。クメール・ルージュは、都市・貨幣などの消滅をめざして都市住民を農村に強制移動させ、一〇〇万人単位の国民を殺害したと見られる。こうした状況に対して、**ヘン・サムリン**（一九三四〜）らが反乱を起こし、ベトナムがこれを支援してポル・ポト政権を打倒し、一九七九年、政権を掌握した。一九九三年には新憲法が制定され、新生「カンボジア王国」となった。日本の文革礼賛学者の中には、ポル・ポトによる大量虐殺はありえないと否認する意見もあったが、その後、カンボジアでは大量虐殺の罪によりポル・ポト集団を裁く裁判が行なわれている。首都は、プノンペン、人口は約一四七〇万人、民族はクメール人九〇％、ベトナム人五％ほか、公用語はクメール語（カンボジア語）、識字率七六・三％、宗教は上座部仏教八五％、道教・儒教五％、通貨単位はリエルである。

2‐3　ラオス王国／ラオス人民民主共和国（一九四六〜現在）

一三五三年、ラーンサーン王国が建てられたが、一八世紀、ルアンプラバン・ビエンチャン・チャンパサクの三王朝に分裂し、一八世紀後半、タイの支配下に入った。一八九九年、フランス領インドシナ連邦に編入され、第二次世界大戦後の一九四六年四月、「ラオス王国」として独立し、一九五四年、ジュネーヴ協定によって完全独立が認められ、一九七五年一二月、「ラオス人民民主共和国」が建てられた。首都はビエンチャン、人口は五九六万二〇〇〇人、民族は低地ラオ族（ラーオルム）六八％、丘陵地ラオ族（ラーオトゥン）二二％、高地ラオ族（ラーオスーン）九％、公用語はラオス語、識字率七三・二％、宗教は仏教六七％、キリスト教一・五％、通貨単位はキープである。

2‐4　タイ王国（一九四五〜現在）

一七八二年、チャクリー王朝が成立し、現在に至っている。一九三二年、立憲君主制に移行、第二次世界大戦では対日協力した。一九四五年、「シャム王国」からタイ王国に改称した。「タイ」とは、「自由」の意である。首都はバンコク、人口は約六四三二万人、民族はタイ族系（シャム族・ラオ族）七五％、華人一四％ほか、言語はタイ語・英語、識字率九四・一％、宗教は上座部仏教九五％、イスラーム教五％、通貨単位はバーツである。一九七三年、学生革命でタノム軍事政権が打倒されたが、現在も紛争が続いている。

2-5　ビルマ連邦共和国／ミャンマー連邦（一九四八〜現在）

「**ビルマ連邦共和国**」は一九四八年一月、イギリス連邦を脱して完全独立を果たした。**ネ・ウィン**（一九一一〜二〇〇二）軍事政権は一九六二年三月、軍部クーデタを行ない社会主義化を宣言した。

ミャンマー連邦（一九八九〜現在）一九八八年、民主化運動が起こり、ネ・ウィンは引退したが、新たなクーデタが起こり、軍事政権が継続した。一九八九年、国号をミャンマー連邦と改称、首都はネーピードー、人口は四九二二万人、民族はビルマ族六九％、シャン族八・五％その他一三五族、言語は公用語ビルマ語（チベット・ビルマ語系）、シャン語（タイ語系）、モン・クメール語系、識字率は八九・九％、宗教は仏教七二・七％、通貨単位はチャットである。

2-6　マライ連邦／マレーシア連邦（一九五七〜現在）

マレー半島では、「**マライ連邦**」（一九五七・八〜六三・九）がイギリス連邦の自治領として独立し、その後、「**マレーシア連邦**」（一九六三・九〜現在）と国号を変更した。マレーシア連邦は、シンガポール・サバ・サラワクによって構成された。首都はクアラルンプール、人口は二七〇二万六〇〇〇人（シンガポールを除く）、民族はブミプトラ（マレー系と先住民）六五％、華人二六％、インド系八％、言語はマレー語ほか、識字率九一・九％、宗教はイスラーム教六〇・四％、仏教一九・二％、キリスト教九・一％ほか、通貨単位はリンギである。

2-7　シンガポール共和国（一九六五〜現在）

シンガポールはイギリス人によって一八一九年に開拓され、日本占領時代を経て再びイギリス植民地となり、一九五九年に自治権を得、「シンガポール自治州」となり、一九六三年に「マレーシア連邦」の一州となったが、一九六五年八月、分離・独立し、イギリス連邦内の共和国となった。人口は約四五〇万人、民族は華人約七六％、マレー系約一四％、インド系約九％、公用語は中国語・英語・マレー語・タミル語、識字率は九四・四％である。宗教は仏教約四三％、イスラーム教約一五％、キリスト教一六％、道教約九％、ヒンドゥー教四％、通貨単位はシンガポール・ドルである。

2-8　インドネシア

「インドネシア共和国独立宣言」と独立戦争（一九四五・八・一七～四九・八）　第二次世界大戦が終わると、オランダはインドネシアに帰ってきた。日本が連合軍に降伏した三日後の一九四五年八月一七日、ジャワのジャカルタにある**スカルノ**（一九〇一～七〇）家の前庭で「独立宣言」が行なわれ、「インドネシア共和国」が成立を宣言した。日本軍の降伏受理と武装解除にやってきたイギリス軍は、これを事実上の政府として認めたが、遅れて軍隊を送ってきたオランダは再植民地化をめざしてこれを認めず、「オランダ領インド民生部」を設置した。インドネシア人は一九四六年、「インドネシア共和国軍」を組織し、日本軍の武器を使用して四年間にわたってオランダ軍と武装闘争を遂行した。

インドネシア連邦共和国（一九四九・一二～五〇・八）　国連は二回にわたって調停を行なった結果、一九四九年一月、オランダの首都ハーグで「主権委譲ならびにオランダ・インドネシア連合に関する協定」が成立し、同年一二月、「オランダ・インドネシア連合」のもとに「インドネシア連邦共和国」が成立し、約三〇〇年にわたるオランダ植民地の歴史に終止符を打った。首都は、ジャカルタに置かれた。

インドネシア共和国（一九五〇・八・一七～現在）　インドネシアは一九五〇年八月、連邦制を改め単一共和国となり、国連に加盟した。インドネシア側は一九五六年二月には、「オランダ・インドネシア連合」を一方的に廃棄し、完全独立を達成した。人口は約二億二〇〇〇万人、民族はジャワ人五〇％、スンダ人二〇％、マドゥーラ人一〇％など三五〇種以上、国語はインドネシア語、識字率九一・四％、宗教はイスラーム教八八・一％、キリスト教八・七％、ヒンドゥー教一・八％など、主要通貨はルピアである。

一九六五年九月三〇日、大統領親衛隊がクーデタを起こした（**九・三〇事件**）。これに対して、陸軍戦略予備軍司令官**スハルト**はクーデタを鎮圧し、スカルノ政権を倒し、中共派のインドネシア共産党（一九二〇年結成）を弾圧し、一九六六年三月、大統領権限はスカルノからスハルトに委譲された（〜一九九八・五）。

2-9　フィリピン独立（一九四六〜現在）

フィリピンは戦後、アメリカの支配下にもどってしまったものの、一九四六年七月四日、アメリカ独立記念日にフィリピンの独立が宣言され、ロハス（一八九二〜一九四八）がフィリピン共和国の初代大統領に就任した。首都はマニラ、人口は八九六五万人、民族はマレー系（タガログ族二八％、セブアノ族一三％、イロカノ族九％、ビサヤ族八％、ヒリガイノン族八％、ビコラノ族六％など）、華人、スペイン系およびそれらの混血、少数民族などで、公用語フィリピノ語・英語で、そのほか一七〇以上の現地語、中国語、チャバカノ語（スペイン語系のクレオール語）・アラビア語があり、識字率は九三・四％、宗教はキリスト教九三％、イスラーム教五％など、通貨単位はフィリピン・ペソである。

アメリカは、フィリピンと「**米比軍事基地協定**」・「**米比軍事援助協定**」（共に一九四七年三月）を締結し、フィリピンに二三軍事基地を設置、「**米比相互防衛条約**」（一九五一・八）を締結した。弾圧されたフクバラハックは一九五〇年三月、「人民解放軍」（ＨＢＳ）を結成したが、フィリピン軍はこれを壊滅させる作戦を遂行した。一九九二年には、フィリピンから米軍基地は一掃された。

一九五六年七月、マグサイサイ政権のとき、フィリピン議会はサンフランシスコ条約を承認した。一九六五年、フェルディナンド・マルコス独裁政権が誕生した。一九八六年、「**ピープル・パワー**」（**民主革命**）が起こって独裁政権が打倒され、フィリピンの民主化が実現し、コラソン・アキノ政権（一九八六～九二）、フィデル・ラモス政権（一九九二～九八）、ジョセフ・エストラダ政権（一九九八～二〇〇一）、グロリア・マカパガル・アロヨ政権（二〇〇一～一〇）、ベニグノ・アキノ政権（二〇一〇～現在）と続いている。

2-10　ブルネイ・ダルサラーム国（一九八四～現在）

ボルネオ島西北部のブルネイには、一三世紀にブルネイ王朝が存在したが、一六世紀にヨーロッパ勢力が到来し、一八八八年にイギリスと保護協定を結び、一九〇六年、イギリスの保護国化し、太平洋戦争中は日本が占領していた。「ブルネイ」とは、サンスクリット語で「水上の建物」の意である。

一九五九年、イギリスから内政の自治を獲得し、一九八四年、イギリスから完全独立し、ブルネイ・ダルサラーム国となった。立憲君主制で、スンナ派イスラーム教徒が中心である。首都はバンダル・スリブ・ガワン、人口は三九万八〇〇〇人、民族はマレー人六六％、華人一一％、先住民六％、公用語はマレー語、識字率九四・九％、通貨単位はブルネイ・ドルである。独立後まもなく、イギリス連邦・アセアン（東南アジア諸国連合）・イスラーム会議機構・国連に加盟した。

2-11　東ティモール民主共和国（二〇〇二～現在）

ティモール島には、一六世紀以前には王国が乱立していたが、ポルトガル人が一六世紀前半に東ティモールに到来し、ティモール島を支配した。一七世紀半ばにはオランダ人が到来して西ティモールを占領したが、一七〇一年にポルトガルがティモール全島を領有した。一八五九年、ポルトガルとオランダは、オランダ領西ティモールとポルトガル領東ティモールに分割した。太平洋戦争中の一九四二年、日本は東ティモールを占領した。

日本が敗北すると、ポルトガルは東ティモールにもどってきた。インドネシア連邦共和国が一九五〇年にインドネシア共和国に移行し、西ティモールはインドネシア共和国領となり、一九七四年、ポルトガルは東ティモールから撤退した。インドネシアは一九七六年、東ティモールの内紛に乗じて東ティモールを併合した。東ティモールの独立派「フレティリン」（東テイモール独立戦線）は一九七五年、独立宣言をしたが、インドネシアは一九七六年、二七番目の州として併合した。一九九九年、直接住民投票の結果、東ティモールは分離独立を選択し、国連による暫定統治を経て二〇〇二年、独立した。首都はディリ、人口は一一九万二〇〇〇人、民族はメラネシア系（テトゥン族など）が大部分、公用語はテトゥン語、識字率は五八・六％、宗教はキリスト教九二％ほか、通貨単位は米ドルである。

2-12　東南アジア諸国連合（アセアン *ASEAN* 一九六五〜現在）

東南アジア諸国は一九六五年、地域協力機構として「東南アジア諸国連合」を結成した。当初は五カ国（インドネシア・マレーシア・シンガポール・フィリピン・タイ）だったが、一九九七年には一〇カ国（＋ブルネイ・ベトナム・ミャンマー・ラオス・カンボジア）に拡大した。

第26章　戦後西南・中央・北アジア

近現代社会では、一般に宗教よりも「民族」や「種族」がより強力な統合の観念となっているが、イスラーム教は「民族」や「種族」を超えた幅の広い統合力を持ち、北アフリカから東南アジアまで大きな力を発揮している。二〇〇九年現在、世界には一一億人のイスラーム教徒が存在する（インドネシア二億〇七〇〇万人、パキスタン一億六七四三万人、インド一億五六二五万人、バングラデシュ一億三二四五万人など）。

1. 西南アジア

1-1　アラビア半島

1-1-1　サウジアラビア王国（一九三二～現在）　第一次、第二次の両サウド王国（一八一八～一九世紀、一八三四～九一）を経て、アブドゥル・アジーズ王がリヤドを中心に近隣を掌握し、一九二四年、メッカ、一九二五年、ヒジャズを支配し、一九二七年、イギリスから完全独立を認められ、一九三二年、「サウジアラビア王国」（サウド家のアラビア）と改称した。首都はリヤドで、人口は約二五三〇万人、民族はアラブ人九〇％その他で、言語はアラビア語、識字率八五％、宗教はイスラーム教（スンナ派が八四％、その中でワッハーブ派が支配的。シーア派一〇％）九四％、通貨単位はサウジ・リアルである。アラビア半島の八〇％を領有する世界最大の産油国である。

1-1-2　アラブ首長国連邦（一九七一～現在）　アラビア半島のペルシア湾沿いの七首長国（君主国）（アブダビ、ドバイ、シャルジャ、アジュマーン、ウンム・ル・カイワイン、ラアス・ル・ハイム、フジャイラ）からなる。一九七一年、六首長国が集まり、連邦国家として独立した。首都はアブダビで、人口は四五〇万人、民族はアラブ系二二％・外国籍七三％（南アジア系五〇％・アラブ系二三％）で、宗教はイスラーム教七六％（スンナ派六三％、シーア派一三％）、キリスト教一一％、ヒンドゥー教七％、公用語はアラビア語で、識字率九〇・四％、通貨単位はディルハムである。

1-1-3　イエメン共和国（一九九〇～現在）　イエメンは、南北に分かれており、北イエメンには一九一八年、「イエメン王国」が成立し、一九五八～六一年にアラブ連合と連邦を結成し、一九六二年、クーデタで共和国を宣言した。南イエメンでは、イギリスの保護下で一九五九年、「六首長国」が「南アラビア首長国連邦」を設立し、一九六二年、「一〇首長国」が「南アラビア連邦」を結成し、一九六七年、「南イエメン人民共和国」と改称した。一九七〇年には、「イエメン民主人民共和国」と改称し、アラブで唯一の親ソ路線のマルクス・レーニン主義政権となった。一九九〇年、南北イエメンは統一し、「イエメン共和国」が成立した。首都はサナア（サヌア）、人口は二三〇七万人、民族は大部分がアラブ人、公用語はアラビア語、識字率五八・九％、通貨単位はイエメン・リアルである。

１-１-４　オマーン国（一七四九～現在）　オマーンには一七四九年、**サイド王朝**が成立し、一九世紀末、イギリスの保護国となった。一九七〇年、「マスカット・オマーン土侯国」から「オマーン国」に改称した。首都はマスカットで、人口は二六五万人、民族はアラブ人・バローチ人・インド系および黒人で、公用語はアラビア語、識字率八四・四％、宗教はイスラーム教八七％、ヒンドゥー教六％、キリスト教五％、通貨単位はオマーン・リアルである。

１-１-５　クウェート（一九六一～現在）　クウェートは一八九九年、イギリスの保護下に入り、一九一四年、自治保護領となった。一九六一年、立憲君主国として独立した。一九九〇年八月にはイラクに占領されたが、一九九一年二月、多国籍軍によって解放された。首都はクウェートで、人口は二九二万人、民族はクウェート人四五％・その他のアラブ人三五％・南アジア系九％・イラン人四％、公用語はアラビア語で、識字率九三・九％、宗教はイスラーム教八三％（スンナ派五八％、シーア派二五％）、キリスト教一三％、ヒンドゥー教三％、通貨単位はオマーン・リアルである。

１-１-６　バーレーン王国（一九七一～現在）　バーレーンは一八八〇年、イギリスの保護国となり、一九七一年、独立した。首都はマナーマで、人口は七七万人、民族はアラブ人六七％のほか、インド人・パキスタン人など、公用語はアラビア語で、識字率は八八・八％、宗教はイスラーム教八一％（シーア派五八％、スンナ派二三％）、キリスト教九％、通貨単位はバーレーン・ディナールである。

1‐1‐7　カタール国（一九七一～現在）　カタールは一九一六年、イギリスと保護条約を締結し、その支配下に入った。一九七一年、完全独立を宣言した。首都はドーハで、人口は八六万人、民族はアラブ人四〇％・インド人一八％・パキスタン人一八％・イラン人一〇％などで、公用語はアラビア語、識字率九〇・二％、宗教はイスラーム教八三％（スンナ派七三％、シーア派一〇％）、キリスト教一〇％など、通貨単位はカタール・リアルである。

1‐1‐8　アラブ諸国連盟（一九四五～現在）　アラブ七カ国（エジプト・レバノン・シリア・イラク・ヨルダン・サウジアラビア・イエメン）は一九四五年三月、アラブ諸国民の主権擁護・相互協力を目的としてアラブ諸国連盟を結成した。アラブ民族主義の中核となり、その後リビア・チュニジア・モロッコ・アルジェリア・スーダン・クウェートなどが参加した。

1‐2　パレスチナ～イラク

1‐2‐1　イスラエル国（一九四八～現在）　ユダヤ人は一八九七年の第一回シオニスト大会以来、シオン（イスラエルの聖地）に復帰し建国しようという**シオニズム運動**を行ない、パレスチナに入植を開始していたが、一九四八年五月、「**イスラエル**」を建国した。人口七一一万人、民族はユダヤ人七六％、アラブ人二〇％、公用語はヘブライ語・アラブ語、識字率九五・六％、宗教はユダヤ教七六％、イスラーム教一六％その他、通貨単位は新シェケルである。

1‐2‐2　パレスチナ問題　国連総会は、イギリスの委任統治終了後にパレスチナをユダヤとアラブの両国家に分割する「**パレスチナ分割案**」（一九四七年一一月）を決議した。ユダヤ人はこのとき、第一次世界大戦後のパレスチナ移植によって人口は三分の一、所有地六％になっていたのだが、アメリカはユダヤ人にパレスチナの土地の五六・五％を与えることを主張し、アラブ側はこれを拒否した。

パレスチナ戦争（**第一次中東戦争**。一九四八・五〜四九・三）アラブ側は、イスラエルと闘ったが大敗し、イスラエルはパレスチナ分割案以上の土地を獲得した。この戦争ののち、イスラエルから追い出されたアラブ人は一〇〇万人に達した。ついで、**スエズ戦争**（**第二次中東戦争**。一九五六・一〇〜五七・三）の結果、七〇万人が難民となった。パレスチナ人たちは一九六四年、ＰＬＯ（パレスチナ解放機構）を設置した。**第三次中東戦争**（六日間戦争。一九六七年六月）では、イスラエルはエジプト・シリア・ヨルダンを先制攻撃し、支配地域を五倍に拡大した。**第四次中東戦争**（一九七三年一〇月）は、エジプト・シリア両軍は奇襲によってスエズ運河東岸に進出したが、結果はイスラエルの勝利に終わった。

「パレスチナ」独立宣言（一九八八年）パレスチナ人たちは一九八八年、国家の実態は備えていないものの「パレスチナ」の独立を宣言した。パレスチナ域内人口は四一四万九〇〇〇人、民族はアラブ系パレスチナ人とユダヤ人、言語はアラビア語、識字率は九二・四％、宗教は主にイスラーム教でキリスト教徒もいる。二〇〇六年現在、内外のパレスチナ難民の合計は約四四五万人に達している。パレスチナでは、今日なお凄惨な抗争が続いている。パレスチナは、二〇〇〇年前にはユダヤ人の居住地であったが、その後、アラブ人が二〇〇〇年にわたって居住したことを考えれば、適切な配分が行なわれてしかるべきだろう。

1-2-3　トランスヨルダン王国／ヨルダン・ハシミテ王国（一九四六〜現在）ヨルダンは第一次世界大戦後、イギリスの委任統治領となった。一九二三年、メッカの太守だったハシム家のアブドラが迎えられて「トランスヨルダン王国」が成立し、一九四六年に独立した。一九四八年、第一次中東戦争でヨルダン川西岸を併合し、一九四九年に国名を「ヨルダン・ハシミテ王国」と改称した。首都はアンマンで、人口は六一二万人、民族はほとんどアラブ人で、アラビア語が公用語、識字率九三・一％、宗教はイスラーム教スンナ派が約九四％、通貨単位はヨルダン・ディナールである。

1-2-4　シリア・アラブ共和国（一九四六〜現在）　シリア王国は、一九一八年にオスマン・トルコから独立し、一九二〇年にフランス委任統治領とされ、一九三六年に自治が認められ、一九四六年、「シリア共和国」として独立し、一九五八年にエジプトと合邦して「アラブ連合共和国」となったが、一九六一年に分離した。一九七〇年、アサド国防相はクーデタを行ない、翌一九七一年、大統領に就任した。首都はダマスカス、人口は二〇四五万人、民族はアラブ人九〇・三%ほかで、公用語はアラビア語、識字率八三・一%、通貨単位はシリア・ポンドである。

1-2-5　レバノン共和国（一九四三〜現在）　レバノン共和国は第一次世界大戦後、シリアの一部としてフランスの委任統治下に入ったが、一九四三年に完全独立し、一九四五年、アラブ連盟に加入した。一九七五年には、キリスト教徒とイスラーム教徒の内戦が発生し、一九八二年にはイスラエル軍が侵攻し、一九八五年に撤退した。首都はベイルートで、人口は約四一四万二〇〇〇人、民族はアラブ人九五%、アルメニア人四%で、公用語はアラビア語、識字率八七・四%、宗教はイスラーム教徒（シーア派三四%、スンナ派二一・三%ほか）五五・三%、キリスト教各派合計三七・六%、通貨単位はレバノン・ポンドである。

1-2-6　イラク王国／イラク共和国（一九二一〜現在）　イラクは第一次世界大戦後、イギリスの委任統治領となり、一九二一年、「イラク王国」が建設され、一九三二年、独立した。一九五八年にはクーデタが起こり、共和制に移行した。首都はバグダット、人口は二九五〇万人、民族はアラブ人八〇%、クルド人一五%ほかで、公用語はアラブ語、クルド人地域はクルド語、識字率七四・一%、宗教はイスラーム教シーア派六二%、スンナ派三四%などである。

一九六八年にはバース党と軍部によるクーデタが起こり、一九七九年、フセインが大統領に就任、対イラン戦争が起こった（一九八〇〜八八年**イラン・イラク戦争**）。イラン・イラク戦争では、大量の毒ガスが使用された。

イラク軍は一九九〇年八月、クウェートを占領したが、アメリカはじめ多国籍軍は一九九一年一月、対イラク戦争を起こし、二月、クウェートを解放した。この戦争では、米軍の最先端兵器が使用され、現代兵器の進化が誇示された。米英軍は二〇〇三年三月、「大量破壊兵器査察」問題を理由として対イラク戦争を開始、四月、バグダットは陥落し、フセイン政権は崩壊した。しかし、「大量破壊兵器」は発見されなかった。「誤報」（意図的であったかどうかは別として）に基づく戦争であった。その後も米軍とイラク武装勢力との抗争は続き、二〇〇七年までに推定イラク人一五万人が死亡し、大量の避難民が発生した。

1-3　イラン／イラン・イスラーム共和国（一九三五～現在）

ペルシアは一九〇六年、カジャール朝の時期に立憲君主国となり、一九一九年、イギリスの保護国となり、一九二五年、パフレヴィー王朝が成立し、一九三五年、国号をイランとした。一九七九年、ホメイニ師を最高指導者とする「イスラーム共和国」に移行した。首都はテヘラン、人口は七二二一万人、民族はペルシア人五一％、アゼリ人二四％ほか、公用語はペルシア語、そのほかアゼルバイジャン語・クルド語・アラビア語・バローチ語・トルクメニスタン語、識字率八四・七％、宗教はイスラーム教シーア派九〇％、スンナ派六％、ゾロアスター教三％などである。一九八〇年、イラク軍がテヘランを爆撃し、**イラン・イラク戦争**となった。

1-4　アフガニスタン・イスラーム共和国

アフガニスタンは一七四七年、ペルシアから独立し、**第二次アフガン戦争**（一八八〇年）でイギリスの保護領となったが、**第三次アフガン戦争**（一九一九年）で独立し、一九七三年、国王を追放して共和制に移行し、一九七九～八九年にソ連の軍事介入を受けた。一九九四年、「タリバン」が設立され、一九九八年、政権を掌握した。アメリカは二〇〇一年一〇月、ニューヨーク世界貿易センタービルに対する「九・一一テロ」を理由としてタリバン攻撃を開始し、一二月、タリバン政権は崩壊したものの、二〇一〇年現在なお戦闘は継続している。首都はカブール、人口は二八二三万人、民族はパシュトゥン人四二％、タジク人二七％、ハザラ人九％、ウズベク人九％ほか、公用語はダリ語（ペルシア語とほぼ同じ）・パシュトゥー語、識字率は低く、二八％（男四三％・女一三％）にとどまる。宗教はイスラーム教シーア派九〇％、スンナ派六％、ゾロアスター教三％などで、通貨単位はアフガニーである。

1-5　トルコ共和国（一九二三～現在）

トルコ共和国は、首都アンカラ、人口は約七五八三万人、民族はトルコ人が大半で、クルド人一〇〇〇万人以上、そのほかアラブ人・アルメニア人・ギリシア人・ユダヤ人など、言語は公用語トルコ語のほか、クルド語・ザザ語・アゼルバイジャン語・カバルダ語を使用、識字率は八八・七％、宗教はイスラーム教九七％（スンナ派六七％、シーア派三〇％）など、通貨単位は新トルコ・リラである。

1-6　アラブ連合共和国／エジプト・アラブ共和国（一九二二～現在）

第一次中東戦争（一九四八～四九）でイスラエルに敗れたエジプトでは、一九五二年には自由将校団による「**エジプト革命**」が起こり、一九五三年に国王を追放して共和国が樹立され、**ナセル**が一九五四年に政権を握った。一九五六年、スエズ運河の国有化を宣言したが、スエズ動乱（第二次中東戦争）が発生した。一九五八年には、シリアと合邦して「アラブ連合共和国」を成立させたが、一九六一年に解消した。一九六七年にも第三次中東戦争（六日戦争）で敗北し、シナイ半島とガザ地区を失った。一九七一年、国号を「エジプト・アラブ共和国」と改称、第四次中東戦争（一九七三年）でイスラエルと交戦し、スエズ運河を奪還した。一九七九年には、イスラエルと平和条約を締結し、一九八二年にシナイ半島の大部分が返還された。

首都はカイロ、人口は七六八四万人、民族はエジプト人（アラブ系）九九％その他で、公用語はアラビア語、識字率七二％、宗教はイスラーム教八四％（大部分スンナ派）、キリスト教一五％などで、通貨単位はエジプト・ポンドである。

1―7　キプロス共和国（一九六〇～現在）

イギリスは一八七八年、トルコからキプロスの行政権を奪い、一九二五年、植民地とした。第二次世界大戦後、ギリシア系住民がギリシアへの併合を要求する反英闘争が起き、ギリシア・トルコ両国が介入し、一九六〇年、独立した。しかし、トルコ系住民とギリシア系住民の対立が激化し、ギリシア軍とトルコ軍が介入し、分裂状態に陥った。首都はニコシア、人口八六万三〇〇〇人、民族は南部でギリシア系が八〇％、トルコ系が一一・一％、北部でトルコ系が九八・三％、北部の公用語はトルコ語、南部の公用語はギリシア語、識字率は九七・七％、通貨単位はユーロである。

2．中央アジア

2―1　旧ソ連地域

2―1―1　トルクメン・ソヴェート社会主義共和国／トルクメニスタン（一九二四～現在）　ロシア革命後の一九二四年、「トルクメン・ソヴェート社会主義共和国」が成立し、ソ連の一員となった。一九九一年、「トルクメニスタン」と名乗って独立、首都はアシハバード、人口五〇三万人、民族はトルクメン人八五％、ウズベク人五％、ロシア人四％、公用語はトルクメン語、識字率は九九・五％、宗教はイスラーム教（大部分スンナ派）、通貨単位はマナトである。「スタン」とは、ペルシア語起源で「土地、国」の意である。

2―1―2　ウズベク・ソヴェート社会主義共和国／ウズベキスタン共和国（一九二四～現在）　ロシア革命後の一九二四年、「ウズベク・ソヴェート社会主義共和国」が成立し、一九二五年、ソ連の一員となった。一九九一年、独立を宣言し、「ウズベキスタン共和国」と改称した。首都はタシケント、人口二七七万人、民族はウズベク人八〇％その他、公用語はウズベク語、識字率九六・九％、宗教はイスラーム教（スンナ派が中心）七六・二％その他、識字率九六・九％、通貨単位はスムである。

2‐1‐3　タジク・ソヴェート社会主義共和国／タジキスタン共和国（一九二九～現在）　ロシア革命後の一九二四年、「ウズベク・ソヴェート社会主義共和国」内にタジク人の自治共和国が設置されたが、一九二九年、「タジク・ソヴェート社会主義共和国」となり、ソ連の一員となった。一九九〇年、「タジキスタン共和国」と改称し、一九九一年、独立を宣言した。首都はドゥシャンベ、人口六八四万人、民族はタジク人八〇％、ウズベク人一五％など、公用語はタジク語で、識字率九九・六％、宗教はイスラーム教八四％（スンナ派七九％・シーア派五％）ほか。通貨単位は、ソモニである。

2‐1‐4　キルギス・ソヴェート社会主義共和国／キルギス共和国（一九三六～現在）　キルギスはロシア革命後の一九一八年、「ロシア共和国」の一部となり、一九二四年、「ロシア連邦共和国」の一自治州となり、一九二六年、「キルギス自治共和国」一九三六年、「キルギス・ソヴェート社会主義共和国」としてソ連の一員となった。一九九一年、独立を宣言し、「キルギスタン共和国」と名乗り、一九九三年、「キルギス共和国」と改称した。首都はビシュケク、人口五五〇万人（二〇〇九年）、民族はキルギス人六五％、ウズベク人一四％、ロシア人一三％など、公用語はキルギス語・ロシア語で、識字率九九・三％、宗教はイスラーム教（大部分スンナ派）六一％、キリスト教一〇％ほか。通貨単位は、ソムである。二〇一〇年現在、キルギス人とウズベク人の民族抗争が激化している。

2‐1‐5　カザフ・ソヴェート社会主義共和国／カザフスタン共和国（一九二六～現在）　ロシア革命後の一九二〇年、「ロシア共和国」内の「自治共和国」になり、一九三六年、「カザフ・ソヴェート社会主義共和国」としてソ連の一員となった。一九九一年、独立を宣言し、「カザフスタン共和国」と改称した。首都はアスタナ、人口一五五三万人、民族はカザフ人五七％、ロシア人二七％など、公用語はロシア語で、識字率九九・六％、宗教はイスラーム教（大部分スンナ派）四三％、キリスト教一七％、無宗教二九％。通貨単位は、テンゲである。

2-1-6　アゼルバイジャン共和国（一九二〇〜現在）　ロシア革命後の一九二〇年、「アゼルバイジャン・ソヴェート社会主義共和国」が樹立され、一九二二年、グルジア・アルメニアとともに「ザカフカス・ソヴェート社会主義連邦共和国」としてソ連の一員となった。一九九一年、「アゼルバイジャン共和国」と改称した。首都はバクー、人口は八五三万人、民族はトルコ系のアゼリ人九一％ほかで、公用語はアゼルバイジャン語、識字率九九・四％、宗教はイスラーム教八四％（シーア派五九％、スンナ派二五％）、無宗教一一％などで、通貨単位は新マナトである。

2-1-7　アルメニア・ソヴェート社会主義共和国／アルメニア共和国（一九二〇〜現在）　ロシア革命後の一九二〇年、「アルメニア・ソヴェート社会主義共和国」が樹立され、一九二二年、グルジア・アゼルバイジャンとともに「ザカフカス・ソヴェート社会主義連邦共和国」としてソ連の一員となった。一九九〇年、「アルメニア共和国」と改称した。首都はエレバン、人口は三〇〇万人、民族はアルメニア人九八％ほかで、公用語はアゼルバイジャン語、識字率九九・五％、宗教はキリスト教八四％ほかで、通貨単位はドラムである。

2-1-8　グルジア・ソヴェート社会主義共和国／グルジア共和国（一九二一〜現在）　グルジアは、一九世紀にロシア帝国に併合されていたが、ロシア革命後の一九一八年、メンシェヴィキが独立を宣言し、一九二一年、赤軍が侵入し、「グルジア・ソヴェート社会主義共和国」を宣言、一九二二年、ソ連に加盟、一九三六年、ソ連邦構成共和国の一つとなった。一九九〇年、「主権宣言」を採択し、「グルジア共和国」と改称した。一九九一年、独立を宣言し、一九九三年、「独立国家共同体」（ＣＩＳ）に参加した。首都はトリビシ、民族はグルジア人八三・八％その他、公用語はグルジア語、宗教はキリスト教八八・六％、通貨単位はラリである。

3．北アジア

3-1　モンゴル人民共和国／モンゴル国（一九二四～現在）

一九二四年、「モンゴル人民共和国」が成立し、一九九二年、新憲法が制定され、「モンゴル共和国」と改称した。首都は、ウランバートルで、人口二六五万三〇〇〇人、民族はハルハ人八二％ほか、公用語はモンゴル語で、識字率九七・三％、宗教はチベット仏教五〇％、シャーマニズム六％、イスラーム教四％、通貨単位はトグロクである。

3-2　ソ連／ロシア連邦（一九二二～現在）

ロシア革命（一九一七年）後、「ソヴェート社会主義共和国連邦」（ソ連。一九二二年）が成立し、第二次世界大戦終了後は「資本主義」対「社会主義」という体制間矛盾による「米ソ対立」時代が続いていたが、過大な軍事費負担にあえぎ、農業政策の失敗、軍事に偏重した科学技術政策の歪みなどから経済発展に遅れをとった。また、スターリン死後、フルシチョフはスターリン批判を行なったが、ソ連共産党の一党独裁体制は変えようとしなかった。**ゴルバチョフ**（一九三一～）は「米ソ対立」を解消しようとし、「新思考」、**ペレストロイカ**を打ち出し、一九九〇年には大統領制を導入し、ソ連初代大統領に就任し、憲法を改正して一党独裁を放棄し、ソ連の民主化を推進した。一九九一年のロシア共和国大統領選挙では、**エリツィン**（一九三一～二〇〇七、在任一九九一～九九）が勝利し、ソ連・東欧の経済協力機構コメコン（一九四九～一九九一）を解散、ワルシャワ条約機構も解体した。ヤナーエフら「保守派」は、「社会主義体制」・「ソ連共産党」が危機にあるとの意識から一九九一年八月、クーデタを決行したがお粗末にも失敗し、最初にして最後のソ連大統領（在任一九九〇～九一）・ソ連共産党書記長ゴルバチョフはソ連共産党を解散させ、一二月、大統領を辞任してソ連は消滅した。グルジアを除く旧ソ連加盟一一カ国は「独立国家共同体」（ＣＩＳ）を創設し、「ロシア共和国」は一九九二年、国号を「ロシア連邦」に改めた。

連邦は、①中央連邦管区、②北西連邦管区、③南部連邦管区、④沿ヴォルガ連邦管区、⑤ウラル連邦管区、⑥シベリア連邦管区、⑦極東連邦管区からなり、①②はアジア地域に入らないが、アジア地域計二一共和国（アドゥイゲ、ダゲスタン、北オセテイア・アラニア、カバルディノ・バルカン、カルムイキア、カラチャイ・チェルケス、イングシェティア、チェチェン〈以上、③〉、バシコルトスタン、マリ・エル、モルドヴィア、タタールスタン、ウドムルト、チュヴァシ〈以上、④〉、アルタイ、ブリャート、トゥーヴァ、ハカシア〈以上、⑥〉、サハ、ユダヤ〈以上、⑦〉が加わっている。

首都はサンクトペテルブルグ、人口は一億四一七八万人、民族はロシア人八〇％など一〇〇種以上存在し、言語は連邦公用語はロシア語で、連邦構成諸共和国はそれぞれの公用語を定めており、一〇〇以上の言語がある。宗教はキリスト教九〇％、イスラーム教一〇％など、通貨単位はルーブルである。

一九九九年、エリツィンはロシア連邦大統領を辞任し、プーチンが大統領代行となり、翌二〇〇〇年選挙で大統領となった。ロシア連邦は民族問題を抱えていて、チェチェン独立派との抗争が続いている。

第27章　現代世界の諸問題

現生人類は、地球上に現れたもっとも知的な生命体であり、各地でさまざまな文化をつくりあげるとともに、有史時代以来数千年にわたってさまざまな愚かしさも示してきた。現生人類は、氏族・部族・民族などの集団を形成し、その内部では支配者・被支配者などの身分制度をつくり、食料・富・土地・資源などの争奪のため、戦争を繰りかえしてきた。われわれは、歴史から何を学ぶのか。今後の課題をいくつか考えてみたい。

現生人類の歴史を大局的に見ると、古代から中世にかけては、アジアはヨーロッパよりも文化水準が高かったが、ヨーロッパは中世以降、特に近代に至って科学技術の点で発展し、アジアは立ち遅れた。しかし、現代世界では東西の融合が急速に進行していると見られる。われわれは、帝国主義と戦争の歴史、飢餓と貧困、空気・水・土地の汚染を克服し、人権と民主主義を発展させてゆかなければならない。二一世紀の現代世界は、グローバリゼイション・「民族」対立・飢餓と貧困・人権の確立・環境保護・核兵器廃絶などの諸問題をいかに解決するかという課題に直面している。

1. 身分制度廃止と教育の普及

身分制度　今日、奴隷制度はほとんど消滅しているが、インドではいまなお身分制度（ヴァルナ／カースト／ジャーティ）を克服できていない。しかし現在、人口一一億の二五％を占める不可触賤民および指定部族がヒンドゥー教を捨て、仏教に改宗する動きが起こっているという。現在、仏教徒は八〇〇万人（〇・八％）、キリスト教徒は二四〇〇万人（二・三％）とされているが、実は仏教徒は一億人、隠れキリシタンは六〇〇〇万人に達しているとの観測もある。身分制度廃止への歩みは、必然であるが、加速させなければならない。

識字率　今日、世界の多くの地域では識字率は八〇～九〇％台を達成しており、旧ソ連地域は軒並み識字率が高い。しかし、米軍の攻撃によってタリバン政権が崩壊したアフガニスタンでは農村部で二〇〇五年現在、女性の九〇％、男性の六三％が読み書きができず、二〇〇九年に識字運動が開始されたという。教育は、地球上の隅々にまで行き届かなければならない。

２．民族・宗教対立の緩和

今日の世界で、民族・宗教対立は重大問題のひとつである。アフリカのリベリア内戦（一九八九〜二〇〇三。死者二七万人）、ソマリア旱魃《かんばつ》・内戦（一九九一〜。死者三〇万人以上）、ルワンダ虐殺（一九九四。死者八四万人）、アンゴラ内戦（一九七五〜二〇〇二。死者五〇万人以上）、スーダン・ダルフール紛争（二〇〇三〜。死者三〇万人）、旧ユーゴスラビアのボスニア紛争（一九九二〜九五）・コソボ紛争（一九九八〜九九）死者計一六万人、旧ソ連のチェチェン戦争（一九九四〜九六、一九九九〜二〇〇〇。死者二七万人）、タジキスタン内戦（一九九二〜九七。死者数万人）、南アジアのスリランカ内戦（一九八三〜。死者六万人以上）などが、発生している。

その中でも、イスラームの結束はきわめて強固で、民族の別を乗り越えて北アフリカから西南アジア、南アジアを経て東南アジアに至る強力なイスラーム・ベルトが形成されている。しかし、二〇〇九年のイランにおける大統領選挙では、イスラーム的価値よりも民主主義的価値を重視する動きが生まれてきており、イスラーム的価値がかならずしも永遠不変ではないことを示している。イラクでも、スンナ派・シーア派の壁を越えて民主主義的価値を上位に置く考え方が成長していると言われる。

アフリカのスーダンでは一九八三年、北部のイスラーム教中心の政府が、キリスト教など非イスラーム教が多い南部にもイスラーム法を導入することを目的として内戦を起こし、約二〇〇万人が死亡した。西部ダルフール地方では二〇〇三年、反政府蜂起が起こり、約三〇万人が死亡した。ここには、石油資源をめぐる利権争いが根底にある。

民族問題については、「民族」意識が存在する以上、民族の自決権が原則的に認められることが必要である。大国の意思が押しつけられて「民族」意識を有している集団の独立の権利が抑圧されてはならない。「民族」抑圧は、あらゆる地域で排除されなければならない。そして同時に、戦争を克服するためには「狭隘な民族主義」が除去される必要がある。

3.「国家」間戦争の回避

現在、地球上は約二〇〇の国家に分割されている。そのうちアジアには約四八カ国が存在している。人口は六七億人に達し、アジア大陸では四一億人を占めている（二〇〇八年）。中華人民共和国だけで約一三億人三六〇〇万人、インドは一一億六九〇〇万人とされる。しかし、それは現生人類が七万年前に「出アフリカ」にいどみ、地球上のすみずみまで移動し、それぞれの地域でそれぞれの文化を成長させながら、他地域と交流し、交易を行ない、争ってきた歴史のひとこまにすぎないのである。

現生人類は、戦争を繰りかえしてきたが、近代社会では戦争にも宣戦の布告・毒ガス使用禁止・捕虜虐待禁止などのルールを設け、国際連盟・パリ不戦条約・国際連合・日本国憲法など戦争回避の探求も行なわれてきている。ただし、日本国憲法の規定する「交戦権の放棄」は、周辺諸国の理解と支持、軍事的威嚇と侵攻をしない保証が不可欠である。

軍事費は、ストックホルム国際平和研究所の二〇〇九年六月八日発表によれば、軍事費上位一〇カ国は、①アメリカ六〇七〇億ドル、②中華人民共和国八四九億ドル、③フランス六五七億ドル、④イギリス六五三億ドル、⑤ロシア五八六億ドル、⑥ドイツ四六八億ドル、⑦日本四六三億ドル、⑧イタリア四〇六億ドル、⑨サウジアラビア三八二億ドル、⑩インド三〇〇億ドルであり、アジアから四カ国が入っている。

通常兵力は、中国人民解放軍二二五万五〇〇〇名（二〇〇六年八月一日現在）、アメリカ一五四万六四〇〇名、インド一三二万五〇〇〇名、ロシア一〇二万七〇〇〇名、北朝鮮一一〇万六〇〇〇名、パキスタン六一万九〇〇〇名、イラン五四万五〇〇〇名、トルコ五一万四九〇〇名、ミャンマー三七万五五〇〇名、タイ三〇万六六〇〇名、インドネシア三〇万二〇〇〇名、韓国六八万七七〇〇名、台湾二九万名、日本二四万八〇〇〇名などである。

核兵器保有国は、米・ロ・仏・英・中・インド・パキスタン・イスラエルの八カ国が計二万三三〇〇発以上を保有しており、うち八四〇〇発が使用可能という。各国核弾頭保有数は二〇〇九年現在、ロシア四八三四、アメリカ二七〇二（米ロは実戦配備されている弾頭数）、フランス三〇〇、中華人民共和国一八六、イギリス一六〇、イスラエル八〇、インド六〇～七〇、パキスタン六〇、北朝鮮六～一〇（推定、保有疑惑）、イラン（保有疑惑）などとされている。米政府の二〇一〇年五月発表によると、アメリカの現在の核保有数は五一一三発（実戦配備されていない分を含む）で、過去二〇年に七五％削減したという。以上、核兵器保有（疑惑も含め）一〇カ国のうち、アジアが半分の四～六カ国を占めている。

核兵器の大多数を保有しているのは、ロシア・アメリカであるが、オバマ米第四四代大統領の「プラハ演説」（二〇〇九年四月）で、核兵器の廃絶を掲げ、同年九月の国連常任安全保障理事国五カ国（すべて核保有国）が全会一致で核兵器廃絶を決議したのは、ともあれ画期的である。オバマ演説は、対日戦争における原爆使用の正当性を主張し続けてきたアメリカの大統領として初めての表明であった。ジョン・アダムズ（一九四七～）のオペラ『ドクター・アトミック』も、原爆開発とその結果の非人間性を描いている。核兵器を廃絶できるかどうかは、現生人類の類的危機を克服できるかどうかという問題なのである。これまでの近現代社会での紛争のほとんどは、「国家」を単位としており、戦争と平和の問題では「国家」間対立の調整システムが重要である。

われわれは、「国家」単位の発想から出発するのではなく、少なくとも国家間の根本的対立要因を削減する努力を積み重ねること、問題解決を戦争によらず、平和的手段で達成するルール、方法を探求し、そのために合意された国際的ルール違反に対する国際的制裁と排除などが、戦略的に追求されていかなければならないだろう。その点で、「東アジア共同体」ないし「アジア共同体」の創設をめざす努力が重要であろう。

4. 政治・社会・経済システムの探求

4-1　専制主義と民主主義

現生人類の歴史における政治・社会システムを考えてみると、古代・中世から現代に至る「専制主義」「独裁権力」は、意思決定の早さという点では優れているが、権力者が判断の誤りをした場合、チェックできないという点、権力者以外の優れた意見が正当に遇される可能性が低いという点、王朝制の場合、権力者は世襲であり、後継者が愚昧であっても排除できない可能性が大きいなどの欠陥がある。「民主主義」は、国民・住民の英知を結集しようとするという点では優れているが、国民・住民の意見の分岐・多様化という現実の中では意思決定がむずかしいという弱点が伴う。しかし、欠陥は少なくないものの、歴史上表われた諸制度の中では現在のところ相対的にもっとも合理的な制度と言うべきであろう。

4-2　経済システム

GDP（国内総生産）　二〇〇六年現在、アジア地域の国内総生産の上位一〇カ国は、日本四兆三六八四億ドル、中華人民共和国二兆六四四六億ドル、ロシア九八六九億ドル、インド九一一八億ドル、韓国八八八〇億ドル、トルコ四〇二七億ドル、台湾三六五四億ドル、インドネシア三六四七億ドル、サウジアラビア三四九一億ドルである。中華人民共和国は二〇一〇年には日本を抜いて世界第二位になろうとしている。

一人あたり国民総所得　二〇〇六年現在、アジア地域の一人あたり国民総所得の上位一〇カ国は、①カタール六万六二六四ドル、②日本三万八四一〇ドル、③アラブ首長国連邦三万〇四二八ドル、④クウェート三万〇六三〇ドル、⑤マカオ二万九八七三ドル、⑥シンガポール二万九三二〇ドル、⑦香港二万七七三七ドル、⑧ブルネイ・ダルサラーム国二万四一〇〇ドル、イスラエル一万八五八〇ドル、⑨韓国一万七六九〇ドル、⑩台湾一万六四九四ドルとなっており、中華人民共和国は二〇一〇ドルである。

ソ連型社会主義の崩壊　一九一七年のロシア革命によって成立し、その後、社会主義建設を進めてきたソ連は一九九一年に崩壊し、約七四年で消滅した。資本主義批判のマルクス主義理論の上に成立したソ連型社会主義は、一面で平等・福祉社会の実現を追求したが、他面で党権力が暴走して民主主義と人権を抑圧し、民族解放の理念に反して他民族の抑圧にさえ手を染め、経済の成長をリードすることにも失敗して崩壊した。中華人民共和国では、ソ連型社会主義／毛沢東型社会主義時代には低水準ながら教育・医療の無償化が行なわれていたと見られるが、改革開放後は大学学費は有料となり、医療も保険制度の整備が遅れ、農民の医療費は自己負担となってしまい、社会主義の名に値するかどうか疑わしくなっている。もともとはマルクス主義理論集団であったと見られる朝鮮労働党は金日成の「主体性」理論なるものを軸として権力の世襲を行ない、マルクス主義とは縁もゆかりもない政治体制に変質した。

「資本主義」対「社会主義」　現在の「資本主義」は、競争原理による発展という面では優れているが、利益追求の市場原理主義ではヒューマニズムなどの倫理的思想が位置づけられず、社会的弱者が切り捨てられ、企業や個人の社会的責任という視点が欠如している。これに対しては、労働運動や市民運動などによって次第に弱者救済のため、労働法・社会保障をはじめ一定の法制度が設けられるようになっており、資本（経営）とのせめぎあいとなっている。資本主義批判として生まれた「社会主義」思想は、労働者や社会的弱者を守ろうとする社会的平等という発想は大切だが、ソ連型社会主義では「計画経済」の「計画」が往々にして形式主義に陥り、生産力・経済力を発展させ、弱者を守るための経済的基盤を確保・確立する方法論が欠けていただけではなく、政治権力を「党」が独占することによって、人権と民主主義を抑圧するシステムとなってしまった。

市場原理主義の暴走　資本主義は、本来、市場原理主義であるが、そのため労働問題・人権問題・環境破壊問題などさまざまな社会問題を生みだした。そのため、労働運動や市民運動の批判を受け、次第に法的な規制がつくられ、資本主義的経済活動に対しては国家による一定の規制・介入が行なわれてきた。資本主義は、順調なときは経済競争の自由を主張して利潤の追求は当然と主張し、それを規制する国家の介入は排除すべきと主張してきたが、銀行や大企業は一九九〇年代の日本や二〇〇九年のアメリカのようにいったん企業が倒産の危機に見舞われると経済破綻を回避するためという理由で国家の公的資金による援助を求め、市場原理主義は論理的に破綻した。純粋な市場原理主義とは、言わば空想的資本主義だったのである。

生存権の保障と競争原理の組み合わせ　現在、アジアは経済的な発展により、ますます注目を浴びるようになっている。それでは、アジアはいかにして現在直面している諸問題に対処し、問題を解決してゆくべきなのだろうか。歴史を考察しつつ、皆で現在と未来を考えてゆきたいものである。ソ連の崩壊により、「社会主義」そのものが間違った考え方だとするずさんな主張が大手を振っているが、弱者の救済をめざす思想、生存権の保障という思想が間違っているわけではない。人権と民主主義、芸術の自由を抑圧し、競争原理を否定し、個人崇拝を行ない、他国への侵略さえ辞さなかったソ連型社会主義の誤りを乗り越えて人権と民主主義、芸術の自由を尊重し、ヒューマニズム、生存権・人権の保障という思想と競争原理を適切に組み合わせた新しい政治・経済・社会システムが探求されなければならない。

5. 環境・健康の確保

近代工業の発展は、人間の生活に巨大な利便をもたらした。それとともに、負の側面として現生人類の生存環境を根底から破壊しつつある。工場の排煙・廃液が空気・水・土地を汚染し、喘息その他の健康被害をもたらし、とりわけ化学工業の発展は、水銀廃液による水俣病（映画『水俣』）やイタイイタイ病などを生みだし、「環境ホルモン」（内分泌撹乱化学物質）は生殖にすら悪影響を及ぼしている。空気・水・土地の汚染を防止し、食品の安全性を確保することは、現生人類が生存し続けるための不可欠の条件である。

最後にもう一度、地球上の生命の歴史を振り返ってみよう。人間（現生人類）は四〇億年の生命の連鎖のほんの一部分（二〇万年）であり、私たちの生活・存在はその一コマ一コマなのである。

あとがき

本書は、筆者が二〇〇九年に大学における教養科目「アジア史」を突然、初めて担当することになったため、平素の乱読・粗読によるうろ覚えの知識を確かめつつレジュメをつくりながら授業を進め、作成した講義ノートである。個人的な感慨を白状するなら、八割方、自分の頭の中を公開してしまったような恥ずかしさを覚える。それはともかく、読者各位が本書を読んで、今までと違う目で世界が見えるならば成功であり、そうでなければ失敗である。

本書原稿は、念のため国際関係論を専門とする土田哲夫中央大学教授に目を通していただき、貴重なご指摘・ご助言をいただいた。しかし、なお誤りがあれば、その責はすべて著者にあることは言うまでもない。読者各位にご叱正をお願いしたい。

本書は、白帝社の伊佐順子氏の並々ならぬご尽力によって日の目を見ることができた。ここに深甚なる謝意を表するものである。

付　録

アジア史小事典（索引）

あ行

か行

さ行

た行

な行

は行

ま行

や行

ら行

わ行

参考にした主な文献（日本語のみ）

【世界史】歴史学研究会『世界史年表　第２版』岩波書店。世界史小辞典編集委員会『山川　世界史小辞典』山川出版社。全国歴史教育研究協議会編『改訂版　世界史Ｂ用語集』山川。同会編『改訂版　日本史Ｂ用語集』山川。『世界の歴史』全16巻・中央公論社。『世界の歴史』河出書房新社。**【アジア史全般】**『アジア歴史事典』平凡社。松田・森『アジア歴史地図』平凡社。桑原隲蔵『増補　東洋史教授資料』東京開成館。三島一『東亜史概説』三邦出版社。仁井田陞『東洋とは何か』東京大学出版会。宮崎市定『アジア史概説』中央公論社。宮崎市定『アジア史研究　１～５』同朋舎。外山・三田村・大島・日比野『東洋史通論』創元社。杉本直治郎『教養東洋史』柳原書店。鈴木俊『東洋史要説　新稿版』吉川弘文館。布目潮渢・山田信夫編『東アジア史入門』法律文化社。堀敏一・山崎利男『概説東洋史』有斐閣。歴史学研究会編集『アジア現代史　１～５』青木書店。長谷川啓之『現代アジア事典』文眞堂。**【西南アジア】**小林登志子『シュメル――人類最古の文明』中公。飯島紀『ハンムラビ法典』国際語学社。田辺繁子訳『マヌの法典』岩波。ベアトリス・アンドレ・サルヴィニ『バビロン』白水社。シーセス・ロス『ユダヤ人の歴史』みすず書房。高橋正男『イエルサレム』文藝春秋。ポール・ジョンソン『ユダヤ人の歴史　上・下』徳間書店。ロバート・グレーヴス『ギリシア神話』紀伊國屋書店。青木健『ゾロアスター教―古代アーリア・中世ペルシア・現代インド』刀水書房。藤本勝次『世界の名著15　コーラン』中央公論社。ロベール・マントラン『トルコ史』白水社。三橋富治男『トルコの歴史』近藤出版社。新井政美『トルコ近現代史』みすず書房。**【インド地域】**山本達郎編『世界各国史　インド史』山川。辛島昇編『新版世界各国史　南アジア史』山川。長尾雅人編集『世界の名著15　バラモン教典　原始仏典』中公。長尾雅人編集『大乗仏典』中公。五木寛之『天命』幻冬舎。ピエール＝シルヴァン・フィリオザ（竹内信夫訳）『サンスクリット』白水。森本達男『ヒンドゥー教――インドの聖と俗』中公。**【東南アジア地域】**守川正道『フィリピン史』同朋舎。和田・森・鈴木『世界現代史５～８東南アジア現代史Ⅰ～Ⅳ』山川。レイ・タン・コイ『東南アジア史』白水社。**【東アジア・中国地域前近代】**顧頡剛口述『中国史学入門』研文出版。貝塚茂樹『中国の歴史　上・中・下』岩波。礪波護『地域からの世界史　第２巻　中国（上）』朝日新聞社。森正夫・加藤祐三『地域からの世界史　第３巻　中国（下）』朝日新聞社。熊本崇『中国史概説』白帝社。梅原郁『皇帝政治と中国』白帝。歩平・劉小萌・李長莉『若者に伝えたい中国の歴史』明石書店。白川静『中国の神話』中公。岡村秀典『夏王朝』講談社。阿辻哲次『図説　漢字の歴史』大修館書店。入矢義高・梅原郁訳注『東京夢華録』岩波。石橋崇雄『大清帝国』講談社。岡田英弘『別冊環⑯　清朝とは何か』藤原書店。王柯『多民族国家　中国』岩波。**【中国近現代史】**野澤・田中編集『講座中国近現代史』全７巻・東大出版会。姫田光義ほか編『中国近現代史　上・下』東京大学出版会。ＮＨＫドキュメント昭和史取材班『ドキュメント昭和２　上海共同租界』角川書店。寺廣映雄「留仏勤工倹学運動

について」大阪教育大学歴史学研究室『歴史研究』第11巻第1号。高杉一郎編『ワシリイ・エロシェンコ作品集』みすず。胡華『中国新民主主義革命史』大月書店。野沢豊編『中国の幣制改革と国際関係』東大出版会。中大人文研編『中華民国の模索と苦境　1928～1949』中大出版部。牧野雅彦『ヴェルサイユ条約』中公。宇野・小林・矢吹『現代中国の歴史　1949～1985』有斐閣。厳家祺・高皋『文化大革命十年史』岩波。奥村哲『中国の現代史　戦争と社会主義』青木書店。久保・土田・高田・井上『現代中国の歴史』東大出版会。王柯『多民族国家　中国』岩波。天児・石原・朱・辻・菱田・村田『岩波現代中国事典』岩波。安藤政士『現代中国年表　1941～2008』岩波。**【中国思想史】**『新釈漢文体系』全118巻・明治書院。溝口・丸山・池田『中国思想文化事典』東大出版会。**【日本】**歴史学研究会編『戦後日本史Ⅰ』青木書店。藤原彰『日本軍事史　上・下』日本評論社。中山隆志『関東軍』講談社。**【東アジア太平洋戦争】**木坂順一郎『昭和の歴史7　太平洋戦争』小学館。藤原彰・今井清編集『十五年戦争史3　太平洋戦争』青木書店。吉田裕『アジア・太平洋戦争　シリーズ日本近現代史⑥』岩波。**【中国文学史】**『中国古典文学大系』全60巻・平凡社。荘司格一編著『概説中国の文学』高文堂出版社。近藤光男『中国文学概論』高文堂。荘司・小野・小川・三宝『中国文学入門』白帝。丸山・伊藤・新村編『中国現代文学事典』東京堂出版。**【東北～中央アジア史】**沢田勲『匈奴―古代遊牧国家の興亡』東方書店。島田正郎『契丹国　遊牧の民キタイの王朝』東方。**【朝鮮史】**武田幸男編『世界各国史17　朝鮮史』山川。李玉『朝鮮史［増補新版］』白水社。**【ロシア】**ピエール・パスカル『ロシア史』白水。上田秀明『極東共和国の興亡』アイペックプレス。**【民族、ナショナリズム問題】**小坂井敏晶『民族という虚構』東大出版会。**【台湾】**古野直也『台湾軍司令部　1895～1945』国書刊行会。藤井省三『台湾文学この百年』東方。**【中華人民共和国】**我妻栄『新法律学辞典』有斐閣。谷口洋志ほか『現代中国の格差問題』同友館。林恵玉『中国の広告とインターネットの実態』中出。**【タバコ】**上野堅實『タバコの歴史』大修館書店。**【統計】**矢野恒太記念会編集・発行『世界国勢図会　2008／09年版』。『データブック・オブ・ザ・ワールド2009年版　世界各国要覧と最新統計』二宮書店。**≪斎藤道彦関連著作≫**（「中大」は「中央大学」、「人文研」は「人文科学研究所」、「中出」は「中央大学出版部」の略）**【現生人類】**「地球・人類・アジア、そして『中国』」SciencePortal China2009-09-14。**【帝国主義】**「東アジア共同体論の歴史的文脈―帝国主義と民族主義の弁証法」（滝田賢治編著『東アジア共同体への道』所収・中出。**【日露戦争】**「中国から見た日露戦争」（『季刊中国』第78号）。**【中華民国】**「滔天と孫文――『三十三年の夢』まで」『中大論集』第1号。「民国前期中国と東アジアの変動」「中国近代と大中華主義―清末から中華民国へ」中大人文研編『民国前期中国と東アジアの変動』所収・中出。「辛亥革命から建国軍へ」『中大論集』第30号・中出。「湘人治湘問題」中大100周年記念論文集経済学部編集委員会『中大100周年記念論文集　経済学部』。「民国後期中国における国民党政権の鳥瞰図」中大人文研編『民国後期中国国民党政権の研究』所収・中出。「蒋介石と

『礼・義・廉・恥』」『中大論集』第25号・中出。「孫文と蔣介石の三民主義建国論」中大人文研編『民国後期中国国民党政権の研究』所収・中出。「行営（行轅）――中華民国国民政府軍事機構」『中大経済学部創立100周年記念論文集』所収・中出。「戦区――中華民国国民政府軍事機構」『中大論集』第27号・中出。「綏靖公署――1930年から1945年まで」『中大論集』第28号・中出。「綏靖区――中華民国国民政府軍政機構」『中大経済研究所年報』第38号・中出。「綏靖公署――1945年から1950年まで」『中大論集』第29号・中出。「戦後国共内戦起因考」『中華民国の模索と苦境　1928～1949』所収。「戦後国共内戦・一九四五年」中大『人文研紀要』第68号・中出。**【陳独秀】**「陳独秀略伝」『中国文学研究』第４号・中国文学の会。**【李大釗】**「翻訳　李大釗「私のマルクス主義観　上・下」」桜美林大学『中国文学論叢』第２号・第３号。「劉維の考証について―『新青年』６巻５号の問題」桜美林大学『中国文学論叢』第４号。「李大釗の思想・1918年後半期」『科学と思想』第11号。「翻訳　李大釗「物質変動と道徳変動」」桜美林大学『中国文学論叢』第５号・第６号。「李大釗の思想―『新紀元』から五・四へ―（上）（下）」『中国研究』第92号，第93号・日中出版。「五・四時期の思想状況―李大釗の『少年中国』主義」『講座中国近現代史 第4巻』所収・東大出版会。「1920年代の李大釗」『歴史研究と階級的契機』所収・中出。「李大釗研究史覚書・中国篇」中大『人文研紀要』第２号。**【五・四運動】**「五・四運動史像再検討の視点」中大人文研編『五・四運動史像の再検討』中出。『五・四運動の虚像と実像――1919年５月４日　北京』中出。**【毛沢東】**「翻訳　毛沢東『民衆の大連合』」歴史科学協議会『歴史評論』第248号。「湖南共和国論――中国27分割構想」『中央大学論集』第６号・中出。**【統一戦線】**「中国統一戦線史研究に寄せて」歴史科学協議会『歴史評論』第324号。**【日中戦争】**「日本軍毒ガス作戦日誌初稿」中大人文研編『日中戦争　日本・中国・アメリカ』中出。「日本軍毒ガス作戦日誌初稿補遺一　―1937，1939，1940年」中大人文研『人文研紀要』第18号・中出。「日本軍毒ガス作戦日誌初稿補遺二―1938年を中心に」中大人文研『人文研紀要』第20号・中出。「日本軍毒ガス作戦日誌初稿補遺三　――1938年６月～10月」中大人文研『人文研紀要』第22号・中出。「日本軍毒ガス作戦日誌初稿補遺四　――1940年を中心に」中大人文研『人文研紀要』第26号・中出。「日本軍毒ガス作戦日誌初稿補遺五　――1943年を中心に」中大人文研『人文研紀要』第27号・中出。**【中華人民共和国】**『暮らしてみた中国』田畑書店。「文化大革命と中国社会主義問題―「文革」批判勝利三〇周年記念」『季刊中国』第46号。「中国の狂熱的民族主義と中国国内からの批判」『季刊中国』82号。『「日中関係・日韓関係」アンケート総合報告書』中大共同研究「未来志向の日中関係学」。「歴史認識と現実認識――近現代日中関係史論の問題点」斎藤編著『日中関係史の諸問題』所収・中出。**【台湾】**「王拓文学札記　上・下」『中大論集』第４，第５号・中出。「台湾における蔣介石の三民主義建国論」『中大論集』第26号・中出。**【言語】**「広東語表記法試案草稿」『中大論集』第16号・中出。「台湾語表記法改良試案」『中大論集』第23号・中出。

アジア史年表

〔1〕

50億年前～1万年前		前8000年～前5000年以前
50億年前　太陽系誕生。 46億年前　地球誕生。 3億7000年前　植物発生。 3億6000年前　魚が陸上へ。 700万年前　猿人誕生。カダバ猿人(580万年前)。アウストラロピテクス(500万年前～100万年前)。ラミダス猿人(440万年前)。ガルヒ猿人(260万年前)、最古の石器？ ホモ・ハビリス(240万年前～170万年前)。 190万年前　原人出現。デニソヴァ原人(100万年前～3万年前？)。北京原人(77万年前)。ジャワ原人(70万年前)。ホモ・フローレシエンシス(～1万7000年前)。 30万年前　旧人出現。ネアンデルタール人(～3万5000年前)。 20万年前　現生人類出現。 ホモ・サピエンス・イダルツ(16万年前)。クロマニョン人(3万年前)。グリマルディ人、周口店上洞人。浜北人。 ショベ洞穴壁画(3万年前)。 ラスコー洞穴壁画(2万年前)。 アルタミラ洞穴壁画(1万年前)。 前1万年～　中石器時代(細石器)。	西南アジア	前8000年～　新石器時代。 前8000頃～　ザグロス山脈で新石器、天水農耕。

〔2〕

	前5000年～前2000年以前
西南アジア	前5000頃～　エジプト文明。 メソポタミア・ウバイト文化期（前5000～前3500）。 前4000頃／前3500頃　青銅器時代。 【メソポタミア】前3500頃～前3000頃　ウルク文化期（メソポタミア）。 　シュメール都市文明、楔形文字、太陰暦。 シュメール王朝（前2900頃～前2317）。 アッカド王朝（アッカド人。前2350？～前2154？）。サルゴン大王。 前2150～1950　鉄器時代（アナトリア）。 ウル第3王朝（シュメール人。前2113？～前2006？）。ジッグラト建設、『ウル・ナンク法典』。 　ラルサ王朝（アムル人。前2025～前1763）。 　　イシン第1王朝（アムル人。前2020？～前1794？）。 　　古アッシリア（アムル人。前2020？～前1794？）。 【エジプト】ヒエログリフ出現（前3150頃）。 エジプト第1王朝（前2920～前2770）。 前2781　エジプト太陽暦。 エジプト古王国（前2650頃～前2120頃）。クフ王、ピラミッド。 エジプト中王国（前2020頃～前1793頃）。
南・東南アジア	インダス文明（前2300頃～前1800？）。ハラッパー文化、インダス文字。
東・東北アジア	前5000頃～　河姆渡文化（長江）。 前4500頃～　仰韶文化（黄河）、大汶口文化（黄河）、馬家浜文化（長江）。 前30～前22世紀　青蓮崗文化（長江）、湖熟文化（長江）。 前30～前20世紀　馬家窰文化（黄河）、屈家嶺文化（長江）、良渚文化（銭塘江）。 前25～前20世紀　山東竜山文化（黄河）、河南竜山文化（黄河）。
中央・北アジア	

〔3〕

	前2000年～前1000年以前
西南アジア	【メソポタミア】バビロン第１王朝（前1894？～前1595？）。『ハンムラビ法典』。 ヒッタイト古王国（前18世紀？～前1450？）。 原カナーン文字（成立年代不詳）→原シナイ文字（前1600）→フェニキア文字（前11世紀）→ギリシア・アルファベット、アラム文字、南アラビア文字。 カッシート王朝（前1500～前1155）。 ミタンニ王国（前16世紀～前14世紀）。 中期アッシリア。 【イスラエル】モーセ、出エジプト（前1250頃）。 イスラエル王国（前1050？～前928？）。　サウル、ダヴィデ、ソロモン。 【エジプト】エジプト新王国（前1550頃～前1069頃）。
南・東南アジア	前1500頃　アーリヤ人、西北インド地域に侵入。
東・東北アジア	前2000頃／前1400頃　青銅器時代。 前17世紀頃　夏王朝。 前16世紀～前1024　殷王朝　甲骨文字。
中央・北アジア	

〔4〕

	前1000年～紀元元年以前
西南アジア	【メソポタミア】新アッシリア（前1000～前612？）。 メディア（前８世紀末～前550）。 新バビロニア（カルデア。前625～前539？）。 ネブカドネザル２世、バビロン捕囚。 リディア王国（前７世紀～前546）。 【エジプト】プトレマイオス朝（前304～前30）。 【イスラエル】イスラエル王国（北王国。前928？～前722）とユダ王国（南王国。前928？～前586）に分裂。ペルシア王キュロス２世、ユダヤ人解放。前63年、ローマ・ポンペイウス、イエルサレム占領。 【ペルシア】前７／６世紀頃、ゾロアスター教起こる。 アケメネス朝ペルシア（前559？～前330）　ダレイオス１世。 ペルシア戦争（前492～前449）。 マケドニア・アレクサンドロス大王、アケメネス朝ペルシア征服。 シリアにセレウコス朝（前312～前63）。 バクトリア王国（前255～後224）。 パルティア王国（前248～後226）　アルサケス。 大月氏国（前140頃～後１世紀）。
南・東南アジア	【南アジア】バラモン教。前10世紀～前７世紀　ヴァルナ／ジャーティ制度。 十六大国時代（前600頃～前４世紀中頃）。 マガダ国（前546～前80頃？）。仏教・ジャイナ教成立、『ラーマーヤナ』、『マハーバーラタ』。 シンハラ王国（前５世紀～1815）。 マガダ国ナンダ朝（前４世紀後半～約30年間）。マガダ国マウリア朝（前317頃～前180頃）　チャンドラ・グプタ、アショーカ王。 チョーラ朝（前３世紀～後13世紀）。 シュンガ朝（前180頃～前80頃）。 『マヌ法典』（前200頃～後200頃）。 サータヴァーハナ朝（アーンドラ朝。前１世紀～後３世紀）　アジャンタ石窟寺院。前１世紀　大乗仏教成立。 【東南アジア】紀元前、ベトナムにドンソン文化（青銅器）。

	前1000年～紀元元年以前
東・東北アジア	【東アジア】西周（前1024～前770)。東周・春秋期（前770～前475？)。『易経』、管子、孔子、『春秋』、『詩経』、晏子、『孫子』。 戦国期（前475？～前221)。鉄製武器、諸子百家、『書経』、『楚辞』。 秦（前221～206）　商鞅、呂不韋、『呂氏春秋』、始皇帝、郡県制、焚書坑儒、陳勝・呉広の乱。 前漢（前202～後８)。劉邦、郡国制、呉楚七国の乱、武帝、董仲舒、五経、司馬遷『史記』、楽府、紙の発明。 【東北アジア】衛氏朝鮮（前194～前108)。朝鮮四郡。 高句麗（前37頃～668)。 三韓（辰韓・弁韓・馬韓）形成。
中央・北アジア	前318　匈奴登場。

〔5〕

	1～10世紀
西南アジア・北アフリカ	ササン朝ペルシア（224～651）　アンダシール1世、マニ教起こる。 ヒジュラ元年（622）。ムハンマド。イスラーム教起こる。ムスリム軍、メッカ征服（630）。正統カリフ時代（632～661）。ニハーヴァントの戦い（642）。 ウマイア朝（661～750）。後ウマイア朝（756～1031）。 アッバース朝（750～1258）。 サッファール朝（867～903）。サーマーン朝ペルシア（875～999）。 ファーティマ朝（909～1171）。 ブワイフ朝（932～1062）。 ガズナ朝（965頃～1186）　アルプテギン。
南・東南アジア	【南アジア】紀元前後　ヒンドゥー教成立。 クシャーナ朝（後45頃～3世紀）　カニシカ王。 グプタ朝（320～550頃）　チャンドラグプタ1世、サムドラグプタ、チャンドラグプタ2世、グプタ式仏像、ナーランダ僧院、アジャンター石窟院。 エフタル（5～6世紀）。 ヴァルダナ朝（7世紀）　ハルシャ・ヴァルダナ王。 パーラ朝（750頃～1155頃）。 ラージプート時代（8～12世紀）。 プラティハーラ朝（800頃～1019）。 【東南アジア】［ベトナム］チャンパー（林邑。137～17世紀）。 ダイコヴェト（965～980）前レー朝（980～）。 ［カンボジア］扶南（1～7世紀）。 真臘（6～15世紀）。 アンコール朝（802頃～1432）　アンコール・トム、アンコール・ワット。 ［マレー］小港市国家群。 ［スマトラ］シュリーヴィジャヤ国（7～14世紀）。 ［ジャワ］古マラタム国（8世紀頃～）。 シャイレンドラ朝（8世紀半ば～9世紀前半）。 クディリ朝（928～1222）。 ［ビルマ］ピュー国（8世紀末～）。ピュー文字。モン文字。

	1～10世紀
東・東北アジア	【東アジア】後8～23 「新」王朝　王莽。 後漢（25～220）。劉秀、党錮の禁、黄巾の乱、『漢書』、仏教伝来。 三国時代（222～65）　魏（220～265）　曹操、曹丕。晋（265～420）　山水詩、五斗米道。仏教、中国地域で流布。蜀（221～263）。呉（222～280）。 晋（265～420）。 五胡十六国（304～439）。 北朝5王朝（386～581）。拓跋珪。道教起こる。南朝4王朝（420～589）。 隋（581～618）。租庸調、科挙、大運河、遣隋使。 唐（618～907）　律令制、都督府、都護府、節度使、藩鎮、遣唐使、タラス河畔の戦い、安史の乱、黄巣の乱、木版印刷、玄奘、義浄、唐詩。 南詔国（649？～902）。 五代十国（907～960）。 キタイ（907～1125）　耶律阿保機。 大理国（937～1254）。 北宋（960～1127）　王安石、新法。 【東北アジア】高句麗（前37頃～668）。 百済（4世紀半ば～660）　白村江の戦い。 新羅（4世紀半ば～935）。 渤海（698？～926）。 高麗（918～1392）　両班。
中央・北アジア	柔然（ツェツェン。4世紀～554）。 突厥（552～744）。 ヤルルン王朝（吐蕃。6～9世紀）　ソンツェン・ガンポ、チベット仏教。 ウイグル（744頃～）。

〔6〕

11〜16世紀	
西南アジア	セルジューク朝（1038〜1194）。 　ルーム・セルジューク朝（1077〜1308）。 　　十字軍（1096〜1270）。 　　　ザンギ朝（1127〜1222）。 　　　　アイユーブ朝（1169〜1250）　サラディン。 　　　　　マムルーク朝（1250〜1517）。 　　　　　　オスマン・トルコ（1299〜1922）　オスマン1世、ムラト1世、イェニチェリ、バヤジット1世、アンカラの戦い（1402）、メフメト1世、セリム1世、スレイマン1世、第1次ウィーン包囲、カピチュレーション、レパントゥの海戦（1571）。 　　　　　サファヴィー朝（1501）。神秘主義教団。 　　　　　ポルトガル艦隊、ホルムズ島占領（1515）。
南・東南アジア	【南アジア】ゴール朝（1148頃〜1215）　アイバク、ヴィクラマシラー仏教寺院破壊。 　デリー・スルタン王朝（1206〜1526）。 　　ムガル朝（1526〜1858）　ヴァスコ・ダ・ガマ、バーブル、パーニーパッドの戦い（1526）、アクバル、アウラングゼーブ、プラッシーの戦い、マイソール戦争、マラーター戦争。 【東南アジア】［ベトナム］大越国リー朝（1009？〜1225）。 　大越国チャン朝（1226〜1400）。レー朝（1428〜1802）。グエン朝（1802〜1945）。 ［カンボジア］扶南。真臘。アンコール朝。 ［ビルマ］パガン朝（1044〜1299）。ビルマ語文字。 　トゥングー朝（1531〜1752）。 ［タイ］チェンマイ朝（1220頃〜）。スコータイ朝（1220頃〜）。アユタヤ朝（1351〜1767）。 ［ジャワ］シンガサリ朝（1268〜1292）。マジャパヒト朝（1293〜1527）。ドゥマク王国（1527頃〜）。 ［タイ］アユタヤ朝（1351〜1767）。シャム／タイ王国（1782〜現在）。 ［ラオス］ラーンサーン王国（1353頃〜）。ルアンプラバン・ビエンチャン・チャンパーサックに分裂。 ［マレー］ムラカ王国（14世紀末〜）。 ［インドネシア］アンボイナ事件。

	11〜16世紀
東・東北アジア	【東アジア】北宋（960〜1127） 王安石、新法、靖康の変（1127〜1127)。南宋（1127〜1279） 朱子学。 金朝（1115〜1234)。 モンゴル元（1271〜1368） フビライ・ハン、日本遠征（1274、1281)、パスパ文字。 明朝（1368〜1644） 永楽帝、鄭和、南海大航海、土木堡の変（1449)。 【東北アジア】朝鮮王朝（1392〜1910） 李成桂、朝鮮通信使。
中央・北アジア	カラ・ハン朝（10世紀中頃〜12世紀中頃)。 ナイマン部（10〜13世紀)。 ルーシ／キエフ公国（10世紀〜)。モスクワ公国（1271〜1700)。 西夏（1038〜1227)。 ホラズム朝（1077〜1231)。 カラ・キタイ（1132〜1211)。耶律大石。 モンゴル帝国（1206〜1271） チンギス・ハン、オゴタイ・ハン、モンケ・ハン。モンゴル諸ハン国。 チャガタイ・ハン国（1227〜14世紀中頃）キプチャク・ハン国（1243〜1502)。イル・ハン国（1258〜1353)。ティムール朝（1370〜1507） アンカラの戦い。 チベット・パグモドゥパ朝（14世紀半ば〜16世紀)。

〔7〕

	17～19世紀
西南アジア・北アフリカ	【ペルシア】サファヴィー朝、ペルシア・イギリス同盟軍によりホルムズ島奪回(1622)。イギリス、ペルシアに使節（1616～1617)。スペイン、ペルシアに使節(1618～1619)。オランダ、バンダル・アッバースに工場設立を求め、ペルシア許可。メフメト4世、第2次ウィーン包囲、カルロヴィッツ条約（1699)。フランス・ロシア、ペルシアに使節（1664)。 　カージャール朝（1796～1925）　タバコ・ボイコット運動。 【アフガニスタン】ペルシアからアフガニスタン独立（1747～1973)。 【トルコ】アフメト3世。アブデュル・メジト1世、ギュルハネ勅令、タンジマート（1839～176)。クリミア戦争。アブデュル・ハミト1世、ミドハト・パシャ、露土戦争。 【アラビア】ワッハーブ王国（サウード王国。第1次1744頃～1818、第2次1823～89)。 【エジプト】ムハンマド・アリ、オスマン朝トルコとの戦争（1831～33、39～41）を経て独立、ウラービー運動。
南・東南アジア	【南アジア】イギリス東インド会社（1600～1858)。 　英領インド帝国（1877～1946)。インド国民会議。 【東南アジア】［フィリピン］マゼラン、フィリピン着。スペイン、フィリピン領有。ホセ・リサール、アギナルド、フィリピン革命。 ［インドネシア］オランダ東インド会社。 ［インドシナ］フランス領インドシナ（1887～1941）　ファン・ボイ・チャウ、ドンズー運動。 ［マレー］イギリス、海峡植民地。 ［ビルマ］コンバウン朝（1752～1885)。ビルマ戦争でビルマ、英領インド帝国に併合。

	17〜19世紀
東・東北アジア	【東アジア】マンジュ国（1580年代〜1616） アイシンギョロ・ヌルハチ、八旗制。後金朝（1616〜1636）。 清朝（1636〜1911） ホンタイジ、緑営制、康熙帝、雍正帝、乾隆帝、アヘン戦争（1840〜42）、アロー戦争、太平天国（1851〜64）。台湾省設置（1875）。新疆省設置（1884）。興中会結成（1894〜1905）。義和団事件（1898〜1901）。 ［日本］明治維新（1868）。琉球国編入（1871）。日清修好条規（1871）。台湾出兵（1874）。樺太・千島交換条約（1875）。明治憲法（1889〜1947）。日清戦争（1894〜95）。下関条約（1895）。台湾領有（1895〜1945）。 ［朝鮮］江華島事件（1875）。東学党の乱（1894）。閔妃殺害事件（1894）。朝鮮王朝、大韓帝国に国号変更（1897〜1910）。
中央・北アジア	［新疆］ヤークーブ・ベク政権（1864〜77）。

〔8〕

	20〜21世紀
西南アジア	［ペルシア／イラン］ペルシア立憲革命（1905〜11）。パフレヴィー朝成立（1925〜79）。国号をイランに改称（1935）。イラン・イスラーム共和国成立（1979〜）。 ［クエート］クエート、イギリス保護下に（1914〜61）。立憲君主国として独立（1961〜）。一時、イラクに占領される（1990〜91）。 ［アラビア］フセイン・マクマホン協定（1915）。サイクス・ピコ協定（1916）。バルフォア宣言（1917）。ヒジャーズ王国成立（1916〜24）。ヒジャーズ・ネジド王国成立（1924〜32）。サウジアラビア王国（1932〜）。 ［イエメン］北イエメンにイエメン王国成立（1918〜）。アラブ連合と連邦結成（1958〜61）。共和国宣言（1962〜）。南イエメン・6首長国、イギリス保護下で南アラビア首長国連邦結成（1959〜62）。10首長国、南アラビア連邦結成（1962〜67）。南イエメン人民共和国と改称（1967〜70）。さらにイエメン民主人民共和国と改称（1970〜）。南北イエメン統一、イエメン共和国成立（1990〜）。 ［カタール］カタール、イギリス保護下に（1916〜71）。完全独立（1971〜）。 ［トルコ］トルコ革命（1919〜23）。セーブル条約（1920）。トルコ共和国成立（1923〜）。 ［アフガニスタン］第3次アフガン戦争（1919）で独立。共和制に移行（1973〜）。ソ連、軍事介入（1979〜89）。タリバン政権（1998〜2001）。アメリカ、タリバン攻撃。 ［イラク］イラク王国成立（1921〜）。独立（1932〜）。イラク共和国成立（1957〜）。イラン・イラク戦争（1980〜88）。 ［キプロス］キプロス、イギリス植民地となる（1925〜60）、独立（1960〜）。 ［ヨルダン］トランス・ヨルダン王国成立（1928〜）。 ［エジプト］ワフド党結成（1918）。エジプト独立（1922）。エジプト革命（1952）。アラブ連合共和国樹立（1958〜61）。エジプト・アラブ共和国と改称（1971〜）。 ［レバノン］レバノン独立（1941）。レバノン共和国（1943〜）。 ［シリア］シリア・アラブ共和国成立（1943〜）。 ［イスラエル］パレスチナ分割案（1947）。イスラエル建国（1948〜）。第1次中東戦争（1948〜49）。第2次中東戦争（1956〜57）。第3次中東戦争（1967）。第4次中東戦争（1973）。 ［アラブ首長国連邦］アラブ首長国連邦独立（1971〜）。 ［バーレーン］バーレーン、イギリスから独立（1971〜）。 ［パレスチナ］パレスチナ独立宣言（1988）。 ［オマーン］マスカット・オマーン土侯国、オマーン国と改称（1990〜）。

	20〜21世紀
南・東南アジア	【東南アジア】［ベトナム］日本軍、北部仏印進駐（1940〜45）。南部仏印進駐（1941〜45）。 ベトナム民主共和国樹立（1946〜74）。対仏第1次ベトナム戦争（1946〜54）。ディエンビエンフー戦（1954）。ジュネーブ国際会議、インドシナ休戦協定（1954）。第二次ベトナム戦争（1961〜75）。南北統一、ベトナム社会主義共和国成立（1975〜）。中越戦争（1979）。 ［マレー］日本軍、マレー半島上陸（1941〜45）。シンガポール占領（1942〜45）。 マライ連邦独立（1957〜63）。マレーシア連邦と改称（1963〜）。 ［シンガポール］シンガポール、マレーシア連邦から分離独立（1965〜）。 ［ビルマ］日本軍、英領ビルマ侵攻（1942）。インパール作戦（1944）。イギリス軍政下に（1945） ビルマ連邦共和国独立（1948）。ミャンマー連邦と改称（1989〜）。 ［タイ］チャクリー王朝（1782〜）。シャムからタイに改称（1945）。 ［ラオス］ラオス統一回復、ラオス王国として独立（1946）。ラオス人民民主共和国樹立（1975〜）。 ［フィリピン］日本軍、フィリピン占領（1941〜45）。 フィリピン共和国独立（1946〜）米比軍事基地協定・米比軍事援助協定（1947）。米比相互防衛条約（1947）。ピープル・パワー（1986）。米軍基地一掃（1992）。ピープル・パワー（1986）。 ［インドネシア］日本軍、ジャワ占領（1942〜45）。 インドネシア共和国軍、オランダと武装闘争（1945〜49）。インドネシア連邦共和国成立（1949〜50）。連邦制を改めインドネシア共和国に、国連加盟（1950〜）。 ［ブルネイ］イギリス、ブルネイ保護国化（1906〜）。独立、ブルネイ・ダルサラーム国成立（1950〜）。 ［東ティモール］日本軍、東ティモール占領（1942〜45）。 ポルトガル、東ティモール再支配（1945〜74）。インドネシア、東ティモール併合（1976〜2002）。東ティモール独立。 【南アジア】［インド］インド独立（1947）。第1次印パ戦争（1947〜49）。国号をインド共和国とする（1950）。インド憲法（1950）。中印国境紛争（1962）。第2次印パ戦争（1965）。第3次印パ戦争（1971）。 ［パキスタン］パキスタン独立（1947）。 ［バングラデシュ］東パキスタン分離独立、バングラデシュ人民共和国成立（1971〜）。 ［スリランカ］セイロン自治領独立（1948）。スリランカと改称（1972〜）。 ［モルディブ］モルディブ独立（1965）。共和制に移行（1968〜）。 ［ネパール］ネパール、立憲君主制宣言（1951）。王制廃止（2008〜）。 ［ブータン］ブータン、世襲王制（1907〜）。イギリス保護領（1910〜）。独立・立憲君主制（1949〜）。

	20～21世紀
東・東北アジア	［清末］中国同盟会結成（1905～12）。東三省設置（1907）。辛亥革命（1911）。 ［中華民国前期］中華民国成立（1912～49）。中華民国臨時約法（1912～）。 中華革命党結成（1914～19）。『青年雑誌』発刊（『新青年』に改題。1915～26）護国戦争（1915～16）。袁世凱帝制（1916）。府院の争い（1917）。張勲復辟（1917）。パリ講和会議（1919）。五・四運動（1919）。勤工倹学運動（1919～21）。中華革命党、中国国民党に改組（1919）。文学研究会結成（1920～）。中国共産党結成（1921～）。ワシントン会議（1921～22）。曹錕憲法（1923）。中国国民党第1回全国大会（1924）。北京政変（1924）。四・一二反共軍事行動（1927）。中共、南昌蜂起（1928）。中共、八・七会議（1928）。太陽社結成（1928～）。 ［中華民国後期］国民政府、全国政権に（1928～49）。中東路事件（1929）。反蔣戦争（1929～30）。囲剿戦（1930～34）。左翼作家連盟結成（1930～35）。中華ソヴェート共和国臨時政府樹立（1931～）。中華民国訓政時期約法（1931）。福建人民政府（1933～34）。毛沢東、遵義会議で主導権（1935）。コミンテルン、反ファシズム統一戦線呼びかけ（1935）。五・五憲法草案（1936）。西安事変（1936）。抗日戦（1937～45）。皖南事変（1941）。毛沢東、延安文芸講話（1942）。 国共両党、重慶談判（1945）。国共内戦。中華民国憲法制定（1947）。憲政実施（1948）。 ［中華人民共和国］中華人民共和国成立（1949～）。中ソ友好同盟相互援助条約三反運動（1950～80）。土地改革法（1950）。三反運動（1949～）。五反運動（1952～）。朝鮮戦争参戦（1950～53）。中華人民共和国憲法（1954～）。百花斉放・百家争鳴（1957）。反右派闘争（1957）。大躍進政策（1957～）。人民公社（1958～82）。中ソ論争。文化大革命（1966～76）。林彪事件（1971）。四人組逮捕（1976）。改革開放路線決定（1978～）。米中国交樹立（1979）。米、台湾関係法（1979）。香港返還（1997）。マカオ返還（1999）。 ［内モンゴル］内モンゴル、熱河・チャハル・綏遠3省に分割（1914）。綏遠事変（1936）。蒙彊3政権（1937～39）。蒙古連合自治政府（1939～45）。内モンゴル自治政府（1947～）。中共、内モンゴル自治区設置（1947年）。 ［台湾］霧社事件（1930）。二・二八事件（1947）。国民政府、戒厳令（1949～87）。日華平和条約（1952）。米華相互援助条約（1952～79）。国連脱退（1972）。蔣介石死去（1975）。蔣経国政権（1975～88）。高雄事件（1979）。民主進歩党結成（1986～）。報禁解除（1988）。李登輝政権（1988～2000）。党禁解除（1989）。国民大会代表選挙（1991）。立法委員選挙（1992）。総統選挙（1996）。 ［日本］日露戦争（1904～05）。ポーツマス条約（1905）。第1次世界大戦（1914～18）。日本、山東半島進出（1914）。対華21カ条要求（1915）。関東軍設置（1919～45）。山東出兵（19127～28）。張作霖爆殺（1928）。満州事変（1931）。第1次上海事変（1932）。満州国建国（1932～45）。リットン調査団（1932）。五・一五事件（1932）。日本、国際連盟脱退（1933）。二・二六事件（1936）。日独伊防共協定（1937）。

	20〜21世紀
	日中戦争（1937〜45）。トラウトマン工作（1938）。近衛声明（1938）。ノモンハン事件（1939）。汪兆銘国民政府成立（1940〜45）。大陸打通作戦（1944〜45）。 東アジア太平洋戦争（1941〜45）。真珠湾攻撃（1941）。党部ニューギニア戦（1942〜45）。ミッドウェイ海戦（1942）。アッツ島玉砕（1943）。ガダルカナル島戦（1942〜43）。カイロ宣言（1943）。ブーゲンビル島戦（1943〜45）。マリアナ海域沖海戦（1944）。レイテ島沖海戦（1944）。ヤルタ協定（1945）。硫黄島戦（1945）。東京大空襲（1945）。沖縄戦（1945）。ポツダム宣言（1945）。米、原爆ヒロシマ・長崎投下（1945）。ソ連、対日参戦、満州・北部朝鮮・樺太・千島占領（1945）。日本、ポツダム宣言受諾（1945）。 連合軍、日本占領（1945〜52）。国際連合成立（1945〜）。日本国憲法（1947〜）。サンフランシスコ平和条約（1951〜）。日米安全保障条約（1951〜）。国連加盟（1956）。日中国交樹立（1972）。沖縄返還（1972）。 ［朝鮮／韓国］韓国併合（1910〜45）。三・一独立運動（1919）。創氏改名（1939）。大韓民国成立（1948〜）。朝鮮民主主義人民共和国成立（1948〜）。朝鮮戦争（1950〜53）。
中央・北アジア	［新疆］楊増新、新疆都督（1912〜28）。東トルキスタン・イスラーム共和国樹立1933〜34）。東トルキスタン共和国樹立（1944〜46）。中華人民共和国、新疆ウイグル自治区設置（1955）。 ［チベット］チベット独立宣言（1911）。シムラ会議（1913）。人民解放軍、チベット占領（1950）。中華人民共和国、チベット自治区設置（1965）。 ［外モンゴル］外モンゴル第1次独立（1911〜15）。自治モンゴル期（1915〜19）。中華民国軍占領期（1919〜21）。 モンゴル人民党結成。外モンゴル独立（1921〜24）。モンゴル人民共和国成立（1924〜）。モンゴル共和国と改称（1992〜）。 ［ロシア］ロシア革命（1917）。コミンテルン結成（1919〜43）。極東共和国成立（1920〜22）。ソ連成立（1922〜91）。独ソ不可侵条約（1939）。日ソ中立条約（1941）。 ［カザフ］カザフ自治共和国成立（1920〜36）。カザフ・ソヴェート社会主義共和国成立（1936〜91）。カザフスタン共和国と改称（1991〜）。 ［アゼルバイジャン］アゼルバイジャン・ソヴェート社会主義共和国成立（1920〜91）。グルジア・アルメニアとともにザカフカス・ソヴェート社会主義共和国成立（1922〜91）。アゼルバイジャン共和国と改称（1991〜）。 ［アルメニア］アルメニア・ソヴェート社会主義共和国成立（1920〜91）。ザカフカス・ソヴェート社会主義共和国成立（1922〜91）。アルメニア共和国と改称（1990〜）。 ［トルクメン］トルクメン・ソヴェート社会主義共和国成立（1924〜91）。トルクメニスタンと改称（1991〜）。 ［ウズベク］ウズベク・ソヴェート社会主義共和国成立（1924〜91）。ウズベキスタン共和国と改称（1991〜）。 ［キルギス］キルギス自治共和国成立（1926〜36）。キルギス・ソヴェート社会主義共和国成立（1936〜91）。キルギスタン共和国と改称（1991〜）。

斎藤　道彦　さいとう　みちひこ
1943年、東京生まれ。1972年、東京大学大学院人文科学研究科中国語中国文学専攻博士課程単位取得満期退学。1982年、中央大学教授、現在に至る。
1985～87年、中華人民共和国天津市・南開大学訪問研究。主著：『五・四運動の虚像と実像――1919年5月4日　北京』（中央大学出版部）。

アジア史入門―日本人の常識

2010年11月15日　初版発行
2012年3月1日　2刷発行

著　者　斎藤道彦
発行者　佐藤康夫
発行所　白帝社
〒171-0014　東京都豊島区池袋2-65-1
TEL 03-3986-3271
FAX 03-3986-3272(営)/03-3986-8892(編)
http://www.hakuteisha.co.jp/
組版　オルツ　　印刷　平文社　　製本　若林製本所

 ISBN 978-4-86398-036-5